先驱之死

陈独秀的晚年岁月

张宝明 刘云飞 著

华文出版社
SINO-CULTURE PRESS

图书在版编目（CIP）数据

先驱之死：陈独秀的晚年岁月 / 张宝明，刘云飞著.
--北京：华文出版社，2014.1
ISBN 978-7-5075-4123-6

I.①先… II.①张… ②刘… III.①陈独秀（1880~1942）
-生平事迹 IV.①K827=6

中国版本图书馆CIP数据核字（2013）第294170号

先驱之死：陈独秀的晚年岁月

| 作　　者：张宝明　刘云飞
| 责任编辑：谭　笑
| 出版发行：华文出版社
| 社　　址：北京市西城区广外大街305号8区2号楼
| 邮政编码：100055
| 网　　址：http://www.hwcbs.com.cn
| 电　　话：总编室 010-58336239　发行部 010-58336267 58336253
| 责任编辑 010-58336237
| 经　　销：新华书店
| 印　　刷：三河市东方印刷有限公司
| 开　　本：710 000 1/16
| 印　　张：22.25
| 字　　数：335千字
| 版　　次：2014年1月第1版
| 印　　次：2014年1月第1次印刷
| 标准书号：ISBN 978-7-5075-4123-6
| 定　　价：42.00元

版权所有　侵权必究

目 录

第一章 由"总书记"到反对派 ·········· 1
1. 是身不由己还是政由己出? ·········· 1
2. 是无奈辞职还是被开除? ·········· 11
3. 为何走向反对派? ·········· 16

第二章 身处艰难气若虹 ·········· 34
1. 第五次被捕 ·········· 34
2. 法庭斗士:爱国还是害国? ·········· 53
3. 获刑八年 ·········· 74

第三章 囚室中的老学究 ·········· 80
1. 进了监狱还是研究室? ·········· 80
2. 弃政从文? ·········· 84
3. 晚年少妻潘兰珍 ·········· 96

第四章 孤愤的囚徒 ·········· 107
1. 甘做老书生? ·········· 107
2. "金粉泪"洒为哪般? ·········· 125
3. 为托派纷争而失信心? ·········· 132

第五章　自由与彷徨 ······ 148
1. 重获自由还是无地自由？ ······ 148
2. 该往何处去？ ······ 160
3. 向往还是弃绝延安？ ······ 173

第六章　沧海横波一独舟 ······ 182
1. 流亡还是救亡？ ······ 182
2. 抗战讲坛 ······ 189
3. 武汉三镇流离客 ······ 198

第七章　孤苦无奈入陪都 ······ 210
1. 是汉奸还是被诬蔑？ ······ 210
2. 抗战有望还是无望？ ······ 228
3. 流落江津 ······ 240

第八章　穷困潦倒老书生 ······ 252
1. 谁真正需要独秀先生？ ······ 252
2. 托派的"反对派" ······ 271
3. 窘迫文人 ······ 287

第九章　西风残照鹤山坪 ······ 313
1. 最后政见 ······ 313
2. 僵卧孤村可自哀？ ······ 334
3. 巨星陨落谁为泣？ ······ 339

第一章
由"总书记"到反对派

1. 是身不由己还是政由己出？

1927年4月12日，上海宝山路上的尸体横满了街道，三德里的血水，和着倾盆大雨汇入了河流；大卡车成了运载尸体的工具，曾经养育人的土地活埋了受伤未死的挣扎者。一班掩耳盗铃的人，用水龙头冲洗着大雨尚未冲掉的罪恶。

疯狂鼓舞了疯狂，武汉的"英雄"们也不甘落后，争先赶造着自己的"业绩"。5月17日，武汉国民政府所辖的独立十四师师长夏斗寅在宜昌叛变，进攻武汉。21日晚，驻长沙的反动军官许克祥发动了反革命的"马日事变"，大肆捕杀中共党员和革命群众。6月6日，江西朱培德以"礼送"的名义，驱逐了共产党员。

"宁可枉杀一千，不可使一人漏网。"这似乎是从地狱传出的声音，爆响在"非人间"。霎时，几千鲜活的灵与肉便在那阴森的爆响里烟尘般的飘散了。

2 先驱之死
——陈独秀的晚年岁月

在共产国际"遥控"下的、中国共产党领导的轰轰烈烈的大革命悲壮地失败了。激昂、雄壮的国际歌中唱道:"世上从来没有什么救世主",但当共产国际以"救世主"的姿态出现在内忧外患、备遭强权与武力蹂躏的中国人面前时,革命的航船因功利的指引难免迷失航向。

鲜血与生命的流逝,是没人能够挽回的,也没人能真正负得起责任。流血舍生的人们希望以自己的牺牲来让生者汲取惨痛的教训,而他们生前所崇拜的最高、最有力的指挥者,却将过错全部推到了一个人的身上。这个人便是无奈地遵照指示而被共产国际指责为"拒不执行国际命令"的陈独秀!

1927年7月12日,共产国际"训令"中共中央改组,陈独秀被停职。此后便开始了对他的批判。1929年11月15日中共中央政治局通过了开除陈独秀等人党籍的决定,陈独秀被清理出党。

但接踵而至的瞿秋白,不久也以"左"倾机会主义错误被撤职、被"残酷斗争,无情打击"。随后的李立三又因忠实共产国际路线而被冠以"左"的罪名,被撤销职务,开除党籍,后又被苏联人秘密逮捕入狱。

历史真的有着耦合式的内在律动?有了共产国际"要求共产党人在国民党中不在其中谋取领导权"[①]的决议,便有了陈独秀的"右倾"错误;有了共产国际"以为革命进入了更高的革命阶段"的论断,便有了瞿秋白的"盲动";有了共产国际"向城市进攻"的指示,便有了李立三的"左倾"。如果这些领导结果取决于领导者的智识与个性,那么,站在政坛上的领导者为何总有着非"左"即"右"的越轨?

但典型的教条主义者,对共产国际十分忠顺的王明等人却因犯了不可饶恕的错误而受到共产国际的频频保护,个中原因,也就是在善于照抄照搬共产国际和斯大林的指示、唯国际是从的同时,还知道如何赢得他们的欢心——在苏联受到帝国主义者的威胁时,不惜牺牲中国革命来武装保卫苏联。

回眸历史,在陈独秀与瞿秋白的更替中我们不难发现惊人的相似——而且是发人深省的相似:1923年,只有24岁的瞿秋白陪同中国共产党的总书记陈独秀在莫斯科出席了共产国际第四次代表大会,不久便被李大钊推荐为上海大

---

① 珍妮·德格拉斯:《共产国际文件》第二卷,第475页。

学的教务长兼社会学系系主任。远来的理论家深为诸位所推崇，四年之后28岁的他便成为陈独秀位置的接任者。由"右"而"左"，仅仅8个月的时间就演绎了他一生的悲剧。作为陈独秀问题的纠正者，他和蔡和森一样有着"理论"的贡献，可是也正如陈独秀的命运一样，他的盲动主义以及1930年与周恩来一起主持的六届三中全会一同遭到了与陈独秀同样的"清算"。从陈转移到瞿，与会者轮番轰炸，掷地有声。蔡和森断言"真正小团体的代表是秋白"，张国焘则大斥秋白对共产国际有"两面派"的"态度"，李立三则在各位革命同志的激情感召下决然指责秋白把"私人小团体的利益放到了第一位"，[①]……瞿秋白成了会议上的众矢之的，于是异口同声的趋势迫使中共中央临时政治局将瞿秋白定位为"整个阶级敌人在党内的应声虫"，全党应对他"开展最无情的斗争"[②]。瞿秋白经受了如此这般的政党伦理考验后，直到临终时才开始对这一"斗争"模式的反思：既有对他人的也有对自己的。说违心的话可以理直气壮，给人的评判可以无限上纲，《多余的话》中"历史的误会"的概括使瞿对王明在米夫的支持下攘权已经很清醒。1943年，刘少奇就有先见之明地指出：王明为诬陷诽谤瞿秋白所写的《为中共更加布尔什维克化而斗争》"记载着罪恶的党内斗争材料，它使我们能从这些材料中窥见四中全会及其前后党内斗争的黑幕，使我们对于党内这段历史有完全新的了解"。

"饮水思源"，我们固然不能忘记共产国际的热情援助，但是，这个源头并非全是"活水"，也并非都是甘泉清洌。由外国人来决断中国革命的大事，难免失误。而失误的根本原因在于不是从中国具体实际出发，而过多考虑它的世界革命战略部署。有时它脱离别国的具体实际，甚至以损害别国利益来维护苏联的利益，这也就背离了无产阶级国际主义原则。在20世纪20年代后期到30年代前期，共产国际的集权主义和教条主义的领导，产生了把马列主义教条化，把国际决议和苏联经验神圣化，并且企图使各国共产党实际上从属于苏联共产党的严重错误倾向。这种由一个国际中心集权地指挥各国革命活动的错误做法，其中的一个党以"老子党"自居，干涉别国党的内政，用自己培养的、信得

[①] 《布尔什维克》第4卷第3期，1931年5月出版。

[②] 《六大以来》下，第56页。

过的人去夺取别国党的领导权，以便听从他们指挥的恶劣作风，则是完全违反马列主义原则的，由此给所支配的对象国革命带来的损失，也是不可估量和避免的。

共产国际早期派到中国的代表维金斯基拟依靠吴佩孚，达林想拥戴陈炯明，只有马林推举孙中山，可谓慧眼独具，但美中不足的是他对国民党作了过高的估价，并遵从国际指示采取党内联合，代表两种不同意识形态的两个政党联合，最终只能以大党残害小党的分裂结局而告终。也许，当初党外联合倒给双方以各自必要的发展空间。

共产国际代表马林与孙中山几次会晤后，便认为国民党不是资产阶级政党，而是由知识分子、华侨、士兵和工人组成的"多阶级联盟"，它的主要性质是民主主义的。马林认为中共只是一个"小团体"，"没有显著的成就"，前途"十分悲观"，他是否加入国民党建立国共合作看做是中国革命生死存亡的问题，如果不同国民党合作，"前途是暗淡的"，不承认"五四"以来中国工人阶级已登上历史舞台和中共领导下工人运动的成绩。

马林的意见得到了共产国际的支持，并很快向中共发出了由维金斯基签署的指令，给马林送去了一柄"尚方宝剑"。

但马林的意见遭到了党内多数人的反对。1921年4月6日，陈独秀铺纸挥毫，就此写信给维金斯基，表示坚决反对马林关于共产党加入国民党的提议，申述了反对理由："一、共产党与国民党革命之宗旨及所据之基础不同。二、国民党联美国，联张作霖、段祺瑞等政策和共产主义太不相容。三、国民党未曾发表党纲，在广东以外之各省人民视之，仍是一争权夺利之政党，共产党倘若加入该党，则在社会上信仰全失（尤其是青年社会），永无发展之机会。四、广东之实力派之陈炯明，名为国民党，实则反对孙逸仙派甚烈，我们倘加入国民党，立即受陈派之敌视，即在广东亦不能活动。五、国民党孙逸仙派对于新加入之分子，绝对不能容纳其意见及假以权柄。六、广东、北京、上海、长沙、武昌各区同志对于加入国民党一事，均已开会决议绝对不赞成，在事实上亦无加入之可能。"①

---

① 《中共中央文件选集》第一册，第15页。

1922年8月28日至30日，中共中央在杭州西湖召开执委会议。会上，马林传达了共产国际指令，要中共党员以个人身份加入国民党。起初，参加会议的大多数都表示反对。陈独秀后来不无推脱嫌疑地说："当时中共中央和的五个委员：李守常、张特立、蔡和森、高君宇及我，都一致反对此提议"，"最后，国际代表提出中国共产党是否服从国际议案为言，于是中共中央为尊重国际纪律遂不得不接受共产国际的提议，承认加入国民党"。① 于是陈独秀、李大钊率先加入了国民党。

但是在国共合作中，两党的摩擦时有发生。

国民党内部一些人也分析了共产党合作的用意，认为国共合作是共产党在"借尸还魂"、"借鸡生蛋"。

1923年11月29日，孙中山发表改组宣言。

在国民党"一大"上，冯自由等即公开反对共产党加入国民党，会后又组织了"同志俱乐部"。

后来国民党中邓泽如、林直勉等11人又向孙中山提出检举共产党员的报告书。报告声称："窃以本党改组，其动机虽出自我总理之乾纲独断，惟组织法及党章党纲等草案，实多出俄人鲍罗廷之指示。""此回改组，陈独秀因粤人对伊感情太坏，乃避去，而以其宣传谭平山出而任事，陈独秀在暗中牵线。内里之阴谋，经为其党徒范体仁争权夺利而冲突，遂向国会议员徐清和详细陈述。兹请转述徐议员之言，又他方面探得者，密报于我总理以免外人弄我如傀儡，此为党员等天职所在，势难容忍，非敢反对此回改组也。""陈独秀此次加入吾党，乃有系统的有组织的加入。当未加入之先，曾在北方某地（可能是海参崴）开大会议，决定利用我党之方法。其大前提，即借国民党之躯壳，注入共产党之灵魂。"②

1924年6月，邓泽如、张继、谢持等人以国民党监察委员会的名义提出《弹劾共产党书》。

6月25日，张继、谢持还气势汹汹地冲到鲍罗廷的办公处责问共产国际代

---

① 陈独秀：《告全党同志书》，1929年12月10日。
② 司马璐：《中共党史暨文献选粹》，第三部，第49~50页。

表鲍罗廷，当时翻译孙科也在场，谈话气氛十分紧张。

谢持说："今日吾二人以中央监察委员资格与君说话。"

鲍罗廷答道："余以中国国民党训练员资格与君等说话。"

"我们要谈的是组织上最重要问题，是否承认党中有党，即指共产党与社会主义青年团在国民党内组织党团问题。"谢持开门见山地说："共产党加入国民党，而在党内作党团活动，难道是合理的吗？"

鲍罗廷说："党中分派，是不能避免的，国民党内，有左右派之分，共产党则为左派"，他又说："国民党已死，国民党已不成党，只可说有国民党员，不可说有国民党，加入新分子如共产党者，组织党团可引起旧党员的竞争心，则党可复活。"①

双方互不让步，最后不欢而散。

孙中山逝世后的1925年8月，国民党左派领袖廖仲恺被右派杀害，11月，"西山会议派"作出"取消共产党员在国民党中之党籍"、"解雇鲍罗廷"、"开除国民党中央执行委员中的共产党员"，以及"因反对共产党而被开除出国民党者分别恢复党籍"等决议。

在国共合作中，不仅孙中山对共产党保持着高度的警惕，而且国民党与共产党之间的斗争一刻也没有停止过。但在苏联"可以俄国援助为依赖也"的承诺下，在即将得到苏联军火及其他军事装备援助的希望中，孙中山坚定了国共联合的决心，他对国民党中反共的顽固分子冯自由等说："你们不同共产党合作，我就解散国民党，加入共产党。"他又问："你们仍旧反对同共产党合作么？"邓泽如等表示不肯放弃自己的主张，孙中山说："那么好，开除你们的党籍。"②

共产国际认为，无论是孙中山的国民革命战争还是中共领导的运动，只要能掣肘英美日等帝国主义，不至于对苏联造成威胁，都有得到援助的希望。

更为严重的是，共产国际凝固化地看待孙中山与蒋介石。孙中山的联合依据是既求得苏联的援助又要不危及国民党的利益。他曾不止一次地对共产国际代表说："共产党既加入国民党，便应该服从党纪，不应该公开的批评国民党，

---

① 《中国青年运动历史资料》（1），第361页。
② 林伯渠在纪念孙中山诞辰90周年大会中的讲话，1956年11月12日《人民日报》。

共产党若不服从国民党，我便要开除他们；苏俄若袒护共产党，我便要反对苏俄。"①

随着工农革命运动的蓬勃发展，广东革命根据地迅速统一和巩固，革命与反革命的大决战已势不可免。此时，革命的领导权问题突出地体现出来。革命越发展，两种不同阶级基础的政党斗争就越激烈。

1926年3月20日，并且蒋介石制造了反共的"中山舰事件"。他调运武装，割断交通，包围省港罢工委员会和苏联顾问办事处，逮捕了李之龙等一批共产党员，并强迫共产党退出国民革命军第一军，并且蒋介石已发出反共反苏的信号。

此时，留守广州的苏联顾问立即召开会议讨论对策。军事顾问斯捷潘诺夫认为，这是蒋介石对苏联顾问和中共工作上的冒进或过多地包办代替不满的表现。事件发生前，张太雷曾向在广州的联共（布）中央政治局使团团长布勃诺夫提醒说："看来，右派现在准备采取行动了"，并说，"现在的形势与谋杀廖仲恺前夕形势相仿，到处是谣言和传单"。但这并没引起苏联顾问的高度重视，也没有采取相应的措施。布勃诺夫针对此事件批评"省港罢工搞得太长"，工人纠察队"把根本不是它固有的职能也担当起来了"②。在批评中国共产党冒进过火的同时，布勃诺夫又于3月22日与斯捷潘诺夫会见蒋介石，为了保持与蒋合作，不惜一切代价屈从蒋的要求。看来，将工农运动说成"糟得很"以及"过火"行为，不只是国民党的独创。

4月29日，鲍罗廷回到广州后，拒不采纳将苏联接济国民党军队的一部分军火交给农民的建议，与蒋介石多次会晤，并达成三项协定。其要点是：一、共产党接受蒋介石的建议，限制共产党在国民党内的活动；二、蒋介石同意鲍罗廷的主张，采取反对右派的措施；三、鲍罗廷明确表示支持北伐。这种对蒋退让容忍的态度，为"整理党务案"埋下了祸根。

在1926年2月17日至3月15日举行的共产国际执委第六次扩大全会上，国民党被接纳为共产国际成员，蒋介石还被列为大会主席团"名誉委员"。共产国际对中国阵营内部特别是新右派露骨的夺权斗争几乎毫无察觉。

---

① 陈独秀：《告全党同志书》，1929年12月10日。
② 《中国国民革命军的北伐》，中国社会科学出版社，第376页。

1926年6月初,维金斯基再度来华,在他的参与下,中共中央于7月中旬在上海召开扩大会议。维金斯基批评了共产党退出国民党的主张,指责共产党犯了"包办"的错误,他甚至怀疑共产党领导革命的能力。

1926年11月12日至12月16日举行的共产国际执委七次扩大全会,蒋介石被划为中派,关于领导权的问题,决议认为:共产党要使国民党"巩固左派并与之建立密切合作,但共产党人不在其中谋取领导地位"。①这样就将关系到中国革命成败的领导权问题轻轻放过了。

共产国际为了保证其决议贯彻执行,便派了全权代表常驻中国。

在这种情况下,中共中央于1926年12月中旬在汉口召开了特别会议。根据共产国际"不要同国民党左派争夺领导权"的指示,不但把政权、革命运动的领导权统统送给汪精卫等所谓的国民党左派,而且革命的军权也必将完全送给蒋介石等人。陈独秀的报告正体现了共产国际指示精神。后来维金斯基与鲍罗廷又开了一个联席会议,并通过了《政治问题议决案》,共产国际代表公然说:"现在是共产党应为国民党当苦力的时代。"事实证明,共产国际代表和陈独秀为了"尊重国际纪律和中央多数意见"而按照国际指示行事,而这些政策的施行,使蒋介石等利用共产党、利用工农进而篡夺革命领导权的目的得以实现。

在共产国际造成的这种中国政治气候的间隙里,蒋介石逐步完备了反革命夺权的条件。

孙中山逝世后,鲍罗廷于10月7日在国民党中央政治会议第66次会议上正式宣布建立中山大学,为中国培养革命干部。这所学校校址在莫斯科的沃尔洪卡大街16号,是一座四层楼房。鲍罗廷还建议国民党派学生去中山大学学习,并立即选拔赴俄学生共350名,其中鲍罗廷推荐的20名大多是国民党要人的子弟。上海和京津地区选拔的学生多数是共产党员。1926年秋,中山大学正式开学。这所大学和莫斯科东方大学一起培养了许多"变异分子",成为中国托派成员的输出基地。

1927年3月20日,上海工人举行的第三次武装起义和北伐胜利进军的消息对于中山大学,犹如"晴空惊雷"。学生们满怀喜悦地互相握手拥抱,他们衷

---

① 珍妮·德格拉斯:《共产国际文件》,第二卷,第475页。

心欢呼、无比激动,并举行了盛大的庆祝会。

但是,热得快,冷得也快。事隔不久,这种激情就在血淋淋的事实面前冷却了。

1927年4月5日,即"四·一二"政变的前一周,斯大林曾说,蒋介石已"服从纪律",现在"没有必要赶走右派,因为我们掌握着多数,右派也听从我们的意见"。共产党人还用得着右翼,"他们当中还有人才在指挥军队并领导军队去反对帝国主义"。①

1927年3月,美英等帝国主义制造了"南京惨案",用大炮"敦促"蒋介石尽快发动反革命政变。于是,4月12日,蒋介石在上海便向工人开刀了。他还发布了通缉令,幽默的是,被通缉的191名共产党人中,第一名就是与蒋介石达成过"君子协定"的鲍罗廷。4月15日,李济深也在广东发动政变,紧接着,南京、无锡等地也出现了屠杀共产党和革命群众的"清党"运动。

"四·一二"大屠杀的消息来得如此突然,不啻给莫斯科中山大学的学生们当头一棒。当天晚上,中山大学举行了集会,激昂愤怒的气氛笼罩着整个会议大厅,没有一个人脸上是平静的。那一张张脸上变幻着惊诧、愤怒、失望以及颓丧。很多学生包括国民党要人子弟都发表演说,愤怒声讨"四·一二"政变元凶蒋介石。

蒋经国当时是中国社会主义青年团团员,1927年4月16日《消息报》在一篇文章中对他的演说作了描述:"……蒋介石的儿子鼓动学生们到共产国际大厦前游行示威。不久前,他在一次中国青年的会议上说:'我在这里不是作为蒋介石的儿子,而是作为中国共产主义青年团的儿子来讲话。'"②几天后,他又公开发表声明,谴责他的父亲蒋介石并声明他是自己的敌人。这份声明被塔斯社译成多种文字广泛传播:

> 蒋介石的叛变并不使人感到意外。当他滔滔不绝地谈论革命时,他已经逐渐开始背叛革命。切望与张作霖和孙传芳妥协。蒋介石已经结束了他

---

① 珍妮·德格拉斯:《共产国际文件》,第二卷,第494页。
② 莫斯科《消息报》,1927年4月16日。

的革命生涯。作为一个革命者，他死了。他已走向反革命并且是工人大众的敌人，蒋介石曾经是我的父亲和革命的朋友。他已经走向反革命阵营，现在他是我的敌人了。①

不久前还被当做中国的民族英雄和革命家来赞美的蒋介石，而现今成了被人视为与张作霖同类的军阀。莫斯科五一节筹委会以及中山大学分别绘制了两个大幅蒋介石画像，准备在节日游行队伍中抬出，但政变消息传来，画像便被俄国人和中山大学的学子们付之一炬了。

对于此次政变，中山大学学生有许多疑问得不到解决，思想发生了巨大波动，他们很难接受这种现实。5月13日，斯大林到校作了长达三个小时的报告，自圆其说地强调"蒋介石的政变事实上是使国民党洗去了污点，把国民党的核心向左推移"。②他要大家确信："武汉的国民党即没有国民党右派的国民党是中国劳动群众反帝国主义斗争的中心。""中国共产党人现在是否应当推翻武汉政府呢？显然不是的。相反地，他们应当支持国民政府，把它变为反对张作霖、反对蒋介石、反对地主豪绅、反对帝国主义的机关。"③总之，斯大林的演说告诉人们，苏共和共产国际在蒋介石政变后，把希望寄托在武汉政府即汪精卫、唐生智、冯玉祥身上。但是，汪精卫的武汉政府并没有给斯大林面子。3个月后，武汉"七·一五"分共事件又爆发了，蒋汪合流，冯玉祥转而支持蒋介石，成千上万的革命者便在"宁可枉杀一千，不可使一人漏网"的口号声中倒在了血泊中。

中山大学的进步学生心情沮丧，怒不可遏，共产国际派来了一个代表召见"中大"共产党员学生，遭到了学生气愤的责问——为什么共产国际不从上海"四·一二"汲取教训，防止仅仅三个月后又在武汉发生同样的政变？……这位代表将失败诿过于中共领导，特别是陈独秀的"机会主义"。指责中共领袖们没有充分重视共产国际的指示，而是一面在说贯彻执行，一

---

① 汉口《人民论坛》报，1927年4月24日。转录《莫斯科中山大学和中国革命》，第137页。
② 《斯大林全集》，第九卷，第234页。
③ 同②，第222页。

面对许多指示消极怠工。学生们不同意代表的回答，指责说，我们并不想减轻中共领袖们对中国发生的可悲事件应负的责任，然而把全部过错都推到中共领袖身上，而对共产国际的领导毫无批评，这是无法令人接受的。难道鲍罗廷和罗易的过错就比别人轻？

列宁说过："每个政党，其对于自己的过失取如何态度，乃是表示其党之真诚性的最大证据之一。公然承认自己的过失，暴露其原因，对其事情之所以发生加以解剖，热心研究矫正方法，这就是真诚的政党之记号。"不知共产国际及继承列宁主义的斯大林是否记住了导师的教诲。

完全诿过于人、不做自我检讨，必将导致指挥频频失误，错误连连发生。事实证明，大受其害的不仅是陈独秀一个人，即便不是陈独秀，而是其他人，在那样的政治氛围中，也会演绎出同样或者更悲惨的历史结局来。

2．是无奈辞职还是被开除？

上海"四·一二"政变后，中共中央于1927年4月27日至5月9日在汉口召开了中共"五大"，会上，陈独秀对自己的错误作了检讨，并且表示接受大家批评，拥护大会决议。陈独秀仍被选为中共中央总书记，与当选的李立三、李维汉、张国焘、周恩来、蔡和森、瞿秋白、谭平山、苏兆征九人组成了政治局，并与蔡和森、张国焘三人组成政治局常委，在没有合适替代者的现状下"选出了在目前情况下尽可能好的领导"。共产国际的领导也不能不评价他"有着瑕不掩瑜的英明"。

质而言之，陈独秀的当选也受到了共产国际的较大影响。维金斯基说得明白："让他留在领导机关是共产国际执委会代表团的一个很大错误。"共产国际的支配作用昭然可见。陈独秀的当选绝不是因为他的威望或是否同意"五大"决议，乃是共产国际寻找的一个缓冲人物。在这种情况下，中共总书记无力驾驭迷途中的航船是可想而知的。

4月初，陈独秀在汉口会见了汪精卫，为了打消汪精卫对中共反对国民党的疑虑，于4月4日起草了《汪陈宣言》。

4月10日，《共产国际》编辑马尔丁诺夫在《真理报》上发表文章，评论《汪陈宣言》并指出："最近从中国收到的情报可以判断，现在中国共产党是按照正确的方针办事。"中共内部大多数人对宣言表示拥护，认为它把中国革命的形势分析得非常清楚。使国共两党的积怨涣然冰释，所以便"竭诚拥护"，立誓"切实遵循"。

陈独秀在共产国际这条右倾的列车上，随着它巨大的惯性，越奔越远了。当这列右倾的列车停靠在不知名的站台时，揉开惺忪的眼睛，他看到的是"四·一二"政变后那尸横血溅的惨状，而将他带到这个地方的那列火车已带着呼啸绝尘而去了。那份《汪陈宣言》，终于在以退让求团结的错误导向下演变为一个后来连他自己也反感的"可耻的宣言"。

陈独秀对汪精卫的反共倾向也是有所察觉的。在一次中共中央政治局召开的会议上，陈独秀指出："我们和国民党的合作日益入于危险，他们和我们所争的，表面上好像是这样或那样的各个小问题，实际上他们所要的是整个的领导权。现在只有两条路摆在我们的面前：放弃领导权或是和他们决裂。"①但与会者却以沉默的态度回答了陈独秀的讲演。

"马日事变"后，陈独秀又两次在中央政治局会议上提出退出国民党。6月20日，他说："武汉国民党已跟着蒋介石走，我们若不改变政策，也同样是走上蒋介石的道路了。"任弼时回答说："是的呀！"周恩来表示："退出国民党后工农运动是方便得多，可是军事运动大受损失了。"而其余的人再次以沉默的方式回答了他那激情满怀的提议。

陈独秀也曾和瞿秋白谈论此事，瞿秋白说："宁可让国民党开除我们，不可由自己退出。"他转脸又和鲍罗廷商量，鲍罗廷说："你这个提议我很赞同，但是我知道莫斯科必不允许。"②

6月下旬，共产国际训令中国共产党批判机会主义错误，改组中共中央，调回鲍罗廷。有些国际代表表示："不遵守国际训令者剥夺其在中央之领导权。"这个训令却被鲍罗廷扣下来秘而不宣。

---

① 陈独秀：《告全党同志书》，1929年12月10日。
② 同①

7月12日,鲍罗廷才公开了共产国际"训令"。根据该"训令"改组中共中央,成立了以张国焘、张太雷、李维汉、李立三、周恩来为成员的临时中央政治局兼常委。陈独秀被停职,"不再视事"。鲍罗廷建议陈独秀到莫斯科与共产国际讨论中国革命问题,被他拒绝。他曾说:"我所受国际机会主义的训练已经受够了,以前因为接受国际意见,而做了许多错误。"①

陈独秀拒绝去苏联"接受国际训练"的选择无疑是明智的。后来的李立三回苏联后的遭遇证明了陈独秀的拒绝是值得庆幸的。

1930年10月,共产国际东方部在经过几天的讨论之后,向共产国际主席团写了《国际东方部中国党三中全会与李立三同志的错误的报告》,对李立三提出了批评,指责以李立三为首的中共中央"有好几个礼拜没有服从共产国际的指示",犯了"反国际的政治路线"错误,"敌视共产国际的行为"。又给他扣上"敌视布尔什维克主义"、"反共产国际"的帽子。后李立三遵照共产国际决定留在莫斯科,改名李明,又起了个亚历山大·拉宾的俄名,以研究生的身份走进了列宁学校,接受"国际训练",开始了15年的漫长的驻苏生涯。从1936年开始,苏联内部就指定专人监视李立三,1938年2月23日,苏联内务部突然逮捕了他。他受到批判、审查,实际上受审讯、受斗争、受扣押,在苏联过了一年零九个月的铁窗生活。1939年11月4日,他被内务部宣布无罪释放。共产国际监委会说,李立三在苏联的问题搞清了,而他在中国党内的问题,还得中国党去作结论,因此,决定开除其党籍。他最后没有工作,在生活上遇到了困难,依靠共产国际红十字会救济金生活。

可见,如果陈独秀"应邀"去莫斯科接受国际培训,同样难避"清算批斗、残酷打击"的集中改造与"培训"。

陈独秀在被停职前与秘书黄文容便搬出了中央机关"61号",在武昌另租房子秘密居住。每天还与国民党要人见面,一个人综合多方面的秘密消息,每夜临睡前口授黄文容记下,并复写或油印,发给党内重要同志。

"剪不断,理还乱。"在极度彷徨的心态下,陈独秀向中共临时中央致函提出辞职书,要求辞去总书记职务。理由是:"国际一面要我们执行自己的政策,

---

① 陈独秀:《告全党同志书》,1929年12月10日。

一面又不许我们退出国民党,实在没有出路,我实在不能继续工作。"①

陈独秀提出辞职,他不愿再做主要领导人。事实上,为了维护自己权威的共产国际也不会再让他当总书记。

7月23日共产国际派代表罗明那兹与纽曼来华接替罗易与鲍罗廷指导中国革命。并与张国焘、瞿秋白谈话,宣布中共中央犯了严重的右倾机会主义错误,违反了国际指示,决定改组中共中央,反对机会主义,不让陈独秀再任总书记。

8月4日,二人来到长沙,在俄国领事馆召集中共湖南临时省委会议,要求与会者签名赞同"打倒陈独秀",因为"陈不执行第三国际的决议"。代理书记易礼容表示不同意这种做法,他认为革命连续失败,同志牺牲惨重,党组织多遭破坏,一时创巨痛深,不宜活动,陈独秀在社会上有声望,在党内还有号召力,打倒他,很少有人能起来领导。革命失败不能说是他一个人的罪,共产国际及其驻华代表也有责任。会议开到第二天早晨,无果而散。会后,党中央解除了易礼容的书记职务。

这种惩办主义的先例,由罗明那兹开创了。他太着重于个人责任,把反对机会主义闹成了对机会主义错误执行者的人身攻击,他只强调陈独秀拒不执行国际指示,忘记了共产国际"避免和蒋介石军队冲突,将工人的枪械埋藏起来,勿以武装力量扰乱租界"等训示电令。

就在中共党内正在组织批判陈独秀的气氛中,共产国际代表罗易真诚地、幼稚地将联共(布)中央政治局"实行土地革命"、"动员共产党员,组织军队"、"组织革命法庭惩办反动军官"的决议案副本交给了汪精卫,企图能在汪精卫反共势头越来越明显、越来越大的紧急关头"重新赢得汪的信任"。不想这幼稚病更加快了汪精卫的反共步伐,使他迫不及待地于7月15日在武汉明目张胆地分共、抗共。

陈独秀作为当时的中共中央总书记,即国民革命运动中共方面的主要领导,对这场革命的失败,无疑应负重要的政治责任,对此,陈独秀本人也有清醒的认识。

在大革命失败的白色恐怖里,陈独秀痛苦地自我反省着。由于对丧失了革

---

① 陈独秀:《告全党同志书》,1929年12月10日。

命领导权、葬送了工农运动所负的责任，他在经受着灵魂的拷打。他因自责而陷入了深深的苦闷之中，他曾自我表白道："自一九二七年中国遭受了悲惨的可耻的失败后，我固亲自负过重要责任，一时实感无以自处，故经过一年之久，我差不多完全在个人的反省期间。"①他诅咒那些举起屠刀的刽子手，他责骂扼杀革命群众的幽灵。他以对那些玩弄枪炮的阴险毒辣的政治者、军事者们的仇恨写下了一首《献诗》：

> 是太平洋的急潮怒号，
> 是喜马拉雅山的山鬼狂啸；
> 美满的呀、美满的人间，
> 已经变成了苦闷的囚牢！
> 我的灵魂飞上了九霄，
> 俯瞰人间的群众颠沛如涛；
> 宛如被射了双翼的群雁，
> 垂死的哀鸣；血泪涛涛。
> 那畜辈的良心早泯，
> 只知把民众作肉食血饮；
> 我们要恢复固有的幸福，
> 呀，但有我们自己的觉醒。
> 有的火已在爆裂，
> 那星星是在大放光明。
> 我把他们织成了文锦，
> 敬献给我们真善有为的青年。②

他憎恨反动者"早泯"的"良心"，他仍把革命的希望寄托给"真善有为"的青年。在"真善"与共产国际那"万方有罪在其一人"的诱过比照中，陈独秀又

---

① 陈独秀：《答国际的信》，1930年2月1日，《无产者》第2期。
② 该诗收入陈独秀编的《革命文学史》，印行于1927年12月。

有着难以抑制的愤慨。但共产国际并不以他的愤慨而放弃对他的打击。

激情的号角掩盖不住内心的空荡,刚毅威猛的个性此时此刻也有了魂不守舍的心绪。

1927年8月7日,在大革命失败的震荡下,中共中央在汉口召开紧急会议。汉口的中央委员都被通知到会,唯独少了陈独秀,而他当时就在汉口。临时中央有人主张邀他参加会议,却遭到了罗明那兹的反对。[①]会议确定了武装暴动反抗国民党和土地革命运动总方针,并展开了对右倾机会主义的批判,成立了瞿秋白、李维汉、苏兆征等组成的临时中央政治局。无论在政治上或组织上、口头上或书面上,都只字不提陈独秀的名字。

不过,在当事人的意识里,此次的离职与"五大"的当选一样不足为怪,共产国际不过是把中国革命党人当做任意摆弄的棋子而已。

出于政治者的职业敏感与思维习惯,他仍在密切关注着八七会议后的共产党与国民党,留心着中国的政局,与反动的国民党进行着论战。八七会议后,瞿秋白和李维汉一起曾到陈独秀寓所,叙述了八七会议的情况,并劝他接受共产国际的要求,到莫斯科去,他坚持不肯。瞿秋白邀他写文章给《布尔什维克》,他只写了"寸铁"一类的散文,并署名"撒翁",意为"撒手不管(干)的老头儿"。

3. 为何走向反对派?

走下领导岗位的陈独秀情绪极为复杂:自责、愤怒、失望、委屈、孤独交织在一起,犹如一张无法挣脱的网。汉口在他眼里简直就是一座黑黢黢的鬼影。意念中模模糊糊的上海将他的思绪拉扯到了九霄云外。他决意要到往事如烟的老房子里寻找旧梦。悲秋与怀旧向来是中国文人寄托失落的传统方式。尽管明明知道把一切寄存在一个虚幻而不切实的地方是一种寒蝉凄切式的苟且,但是这仍不失为一种斯文的选择。在他木然想到李大钊的时刻(1927年4月29日为军阀张作霖杀害),他也想起了忘却已久的文字和音韵研究。

---

① 李立三:《党史报告》,1930年2月1日。

一天，上海亚东图书馆汪孟邹的侄子汪原放来到了陈独秀与其秘书在武昌的一条深巷避居的民房里。只见陈独秀正光着膀子，披了一大块白布做的汗巾，像一个拉大车的苦力，躺在竹榻上。陈独秀对汪原放说："我在打算，要到上海去。可是对于那里的情形，一点不知道。我想，你到上海去跑一次，问问孟邹，看看我可去不可去。"八月底，汪原放从上海回到武汉，说汪孟邹赞成他回上海。

　　1927年9月10日，正值农历八月十五中秋节，陈独秀与秘书黄文容、汪原放、亚东图书馆职员陈啸青包了四个铺位的一个客舱，离开汉口前往上海。陈独秀戴着一个风帽，装扮成一个病人，躺在上铺，吃饭也在舱内。

　　船到九江的时候，正值中秋夜半，夜渐渐地深了，甲板上的人也渐渐地少了。陈独秀走出船舱，凭栏仰首，注视着天空中的明月，月色皎皎光辉如水，泼泻在茫茫的江面上。他不禁想起那高歌"明月几时有，把酒问青天"的苏轼来。那屡遭贬谪的迁客骚人，但凡遇到明月，都会有"照无眠"的感觉吧。是呵，"起舞弄清影，何似在人间"！曾与自己最契合的战友李大钊也已被军阀杀害。他又想到了一个月前即7月4日在大革命中被国民党杀害的儿子陈延年，又难免升腾起一种"月圆人难圆"的失亲痛苦。他感到一阵阵的寒意袭来，侵逼着肌肤，直透心底。他不忍再凭江而立，便回到舱中，躺在床上，一言不发。

　　一路上，他很少开口，心中默默地思量着一句话："中国革命应该由中国人自己来领导。"这句话实是他高度的政治敏感和峻拔的个性的体现，在当时有谁能大胆而深刻地提出这惊世骇俗的见解呢？生命不能承受太轻，对政治神经敏感异常的学问家来说，他思索的不是如何"全躯保妻子"，而是中国的革命与前途。那棱角分明的脸，紧闭的嘴角，大步流星的步伐，仿佛在一一述说着他的个性。

　　到上海后，汪孟邹等人把陈独秀安置到酱园弄彭礼和家里。不久，他又搬到浙江北路的一个小弄堂里居住。此时的他，承受着从未有过的寂寞与伤感。血淋淋的心灵创伤被平静如水的恬淡所遮盖，一切都在情绪的潜流中进行。雄狮的歇息方式比羔羊还要温顺。一位习惯于在激流旋涡中扬帆的掌舵手，即使在温柔宁静的梦乡里也避不开数不尽的惊涛骇浪。

在烈士未淡的血色中，共产国际指出，大革命的失败，使中国革命"推移到新的更高的阶段了"①。

罗明那兹认为中国政局发生变化后，应展开"反对中国资产阶级的阶级斗争"即举行暴动，宣扬"不断革命论"。随后而来的诺伊曼也大喊着"进攻进攻再进攻"。

1927年11月9日至11日中共中央临时政治局扩大会议在上海召开。会议过分夸大了敌人统治内部危机和革命力量的发展，否认革命势力已转入低潮，认为中国"革命潮流始终不是低落的，而是高涨的"。决议写道："现时全中国的状况是直接革命形势"，而且"现在刚在重新爆发革命斗争的高潮"。瞿秋白还在他的另一篇文章中说，事实已经表现得很明白：中国革命是高涨而不是低落，中国革命的高涨而且是无间断的性质——各地农民暴动的继续爆发以及城市工人斗争的日益剧烈，显然有汇合成暴动的趋势。于是，"左倾盲动"开始了。

会议期间，政治局又决定陈独秀去莫斯科。他不愿去，并对秘书黄文容说，中国的问题是中国人了解还是外国人了解？我是中国人，我要研究中国问题，为什么不能在中国研究而要到莫斯科去研究？②他坚决拒绝了这个"光荣的邀请"。陈独秀还曾就中共中央要其写思过书说，他们让我写悔过书，过从何来，如何悔之，我不明白，他们为什么不叫斯大林悔过呢？我是执行他的训令的，他悔过我就悔过，叫我做替罪人，于情于理都说不通。有人批评陈独秀作为中共首要领导人，却努力为自己辩解，甚至是推卸责任。的确，陈独秀是这样极为偏激地辩解着。似乎，这是与陈独秀责己不责人的个性背道而驰的。"五四"前后，带有浓重忏悔色彩的文章充分显示了他"谦虚"的性情。他甚至连整个民族的罪孽都包揽了！关键在于，此时此刻，如果他完全包揽综合因素造成的所有失误，是否便是客观的无产者情怀！

1928年，共产国际让陈独秀到莫斯科去，但陈独秀严词拒绝，并说你们骂我是右倾机会主义，还有人骂我是叛变革命，在这种情况下，叫我到莫斯科去当什么东方部长，岂非揶揄。我不愿当官，也不能当一个被别人牵着鼻子走的

---

① 《中共党史教学参考资料》（三），第187、191页。
② 黄文容：《党的"六大"前后若干历史情况》。

牛，对你们的好意，敬谢不敏。有人说："老先生在这点上，未免过于顽固了。"陈独秀则对自己的"执迷不悟"飘飘然：顽固不是我的性格，我认为对的我是要坚持的，执拗的性质，我是有的，小时候，母亲骂我是个"小犟牛"，但是我知道是错了，我并不顽固。把不合理的罪名加在我的身上，纵叫我人头落地，我也不会承认。

针对当时的盲动，陈独秀曾三次致函中共中央，认为"国民党虽然不能长久统治巩固，而眼前当不至崩溃"，不可存"以暴动取得政权的幻想"。并对当时中共中央主要领导人在大革命失败后认为"是直接革命形势"一说持否定态度。在中共六大前的一天，时任江苏省委常委的王若飞到陈独秀家去拜访，陈独秀与其在谈到大革命失败后中国革命形势时表达了处于低潮的看法。与共产国际和中共中央意见一致的王若飞则坚持革命形势"上涨"的观点，于是二人便发生了争执。争论中陈独秀从革命反对势力的表现反问王若飞："这几天上海的外国兵大部分撤退回国，你认为中国革命还在高涨时候，帝国主义肯把军队撤退么？"①这一句话可谓切中要害、点破天机。王若飞顿然醒悟，肯定了陈独秀的观点，并以这种顿悟速草了"江苏省委决议案"，对当时以瞿秋白为代表的党中央的左倾盲动主义提出了批评。时任中共江苏省委组织部部长的陈独秀的次子陈乔年，十分同情父亲的遭遇，也很赞同他的部分观点并经常看望他。劝他既然离开中央，观点难同，就不要再写信了，因为他的那些意见在当时的中共中央只有被当做笑话流传。

"撒翁"并不能履行自己的诺言，他一刻也轻松不了。既没有停止对中国革命的前途的思索，更没有停止对反革命军阀政客的论战，他偶有心得便会一如既往地把思索结果以函的形式献给中共中央。之所以这样，正如他所说："我不忍眼见无数同志热血造成的党，就这样长期的在不正确的路线之下，破灭消沉下去。"②

1927年9月底10月初，在"直接革命形势"下的南昌起义失败了。

在陈独秀离开汉口之后，秋收起义也失败了，12月11日接踵而至的广州

---

① 郑超麟：《回忆录》，1945年手稿。
② 陈独秀：《告全党同志书》，1929年12月10日。

起义也灰飞烟灭。从八七会议到该年年底，中国共产党的 100 多次武装暴动都遭到了残酷的镇压。而共产国际一面在惩办领导者，一面又将失败宣传成"胜利"。

从政的书生往往在政治上受挫或失意时便退到另一个领域里，到纯学术的研究中求得心灵的慰藉。当陈独秀一封封火热的信件被冷落之际，他被深深地刺伤了，"高谈阔论一书生，招来无数笑谈柄"。于是，他开始重操旧业——致力于中国文字拼音化和音韵学问题的研究。1929 年 3 月写成了《中国拼音文字草案》的书稿。鉴于如此的"陡转"，闲言碎语便是，陈独秀已"不在其位，不谋其政"了。

但是，真正了解陈独秀性情的人决不会轻率判断。在印行于 1927 年 12 月的由陈独秀编的《革命文学史》中，他的《致读者》一诗正是他那一贯作风的流露：

> 快放下你们的葡萄酒杯，
> 莫再如此的昏迷沉饮；
> 烈火已将烧到你们的脚边，
> 你们怎不起来自卫生命？
> 呀，趁你们的声带未破，
> 快起来把你们的同伴唱醒；
> 趁你们的热血未干，
> 快起来和你们的仇敌拼命？
> 在这恶魔残杀的世界，
> 本没生趣之意义与价值可寻；
> 只有向自己的仇敌挑战，
> 就是死呀，死后也得安心。
> 苏维埃的列宁永生，
> 孙中山的精灵不冥；
> 热血未干的朋友们呀，

莫忘了你们尊贵的使命！①

　　如果说职务的被撤还能让陈独秀沉默的话，那么随后发生的"中东路事件"无论如何也难以让他无动于衷、视而不见。

　　中东铁路（后改为中长铁路）是一条横贯黑、吉、辽的自哈尔滨西至满洲里、东至绥芬河、南至大连总长2000多公里的大铁路，它与苏联西伯利亚大铁路相连，是沟通中苏陆上交通的要道，有着重要的战略地位，是沙俄与清政府用了17年时间于1903年建成的。

　　1929年7月10日，东北当局在蒋介石的指使下，用武力接管中东铁路，逮捕和驱赶苏方人员。从搜查其驻哈总领事馆到武装冲突、举行谈判，再12月签订《伯力协定》平息事端，历经7月有余。统称"中东路事件"。

　　事件发生后，共产国际连续对中国共产党发出指示，要求中共"拥护苏联"、"武装保卫苏联"，并一再要求中共显示军事威力，不惜作出重大牺牲，"冲上前去做反抗帝国主义的革命斗争拥护苏联"，"组织最坚固的防御战线反抗进攻苏联"。中共中央根据指示，宣言并通告，提出了"武装保卫苏联"的口号，强调"反对帝国主义国民党进攻苏联，成为中国革命最迫切的主要任务"。②

　　共产国际与中共中央所提方针，引起了陈独秀的强烈不满，他对牺牲幼弱的中国革命的做法忧心忡忡。1929年7月28日，陈独秀致函中共中央，批评了中央在中东路事件上的方针。并对"武装保卫苏联"等口号提出了异议，主张以"提出反对国民党政府对于中东路的卖国政策或'误国政策'"来代替。中共中央对陈独秀的批评进行反批评，说他与中央的分歧"不只是部分的策略问题讨论，而且包括了很严重的原则问题"，忘记了民族革命的利益，忘记了世界无产阶级的利益，成了资产阶级的宣传工具。8月11日，陈独秀又复信中央，批评中共中央的回信。这是他结束反省、重新向党奉献思想的标志。但中央把陈独秀的信看得比反对派秘密刊物更严重，将他树为"原则分歧"的敌手，不允许他再有丝毫的奉献。况且，陈独秀的言论已经引起国际忌恶，这些贡献只能

---

① 该诗收入陈独秀编的《革命文学史》，印行于1927年12月。
② 《红旗》第34期，1929年7月27日，《中央通告第42号》。

当做被惩办的依据。在后来开除陈独秀党籍的决议上，明确写上了他1929年7月28日和8月11日两信"离开中央的路线"，而他的这些"误国口号"成了他被开除出党的原因之一。陈独秀的这些夹杂着深沉的民族情感和对革命善意的深刻的进言终于被当做反动证据给棒杀了。痛苦状态下的思索贡献，收获的仍是变本加厉的痛苦，"不准革命"的陈独秀该向何处去呢？

1929年9月，陈独秀与彭述之、尹宽等人组织了"中国共产党左派反对派"（亦称"中国共产党布尔什维克列宁派"）这一托派组织，由陈独秀任书记。公开表明了与中共中央分道扬镳的反对派立场，与托派分子搅和到一块，这就注定了他从此走上一条"不归路"，也注定了他余生的政治命运和千秋之后的历史评说。

在共产国际一系列指示精神的影响下，在共产国际世界范围内反右、反托派斗争的背景中，1929年11月15日，中共中央政治局通过了《关于开除陈独秀党籍并批准江苏省委开除彭述之、汪泽凯、马玉夫、蔡振德四人决议案》，并于27日在《红旗》（第57期）公布了此决议案，另有署名慕石（即王明）批陈的文章《论陈独秀》。陈独秀被清除出了共产党。

被开除出党的陈独秀怀着满腔的忧愤于12月10日发表了《告全党同志书》，对中共中央开除自己的理由逐条辩解，强调了致使大革命失败的责任归属。认为大革命失败的根源在于共产国际的错误支配，而自己因"认识不彻底，主张不坚决，动摇不定"，"深深地沉溺在机会主义的大气中，忠实地执行了国际机会主义的政策"。

12月15日，陈独秀与彭述之、郑超麟等81人（实际只有50多人）联名发表了《我们的政治意见书》，要求恢复被开除的中共党员党籍，改组共产国际及各国支部，重新决定共产国际及中共路线政策。五天后，中共江苏省省委通知上海各区委支部开除郑超麟、刘伯庄、尹宽、李季、陈碧兰、杜琳、薛农山等人党籍，算是对陈独秀的一个回应。

1930年年初，莫斯科的中国问题研究所召开了"关于陈独秀主义的历史根源"的讨论会。共产国际代表维金斯基检讨了自己在中国革命的领导过程中所犯的错误。而鲍罗廷却保持了令共产国际惊讶的沉默。2月8日，共产国际电邀陈独秀前往苏联参加共产国际政治书记部审查中国共产党中央开除陈独秀党籍的决议的会议。17日,陈独秀复函断然拒绝,并表示:"我和你们实有不可调和的不同意见……这些根本问题决不是调我个人到莫斯科便可解决的,而且这是官僚的办法。"①斯大林当然很懂得陈独秀这个具有国际声誉的老革命家若站在反对者的立场上所能引起的影响,因此"将中山大学几乎半数的学生投进了监狱",这或许是解决反对者最好的办法了。此时,陈独秀已非常明白共产国际此举的目的,他在致国际的信中说:"其他和你们政治意见不同的大批同志都被监禁和流放,现在又要从中国调我到莫斯科,说是专门解决我的问题,我实不知你们又打算干什么。"②

此时的陈独秀已站在了中共中央的反对立场上,中央曾将他编入中央直属支部,让他在中央政治路线之下参加党的生活,担任编辑工作,并限定他在一周内作一篇反对反对派的文章。

对于中央的劝说,陈独秀置之不理,并致函指责其"固执掩护错误的政治路线……已深到无可挽回的地步",对其"作一次最后的警告"!又表示"要我作文章"是"发狂闹笑话"。并指出中央"绝对没有理由可以开除发表政治意见的任何同志"。最后警告说:"因此造成党的分裂,是应该由你们负责的!"

他又与彭述之联名致函中共中央,宣告说:"你们说我们是反对派,不错,我们是反对派,我们的党此时正需要反对派,而且正需要勇敢的对革命对党负责的反对派,坚决的不和机会主义冒险主义威吓手段腐败官僚的领导机关同流合污。"对于支配、命令、包办式的政治活动,陈独秀并不茫然。他在努力的反思、自检、自责中生发了对不能自主自决的厌恶与反叛。他所经历过的历史悲剧似乎还在继续上演,他不忍看到令人痛心的错误继续发生,那么就需要他以勇气与智识改变这种现状。

既然不能再是同路人,既然不能同唱一首歌,既然瞬息万变的政治风云不允许政治家沉默,那么在苦痛中思索便是实现政治构想的一条崭新的途径。这

---

① 陈独秀:《答国际的信》,1930年7月1日,《无产者》第2期。

② 同①。

条途径便是同路终端的歧路。内部的矛盾与斗争便由发端、彰显而加剧成针锋相对、势同水火。分歧与斗争的"小循环"已在中国革命阵营内部形成,是与否的论定也便成了斗争结果的对应物。

其实,这种模式的"大循环"早已形成并已有了分晓的雏形。这种血脉紧相连的"母体"与"子体"又有着如影随形的运命。但陈独秀又是幸运的,因为在"小循环"中他所感受到的震荡远没有"大循环"中的牺牲者更惨烈。在社会提供的机遇里,他得以十分执著地忠于自己的理念与信仰,投入地践行自己的思想,进行了无怨无悔的醉心尝试。

无论如何,承受八面来风的陈独秀毕竟在以"五四"启蒙家的激情为沉重的中国的前途努力思索着!

早在1923年,支配中共革命的共产国际与苏共内部就已明显地出现了路线的分歧。这两条路线上站着的分别是斯大林与托洛茨基。10月,托洛茨基向苏共中央与中央监察委员会提出了由46人签名的信,指出避免苏联必将遭受的经济危机和苏维埃政权灭亡的唯一出路,是"让各派别组织和集团能自由活动",建立党内的工人民主,反对官僚主义,形成了苏联共产党的"莫斯科反对派",向斯大林、季诺维也夫、加米涅夫等提出了难以回避的政治命题。

如此那般的政治命题也只有托洛茨基能够提出来,因为胆与识缺少任一个方面都不能构成深邃而激扬踔厉的个性。

1924年1月21日,托、斯二人的导师列宁逝世后,两派的斗争便日益加剧了。列宁逝世的当月,斯大林便在苏共十三次代表会议上开始了对托洛茨基反对派的批判。

1925年1月,联共(布)中央和中央监察委员会联席会议、苏维埃中央主席团分别作出决议,谴责托洛茨基的反党言行,并解除了其陆海军人民委员和革命军事委员会主席的职务。次年10月,苏共中央和中央监察委员会举行联席会议,撤销托洛茨基政治局委员的职务。

1927年,托洛茨基发表的《中国革命中的阶级关系》,指出中国革命分裂的危机"不可避免",主张"共产党完全独立";并赞扬陈独秀、彭述之于1926年提出的中共退出国民党"是无条件正确的",呼吁立即建立工人苏维埃。斯大林于4月5日发表演说,批驳托洛茨基的言论主张,说蒋介石"是服从纪律的",他"除了率领军队去反对帝国主义者外,不能有其他作为"。14日,季诺维也夫向联共中央政治局提出"中国革命提纲",批判了斯大林的该演说。21日,苏联《真理报》发表了斯大林的《中国革命问题》,认为蒋介石政变后,武汉成了"革命的中心",并批判托洛茨基提出的中共退出国民党的主张是"反对武汉政府"、"反对革命的国民党的政权"。5月17日,托洛茨基撰文对该文作了批判,认为斯大林把武汉政府当做"革命中心"是"多么不确、浮浅、庸俗"。中国革命问题成了斯、托争论的焦点,但中国革命的事实似乎总偏爱着托洛茨基。

1927年5月18日至30日,共产国际执委会举行第八次全会,斯、托在会上激烈地辩论了中国问题。最后全会通过特别决议,撤销了托洛茨基共产国际执委的职务。

8月9日,联共中央和中央监察委员会联席全会通过关于国际形势的决议,认为中国革命的失败是由于"中国共产党的领导违背了共产国际的指示,陷入了右倾"。宣称:"中国共产党领导由于不断背离共产国际的指示而要为中国工农的失败承担应有的责任。"却只字不提自己应做的检讨。

11月14日,联共(布)中央委员会和中央监察委员会举行联席全会,通过了开除托洛茨基和季诺维也夫出党的决议。

1928年1月17日,托洛茨基被流放到阿拉木图(接近中国新疆的中亚细亚地方),并被监视居住;第二年元月初,苏联政府又将托洛茨基放逐国外,2月12日,托洛茨基亡命土耳其;1930年5月,托洛茨基领导俄、法、德、西、比、美等国托派领袖组成托派国际——"共产主义反对派临时国际",指导各国托派运动。

对应于苏联托派,在中国党内也出现了中国托派。它起源于苏联莫斯科的中山大学和东方大学的中国留学生中间。原在苏联就已形成,是苏联托派的一部分。

托洛茨基所主张的理论是"不断革命论"。最初是列宁针对此说与之相争论,1923年以后,便是以托洛茨基为首的苏托与以斯大林为首的联共中央相争论。争论的主要焦点便是中国革命。苏托反对斯大林及共产国际在中国革命中执行的政策,尤其反对国共合作及中共加入国民党。斯托争论不仅有面对面的争吵,还在党内党外、上层下层、大会小会上公开进行。因此在苏联的中山大学和东方大学等的一部分中国留学生拥护托洛茨基的观点而逐渐形成了一个派别。大革命失败后,托洛茨基派对领导中国革命的联共中央和共产国际进行了大反攻式的论争。

1927年11月7日,苏联举行了盛大的十月革命胜利十周年庆典,中国留学生区芳、陈亦谋、梁干乔、陆一渊、史唐等人也参加了红场上的游行。他们在经过主席台时,与苏联托派一起,当着斯大林的面,突然打开写有"执行列宁遗嘱,罢免斯大林,拥护托洛茨基"字样的旗帜,并高呼口号。[①]反对派举行的"反示威"导致双方发生了冲突,有人还向托洛茨基的汽车开了枪。[②]红场上发生的突击事件使联共内部斗争达到了前所未有的地步。不久,托洛茨基与季诺维也夫二人被开除党籍,托被流放与驱逐。苏联境内展开了大规模的肃托运动,托派公开活动被迫转入地下。该年冬,加入托派的中国留学生区芳、陈亦谋、宋逢春等十余人被遣送回国。次年12月,他们经过一年的酝酿筹备,在上海建立了中国第一个托派组织,并选举了中央机构——"全国总干事会",后来又改名称为"我们的话社"。又创办了《我们的话》作为党报,登载托洛茨基关于国际和中国的论文。

1928年,被流放的托洛茨基在阿拉木图写成了《共产国际纲领草案批评》文件,其第三部分标题为《中国革命的总结与前瞻》。文章论述了中国大革命失败的原因、未来中国革命的性质、中国资产阶级的反动本质等一系列重大问题。托洛茨基理论的影响是很大的,托派成员的自白可以给人以真切的感受:

> ……这些个文件以其全部力量吸引了我,不但因为它那无坚不摧的逻辑的力,也因为它那锋利精彩的文章的美;至于论断和警告之——为历史事实所证明,特别关于中国革命部分,那是太显然了,任谁看了都

---

① 《访问宋逢春谈话记录》(1985年1月18日,唐宝林整理)。
② 王凡西:《双山回忆录》,现代史料编刊社出版,1980年11月,第59页。

要惊叹和赞成的。……看了这几个文件，我心中雪亮了，二三年来闷积于胸的、关于中国党领导中国革命的一些不可解的策略上的疑问，这时就全部清楚了：原来在根本上与重要的方针上它都受命于斯大林一系的：决非陈独秀个人的错误；……联共中央反对派，特别是托洛茨基，差不多在所有的问题上，都曾预早而及时地提出过警告，提出了不同的主张。只因斯大林——布哈林们固执了自己的错误，排拒、压制并打击了反对派的批评，所以共产党在中国革命中才会一个错误接着一个错误，终于完全断送了它。①

托派成员郑超麟在谈到第一次读托洛茨基文章时的感觉，说"仿佛有甚么电光闪过我的头脑"。

并非是大革命失败的责任之争的当事者尚有如此惊喜而亲切的感受，对于愤懑之中的陈独秀不知能带来多少的振奋！正如领导和群众都需要鼓励一样，托洛茨基主义在中国的出现，无疑给心灵上饥渴难耐的陈独秀带来了重新燃烧思想激情的强劲火种。应该说，他全新意义上的政治生涯开始了。

1929年，陈独秀的外甥吴继严从莫斯科东方大学回到中国，他深受托洛茨基的影响，对陈十分敬仰，便把苏共路线斗争的情况向陈独秀作了详细的叙述。他告诉陈独秀：列宁在逝世以前有一份遗嘱，说斯大林性格暴躁，处事专横，不适于做党的总书记，应另选一个适当的人。托洛茨基才华出众，在十月革命中，立下功劳，缺点是过分自信，但不能以非布尔什维克看待。说布哈林是党内宝贵的理论家，但不懂辩证法。说季诺维也夫和加米涅夫在十月革命中犯的错误绝非偶然。陈独秀听了这些从未听到过的言论，顿觉耳目一新，他接着外甥的话兴奋地问道：真有此事？吴继严说：千真万确一点不假。陈独秀说：讲下去讲下去，我很爱听。这时的陈独秀甚至不顾自己的身份，俨然就是一个天真好奇的小学生在专心致志地听老师讲童话故事。于是，吴继严便将在苏联的感受一一讲给陈独秀听。他说苏联人民都恨斯大林，骂他"独断专横"、"专制暴君"、"红色沙皇"、"胡椒厨师"、"没有到过西欧，不懂西方民主，不

---

① 《双山回忆录》，现代史料编刊社出版，1980年11月，第72~73页。

知西方文明"、"土包子乡巴佬"……而托洛茨基则深得人民信仰,人们说他是革命家、思想家、军事家、外交家,才华盖世,等等。①陈独秀饶有兴致地听着吴继严的话,他觉得,在整个革命过程中只有自己还提出过反对之词,又有谁敢对斯大林有半点异议呢?斯大林是苏联最高领袖,又是共产国际的首要人物,他援助的只能是拥护他的人,而中国共产党在很长的一个时期内,离开了苏联便无法存继与发展,对其发表不同观点与见解,需要的不仅仅是勇气。吴继严又将从苏联带来的托洛茨基的著作及评论他的文章一本一本地拿给陈独秀看。

从托洛茨基的著作中,陈独秀得到了令他惊喜不已的革命信号。这个俄国人对中国大革命的论述深深打动了他。他似乎是在备受欺骗和愚弄的痛苦中找到了知音。在托著中,陈独秀惊奇地看到,大革命时期,他曾多次提出的反对共产党员加入国民党及后来退出国民党的主张,竟与远在莫斯科的素不相识的托洛茨基主张不谋而合。而正是因为这些主张一再遭到共产国际的否定,才导致了大革命的失败。他在大革命失败后所受到的压抑与委屈终于有人作出了最深切的理解,托洛茨基发别人之未敢发。原来革命失败后归在他名下的一大堆错误,却是斯大林自己一贯坚持,而事前却均已由俄国的反对派指摘出来的。自己满腹的郁闷似乎都被这些灼灼之言转化成了无限的兴奋与激情。

他激动地读着这些句子,为这些语言振奋不已:

"过去五年中,没有一个共产党,受共产国际机会主义领导之害有如中国共产党那样酷烈的";②

"苏联布尔什维克党和共产国际的权威,始而完全帮助蒋介石,反对中国共产党之独立政策,继而又去援助汪精卫为土地革命的领袖";

"当反对派宣布中国共产党的中央(陈独秀)在共产国际错误指导下进行一种机会主义政策时,就说我们'诬蔑'中国共产党的领导,他们(指共产国际——引者)在当时是以为中国共产党领导是无疵的"。③

---

① 濮清泉:《我所知道的陈独秀》,《文史资料选集》第71辑,中华书局1980年10月版。
② 托洛茨基:《共产国际第六次大会后的中国问题》。
③ 托洛茨基:《中国革命的总结与前瞻》。

这些语句,对陈独秀来说无疑是一种极强烈的触动,它一下子拨开了长期以来罩在自己心头的迷雾。陈独秀恍然大悟地说:"当你们将革命失败单独归咎于中共中央或'陈独秀的机会主义'时,而托洛茨基同志却早已在你们背后指出真正的机会主义和盲动主义;也并且预言这种机会主义、盲动主义必然遭到的结果。"①他对托洛茨基对大革命失败责任的评价大加称赞,从此便由好感而逐渐系统地学习并接受了托洛茨基的思想理论。

陈独秀不会吝啬在大革命失败后自我检讨的诚心与勇气,但是,作为个性刚强而又桀骜的他在对共产国际完全诿过于己的盛怒之下,已无暇去作自我批评了。"中国的革命应当由中国人自己来领导。"痛定思痛后的结论言犹在耳。

他的"二次革命论"思想与托洛茨基的"不断革命论"在转换中也有着不断地碰撞与磨合,有时表现为理论上的两极对立。陈独秀毕竟是一个思想家而不是容易昏头的武夫,他每接受一个反对派观点,都经过极度的思考,并常常通过争辩。他除了在大革命失败责任归属问题上对托洛茨基主张一见倾心外,其他的观点在接受时都经过了深思熟虑。从个人品质性格和工作作风来看,陈独秀自连任五届总书记以来,很客观很冷静地看待拥护他和反对他的人,把他们当做一样的同志,发扬民主、提倡争论,绝不像口头标榜民主者那样党同伐异,顺之者昌,逆之者亡,也绝没有对同志爱之欲其生,恨之欲其死,像斯大林那样拥护者养于克里姆林宫,反对者流于西伯利亚,也从不拉拢一部分拥护者去打击报复反对他的人。他作为一个人,襟怀坦荡,光明磊落。李维汉说,他是我党领导人中,少数几个不搞阴谋的人。"六大"后汪泽楷曾鼓动陈一起反对中央,遭其拒绝。他说:"我不来,我要来时就另外创造一个新党。"在他的认识中,要搞好革命就必须摆脱共产国际及其代表的束缚。

随着中国留俄学生中的托洛茨基主义者的不断回国,中国革命的土壤里便开始播入新的火种。而这火种燃烧的火光,以独特的能量照亮了困境中的陈独秀。

1929年秋,自认为目前的政党已"不可挽救"的陈独秀与彭述之、郑超麟、何资深、尹宽、李季、高语罕、王独清等人在上海成立了托派组织,取

---

① 陈独秀:《答国际的信》,《无产者》第2期,1930年7月1日。

名为"无产者社",并创《无产者》刊。他们发表了一个宣言,说共产国际和中共在斯大林的领导下已不再革命,中国革命要由"无产者社"独立承担完成。主张反对斯大林、打倒蒋介石,主要目的是打倒国民党,建立无产阶级专政。对共产国际和中共中央则采取批评态度,希望其走他们认为的正确的革命路线。

1930年春,从莫斯科列宁学院回国的刘仁静与从东方大学回国的王文元(凡西)、从中山大学回国的宋逢春在上海成立一托派组织名为"十月社"。刘仁静回国时曾绕道君士坦丁堡,见到了托洛茨基。他认为自己是"天然的托派",组织"十月社"自任领导,他要在当时的中国领导一个"十月革命"。他们出版了一个刊物名《十月》,所发文章大部分是托洛茨基写的。

与"十月社"几乎同时,从莫斯科东方大学回国的赵济、刘英、王平一、徐乃达等在上海成立了托派组织名为"战斗社",其名称的由来是因为托洛茨基曾办过一个《战斗报》。该报办一刊物名为《战斗》,所载文章大部分也是托洛茨基写的。

在同一种思想的引导下出现了四个相互独立的派别,彼此之间的争论是避免不了的。人员的复杂,使个人野心、派别偏见与革命思想的真诚差异交织在一起,崇高与卑劣的动机往往会用同一种方式表达出来,而个人品质上的贤或不肖,当事情还只限于说话或文字之时,也总是混淆不清的。对转向托派的动机,也很不一致:有的因在党内不得志,企图到新的方面去找出路;有的在白色恐怖中畏惧了革命,把反对派看作了向后退的一块垫脚石;有的想利用反对派的更左借以掩饰自己的消极,使自己的脱党心安理得……因此,四派之间各自为战、争论不休、恶仗连连,统一成了亟待解决的问题。

其他托派成员认为,陈独秀曾忠实地执行斯大林和共产国际路线,是反对过托洛茨基的,如今转向托派乃是"没有出路的老机会主义者向我们托派投机了"[①],况且被中共中央停职后,曾在"中东路事件"问题上与托洛茨基存在着分歧,在接受托洛茨基思想时又有许多方面不能苟同。因此不能算作真正的托洛茨基主义者。所以,面对四派的混战,陈独秀极力想统一领导,共同寻求中国

---

① 王凡西:《双山回忆录》,现代史料编刊社出版,1980年11月,第144页。

的前途，但因其他托派成员的成见而收效甚微。他曾对"十月社"成员王文元说：统一是中国反对派当时的绝对必要。如果不统一，则不但其他三派没有前途，"无产者社"也必然死亡①。最后，有了托洛茨基要求各派"应无条件的统一起来"的提议，在陈独秀的努力下，各派之间开始谋求统一。

1931年5月1日至3日，中国托派"统一大会"在上海举行。大会选举出了主席团，成员有陈独秀、郑超麟、王文元、陈亦谋、王平一，陈独秀为主席团主席。他首先提议为共产主义牺牲的烈士们默哀三分钟，然后作政治报告，接着又同与会代表对所作报告进行了两天的讨论。最后，确定统一后的组织名称为陈独秀提出的"中国共产主义同盟"。"统一大会"还以无记名投票方式选出了托派中央委员会。其中"无产者社"陈独秀、彭述之、郑超麟当选；"我们的话社"陈亦谋、区芳当选；"十月社"王文元、宋逢春、罗汉、濮德治当选；"战斗社"无一人当选。大会闭幕后，接着开第一次执委会，并产生了陈独秀、郑超麟、王文元、陈亦谋、宋逢春组成的常委会，选出陈独秀、彭述之、郑超麟、王文元、宋逢春五人组成"党报委员会"，又公推陈独秀为统一后组织的书记兼报委书记。

托派组织统一后，成员们大都十分兴奋，认为结束了各自吹打的分散局面，一定会达到预期的目标。担任秘书的罗汉还草成了一个致托洛茨基的电报，满怀激情地告诉他："他的中国同志正完成一个有意义的开端，布尔什维克——列宁派的旗帜不久就将飘扬在全中国。"中国托派出现了一派崭新的气象。但是"十月社"的刘仁静却意外落选，心中愤愤不平。"无产者社"的马玉夫因陈独秀未在"统一大会"上提他为中委，失望气恨交织于胸，于五月二十三日跑到国民党警备司令部去告密，导致了统一未久的托派中央被大破坏，郑超麟、王文元、陈亦谋、何资深、楼国华等13人被捕，陈独秀、彭述之因不知地址而幸免。

这一批人被引渡到国民党上海侦缉队拘押月余，又被解到龙华警备司令部接受军法审判，国民党根据《危害民国紧急治罪法》判处郑超麟徒刑15年，何资深12年，陈亦谋、宋逢春、王文元、江常师、楼国华各6年，濮德治因马玉

---

① 王凡西：《双山回忆录》，现代史料编刊社出版，1980年11月，第160页。

夫不认识，判了两年半。最后全案人犯被押解到漕河泾监狱服刑。此次破坏，9个执委，被捕5个，5个常委被捕4个，使托派中央濒于瘫痪瓦解的边缘。

经过这次劫难，陈独秀、彭述之、罗汉、区芳虽未被捕，但区芳吓逃、罗汉隐迹，陈独秀等经过半年的努力，才组成了一个"临时常委"。

陈独秀从中共总书记转而成了中共反对派的总书记，但并不是他对共产主义的背叛，他依然将共产主义作为终极理想与目标，他在寻求着一种新的革命方式，对"不能自主"的曾经的革命状态保持着高度的警惕，但仍有着呕心沥血的投入与执著。他希望新建的组织能一改被他抛弃的中共实行革命的面貌，完全自主地领导新的革命者完成只有他们才能完成的历史使命。他赞同托洛茨基的一部分理论，但大多保留了自己的思想，在主持中国托派革命活动时，依然执行的是自己独立的思想及政治主张。托洛茨基曾对中国托派产生过作用，但是他对中国问题发表的看法并没有用强制的手法推行给中国托派，陈独秀也没有对其策略言必听、计必从的作为。

在种种困难中，陈独秀努力维持着托派中央的工作，他一面坚守着自己的思想阵地，一面将主要精力放在揭露国民党的腐败统治上。在日寇侵华日渐密集的炮声里扯起了抗日民主的爱国大旗。以"五四"的激情为再次遭受凌辱的民族奔走呼喊。

而此时共产国际指导下的中国革命正沿着以王明为代表的极左道路冲刺过去，终于冲刺到不敢再前进半步。即使在此时，能体会到"中国革命要由中国人自己来领导"的深刻性又有几人？

历史并没有给陈独秀机会，也不可能再给他机会。原托派成员中梁干乔、陆梦衣、刘仁静、宋逢春、王平一、刘英、徐乃达等不断有人投靠国民党，有的甚至充当特务，引狼入室，成了国民党捕拿托派成员的得力工具。

1932年中旬，经受破坏创伤未愈的托派组织在陈独秀的努力下刚刚成立常委后不久，便于10月15日遭到了又一次大劫难，多难的托派中央被"一网打尽"。彭述之、濮德治、罗世藩等成了国民党的政治囚徒，陈独秀也因叛徒的自首而未幸免，拖着55岁的多病之躯走进了国民党的法庭与监狱。

在民族危亡的紧迫气氛中，在革命的"惨淡经营"中，陈独秀步入了生命历程中的黄昏,"烈士暮年,壮心不已",他始终未停止对社会直至人类终极关怀的思索,努力寻求着中国生存、富强、发展的道路,直至生命的终结。对他来说,最痛苦的莫过于让自己放弃、停止思想。

带着对共产国际和中共的嗔怨,带着对反对派的希望与执著,更带着对自由与民主的追求与启蒙,陈独秀步入了动荡不已、毁誉交加的最后岁月。

第二章
身处艰难气若虹

1. 第五次被捕

　　1932年10月15日早晨,在深秋的雾气里,一个人影匆匆地向虹口东有恒路走去,他用眼的余光警惕地注意着四周。这人叫濮德治,中共左派反对派,即托派常委之一。他过了一个拐角,看身后无人,便径直朝春阳里走去。这时,一个人影闪现在他身后的拐角处。濮德治在一户门前停下,机警地看了看四周,又看了看"二一零号"的门牌,轻轻地以特殊的节奏叩开门后便闪了进去。

　　拐角处的那个黑影也飘到门前,看了看"二一零号"门牌,很快便消失在了巷口。不久,更多的黑影,便出现在"二一零号"门前,一部分对小院展开包围,另一部分发一声喊,便冲进门去。

　　正在举行每周一次会议的托派常委们便被法租界巡捕及国民党特务们紧急行动命中了,当场逮捕了彭述之、濮德治、宋逢春、王兆群(罗世凡)和谢德盘(少珊)。紧接着巡捕及华捕们在托派常委开会的这间屋子里开始大肆搜抄。抄出了许多文件和书籍。

"二一零号"是当时中国托派中央常委机关，也是常委秘书谢德盘的家。

被捕的五人连同所抄之物很快被拘押到法租界巡捕房。

原来，1931年5月23日因马玉夫向国民党龙华警备司令部告密，托派中央被破获，当时被逮捕入狱的濮德治、宋逢春2人因监狱人满，疫病丛生，于1932年5月得以保外就医。陈独秀便催促2人加入了"常委"，建立起了5人常委机关。

一个常委的建设尚且如此捉襟见肘，足见陈独秀"并不独立"誓言下的"一枝独秀"了。

一天，濮德治的爱人张颖新与昔日曾在莫斯科中山大学留学时的同学费克勤路上邂逅。费克勤与她的小姑费侠，在莫斯科时候只是没有入党的团员，回国时即被逮捕，她便给国民党"写了一张效忠保证书"叛变了。她们不知道党的机密，所以无法"效忠"。加入"中统"以后，费克勤等人在徐恩曾等的指挥下，专门搜捕共产党的领袖，特别是托陈派首领陈独秀。他们中除来燕堂外，其他都是从苏联归国的莫斯科留学生。此时，国民党正悬赏缉拿陈独秀。但张颖新不了解她们已是特务，就约费克勤到家里去玩。那天正好陈独秀借濮德治家约见友人，被费克勤当场撞见。事后濮德治批评张粗心大意，次日就搬了家；但情报很快由费克勤、费侠传到徐恩曾手中。10月15日那天，濮德治去托派中央常委秘书谢德盘家开会，特务即跟踪而至，来了个紧急搜捕。"中统"正利用了费克勤等对中共"知情"的长处，把他们当作了得力的工具。此次为了逮捕陈独秀，徐恩曾这班特务可谓是费尽了苦心。

由于这些知情人的出卖，托派常委们在公共租界与法租界各处的居所几乎被上海市公安局全部侦知。更令当局惊喜的是，他们悬赏通缉的"共党首领"陈独秀竟然也在其中！

于是，上海市公安局局长文鸿恩便"咨由第一特区地方法院掣发搜查票、拘票，派总巡捕房政治部探员会同嘉兴路巡捕房中西探员"开始行动。接到特务们的跟踪密报之后，便采取了紧急逮捕措施，旨在一网打尽。

经人暗中指认，被捕者当中，没有陈独秀，于是巡捕们在进行继续搜查的同时开始了讯问，但结果总令其大失所望。

可是，在讯问过程中，年龄最小、只有21岁的谢德盘神情恐惧，于是他们便决定从他身上打开缺口，而他，也正是会址的主人，被捕者更明白，他又是常委们的秘书。

被拘押在一起的"人犯"，当时不见有陈独秀，都暗自庆幸。

巧合的是，这天，陈独秀因患胃溃疡、盲肠炎，没有参加此次常委会。

夜里，他忍着巨大的病痛在床上。不曾想，三个巡捕已冲着他居住的上海岳州路永兴里11号包抄过来了。

特务们破门而入。

面对着虎视眈眈的特务们，陈独秀镇静自若。这种场面，他已见得太多。他面貌清癯，略带病容，唇蓄微髭，发已微斑，他下了病榻，穿上淡蓝色的哔叽长衫，戴好淡黄色的呢帽，以一副将出远门的姿态对正在翻找文件的巡捕们说："走吧！"

特务们于是将陈独秀连同查抄的资料一并押上囚车，送到了租界巡捕房。当特务们要将陈独秀押送到看守所时，陈独秀告诉他们说自己有病，应该送往工部局医院医治后方能去看守所。特务们找来医生，诊断后认为他的病并不甚重，可以受拘，便仍旧将他送往看守所看押。

在看守所里，看到了已经在押的彭述之、宋逢春、濮德治等人，陈独秀对他们开玩笑说："嗨，原以为就我一个人被捕，没想到你们都来了，这下我可有伴了，可以松快松快了。"大家看陈独秀也来了，却不见了谢德盘，便明白了一切。因为他是常委秘书，是唯一知道陈独秀和托派各机关住址的人。

陈独秀却一改上次马玉夫叛变时责怪自己"认错人了"的态度，十分谅解地笑笑说："这孩子胆子小，上一回逮捕，他就表现出来很慌张，很不成熟。"

原来，特务及巡捕们提走谢德盘后，只问几句，未及动刑，谢德盘便供出了包括陈独秀在内的中共托派5名常委真实姓名及身份等。于是上海公共租界政治部便签发了对陈独秀的逮捕令，由嘉兴路巡捕房西捕副探长戈夫尔，探员克老夫和代号"222"的华捕（真名张德胜）执行逮捕任务。因病未出，本可幸免的陈独秀，却因谢德盘出卖而身陷囹圄。另外，还有托派其他几处机关（包括托派中央与各地组织联络机关、《火花》的印刷机关等,正在印刷该刊第13期的曾猛亦被捕)也被谢德盘一一供出。

谢德盘,广东人,大革命时在黄埔军校学习,后来东渡日本,被驱逐回国,又到莫斯科中山大学留学,与已加入托派的吴季严比较接近,回国后随吴加入托派。陈独秀因其出卖被捕后,谢即加入国民党"中统"组织,改名谢力功,含有"为国民党立汗马功劳"之意。

国民党为了保护谢德盘,让他继续为"党国效劳",一直没有透露出其叛变的消息。在"陈彭案"开审,检察官宣告陈彭等十人拘捕经过时,略称:"……并抄出反动文件书籍多种,并通讯处小纸条。当日下午即根据小纸条所开通讯处,在……捕获陈独秀,并得反动刊物多种,……"对谢德盘的变节作了掩饰。

但是10月17日,陈独秀被捕后第3天,当时任国民党上海市长吴铁城给南京政府的两个密电,却道出了事实真相:

> ……共党陈独秀在沪活动,前经与租界当局特别交涉,协同捕房侦查月余,兹咸日(15日)在虹口破获共党常委会谇机关,捕获共党谢德盘等5人,按谢供地址,将陈独秀捕获。①

10月19日的密电则讲得更明白:

> ……据共犯谢德盘,称甘愿自首,并可将共产党陈独秀拘捕到案等语,即于当日下午7时,带同该犯至岳州路永兴里十一号楼上将共党陈独秀拘获……②

于是,特务们根据谢德盘的口述,来了个全面出击大破获。

在逮捕彭述之等5人后的当天下午,这批特务又跑到法国巡捕房,请求

---

① 国民政府行政院档案,院密字第1277号。
② 同①,天字第16034号。

出警协助。他们随即与法国探捕联合行动,直奔法租界圣母院路商福里320号濮德治家,一起对濮德治家进行了严格的搜查,将抄得的共产党文件30多种,带回了巡捕房。

夜11时,中西探捕又在夜色的掩护下,搜捕到新闸大通路斯文里1044号,随即抓捕了梁有光,与梁有光在一起的另外两个人从里屋窗口跳出室外将要消失在夜色里,一个法国巡捕也随即跃出窗外追赶,抓住了其中一个名叫王晓春的人,另外的那个人却跑得无影无踪了。特务们于是搜查屋内,抄出了28种文件,并将抓到的二人带到捕房羁押。

几乎是按图索骥,16日,巡捕们先往唐山路业广里335号逮捕了王子平、何阿芳两人,搜查出了78种俄文文件。接着又在租界福履里路建业里22号逮捕了王鉴堂,查抄出了一张复写纸,但是这张纸只用过一次,从上面的字迹可以辨认到宣传共产的文字,另有10种文件、书籍。

特务们又扑向白克路修德里532号搜查,屋内的主人早已闻风而去,屋子里留下了一张字条,告知其他党员,某地机关已破,不要再去等等,此外又抄出8种文件。搜查完毕,特务们又冲向霞飞路284号、东嘉兴路善吉里3号、白克路394号3个托派成员藏身的地方,但已是人去楼空,不留一物。这三个地方,特务们没有寻到一点有价值的东西。

10月17日,根据谢德盘提供的地址,特务们又在大通路业广里捕获了郭竞豪。至此,国民党特务历时两夜的大搜捕结束,结果托派中央几乎被一网打尽。

搜捕结束后,参与逮捕陈独秀的代号"222"的华捕张德胜独领了上海公共租界总巡捕房签发的赏银20元2角2分。

16日,陈独秀、彭述之等得知法租界要将他们引渡给国民党当局,于是提出抗议,坚决反对。但他们不知道,租界与国民党当局早已勾结在一起,对付他们的"共敌"。所以,次日他们在租界捕房受审时,被随便问了几句,法租界领事馆不顾他们的抗议,便于18日将全案人犯引渡到国民党上海市公安局侦缉队拘押。这个侦缉队,和龙华警备司令部一样是全国闻名的鬼门关。侦缉队队长久慕陈独秀大名,请他写几个字留念,陈独秀也不推辞,觉得有人贡献纸笔,有这样让人直抒胸臆的好机会，何乐而不为？他想起了"怒发冲冠"的爱国名将，又想到了"处江湖之远"的古代名仕，于是饱蘸笔墨，大笔一挥，"还我河山"和"先天下忧"两个潇洒飘逸的横幅便很快完成了。在国难当头的关键时刻，陈独秀对国民党所谓的"攘外必先安内"政治策略给予了有力的一击。那个队长估计，陈独秀的生命不会太长了，将来这几个字，会很有价值的，于是便珍藏了起来。

在自己行政区内捉到了原共产党魁首陈独秀，上海市市长吴铁城乐不可支，自认为为"党国"立了功，显示了缉拿"共党"的尽职尽责，于是在陈独秀等被引渡到上海市公安局拘押的当天，他便向南京当局发了一封已逮捕陈、彭等的电报：

上海市市长吴铁城关于逮捕
陈独秀、彭述之等人的电令[①]

上海

限一时到。南京行政院钧鉴：团密陈独秀、谢少山、王武、王兆群、张次南、濮一凡、王晓春、梁有光、王子平、何阿方、王剑堂，十一人业经引渡归案。查王武即宋逢春，王兆群即罗世凡，张次南即彭述之，与陈独秀、濮一凡皆系共党中央常委，俱属共党重要分子，除饬公安局严慎各列管押候命讯办外，谨电奉陈。上海市市长吴铁城叩。

民国二十一年十月十八日

当日《申报》第4张第15版，以《共产党陈独秀等被捕》为题，以"经两昼夜之搜捕而破获，陈等11人均解公安局"为副题报道了陈独秀等被捕的消息。一时举国舆论哗然。

国民党《中央日报》等报纸上也连篇累牍地大肆吹嘘捕到了"久缉未获之共产党领袖"，大有由政府颁令举国欢庆之势。

在1927年7月12日，陈独秀被共产党以"犯右倾投降主义错误"而停了职，又于1929年11月27日被开除出党籍。为何国民党还要处心积虑悬赏通

---

① 转引自中山大学中共党史教研室编《"一大"资料补充材料之一》，1979年。

缉他？

　　有人说，陈独秀被开除出党后早已投靠国民党，国民党此行，乃是实施的"苦肉计"，这样陈独秀便能取信于共产党而为"党国"效劳。这样荒唐滑稽、污蔑诽谤之词当然不值得理会。原来，国民党逮捕他，是因为对陈独秀并不放心，他们仍将陈独秀看做是"共党"。虽然国民党也知道陈独秀组织了中共的反对派组织，但把它当做共产党的内部矛盾。而且将陈独秀在"九一八"、"一·二八"时期进行的"反日反国民党"活动，看成与中共农村进行的苏维埃土地革命一样，危及"党国"统治而不能容忍。所以，国民党仍把他看作中共领袖，说"该党专事宣传赤化"、"爰严令警务人员密查拿办，以遏乱萌"。①

　　陈独秀被捕后，国民党南京特别市党部、广东省党部、湖南清乡的师党部等，纷纷致电国民党中央，将陈独秀从创建共产党到南方"星火燎原"的各种"罪状"条条列举，并"恳请严办"，"迅予处决"。

　　南京政府在接到吴铁城的电报后，立即谕令将陈独秀等"妥慎押送来京"。

　　10月19日，也即陈独秀即将被押解到南京的当天，《晨报》以《陈独秀被捕》为题发表了一篇社论，开始了为陈独秀的辩护。社论中说，人们知道陈独秀，还以为他仍然是首领，是"不识共产党内情之言也"。共产党的秘书长第一届为陈独秀，而近几年来是瞿秋白、李立三等，已经换人四五次了。领袖更迭的原因，是党内关于革命策略不一致，中央派（干部派）认为中国社会尚在封建时代，因此，他们的策略为农民暴动；与中央派相反的是托洛茨基派，认为中国社会已经到了资本社会，他们不反对农民武装，认为同时应该注重工人罢工和世界革命。因此导致了两派的分裂。该文同时批驳了"独秀虽已非共产党首领，然近年共产党之杀人放火，独秀乃始作俑者，故不可不明正典刑"的谬论。说宣传共产党言论，组织共产党与实行危害国家，这是三码事，不能混同为一。共产学说是以反抗现实社会为目的。它发生的原因是因为人心不平，人心不平的原因是因为国家"早有病根"，并由此指出，应该负责的，不是坚持共产学说者，而在于当局的罪过。

　　这篇社论还辩解说，即使陈独秀有过托洛茨基活动，也要看托氏学会"在

---

①　《申报》，1932年10月18日第4张第15版。

实际上有无危害之行为"。无论有没有"危害国家"的行为，也不是政府的事，而应该由法庭判决。政府应该将陈独秀有危害国家行为的证据，提供给法庭，在司法保障下审查。假如因为以前他曾是共党领袖，或今天还坚持托洛茨基主义，将它与"江西杀人放火之共产党同类而并观"是不应该的，并呼吁政府对待人民，不能凭直觉或感情的好恶，应以理性为标准，因为他以前的同志拿武力来争夺政权，而迁怨于陈独秀，则中国的人权就没了保障，当局若以武力来支配中国，则国家必定会陷于大混沌的状态。

陈独秀是不听这些辩护的，他也没有机会看到这些辩解。当下他所坚信的理想就是拯救中国的托洛茨基主义。

国民党也不会听这些辩护，10月19日晚，陈独秀、彭述之等被上海市公安局探警乘着夜色押上了一辆汽车，这辆载有"重犯"的汽车便朝着火车站北站疾驰而去。北站此时早已戒备森严，国民党闸北五区警署临时派了大批保安警员，以防劫持。

夜11时，陈独秀被押上了去南京的列车。国民党准备按"危害民国罪"解交到南京卫戍司令部以军法论处讯办。列车一声长鸣，离开上海，向着南京方向疾驶而去。

列车在夜色中穿行，陈独秀坐在车上，身外黑漆漆的。

摸着冰凉的车厢，他想起了1919年6月29日在那风雨如磐的岁月里，他在与李大钊共同创办的《每周评论》上发表的一段话：

> 世界文明发源地有二：一是科学研究室，一是监狱。我们青年要立志出了研究室就入监狱，出了监狱就入研究室，这才是人生最高尚优美的生活。从这两处发生的文明，才是真文明，才是有生命价值的文明。

这是那篇文章的全部。此情此景，是不幸言中，还是自己一生理想中追求的实现？这已不是第一次被捕了，为了自己理想中的正义，他像一条执著的小河，蜿蜒曲折地在沙漠中爬行，能让更多追求真理信念的苦行者从他的血液里汲取力量。他多么希望不再沉睡的国人用已张开的惺忪的眼睛从他这支仪标上看到寻求幸福、富强的方向!

曾经与陈独秀有过"问题与主义之争"的胡适曾说过:"爱情的代价是痛苦,爱情的方法是要忍得住痛苦。"而陈独秀曾对此加了句评语道:"依我看不但爱情如此,爱国爱公理也都如此。"

如今爱国者身陷囹圄,他没有惊惧,有的只是感伤。感伤,而不是悲伤,他知道这囚笼罩得住的只是肉体,但罩不住自由的精神,他的灵魂,早超越这囚笼去奔走呼唤了。如自己所言,他正在享受着"真文明",他在以自己的实际行动,实践着自己的誓言。

1913年8月,"二次革命"失败,陈独秀从安庆到芜湖避难。遭到当地驻军龚振鹏的逮捕,并发布告示,扬言要枪决陈独秀。他却很从容地催促道:"要枪毙,就快点罢!"后经当地知名人士刘叔雅等人极力营救,才得以幸免于难。

1919年"五四"运动爆发后的6月,陈独秀正主编《新青年》,并任北京大学的文科学长。他在北京前门外的"新世界"游艺场五楼抛撒亲自起草的《北京市民宣言》传单时,遭到当局逮捕。陈独秀被捕,引起了全国、特别是学生界、思想界的极大震动,他们纷纷致电北京政府有关部门进行营救,要求释放陈独秀,简直形成了一场"救陈运动"。北京反动当局迫于强大的舆论压力,释放了被拘押了三个多月的陈独秀。

1921年9月11日,已被选举为中共第一任总书记的陈独秀与包惠僧从广州回到上海,主持党中央的日常工作,住在法租界环龙路渔阳里2号。陈独秀来到这里不久就遭到了法租界巡捕房的拘捕。在共产国际代表马林及中国共产党方面的多方营救下,拘押了20多天的陈独秀重新获得了自由。

1922年8月9日,在上海法租界环龙路铭德里2号,被释放不到十个月的陈独秀又被法租界巡捕房逮捕,党的组织立即领导、发动各阶层群众,开展了大规模的营救运动。在两次公开审理后,判决陈独秀罚洋400元,销毁违禁书籍,允许由人保出。被关押了9天的陈独秀又一次走出了监狱。

10年之后的第5次被捕,也许就没有前4次那么轻松地获得自由了。

从上海被押赴南京的陈独秀,沉沉地酣睡在京沪列车上。

车船上枯燥单调的氛围让人打瞌睡是正常的,但在军警的挟持下,在那钢盔、铁枪和刺刀泛着的冷光里沉沉睡去,在将交由军法处置有可能押赴刑场的旅程中没有恐惧忧伤地酣然入梦,这该不是任何人都能做得到的。

常人在利害冲突于心时,还辗转难眠,而在生与死的临界上却有人悠悠酣睡,若没有养其浩然正气的功夫,以及"仰不愧于天,俯不怍于人"的坦荡的至高境界,又怎能如此超然于生命之外!

黎明,列车在一声长鸣后停在下关车站,陈独秀在梦中被押解员叫醒。

陈独秀等被押解到南京后,8时,国民党中央组织部派人到车站接洽,后将陈独秀、彭述之以及各种重要文件书籍等10多箱用汽车运到该处,交军政部军法司收押。

落叶飘飘,此时已是秋风萧萧,天气渐渐地转凉了。被捕的陈独秀没有来得及带其他衣物,早秋天气乍暖还寒,对多病的陈独秀来说无疑是雪上加霜。于是他在国民党军法司禁闭室写信给当局要求添置衣被,国民党中央党部考虑到陈独秀的身份及影响,于是同意拨给大洋100元,满足了陈独秀的要求。

陈独秀从没有把自己看做是囚犯,更没有因为自己是"囚犯"而自卑。他不但提出了基本的物质需要,而且也要在精神上与堪与"匹敌"的蒋介石、陈立夫、陈公博等人一决高下。他要表述自己过去组织托洛茨基派在中国的活动情形,申告并未违法。这项要求也得到国民党当局的允诺,并表示将于21日"提陈犯出狱,由宪兵司令部派员押解赴汉"(当时蒋介石在武汉,至少,当局还是考虑了陈氏的请求)[①]。

21日下午,天津《大公报》记者采访了国民党军部司监狱科长。狱方说陈独秀、彭述之二犯是由中央党部交押的,属于寄押性质,军法司还没有开庭审讯,是不是押解到武汉,还没有确切消息。陈独秀的病,据他自己所说是盲肠炎,但看起来,他的病情并不太严重,或者是慢性病。说这话的时候,陈独秀已经于26日向中央党部表达了请求派医生诊治的愿望。

蒋介石曾致电南京,将陈独秀的材料送到武汉即可定夺。几经周折,南京方面国民党中央派组织委员会干事黄凯,带着陈独秀案的多种重要文件,于10月22日到达武汉,面见蒋介石,详细陈述了"陈彭案"的情况,并将查抄的各

---

① 《中央日报》,1932年10月21日。

种重要文件，呈蒋介石审阅，请示定夺。蒋介石又把叛徒谢德盘等人调到武汉行营，亲自审问，一切材料都证明陈独秀和红军没有什么联系。

在狱中，陈独秀、彭述之要求有读报和通信的自由。但他的请求遭到了军法司的拒绝。一切照旧，来访的客人，陈独秀一概不准接见，包括新闻记者在内。

陈独秀被国民党羁押的消息传出后，再度引起各方的呼吁和营救。这次营救的舆论超过了历史上的任何一次。这是一次社会各界的大营救。

翁文灏、胡适及南京政府外交部长兼行政司法部长罗文干致电蒋介石：请将陈独秀案付司法审判，不由军法从事。未被破坏的最大的托派地方组织——"中国共产党左派反对派北方区"致中共河北省委一封公开信，就陈独秀被捕，要求中共"审察其过去对独秀同志所加的一切非议诬蔑之错误，接受反对派之政治路线，并为援救陈独秀同志而斗争"。并在其机关报《先锋》上呼吁："起来！起来！援救中国革命领袖陈独秀！""中国的革命群众和一切左翼的社团，一切革命分子都应立即起来，游行、示威、通电、开大会，坚决不拔的为援救陈独秀而斗争！"

10月24日，上海申报刊登了一则消息：

蔡元培等营救陈独秀①

昨日，上海学术界领袖蔡元培、杨杏佛、柳亚子、林语堂等，致南京中央党部，国民政府一电，特录如下。

南京中央党部、国民政府钧鉴：闻陈独秀，于卧病中被捕解京，甚为系念。此君早岁提倡革命，曾与张溥泉、章行严，办国民日报于上海，光复后，复佐柏烈武治皖有功，而"五四运动"时期，鼓吹新文化，对于国民革命，尤有间接之助，此非个人恩怨之私所可抹杀者也。不幸以政治主张之差异，遂致背道而驰，顾其反对暴动政策，斥红军为土匪，遂遭共党除名，实与欧美各立宪国议会中之共产党议员无异，伏望矜怜耆旧，爱惜人才，特宽两观之诛，开其自新之路，学术幸甚，文化幸甚，临电不胜皇恐待命之至。

---

① 《申报》，1932年10月24日，第33章第9版。

对于此电,蒋介石"表示不复电",但陈独秀可交司法机关处理。

当天,胡适等致电蔡元培:"请就近营救陈独秀。"柏文蔚也于25日早晨到达南京,除了为新中国公学筹集基金外,还去当局探询了对陈独秀的处置态度,以便进行营救。上海的柳亚子为陈独秀极力奔走。北大、燕大师生都纷纷想办法举行演讲集会声援,律师界章士钊、张耀曾、董康、郑毓秀均愿做陈独秀的辩护律师。如此等等,又形成了一场气势浩大的"救陈运动"。但也有反动政客"清算陈独秀"的。国民党中统局主办的《社会新闻》发表署名"仿鲁"的文章,称陈独秀是"近代政治怪杰",以为"陈曾是共党取消派,然而他是赤匪的始作俑者……照现行法规,似应正法,而无活命之可能。反转事说,陈虽是共党,却是反对共党现行暴政者,而且还是个学者,只要他继续反共,似乎不至于死"。①

10月23日,江西瑞金出版的"中华苏维埃共和国临时中央政府机关报"《红色中华》(第37期),以"取消派领袖亦跑不了,陈独秀在上海被捕"为标题,报道陈独秀在上海被捕的消息,并加按语道:"蒋介石不一定念其反共有力网开一面许以不死……或者还会因祸得福做几天蒋家官僚呢!"看来,自从陈独秀申明自己的救国方案为托洛茨基主义后,"干部派"就已将他视为敌人。

为国民党当局鼓吹的《壬申半月刊》,于11月1日刊登了一篇题为《陈独秀被捕以后》的文章,责骂陈"共产党徒,其罪大恶极,自然是应该聚而歼之",之后又略述了陈独秀的政治活动,并摘要了陈独秀1929年12月发表的《我们的政治意见书》,称"该派现在似乎已经崩溃"。并吹捧当局道:"自陈等被捕解京,我当局尊重法律司法独立,由蒋委员(长)提议,经中央常委会议通过,将全案移归法院审理,此诚不失为法治国家持平的态度。"

10月,杜威、罗素、爱因斯坦等国际名士也致电蒋介石营救陈独秀。

迫于各方面的压力及陈独秀在国民党中的影响,蒋介石又想到前几次陈独秀被捕后的"热闹"情形,于是便于11月24日电令南京:"陈等所犯之罪,系危害民国之生存,国家法律对于此种罪行,早在法律上有明白的规定,为维持司法独立尊严计,应交法院公开审判。"

---

① 仿鲁:《清算陈独秀》,《社会新闻》,第1卷第7期。

当天，国民党中央委员会一中常务谈话会上，讨论了蒋介石的来电。讨论认为，陈独秀、彭述之两人既不是现役军人，"犯罪"地点又在法租界，经与"危害民国紧急治罪法"相核照，与该法第七条前段规定不合，不属于军法司管辖范围。于是"通过"了蒋委员长的来电，应转令司法行政部依法定手续审理。

蒋介石决定组织军事特别法庭审判陈独秀的念头取消了，改由法院公开审理。军事特别法庭的审判较为"独裁"，首先它审理时禁止外人旁听，不像一般法庭，有比较严格的透明审理程序，其次，它不公开犯人罪状，没有公开的公诉书（起诉书），只要法庭稍稍证明，即可定罪，审理过程较为秘密也较为简单。

国民党首都南京军事机关军法司司长王振南，10月25日表示："如中央将两犯交法院审判，本司俟接正式通知，即能交江苏高等法院或地方法院。"国民党军政部石志承说："经军事最高机关调查结果，应归司法机关审理，在审理期间，本部无权过问，陈案与牛兰案相若，将来办理手续，或亦循此例。"

牛兰案，即牛兰（瑞士共产党人）、汪得利会案。他（她）们夫妇作为第三国际东方局代表分别于1930年3月和6月来到上海，指导中国共产党工作。1931年6月被公共租界工部局逮捕后移交江苏高等法院审理。1932年8月19日被江苏高等法院刑事第一庭以"危害民国罪"判处无期徒刑。

缧绁之中的陈独秀，连日的颠簸，加重了胃病及盲肠炎，如果内肠溃烂，其毒侵入血液，三日之内即可没治，国民党打算将他移送到医院诊治，待病好后再决定审理。

10月25日下午3时，何应钦秉承蒋介石的旨令向国民党军法司司长王振南下达将陈彭等交由法院公开审理的指令之前，与王振南一同到军部会客室，传讯陈独秀，这次会见，在半交谈、半审问的气氛中进行。

"赣鄂等省共产党暴动行为，或知其详否？"何应钦问。

陈独秀答道："各处共党行动，均由干部派指挥，与余毫无关系。"

与日本关系暧昧的何应钦想探询一下陈独秀对中日战争的看法，似乎是借陈独秀的口来占卜一下自己的前途。但陈独秀的回答却让何应钦顿觉晦气。

陈独秀侃侃而谈，认为依据国际形势观察仍须联俄才能于抗战有利，英美及国联对中国都不会有帮助。谈话进行了一个多小时，最后，何应钦让陈独秀为自己写几个字。陈独秀遂提笔写了正气凛然的语句："三军可夺帅也,匹夫不可夺志也",以此句涂写了自己不为威权所屈的个性特色,暗示了自己无论遇到何等的艰难困苦,自己的追求都不会有半点偏移。

传讯结束后,陈独秀又被带回军法司。这时军政部的许多青年军人都纷纷持笔墨和几寸长的小纸条,四面围着陈独秀,向他"索书"纪念。

陈独秀执拗不过,于是军部挥毫,欣然写下:"先天下之忧而忧,后天下之乐而乐"、"莫等闲,白了少年头"……纸条笔墨,陈独秀应接不暇,直到将墨水写完,才算是解了围。不仅是他龙飞凤舞、刚柔相济的书法令军人们得者喜、失者憾,这位东方哲人的忧国胸怀、威武不能屈的勇夫气质,更是令人惊叹。没有半点低眉敛首的囚人形象,有的只是气吞河岳的魂魄。

国民党当局决定"陈彭案"按"牛兰一案"办理,同为"危害民国"罪,所以逮捕手续及情形都相同,并由江苏高等法院审理。审判地点仍在南京,由该法院组织临时庭,因为陈彭等犯"危害民国罪",依法第一审即是高等法院,因为高等法院远在苏州,如再将犯人押往苏州,徒增手续的麻烦。于是决定暂押在苏州高等法院下属的江宁地方法院,听候高等法院决定审讯地点。一旦确定了审理地点,军部便令军法司将移交手续办理妥当。在公审时,由中央党部派人旁听。陈独秀被捕时,搜出的13箱共产党左派书籍和杂志,也将在开审时作为罪证一并送往高等法院。

10月26日上午,军法司电询国民党中央组织委员会调查科,请示处置办法,并电请司法行政部刑事司司长李幼泉,转告江宁地方法院准备监房,查验收押,此种做法,用军法司司长王振南的话说就是"以免外界误会"。①

上午9时左右,军法司接到中组会调查科谕令,于是便派了周、游两名监狱官长,再加上八个军警,于上午10时到监房,将陈独秀、彭述之连同两床铺盖,两个行军床,还有各种文件书籍一块押上了军法司的一辆卡车,直驶江宁地方法院。

50分钟以后,囚车到达法院,接着陈独秀、彭述之被送到了检察署候讯室,押解人员回归军部。在交接时,江宁法院检察官吴绍昌,讯问二人姓名、年龄、

---

① 《晨报》,1932年10月30日第8版。

籍贯等,记录完毕,签送到看守所暂押,并告诉看守人员禁止陈、彭接见一切宾客。

陈独秀在候讯室时,《晨报》记者问他在狱中有何感想,陈独秀说,在狱之人,别无所望,唯一要求,就是希望当局予以公开审判。当时,陈独秀在押军法司时,已细读孙中山三民主义及国民党法律,他充分研究了这些资料,认为自己完全有能力开脱自己无罪,再者,他一生反对专制独裁,那些吩咐、安排、照办的暗箱式的军事法庭审判,是自己深恶痛绝的,于是在狱中"阅读三民主义或其他总理遗教","每日阅党义书籍",以便在公开审理的法庭上为自己讨个公道,给国民党以沉重的一击。即使刚到江宁地方法院,喘息甫定之时,他仍是"态度安静,手携党义书数本"。可见为了打赢这场官司,他准备得何其认真。

国民党军法司在将二人解往法院时,并备一函述说解往原因(也即是国民党的托词)及有关事宜。原文如下:

> 危害民国案犯陈独秀、彭述之,请收押审办等由一案,业经派员侦明在卷。查被告陈独秀、彭述之二名,即非现役军人,而犯罪地点又核与危害民国紧急治罪法第七条前段规定不合,本司自属无权管辖,依法应由江苏高等法院审理。除获案文件,未准附送,应请经向中央组织委员会调查处外,相应将陈独秀、彭述之二名,连同本司侦察卷,派员解送贵院,即希查照验收给据,并转解江苏高等法院办,公毕仍将本司原卷归还送档为荷。法院收到后,即付以收据。①

江宁地方法院看守所,原本打算将陈独秀等押在普通狱所,因为原来的"政治犯"牛兰夫妇住的优待室无人羁住,并且二人所犯的案件性质与牛兰相同,便决定二人暂住这个优待室。该室房间非常清洁宽敞,光线较好,不像普通监狱那样阴暗潮湿。此房共有三间,分为三号,陈独秀、彭述之同住在二号房间,一号房间是法医办公室。彭述之入狱后,因咳嗽而显得非常疲惫,一个眼睛又

---

① 《晨报》,1932年10月30日第8版。

患上了眼病，法医给他洗了洗后，为早日痊愈，便用硼酸纱布包好。

陈独秀被交法院审理的消息传出后，他在北大时的学生傅斯年，于1932年10月30日在《独立评论》第24号上发表《陈独秀案》一文，称颂陈独秀是中国革命史上"光焰万丈的大彗星"，主张在处理陈彭案上，应"考虑陈一生行迹，及二十年来中国革命历史"，做到"一、最合法；二、最近情；三、看得到中国二十年来革命历史的意义；四、及国民党自身的革命立场。"并"希望政府能将此事交付法院，公开审判……不妨依据法律进行特赦运动"。

10月31日，宋庆龄由上海抵达南京，又乘飞机到武汉，"为陈独秀事"，想访问蒋介石夫妇。12月31日，蔡元培、胡适等都纷纷向他推荐辩护律师。陈独秀"五四"以前的好友章士钊还自告奋勇前往义务为他辩护。

"缚虎容易纵虎难"，国民党方面有人认为，其思想为社会所不容的陈独秀，能够得到由军法论处改为法庭公开审理，这已是"党国"的最大恩赐了，应该尊重法律、尊重司法独立，对陈独秀严加查办。

10月27日，即陈独秀被移交到江宁地方法院的第二天，国民党广东省党部电请国民党中央严办陈独秀，并请"惩办出名保释之人"。29日，国民党南京特别市执行委员会决议，"呈请中央依法，惩办共犯陈独秀等不准保释，并电全国一致主张"。陈独秀捕后，新疆省政府主席金树仁、湖南清乡司令何健、国民党湖南省长沙市执委、湖南衡山县、罗山县、江西上高县、山东邹县、广东英德县等党部、国民党陆军十六师、十九师、二七师、五三师、七八师党部等单位，打电报给国民党中央当局，要求"严惩"、"处极刑"、"明正典型"、"迅予处决"，将陈独秀看做是洪水猛兽，一旦放出将遗患无穷、国无宁日。

11月1日，国民党南京市党部书面警告蔡元培、杨杏佛，说他们"请宽释陈独秀"之电是"徇于私情，曲加庇护，为反动张目，特予警告"。

10月28日，香港大公报则发表了《营救陈独秀》的短评，说陈独秀是一个领袖，自有他的信仰和风格，所以只须给予他机会，叫他堂堂正正地主张意见，向公众公开申述，这正是尊重他、爱护他的道理。如果用哀恳式的乞怜、感情式的缓颊，在法律以外去营救他，倒反辱没了这位有骨气的老革命家。并认为蔡元培等"矜怜耆旧，爱惜人才"的话，是"多此一举"；主张"大家应该成全陈独秀"，应想念他即作为领袖，"有真诚信念，不变节，不改话，言行始终"。

此时的陈独秀真成了"两间余一卒，荷戟独彷徨"的"鳏夫寡人"了。11月1日，中共的机关刊物《红色中华》再次报道了陈独秀被捕的消息，标题是"不幸而言中——陈独秀要当蒋介石的反共参谋了——不信，你们等着"。

11月21日，《红色中华》朝陈独秀又踏上了一脚：标题是"陈独秀！取消派！叛党！反共！"文中陈独秀是资产阶级的"走狗"，"反共"先锋（"走狗"、"牛鬼蛇神"这等语言在"文革"中司空见惯）。言辞狂飙激进，排山倒海。对此，陈独秀在11月17日《先锋》第五期发表的《谁能救中国？怎样救中国？》一文中，说："日本帝国主义方夺山海关，急攻热河，而国民党军队，却向江西集中，其对待共产党无他，杀之囚之，犹以为未足，更师袁世凯帮智，使之自首告密。"[①]声讨了国民党，对正在遭国民党重兵"围剿"的红军寄予了同情。对依仗铁拳凌弱的不满，至少显示了陈独秀的几分绅士风度。

陈独秀被押解到江宁地方法院看守所后，北京的《晨报》记者曾去探视采访了他，记者由该所派员领到病监第二号，看到身穿灰布棉袍棕色裤的陈独秀正在门外走廊徘徊踱步，病似乎已经痊愈；身穿灰布棉袍、蓝色裤的彭述之则仰卧于床上，左眼包有纱布。

记者满怀关心地问道：

"先生贵恙，近状如何？"

陈独秀听到记者的关切问候，回答说：

"余在沪被捕之时，方患病稍痊，至捕房，未得诊治，致又转剧，自引渡后，曾入医院医治，解至南京后，又蒙军法司派医诊察，现已销痊，惟精神尚觉疲乏。"

记者又问："先生对于此次被捕，感想如何？"

陈独秀敏锐地看了看记者说：

"余无何感想，惟对于我20年来未到之南京，见各处之大建设及商业之繁盛，真胜昔百倍，在此国难日亟之时，政府仍能努力发展建设，此点实为国家前途庆幸。"

---

① 《陈独秀著作选》（第三卷）上海人民出版社，第300页。

记者又问："先生近在监中，作何消遣？"

陈独秀答道："惟每日看看中央军校出版之各种军事丛书等。"

10月29日，陈独秀等受江苏省高等法院传讯，江苏高等法院派检察官朱隽带领书记官来到了南京，在上午9点半，与推事赵钲铛借江宁地方法院刑二庭升座开庭，侦察陈独秀、彭述之所犯之案。

捕房为了使法庭易于明了起见，在各个被告胸前以被捕先后顺序各缀一数字号码，陈独秀被捕时为第6，于是作为第6被告而缀上了6字号码。因陈独秀、彭述之有病，特准他们就座。由捕房律师厉志山陈述逮捕经过。法官将"陈彭案"各要点详细记录。陈独秀在法庭上表示："愿尊重国家法律，望政府秉承大公，不参加个人恩怨，法律判我是罪有应得者，当亦愿受。"①

法律需要真诚的信仰。这位在"五四"时期就力倡"法治"、反对沉溺个人感情之"人治"者，正一步一个脚印地履行着自己的诺言。

审讯到11点才退庭，宣布将于下星期一再开庭侦查一次，检察官朱隽留在南京，在下周侦查后，就到江苏高等法院提起公诉公开审理。检察官还告知看守所，陈彭案情重大，在侦查期中，拒绝一切接见和书信来往。经过了漫长的等待，1933年3月底，江苏省高等法院对陈独秀等以危害民国罪提起了公诉。起诉书主要内容为：

> 中国共产党首领陈独秀等，上年十月间被上海公安局捕获，解送南京军政部军法司。嗣称由司法行政部交江苏高等法院审理，经检察官检察结果，提起公文摘比照录起诉书原文如左：
>
> 起诉书：被告陈独秀、彭述之（即张次南）、王武（即宋逢春）、濮一凡、王子平、何阿芳、王兆群、郭竟豪（即彭道之）、梁有光、王鉴堂，以上十名均在押。右开被告，民国念一年刑事第三八号危害民国一案，并经侦查终结，认为应行提起公诉，兹将该被告犯罪事实，及所犯法条，开列于后：
>
> ……
>
> 陈独秀部分：被告陈独秀，系安徽怀宁人。初在日本东京大学读书。

---

① 《大公报》，1932年11月1日。

查被告为中国共产党左派反对派中央执行党务委员首席（以下简称中央反对派），是为一党之主脑。其个人行动，及发表之反动文件，应负责任，固无论矣，即以中央反对派名义刊行之反动传单佳音宣言书，及其指挥之行动，亦应由其完全负责。……

　　一面借口外交，竭力宣传共产主义；一面则对于国民党政府，冷嘲热讽，肆意攻击。综其要旨，则谓国民党政府威信堕地，不能领导群众，应由其领导农工及其无产阶级等，以武装暴动，组织农工军，设立苏维埃政权，推翻国民政府，由无产阶级专政。并欲打倒资本家，没收土地，分配贫农。其言词背谬，显欲破坏中国经济组织，政治组织……

　　竟目三民主义为反动主义，并主张第三次革命，坚决扫荡国民党政府，以革命民众政权，代替国民党政权。其意在危害民国，已昭然若揭。惟查共产党进行之程序，原有组织团体，宣传主义；武装暴动，设立苏维埃政权等各阶段。察核被告所为，仅只共产主义之宣传，尚未达于暴动程序。然以危害民国为目的，集会组织团体，并以文字为叛国宣传，则证凭确实，自应令其负责。

　　……

　　江苏省高院对陈独秀提出了上述公诉后，即紧锣密鼓地开始了陈彭案公开审理的准备。服从上级指示，达到顺乎民情、准乎法律的审理结果，殊不知这里面存在着多么难以自圆其说的矛盾。而在狱中手执国民党党义的陈独秀，此时已在酝酿着自己的答辩书，他决心变被告为原告，改法庭审理陈独秀为陈独秀清算国民党。有这针锋相对、水火不容的两种意识形态的斗争，又有旁边的摇旗呐喊者，所以，这场审判深受期待。

　　"千呼万唤始出来，犹抱琵琶半遮面。"这场备受关注的政治审判终于在漫漫等待中于1933年4月11日拉开了序幕。

2. 法庭斗士：爱国还是害国？

1933年的南京，天空中阴云密布，雾霾似铅。这六朝古都不知是已经习惯于日军入侵的频频传闻，还是未能感受到那渐近渐猛的隆隆炮声，仍有着难得的平静。东北三省已成掌中之握的日本帝国主义，又将其侵略的魔爪向热察及关内伸展。1月3日，日军攻陷了山海关和临榆县城，中国3000余军民喋血于屠刀之下。5月31日，北平军分会总参议熊斌受北平政务委员会委员长黄郛的派遣，秉承蒋汪指示，将签订好的卖国之《塘沽协定》递到了日本关东军代表冈村宁次手里。就在这侵淫的炮声与城下之盟的间隙里，一场轰动全国、备受关注的"陈彭案"拉开了审判的序幕。

1933年4月14日，江宁地方法院。

旁听席上早已观客满座，他们交头接耳，表情各异，预测着审判结果。庭外也是人头攒动，或跷足张望，或侧耳细听，都像在期盼着一场即将上演而又久闻未睹的名剧。

上午9时30分，受苏州高等法院委派的审判长胡善称、推事（国民党审判官长之称）张秉慈、林哲民，检察官朱隽、书记官沈育仁等莅庭升座。

与此同时，被告陈独秀等的辩护律师章士钊、吴之屏、彭望邺、蒋豪士、刘祖望5人也从容地走入了律师辩护席。

自陈独秀等被解到江宁地方法院看守所拘押，到高等法院派人审理，历时半年有余，究其原因，是审判人员的委派出现了"将多难出征"的尴尬。

如今，"陈彭案"的卷宗放到了高院，倒真有了一种人人自感绠短汲深的危机与忐忑。高院派人，颇费周折，谁也不愿接审这种倒霉的案件，谁能保证自己在辩论的过程中会不会被陈独秀问得哑口无言？再则，众所周知，陈在上海被捕时，身上不名一文，一点油水也难以捞到，若操作失当，还要上下受气，遭人指骂。于是出现了芝麻官在按察院看到的"五台大人"相互推诿的现状。他们个个成了"足球队员"，踢来踢去便踢给了胡善称、朱隽等人。

陈独秀无钱请律师，更不愿请律师，对于他，律师简直是一种摆设，只有弱者才需要那班人的"护"。陈独秀在被解到江宁看守所时，曾接受过《晨报》的采访。记者曾问道：

"法院对先生一案，即将开审，外传先生已聘定辩护人，确否？"

陈独秀说："余等案件系政治问题，又可说学理问题，似无须请人辩护，如欲请人辩护，亦须有钱才行，但我系一穷措大，而信件来往每月只能一次，何来有此充分之时间，作请人之准备，故如开审期促，则更不延人辩护矣。"①

"行无愧怍心常坦，身处艰难气若虹"。陈独秀坚信自己能为自己开脱"罪责"，胸中怀有坦然，而以坦然的心态去面对各种困难，总有一种"一览众山小"的精神境界。

此前，在上海开设律师事务所的章士钊早闻陈独秀被捕入狱，决定赴京为好友鸣辩，经过精心准备，在得知陈独秀公审日期后，踌躇满志，欣然而来为陈独秀作义务辩护。

深知陈独秀秉性的章士钊的到来，使得陈独秀盛情难负。同时，彭望邺、蒋豪士也愿任全案义务律师，真是"无心插柳柳成荫"。这与国民党当局委派审判员的"有心栽花花不发"成了相映之趣。

章士钊与陈独秀是政治上的老合作者了。1903年6月《苏报》案发，章炳麟、邹容被捕入狱，报社被查封，8月7日，他们就迎刃而上，在上海新马路梅福里创办了时称《苏报》第二的《国民日日报》，揭橥反清革命大纛，登高而召，应者云集。生活中他与章士钊"同居一室，夜抵足眠，日促膝谈，意气至相得"。同年12月初，该报因官府查禁而外绝销路内生诉讼再兼经费短缺被迫停刊；1904年初，陈独秀背了一个包袱，手持一把雨伞来到芜湖办起了《安徽俗话报》，该报由上海章士钊创办的大陆印刷局承印。同年秋，留日学生在上海组织"军国民教育会暗杀团"，章士钊邀陈独秀一起加入，并让其习制炸弹；1914年在日本，陈独秀又帮助章士钊创办了《甲寅》杂志，但已与章主张"上层政制改革"政见相左。后来，章士钊当了段祺瑞执政府的教育总长和司法总长之后，两人便分道扬镳，不谈政治。1926年，"三一八"惨案震惊全国，章士钊充当了段祺瑞当局镇压学生运动的帮凶，陈独秀十分气愤地速函章士钊，表

---

① 《晨报》，1932年10月30日第8版。

示要和其绝交。从此二人政见对立,却私谊难忘。但在与朋友相处的比照中,章士钊也不免感叹陈独秀是"吾弱冠涉世交友遍天下认为最难交者"。①

如今,世事沧桑多变,与陈独秀数载相交的章士钊在赴京辩护之时不觉有了许多感慨,于是,挥笔写下了一首诗:

> 龙潭血战高天下,一日功名奕代存;
> 王气只今收六代,世家无碍贯三孙。
> 廿载浪迹伤重到,此辈青流那足论?
> 独有故人陈仲子,聊将糟李款牢门。

这是对故友的赞颂,也是对名士遭遇的感伤。

此时闻名全国的大律师章士钊,对于普通的诉讼案,即使别人以高薪奉请,也难以得到他的承诺,今为陈独秀辩护,完全尽义务而不取酬劳,被时人传称为"有古义士之风"。"五四"前后,他与陈独秀在政治主张、文学体裁等方面都是对立的,相互之间虽曾口诛笔伐,文仗连连,但那只不过是学人"吾爱吾友,吾更爱真理"的追求碰撞。对处于危难之间的"论敌"有此义举,实谓"古道可风",章、陈的人格光辉也在互映互显之中。

9点35分,一声庄严的宣告在法庭回荡:"肃静,肃静!本庭宣布,由本院审理的陈彭等危害民国一案,正式开庭!"书记官的声音顿时平息了法院中的噪声和噪动,只听到翻动卷纸与那掠过屋顶的风声。

法警执签提陈独秀、彭述之、濮一凡等10人到庭。

走在最前面的就是当年在"文学革命"发难时"愿拖四十二生大炮为之前驱"的陈独秀,他环顾法庭,神态自若,胜似闲庭信步,好像伏案提笔久了走出书斋透口气,望望风景。其他"同犯"跟随着走向被告席。整个法庭的目光都聚焦在这10个人身上,也许是久经沙场之故,陈独秀全没有囚徒的气象,俨然将要远征的将士登上祭坛的样子,又仿佛阿波罗擎着一轮辉煌的太阳。在各有其景的队列中,他可以算是一枝独秀的老红杏。

---

① 章士钊:《与黄克强相交始末》,《辛亥革命回忆录》第二集,第149页。

"案犯陈独秀，将年龄、籍贯或住处、职业告知本庭！"审判长胡善称开始了讯问。

"本人陈独秀，字仲甫，55岁，安徽怀宁人，住上海岳州路永兴里，无业！"陈独秀回答从容。

胡善称又讯问彭述之、濮一凡等其他人，他们都一一作答，书记官记录在案。

审判长讯问完毕，检察官朱隽陈述拘捕陈、彭等10人的经过。陈述结束，法官首传陈独秀审讯，彭述之等9人则被带入待审室。

两鬓斑白如霜、须长寸许的陈独秀立于法庭，面色红润，一扫入狱前满面病容，他昂首望着法庭高悬着的被国民党奉为国父的孙中山总理遗像，又看了看对称而悬的青天白日旗，他觉得这两者之间相距是何等的遥远！他将目光投到了旁听席上，他觉得他们的目光中多的是期盼，希望他勇斗法庭，胜券在握。

他再次回答了审判长有关姓名、籍贯等的提问。胡善称又就近段陈独秀的活动内容及时间地点作了询问，陈独秀都避重就轻做了巧妙回答。但彼此都知道，问讯的内容在逐步深入：

"共党活动，是否受莫斯科指挥？"胡善称单刀直入。

"是"，陈独秀爽快答道，"不争之事实。"

"当时共党之活动，第三国际态度如何？是否满意？"

"无所谓满意不满意。"

"共党书记是否即总秘书长？"

"是。"

"何时被开除？"诸种战策，攻心为上，此问实为灭他人威风的心理招数。

陈独秀却不以为然："记不清，大约在民国十七年十八年。"

"究以何故成为苏俄干部派（即斯大林派）之反对派？"审判长紧追不舍，"为何被开除？"

"以意见不同而已。"

"被开除后做何事？"

"未做事。"

"共党共分几派？"

"分托洛茨基与史他林（即斯大林）两派。"

"托洛茨基现在何处？"

"现在情形不知。"

陈独秀这些无关宏旨的懒惰式的回答使审判长不得不另寻策略：侧面入攻。

"共党内常委几人？"

"5人，然5人中，并无宋逢春，因宋于被捕时方出狱一周余，宋在狱中何能当选常委。又濮一凡为一30余岁面黑之人，倾见者乃一漂亮小孩子。"陈独秀有条不紊，机智开脱。

"彭述之曾供濮一凡为常委？"审判长突然问道。

"不对。濮非常委，恐因语音不同而有舛误。"陈独秀坦然答道。

此时律师席上的章士钊起立申告："检察官之记录，吾等并未见过，其中恐有错误，请发下一看。"

检察官朱隽答道："待将来整理后宣读，如有舛误，再作改修。"

审判长继续问道："对于红军主张如何？"

"红军为特别组织，要先组织苏维埃政府，照现在状况尚用不着红军。共党理论，先要有农工为基础，待有政权，才需要有军队。"

"又《告党内同志书》一文，内有当共党欲实行暴动，曾有信去指说现在尚未至革命高潮，国民政府尚不能崩溃，徒使党离开民众，应请改变政策等语。是否是你作的？"

"是有的。"

"中国共产党反对派即托派最终目的如何？"胡善称似乎真的不明白托洛茨基主义为何有这么大的魅力，使这些颇有智识的人有着冒死的迷醉。

"世界革命，在中国需要解放民众，提高劳动者生活，关于夺取政权，乃当然的目的。"陈独秀毫不掩饰，阐义简洁。

"《斧》一文在何处发行？"

"在华北发行。"

"书中有召集不具名会议，是何意思？"胡善称又要追根究底。

"国民党不召集时,由共党召集,共党不能召集时,即在国民党势力参加之。"陈独秀从容解释。

"与皖湘闽赣等省共党不能合作,是否因政策不同?"

"是。"

"党内教育界学生方面有人参加否?"

"当然有,工人比较多,其余各界都有。"陈独秀笼统地回答。

"是否常开会?"

"不一定。"陈独秀含糊道。

"几时生病的?"胡善称话锋一转。

"去年八月间。"

"未生病前开会是否常到?"

"开会常到。"

讯问似乎又变得温和了许多。胡善称自然而然地想从陈独秀口中得知其他人的材料。于是问道:"被捕10人中,有几人认得?"

"以政治犯资格,不能详细报告,作政府侦探,只能将个人情形报告。"陈独秀窥破了这一动机,打消了他的妄想。

其实,在这么长的讯答中,法庭一直在旁敲侧击,想从这敲击声中震出一些惊人的响动来。而他们真正的目的是搜集能将陈、彭定为"危害民国"罪的事实根据。看目的不能达到,胡善称开始将问话引向正题:

"陈独秀,你们何以要打倒国民政府?"

陈独秀一听此言,立刻打开了其特有的政治思想闸门:

"这是事实,我不否认。至于理由,可以分三点,简单说明之:一、现在国民党政治是刺刀政治,人民既无发言权,党员恐亦无发言权,不合民主政治原则;二、中国人已穷至极点,军阀官僚只知集中金钱,存放于帝国主义银行,人民则苦到无饭吃,此为高丽亡国时的现象;三、全国人民主张抗日,政府则步步退让。十九路军在上海抵抗,政府不接济。至所谓长期抵抗,只是"长期抵抗"四个字,始终还是不抵抗。根据以上三点,人民即有反抗此违背民主主义与无民权实质政府之义务。"陈独秀抑扬顿挫,锋芒毕露,利器突出,直指要害。他似乎又登上了高高的讲坛，登高一呼，慷慨陈词。

他是当年"五四"民主大旗的捍卫者，今天对簿公堂焉有食言之理！他想起了中世纪那阴森的宗教法庭上昂然挺立的伽利略，还有那屹立于烈火中的乔尔丹诺·布鲁诺。伽利略给他以自信，乔尔丹诺·布鲁诺给他以力量，他们是人类历史上精神的灵光。他们没有畏惧残酷的迫害，在反动的法庭上，伽利略不正是用自己精神的勇武化被告为原告，转被诉为控诉，战胜了卫神的教皇吗？

他觉得自己生命的价值即在于扯去一切罩在"真"与"正义"上的虚伪的外衣，拂去一切蒙在真理上的尘埃，他都毕其全力义无反顾地扫除。他傲然挺立在法庭上，以其意气风发的精神冲力和泼辣酣畅的语言神采，再现了"五四"时期的活力，高举民主、自由、独立解放的大旗，挟着冲决一切罗网的威力，直取卖国腐败和专制独裁。在旁听者的视听中，似乎国民党党旗在他手中一声声地响，又一片片地飘落在地上，被成千上万只鄙夷的脚杂乱地踏着。

在人类悲壮的历史上，有些人本不具备英雄的素质，也可能是一个十分怯懦的唯唯诺诺之人。但由于他身不由己的原因，或是被硬性推到英雄位置的原因，他可能在一时成了英雄。更确切地说是"逼"了英雄。而对有些人来说，他具备英雄素质，但是由于诸种阴差阳错的原因，他始终未能成为英雄。我们无法给陈独秀是不是英雄下个准确的判断，但有一点，在自己的精神底蕴中，他始终没有想到过有一天要成为怎样怎样的英雄——没有一个已经设计好的模式。他不是要成为一个什么人，而是要成就一件事。

5个月以后，即1933年9月，德国纳粹法庭上的季米特洛夫和莱比锡，同样创造了脍炙人口、轰动社会、变被告为原告的世纪名案。历史总是为拥有坚强意志、独立思想和精神的朝圣者提供谱写壮歌的机会。

时至上午11时，审判长问毕，令陈独秀退庭，接着传讯了彭述之（至12时30分）、濮一凡（至12时45分）。等到传讯完王武时，已是下午1时30分了。审判长将各被告传至法庭宣布："本日时间已迟，暂且休庭，改明日（15日）上午9时，继续开庭审讯。"说罢退庭。

退庭后，章士钊总觉得陈独秀所供之词难以达到自己为陈辩护的最终目的，于是便找到几位法官，调出陈独秀案卷与供词，修改了部分不利于陈独秀的词句。想到桀骜不驯的陈独秀，法官觉得此举亦是求之不得，于是顺水推舟，送章士钊个人情。

第二天，江宁地方法院刑事审判庭的旁听席上又挤满了各界人士，其中前来听审的多是学生。法官们好像是在拖延时间，直到9点55分才姗姗在审判庭上落座，5大辩护律师也相继莅庭。审判长指派法警提陈、彭、濮、王四人到法庭待审室，首传陈独秀。

胡善称说："被告陈独秀，昨日本庭审讯之笔录，今由书记官宣读，内若有错误出入之处，可当庭声明更正。"

"悉听尊便！"

书记官强作严肃、官腔十足地开始朗读昨日讯供笔录，陈独秀闭目细听，一字不漏，并发觉多处有出入。书记官宣读完毕，陈独秀在供词上签字时，他发现自己的供词被别人改过，于是在改过的地方又改了过来才签上了字。

以前我们只在电影里见到过悲壮或是勇敢的场面，而在场的观众则在审判陈独秀的现场饱了眼福。改正供词与签字的情形是短暂的，可就在这样一个特写中，陈独秀特立独行的性格得到了充分的显现。他可以厉声责问书记官的失误，盘问"出入"的底细。眼看着不签戏就不能收场。他不由分说把供词夺过来，匆匆划过才写下了陈仲甫三个字。

接着，审判长又如法炮制，依次传讯彭、濮、王三人，书记官宣读各自昨日所供笔录，每人均略有补充修正。供词比照完毕，四人又被法警带回了待审室。

审判长又让法警依次带王子平、何阿芳、王兆群、郭竞豪、梁有光、王鉴堂，各有讯供，并记录在案。讯毕，又传陈独秀等到庭。

审判长问道："陈独秀，托洛茨基派之最终目的如何？是否为推翻国民党，实行无产阶级专政？"

"是的，凡不抗拒外侮，不顾人民，实行独裁政治的党派和政府，都应该打倒，莫说国民党，也包括托洛茨基主义者！"陈独秀直言不讳。人家已经不在乎是什么主义不主义，更讨厌在名词上做诉讼官司，"五四"时期的"孔教"与"孔学"、"自由"与"解放"之争中，他都对名称上的"文章"给予了毫不留情的回击。归根结底来说，他是一个"力于行"的人。快刀斩乱麻是他一贯的个性。

审判长又问彭述之："托洛茨基派的最终目的如何？"

彭述之答道："世界无产阶级革命。"

"是否为推翻国民党、无产阶级专政？"

"正如刚才陈独秀所言。"

问毕，审判长宣称："本案因公安局尚有一部文件未到，明日（16日）为星期日，兹定于18日上午开审。"

陈独秀当场声明："要审从速，延迟时日，绝非吾之所愿，请法庭翌日开审，早日决断！"

章士钊起立说："本律师因故要求再延迟两日，请法庭予以考虑。"

其他四位律师一起赞同，随声附和。

审判长正是求之不得，于是宣布："为本案审判之公平，以谨慎为本，应各位律师之要求，本庭决定于20日上午10时继续审讯，案犯带回看押。退庭！"

众人不解地望着离庭法官的背影及整理案卷的律师，窃窃议论："是巧合，还是谋合？……"

下午1时，空落的法庭又在静寂中等待那台上和台下的人们。它又恰似一座火山，经过四五日短暂的休眠，不知将喷发出一个怎样的结果。

第二次庭审与第一次相比，似乎较为平静，但这平静只是表象，对于此案的定论，并非这几位审判员所能了断的事，这一平静，也正掺入了许多人的不平静。法庭上的法官在等待上级指示，法庭下的律师在周密备战，这台国人瞩目的大舞台上是跌不得跤的！而陈独秀需要的不是这些复杂，他希望快刀斩乱麻，赤膊上阵，奋勇拼杀，从速了断。但他并不是武夫，他要宣扬自己的主张，寻求舆论的支持，而国民党当局似乎比他更早地关注了这一点，于是，另一种备战也在悄悄地进行着。

1933年4月20日，第三次法庭上审判的风云即将展现给满怀期盼的人们。是的，真是到了该有结果的日子了，此前的两次公审已经由旁听的人们海阔天空、绘声绘色、大爆式地作了免费的广告宣传，从前两场"热身"审判中人们又都预感到，更激烈的竞逐还在后面！

原定于上午10时开庭,不到9时,心切的旁听者即陆续赶到法院,争相请求签发旁听证,挤挤攘攘、吵吵闹闹,签证者侥幸,无证者遗憾。其中有许多人不远千里专程来京亲睹审理此案的实况。镇江来的、无锡来的、上海来的……济济一堂,怕法庭"不敷容纳",来得晚的挤在法庭的角落里,他们互相抱持以节省空间。10时左右,旁听席上已难寻立锥之地。座位的缝隙间也被人们的躯体塞实,记者席后面也繁忙着许多"抢滩登陆"者,不太幸运的,只有遗憾而又怅惘地站在法庭外顿足叹息,后悔未能早来。

10时42分,审判长胡善称,推事林哲民、张秉慈,书记官沈育仁,检察官朱隽等升堂落座。为被告辩护的五大律师也联袂莅庭。

书记官沈育仁宣告:"因本案涉事庞杂,故延至今日继续审理陈彭等危害民国一案。希望各界莅庭人士谨守法庭秩序,莫有夸张之言行。"

接着审判长宣布提审王子平、何阿芳等6人,他们到庭后核对笔录但没有作重要更正。于是又命提陈独秀等4人核对第二、第二次庭讯笔录。陈独秀对托洛茨基派的最终目的及中共托派常委内容略有更正。

10时20分,书记官更正完毕。按照程序,检察官朱隽起立提起论告说:

本案被告陈独秀等十人,被捕经过已于起诉书中述明,并对被告十人之犯罪证据,加以说明。陈独秀,他供过,民国九年加入共产党,十一年任秘书长职,十六年清共,共党失败,因他工作无成绩,致被开除总秘书长职,十八年因倾向托洛茨基派,被开除党籍。彭述之、王子平、何阿芳等,倾向托派,亦均被开除,因此共同组织中国共产党左派反对派。查被告之被开除,是被史丹林派开除,并非完全脱离共产党。史托两派不同的地方,是史派说暴动时期已到,托派说还没有到。在策略上,托派主张红军应以农工为基础,史派则连土匪盗贼都参加在内。在手段上,史派主张国民党分子,亦可加入,托派主张国共应分开。凡此种种,都是内部问题,在法律点上,他们主张打倒国民政府,和无产阶级专政,是一样的目的,都是共产,都是危害民国。被告供过,说他们现在势力不大,只有几百人,分子以工界为多,学界次之,农村尚无力量走进,与第三国际并无关系。

这些在证据上看来，可以相信。又被告自认组织共党，从前开会是去的，并任首席常委，所以被告负有两个责任：一、组织左派反对派，他是主脑，所以无论宣传命令，他都要负责，被告个人之言论著述，当然亦要负责。二、宣传部分，他们有一个系统，向一个目标进行，著作很多，被告当然亦要负责。……以上之内容，均利用外交，攻击国民政府，使国府威信堕地，不能领导群众，应由其领导农工及无产阶级，与以武装暴动，组织农工军，促立苏维埃政权，推翻国民政府，由无产阶级专政，并欲打倒资本家，复收土地，分配贫农，破坏政治，及经济组织，故为危害民国，毫无疑义。综纳被告之主张，共有四阶段：一、组织团体；二、宣传；三、武装暴动；四、无产阶级专政。但是被告之行为，在第二阶段中至第三阶段，现在还办不到。综合所述被告实犯危害民国紧急治罪法第六条及第二条第二款。

彭述之犯罪情节，与陈独秀同……①

论告中，彭述之、王子平、何阿芳三人犯罪情节与陈独秀同；王武、王兆群、郭竞豪与梁有光同为违犯危害民国紧急治罪法第六条之罪。王鉴堂则"情节似属较轻，判决时请庭上酌量"。

检察官论告结束，台下一片议论。审判长即问陈独秀道："你是否尚有抗辩？"

陈独秀愤然答道："凭空编造虚实之词，强假与人，焉有不抗辩之理？当然有辩！"于是展开自撰《辩诉状》朗声辩驳：

"余行年五十有五矣，弱冠以来，反抗清帝，反抗北洋军阀，反抗封建思想，反抗帝国主义，奔走呼号以谋改造中国者于今30年。前半期即'五四'运动以前，专注重知识分子方面；后半期乃转向工农劳苦大众方面。盖以十月革命之感召与战后世界大势之所趋，使余不得不有此转变也。……半殖民地的中国，经济落后的中国，外而困于帝国主义，内而困于军阀官僚，欲求民族解放，人民苏生，绝非上层全躯保妻子之徒，所能完成以血购自由的大业，必须以大众的革命怒潮冲毁一切恶旧势力，中国强盛始可得而期。"

---

① 《国闻周报》，1933年5月1日版，第10卷第17期。

他回顾了自己为探寻中国生存道路而付出的30个春秋。他想到了太平天国、义和团,想到了八国联军,想到了康有为、梁启超、孙中山,又想到了与李大钊相约建党,历史呼唤英杰扶炎炎大厦之将倾。他为自己肩负的使命与付出的代价而自豪,他为自己没有流于"全躯保妻子之徒"而欣慰。他致力于反封,又心仪过改良,着手于启蒙,鼓吹过革命,扯起过"民主"与"科学"的两面大旗。他和同仁们一样,怀疑过辛亥革命,于是他陈述道:

"自辛亥革命以来,共和招牌高悬,实则一事无成,而连年军阀混战,都以争夺地盘,搜括人民为目的。弄得工业凋敝,农村破产,国家将亡,民不聊生,予不忍眼见中国人辗转呼号于帝国主义与国民党两重枪尖之下,而不为之挺身奋斗也。""中国革命(指辛亥革命)先于苏俄革命(指十月革命)者七年,今日二者之荣枯几不能比拟,其故可深长思矣。"

在十月革命的比照下,黯然失色的"三民主义",已暮气横秋,行将就木,而继承该灵魂的独裁者,又使得它有其名而无其实。他对于国民党在日寇侵淫下奉仰的"民族主义"痛心疾首:

"对日本侵占东三省,采取不抵抗主义,甚至驯羊般跪倒日帝之前媚颜投降,宁至全国沦亡,亦不容人有异词,家有异说。……'宁赠友邦,不与家奴'竟成国民党之金科玉律。儿皇帝将重见于今日。不亦哀乎?"

他一生笃信民主、弘扬民主、争国权、争民权,而国民党的所谓"民权"只是"独裁"的代名词,于是他对假民主以行专制的国民党批驳道:

"国民党吸尽人民脂膏以养兵,挟全国军队以搜括人民,屠杀异己……大小无冠之王,到处擅作威福,法律只以制裁小民,文同官俱在议亲议贵之列。……其对共产党人,杀之囚之,犹以为未足,更师袁世凯之故智,使之自首告密,此不足消灭真正共产党人,只以破灭廉耻导国人耳。……周幽王有监谤之巫,汉武帝有腹诽之罚,彼时固无所谓共和民主也。……千年以后之中国,竟重兴此制(指遍布全国的特务),不啻证明日本人斥'中国非现代国家'之非诬。……路易十四曾发出狂言'朕即国家',而今执此信条者实大有人在。……余意毁坏民权罪即邻于复辟。……否则军阀之魁,民主之敌,亦得以再造共和自诩(当明段祺瑞应蒋介石邀请从天津南下,蒋以师礼遇之。国民党《中央日报》

以大字标题报道'共和勋臣段芝泉氏莅京'），而妄人竟以共勋臣称之……国民党以刺刀削去人民权利，以监狱堵塞人民喉舌……民权云乎哉。"

他又想起了举国的民众，无道治国的受害者，党国给予国民的"幸福"也实在令人不寒而栗，于是他无情地指责道：

"连年混战，杀人盈野，饿殍载道，赤地千里。老弱转于沟壑，少壮铤而走险，死于水旱天灾者千万，死于暴政人祸者万千。……工农劳苦大众不如牛马，爱国有志之士尽入囹圄……民死之不暇，何以言民生？"

国家现状如此，国民党腐朽、反动所致，如此误国的党、误国的政府，若不早去，则必定会丧失国家前途。国民党才是真正的"危害民国者"！而反对当权腐朽的政党，推翻误国政府，才真的是挽救民国者！在必要的蓄势之后，陈独秀将犀利的矛头指向了"危害民国"的罪名：

"国者何？土地、主权、人民之总和也，此近代国法学者之通论，决非'共产邪说'也。以言土地，东三省之失于日本，岂独秀之责耶？以言主权，一切丧权辱国条约，岂独秀签字者乎？以言人民，余主张建立'人民政府'，岂残民以逞之徒耶？若谓反对政府即为'危害民国'，此种逻辑难免为世人耻笑。孙中山、黄兴曾反对满清和袁世凯，而后者曾斥孙、黄为国贼，岂笃论乎？故认为反对政府即为叛国，则孙、黄已二次叛国矣，此荒谬绝伦之见也。"

这时旁听席上发出一阵笑声，大家交头接耳，赞叹陈独秀的《辩诉状》言之有理，大快人心。对主流意识形态的抵抗是人类文明进化历史上常见的一种现象。中外古今，莫不如是。因为主流意识形态的拥有者位置显赫。这正如钱钟书先生在《围城》中说的：人的缺点不容易让人发现，但一旦做了官就容易暴露。这正如猴子本来就有尾巴一样，他爬到树上以后看得更清楚些。更何况人类逆反心理的沟通更容易引起共鸣呢？

审判长胡善称脸上掠过一丝尴尬，他怕惹起麻烦，乱了法庭秩序，有失颜面，站起来警告说："肃静！肃静！旁听者不得喧哗，谨守法庭秩序。"又转而对陈独秀说："被告陈独秀，不得有鼓动言辞。"他看到陈独秀张口要说话，便又接着说："如今强寇入侵，吾等国人应万众一心，上下一致，精诚团结，以国事为重！"

陈独秀眉毛一扬说："你不要我讲话，我就不讲了，何必还要什么程序呢？"

"我不是不要你讲话，只是要你言辞检点一点。"胡善称看陈独秀脸涨得通红，便无可奈何地说："你讲吧。"

"不过，在我讲之前，有一词先须问明，'言辞检点'意指为何？"

"是要你莫借题发挥，渲染过重，且不敬言辞，有辱于民国领袖之形象。"

"国事衰退若此，国民疲敝若此，又妄设此法庭，实悖于'三民主义'，于领袖不敬甚矣！"

陈独秀说："刚才你说团结，这是个好听的名词；不过，我觉得骑马者要和马讲团结，马是不会赞成的。"陈独秀清了清嗓子以模拟的声音说："它会说，你压在我身上，你相当舒适，我要被你鞭打还要跑，跑得满身大汗，你还嫌慢，这种团结，我敬谢不敏。"旁听席上顿时爆发出一阵哄堂大笑。陈独秀得意地扫视他的听众，有的前仰后合，有的表情严肃，俨然十八罗汉图。这也足以让不"善称"的胡善称难堪了。

胡善称的表情难显常态，刚才的辩诉状已驳得他内心十分狼狈，此时欲笑难笑，欲哭难哭，于是只得强忍不快："讲你的辩诉，不要讲骑马不骑马了，它与本案无关。"

陈独秀坦然一笑："好，闲话休提，书归正传，我遵命讲我的辩诉了。"他听着台下的又一阵笑声重新展开了辩诉状：

"余固无罪，罪在拥护工农大众利益开罪于国民党而已，余未危害民国，危害民国者，当朝衮衮诸公也。冤狱世代有之，但岂能服于后世。余身许工农，死不足惜，惟于法理之外，强加余罪，则余一分钟呼吸未停，亦必高声抗议也，……法院欲思对内对外，保持司法独立之精神，应即宣判余之无罪，并责令政府赔偿余在押期间物质上精神上之损失。"

陈独秀慷慨陈词，字字句句如黄钟大吕般敲响在每个人的心头，在场的人何曾见过一个囚徒如此自信从容，气吞河岳的雄壮，若改在剧院，那掌声一定是一浪高过一浪，经久而难息了。陈独秀目光如炬地立于被告席上，台下顿时一片啧啧之声，大家又将聚焦在抗辩人身上的目光转向了审判席。人们知道，这不仅是两种人的辩论，更是两种意识形态的比武较量。法官们似乎是若无所

动,有的正襟危坐,有的佯装审视文件。审判长胡善称青红着脸宣布:

"依照法庭审理程序,由被告律师为其作辩护。"

章士钊从律师席上站起来,他端正了一下律师衣冠,扫视了一下法庭,开始了5600字的长篇辩护:

本案当首本严言论与行为之别。言论者何?近世文明国家,莫不争言论自由。……要之,以言论反对,或攻击政府,无论何国,均不为罪。即其国应付紧急形势之特别法规,亦未见此项正条。本起诉书之论列,无中无西,无通无别。一切无据。此首需声明者一。

……陈独秀之暴动,谓与国民党打倒北洋军阀时所用之策略正同,核之恒人心理中之杀人放火,相去甚远。且亦只谓"应"如何而已,谓之曰应,是理想,不是事实。又属应为,其在将来,而不在今日甚明。

……

本庭遗像昭垂之孙中山先生,即倡言共产主义者也。特叮咛以示于众曰:"我们所主张的共产,是共将来,不是共现在。"(民生主义第二讲)以故先生所持共产理论最透彻而流弊毫无。

……

综上所言,陈独秀之主暴动,既未越言论或理想一步,与紧急治罪法上之"行为"两字,含义迥不相侔是以行为论,独秀亦断无科罪理。此应声明者二。

复次,起诉书所引罪名,一则曰叛国,再则曰危害民国。窃思国家作何解释,应为法院之所熟知。国家与主持国家之机关(即政府)或人物,既截然不同范畴,因而攻击机关或人物之言论,遽断为危及国家,于逻辑无取,即于法理不当。

……

明代于谦之狱,熊廷弼之狱,当时推问,并不限于中涓,狱成之日,何尝不以为罪人斯得,然朝局一变,是非大白,至今公论如何,宁待考知。以今例昔,事同一例。何况陈独秀之于国民党也,今虽化离,始则合作。

……

中国共产党无论如何错误，也不至主张打倒我们的敌人（帝国主义与军阀）素所反对之三民主义的国民党。由是推测，可见共产党中眼光错误，主张打倒国民党者，大有人在，而独秀苦口劝之，情见乎词，至哀告同志，使勿"为亲者所怨，仇者所快。即此一点，殊足酿成共产党分裂之势而有余。

……

此其哀情苦志，实已洋溢言表。而独秀党籍之被开除，与联合汪精卫发表宣言一事之不见悦于莫斯科干部人物，不无草蛇灰线，因果相寻之迹，明眼者不难一目得之。己虽不言，而要不失为法院应采之证。当是时也，容共为国民党公开政策，凡共产党同时为国民党，反之，凡国民党亦多同时为共产党。陈独秀适为大团结中之一人，其地位与当今国民党诸要人，雅无二致。清共而后，独秀虽无自更与国民党提携奋斗，而以己为干部派摈除之故，地位适与国民党最前线之敌人为敌，不期而化为缓冲之集团。即以共产党论，托洛茨基派多一人，即斯丹林派少一人，斯丹林派少一人，即江西红军少一人，如斯辗转，相辅为用，谓托洛茨基派与国民党取犄角之势以清共也，要无不可。即此以论功罪，其谓托洛茨基派有功于国民党也，且不暇给，罪胡为乎来哉？……要而言之，陈独秀之不能与国民党取同一之态度，势为之也；其忠于主义，仍继续研究共产学说者，理为之也。彼将实行计划，付之后来，与江西红军无关，与第三国际复无关，以托洛茨基自号厥派，实与生物学家之奉达尔文，心理学家之奉费洛伊德无异，而亦中山之遗教如是。……基上论述，本案陈独秀、彭述之部分，检察官征引危害民国紧急治罪法第二条及第六条，所谓叛国危害民国及宣传与三民主义不相同之主义，湛然无据，应请审判长依据法文，谕知无罪，以保全读书种子，尊重言论自由，恪守法条之精神，省释无辜之系累。实为公德两便，谨状。①

章士钊从下午1时至下午1时53分近一个小时的辩护已弄得口干舌燥，头

---

① 《国闻周报》，1933年5月1日版，第10卷第17期。

晕眼花，腰酸腿疼。顿觉连日来的冥思与伏案苦作也该对得起故友了，于是松了口气，如释重负，款然落座。

待章士钊坐定，陈独秀的另外两位律师彭望邺、吴之屏，根据检察官所提公诉，也相继作了辩护，对章士钊所辩加以补充，重申陈独秀"危害民国"罪名不能成立。

两律师辩护结束时，已到了下午2时15分，庭上之人多已饥肠辘辘，庭长宣告退庭，改在下午继续开庭辩论。

章士钊膳食用毕，到狱中去见陈独秀。他是去劝陈修改供词的。然而，"开弓却遇回头箭"，未等章士钊说出来意，陈独秀却要章士钊将辩状重新修改，于是二人各执一词，争论起来，互不相让。章士钊说："仲甫，这样改对你现时的处境是非常有利的。"陈独秀却说："行严（章士钊），好意铭记，但以君之美意屈我之本意，实为仲甫所难从命也。"章士钊无奈，只得叹息作罢。

下午4时，旁听席上较上午更加拥挤，或是有闻上午法庭文采智辩，其情罕有，难以容纳的有限空间里又勉强地塞进了许多人。

书记官宣布开庭后，便依次传来被告，准其抗辩，并由律师代为辩护。彭述之抗辩后，由章士钊、彭望邺、吴之屏为其辩护。律师吴之屏刚诉完辩护词，陈独秀站起来说：

"本人对律师辩护，有补充声明，章律师等之辩护，以其个人之观察与批评，贡献法院，全系其个人之意见，并未征求本人同意，且亦无须征求本人同意。至本人之政治主张，不能以章律师之辩护为根据，应以本人之文件为根据。"①

旁听席上又是一片轰动，响起了"真是不可思议"、"真乃革命家"、"英雄之气"或惊讶或赞叹的议论之声。可以理解，夹杂些"莫名其妙"议论的莫名其妙之声也是十分正常的。

法官们也大感不解：顽固不化！

"陈毒兽！"章士钊狠狠地看了陈独秀一眼，心里暗暗骂道，见陈独秀也在盯着自己，一种心血白费的颓然袭上心头。

---

① 《国闻周报》，1933年5月1日版，第10卷第17期。

陈独秀不愿别人歪曲自己的思想，哪怕是别人用全身心的爱与智慧为他开脱的权宜之计，在他心里，没有什么比亵渎自己的思想更令他难以忍受的。"不自由，毋宁死"，对于真正的思想家，思想的独立与自由似乎更在生命之外。他坚守着自己精神的家园，谨慎而执著。对于此，法官们不会理解，旁听者赞叹的是英雄气概，而与陈独秀共事多年的章士钊带着疲惫、带着怨愤，感受到的不仅仅是失望，也不乏对精神家园守望者的赞佩与崇敬，在自己的骂声里，他觉得解气的不是自己，而是那被骂的人。

他这种人格的光辉、精神的魄力与魅力，不由得让后人感叹道："不但表示陈氏政治风骨嶙峋，亦为法庭审讯史上的新记录。"

审判长宣布由王武抗辩，法庭才得以平静。

王武抗辩结束，彭望邺为其辩护。随后，各被告依次抗辩，其律师依次辩护。最后，法官让王鉴堂抗辩时，王鉴堂由于口吃难以成句，又加法庭气氛，紧张之余，只草草说了一句："只请法官早些放我回家去。"顿时引得全庭一阵哄笑。

于是蒋豪士为王鉴堂辩护道："这样的人，既够不上研究，亦够不上工作，共产党哪要这种人。也许捕房抓不到真正案犯，就抓了一个王鉴堂塞塞职责而已。"

其他人都不再发言。庭长便宣告辩论终结，并当庭宣布定于本月26日下午公布审理结果。

4月22日，为了揭露国民党政府的腐朽、反动本质，同国民党作斗争，陈独秀在狱中完成了书面的《辩诉状》，[①]除了送交国民党法院之外，还设法将底稿送出监狱，由友人在社会上广为传抄散布并印发。以自己的激辩之词去影响国人，揭开国民党遮人耳目的盖头。该文对前日法庭辩词略作修改，一时影响很大。陈独秀赢得了许多人士的声援和支持。

4月26日下午2时，国民党江宁法院开庭作审理判决。审判长当庭就"陈彭案"进行宣判：

[①] 此文见《陈案书状汇录》，另有单行本，共14页，封面题名《陈独秀先生辩诉状》，文内题为《辩诉状》，出版单位不明，文末有陈独秀的签名。

陈独秀、彭述之一案，业经江苏高等法院派员赴京审结。被告梁有光、王鉴堂无罪。陈独秀等 8 名处有期徒刑，褫夺公权。判词全文即日送达，爰觅录如下：

> 江苏高等法院刑事判决，二十一年度高字第三五号。
> ……
> 主文陈独秀、彭述之共同以文字为叛国之宣传，各处有期徒刑十三年，褫夺公权十五年。王子平、何阿芳帮助以文字为判国之宣传，各处有期徒刑五年，褫夺公权七年。王武、濮一凡、王兆群以危害民国为目的组织团体，各处有期徒刑五年，褫夺公权七年。郭竞豪以危害民国为目的而组织团体，处有期徒刑二年六月，褫夺公权三年。裁判确定前羁押日数均准以三（二）日折抵徒刑一日。案内关于犯害之文件及违禁书籍均没收。梁有光、王鉴堂无罪。
> ……
> 本案上诉法院为最高法院，当事人对于本判决如有不服，应于送达判决书之翌日起，十日内以书状叙述不服理由，向本院提起上诉。中华民国二十二年四月二十六日，江苏高等法院刑事第二庭审判长推事胡善称印，推事张秉慈印，推事林哲民印。右件正本证明与原本无异。江苏高等法院书记官丁毅印。①

法庭宣布判决书后，陈独秀起立愤然说道："本人乃叛国民党，并非叛国，以此不公之裁判强加于人，吾等定会上诉，以明是非！"法官不再理会陈独秀的强烈抗议，匆匆宣布退庭，让法警把陈独秀押回看守所。

关于叛党与叛国的命题。早在 1914 年他在张士钊主编的《甲寅》上就有议论。他以《爱国心与自觉心》为题，将"爱政府"与"爱国"的不可同日而语发挥得淋漓尽致。当时他虽然没有准确定位，但他说出的"爱国心，情之属也；自觉心，智之属于也"，已经充分表达了这样一种理性思维。

---

① 《大公报》，1933 年 5 月 25 日—28 日，第 1 张第 3~4 版。

其实，那法庭上的旁听者着实地是看了一场戏。国民党政府没有因陈独秀等的"辩诉"而不判其罪。这种审判结果早就设定，三次公审不过是障人耳目的"司法独立"及表现"公允"的戏法而已。"山雨欲来风满楼"，我们从国民党方面的表现也能觉察到一些蛛丝马迹：为了审判结果的"顺理成章"，国民党也是紧锣密鼓、煞费苦心。

4月26日，也就是"陈彭案"宣判之日，国民党《中央日报》发表了一篇题为《今日中国之国家与政府答陈独秀及章士钊》的社评。该文由中央日报社社长程苍波执笔写定。宣称："今日中国之国民党，在法律上既为行使中央统治权之团体，则按之国家为行使统治权之团体原则，则国民党至少在现行法律上，在现有制度下，既为国家……反对并图颠覆国民党者，既为反对并图颠覆国家，即为危害民国，亦即为叛国。""今日中国国体根本与苏维埃有别……欲实行苏维埃与运动复辟帝制，同为叛国。"[①]还"此地无银三百两"地表白说："陈某判罪之结果，此法院之职，非记者所愿妄参末议。"实在是路人皆知的司马昭之心。

按照程苍波该文的逻辑。叛党等于叛国，那么，既然陈独秀已承认了"叛国民党"，也就同时承认了叛国，则以"危害民国"课以罪刑理所当然。稍为细心者即可发现，此文形成时间必定在法庭公布宣判结果之前，甚至更早。受人指示并经过万般推敲，中央日报社才隆重推出了这一"精品"。迹象昭然表明：双管齐下。舆论开路，法庭继行。并又为法庭的宣判结果作了细致辩护的"扫尾工作"或说是"善后安排"。不足为怪，陈独秀、章士钊等的辩诉纵有如簧巧舌、生花妙笔、罗列出万分理由，也改变不了国民党法院秉承当局意旨的既定判决，"日理万机"周旋于中日和谈的蒋委员长也未忘记这位曾经被人骂为"陈毒兽"的老头子，并给予了频频"关照"。因此他们的这一切努力，只是在一个画定的小圆圈作无谓的碰撞。

此时心情最复杂的便是章士钊了。辛辛苦苦，最终落得个"猪悟能照镜子"。影响全国的"陈彭案"以此种结果而告终，自己还配当律师吗，还能再当律师吗？这种结果对于闻名全国的大律师，实在是无地自容。

那篇懒婆娘的裹脚布似的社评，除了约法至上，拥护拥护，邪说该死，打

---

① 《申报》，1933年5月4日，第3张第12版。

倒打倒之外，没有讲出一点道理来。连约法怎样产生，是否通过民意，都一字不提。只是牵强附会，党腔党调，咿哩哇啦地讲上一遍。

愤懑中的章士钊于是找到了发泄对象。他于1933年5月4日第3张第12版发表了针对国民党的《中央日报》的那篇专论作了回击：

章士钊律师为陈独秀的辩护词
国民党与国家

近日，陈彭叛国嫌疑一案，愚曾赴京庭辩。钊对起诉书及审讯事实，逐款抗论不讳。语势所趋，辄逾万言。就中国家与政府之别，尤三致意。良以检察官所执罪名为叛国，为危害民国，而陈彭自认反对或推翻者，止于政府；必于二者离析至明，然后刑责可得容头过身以去。而亦真理在是，不得不争。初不料党国诸公有不乐闻斯言者也。南京《中央日报》，昨载专论一首，驳击鄙词，引绳切事，一洗党人凌厉之气，殊深佩纫，最警策处，尤在讽竟躬任律师，竟不知现行法典中，有中华民国训政时期约法，于是引用约法第二十条云：

训政时期，由中国国民党全国代表大会，代表行使中央统治权。

中国国民党全国代表大会闭会时，其职权由中国国民党中央执行委员会行使之。

……

所谓数同分母，名从主人，籍如记者所论。国民党在现行法律上即国家也。国民会议，在同一法律上，应以何物牒牒，请下一转语来，国家之外，更得容太上国家否，抑或蛇有蚹，鱼有筌，凡此类物所自出，是否应即弃之为遗，亦俱请明日示复。……而中央记者爱护己党，张皇布辞，以国家之宝三始，以党即国家终，抑亦自陷于逻辑矛盾之域而不可通。……中央记者不居国民党不敢居之名，而却为本党尽攫其所欲攫之实，是之谓党报！……而中央记者，于该案尚未宣判之日，利用全党第一宣传机关之班资，显示被告应受何等刑责，以致判决主文，适如所期，似其影响所中，实谥出于吉人词寡之外，……此其事有必至，殆同十日并照之明，独中央日报负党以趋，意之所指，辄生杀予夺人，大书深刻，俨成论告，举世不敢非，敢非亦不顾，此党国名记者之"文采智辩"，自非可以八面论师及扰觚恒律衡之者已。

该文虽题为《陈独秀的辩护词》，实则是针对《中央日报》社评所写，对其中言论，章士钊大气磅礴，逐条批驳，体无完肤，一记重拳，落在了中央日报记者头上，稍稍发泄了满腔的怨愤之气。

虽然陈独秀在争取舆论的较量没有国民党的力度大，其抗辩状的抄印的宣传方式抵不上控制全国的《中央日报》，但所幸民众的眼睛是雪亮的，国人对党报言论没有重视。结果是国民党取得了舆论影响的"广度"，陈独秀却取得了舆论的"深度"，其言论、其勇魄都深入了民心，章士钊、陈独秀的辩诉状在当时也同样轰动了全国，各大报纸都希望转载，但国民党以"不许为共党张目"的威吓加以禁止，只有天津《益世报》登载了全文，并且，这两篇辩诉状又被上海沪江大学、苏州东吴大学选为法学系的教材。只因这是两个教会学校，才有这点胆量，至于国内其他大学，都在党控之下，纵有此意也不敢冒昧。但仅这一点，对"败诉"的陈独秀、章士钊来说，并非不是一种慰藉。

3. 获刑八年

"秃子头上的虱子——明摆着。"其实所有被告都知道，司法独立只不过是个幌子。

对于这种虚伪的审判，陈独秀当然不会无动于衷。那"冲决一切现象之罗网"的激情重燃于胸，只要有一丝机会，他便会为着初衷抗争到底。上诉已是他心势必趋。本打算安心过铁窗生活的其他阶下者，听律师们说量刑过重，有失公允，应该向最高法院上诉。于是除陈彭外的其余6人（梁有光、王鉴堂无罪释放）便纷纷与律师商议上诉之事，由律师代写上诉状。彭述之本决意上诉，于是便开始自拟上诉状。对于陈独秀他既不需要律师的劝说，也不需要与律师商议，更不需要人代写上诉状。他在深味着国民党的判决。他深深知道对于已

55岁的人来说，即使将来能拖着68岁的躯体走出囚笼，你还能做出些什么！即使有精力，你的智识与激情也将会磨损殆尽！这些，工于心计的国民党智囊如何不明白！在国民党看来，托派与中共的恩怨，只不过是内部一时矛盾，他们是"打断骨头连着筋"的兄弟。一旦矛盾化解，那便是一条解冻后冲决一切的二月黄河！

但是，中共方面对此作出的反应也大出国民党的意外。5月8日，中共苏区刊出的《红色中华》报第77期有篇文章令人触目惊心，让国民党评论则是"亲痛仇快"。该报以《托陈取消派向国民党法庭讨饶》为题，报道了陈独秀被判刑的消息。这对于让陈独秀等的不屈不挠伤透了脑筋的国民党来说，真是有人在舆论上为自己大出了一口气。文中说："托陈取消派跪在国民党法庭面前如此讨饶，所以保住了性命，而且很快便可在国民党的'皇恩浩荡'下得到大赦，以至起用，大做其官咧！"

"是可忍，孰不可忍！"这对于陈独秀来说真是莫大的诽谤与侮辱，他这个为了信念九死而无悔的理想主义者更坚定了上诉的决心。"士可杀不可辱"，于是，他于5月27日在狱中孤灯短笔，起草《上诉状》，此时江苏高等法院也已将判决书送达陈独秀等。

并不是为了表白什么，纯粹是出于一种感觉的需要，陈独秀托上海亚东图书馆的汪原放将江苏省高等法院审理案件的文字材料整理成《陈案书状汇录》一书，并印行1000份。内容有起诉书、陈独秀的辩诉状、章士钊的辩护词、南京中央日报社记者对陈、章辩词的反驳、章士钊答《中央日报》社记者和判决书等内容。

在狱中，陈独秀读到《陈案书状汇录》后，他气愤异常，便在章士钊为自己"袒护"的辩诉词上进行修改，特别是看到陈独秀在国民党"清共而后"转化为托派的词句上改掉了不少，并把托派与国民党"取犄角之势以清共"的意思，完全删去。

在狱中，陈独秀的自由受到了限制，其好友高语罕曾给陈独秀寄去载有"上诉状"的汉文的《大美晚报》，也可能因未用信封寄，被没收了。他给汪原放写信，希望他再找一份，用信封寄或托人带给他。并提到了章士钊的"辩护状"，他说:"望与行严一商,是否可将其中'清共而后……罪胡为来哉'这一段删去?"

有一天,汪原放来狱中探望陈独秀,陈独秀一见到他便愤愤的,瞪着眼,并激动地将自己批改过的章士钊的《辩诉状》拿给他看,嘴里一直在埋怨着:

"唉!行严真糟!你回去,马上告诉他,我再也不要他替我答辩了!"①

他用笔敲着"清共而后"、"取犄角之势以清共"说:

"……你看吧,这成什么话!"于是生气地坐在了一边。

汪原放当时一看,只见陈独秀已在"清共而后"那一段改掉了不少字句。他看后说:"这一本,我可以拿回去给章老伯一看罢?"

陈独秀说:"好的。"

后来,陈独秀的好友柏烈武曾对陈独秀的儿子陈松年说过:"你父亲老了还是那个脾气,想当英雄豪杰,好多朋友想在法庭上帮他的忙也帮不上,给他改了供词,他还要改正过来。蒋介石以'危害民国罪'判了他13年徒刑。他开始上诉还让登报,后来就不让登了。"②

6月15日,陈独秀气愤满怀地完成了《上诉状》,第二天,他便托律师蒋豪士带到上海,与章士钊研究后,便让章士钊送交国民党最高法院。《上诉状》中说道:

> 五月二十七日,奉读贵院判决书,所据理由,颇露布予等政治主张,使之有目共睹。……似此显有疑义之判决,关系予等罪状之事小,侵害思想言论自由、阻抑民主政治实现之事大。
>
> ……
>
> 贵院仅知揣摸该法之"立法精神",而忘却民主国家所应尊重之思想言论自由精神;而且于法律明文之外揣摸"精神",此种神秘方法,在法言法者固应如是乎?
>
> 依上所述,予等认为,贵院判词于理于法两具无当。此即所以不服判

---

① 汪原放:《回忆亚东图书馆》,第159页。
② 陈松年:《回忆父亲陈独秀》,《党史资料》丛刊1980年第1辑。

决要求上诉之理由也。①

在这篇上诉书中，陈独秀引经据典，极尽斟酌推敲之能事，从大清爱新觉罗氏说到称"朕即国家"的路易十四，驳斥了国民党"政府即国家"的谬论。从袁世凯与张勋说到国民党，驳斥了国民党冠以的"图谋变更国体"的罪名。从英法美谈到德俄，驳斥了国民党强加于己的"危害共和民国"及"叛国"罪名。文章古今中外广征博引，其中高举的仍是民主与自由的大旗。

其他各人，除王鉴堂、梁有光无罪释放，王子平、何阿芳二人放弃上诉之外，都将上诉状递交到了最高法院。

1933年6月22日，在狱中等待高院接审此案消息的陈独秀却等来了一份《上诉答辩书》和一纸驳回上诉的通知书。

原来苏高法院原案检察官朱隽不服陈独秀等上诉，又向最高法院提呈上诉答辩书，请高院驳回被告上诉，于是6人的上诉书，被高院驳回，并将判决通知书和答辩书等6份送达看守所。

陈独秀与彭述之等6人都接到了高院检察官朱隽的《上诉答辩书》。他们随即提出不达目的誓不罢休，决定起草《再抗辩书》，表明自己的观点，申述无罪理由：一、以辛亥革命推翻数千年之君主专制，改建民主共和，其为效法欧美政制，和袁世凯以"中国特别国情"而复辟，毁坏民主共和之正反两例，阐明近世各国政制皆"择善而从"，驳斥所谓"一国有一国之政制，未可强为比拟"之谬说；二、再次以政党、国家、政府"三者界义各别"为理由，驳斥所谓"危害民国与叛国"罪。

1933年7月4日，国民党《中央日报》刊发了《最高法院驳回陈彭等上诉》一文：

答辩陈彭上诉理由

本案被告陈独秀、彭述之，组织中国共产党左派反对派团体，以及鼓吹工人贫农为阶级斗争，组织苏维埃推翻国民党政府，由无产阶级等文字作叛

---

① 《法制周刊》，1933年，第1卷第33期。

国之宣传,业经被告等供认不讳,并抄获一切证据,其危害民国,事实极为明白,原判按照危害民国紧急治罪法第二条第二款第六条第七十四条,拟处罪刑,并无不合,核阅上诉理由书,谓英美法诸国,对于共产党行动,未认为危害国家,何以中国独异云云,殊不知一国有一国之政制,未可强为比拟。中华民国既有危害民国治罪法之制定,图卸罪责,其理由自不成立,又上诉理由,谓国民政府并非国家,推翻政府不能为危害民国云云。查三民主义为中华民国之建设基础,国民党国民政府,又均为从事于中华民国建设之领导机关,关于此点之释明,原判已言之甚详,被告等所组织之中央反对派,既以打例三民主义,颠复(覆)国民党国民政府为目的,即为危害中华民国,事理至为明显。被告又以其叛国宣传,尤为明晰。上诉(意)指,强为曲解,殊难认为有理由,希请维持原判,驳回上诉。江苏高等法院检察官朱隽。①

案已至此,似乎已成定局。但陈独秀、彭述之等的《上诉书》及《再抗辩》书产生的影响及社会各界的声援与奔波,又为"陈彭案"带来了一线曙光。

官司悠悠,三冬九秋,在漫长的等待之后,轰动全国的"危害民国案"终于尘埃落定。

1934年7月21日,国民党政府最高法院对陈独秀等作了终审判决。当天,《中央日报》公布了终审结果:

陈独秀彭述之
最高法院判处徒刑八年
较原判减轻七年

轰动全国之陈独秀彭述之等,危害民国一案,经上诉最高法院,历时已年余。现经最高法院刑庭判决,由该院公布。兹将判决主文探录如下:

原判决关于陈独秀彭述之及王武、濮一凡、王兆群、郭竞豪之褫夺公权部分,均撤销。陈独秀彭述之,以文字为叛国之宣传,各处有期徒刑八年。裁判确定羁押日数,均以二日抵徒刑一日。关于陈独秀彭述之之供犯罪所

---

① 《中央日报》,1933年7月4日,第2张第3版。

用之文件书籍均没收，其他上诉驳回云（按陈独秀彭述之，系经江苏高等法院判处徒刑十五年，现上诉结果已减轻七年）。①

"暗淡了刀光剑影，远去了鼓角争鸣。"举国关注的陈、彭"危害民国案"终于在众说纷纭中曲终人散，卷帷收场。这是命运多舛、被国民党多次捕获直至此次一网打尽的中国托派与国民党这两种政治力量的较量。

最高法院的判决是终审判决，只有执行而没有再上诉的可能。

于是国民党当局便将陈独秀一干人等押解到南京老虎桥模范监狱，执行判决结果。于是用宿命论的语言来说，漫长的狱中生活便成了陈独秀不能缺少的、也难以忘却和摆脱的一段。

这是个性的光辉，还是个性的悲剧？个中真味只有陈独秀一人感受最深。

对于这位"鼓吹新思想的书生"，对于这位挚爱真理的"思想界的明星"，在这第5次被捕，也是最后一次被捕之时，我们真的应该望着他走入牢房的背影，默默送上胡适先生曾在他第二次被捕后所说的一句话："爱国爱公理的报酬是痛苦，爱国爱公理的条件是要忍得住痛苦。"②

---

① 《中央日报》，1934年7月21日，第2版。
② 《每周评论》第28号，1919年6月29日出版。

第三章
囚室中的老学究

1. 进了监狱还是研究室？

1933年，是中国乃至整个世界新的更大灾难酝酿着的一年。人类在与自然搏斗中付出巨大代价的同时，往往还要遭受自身造成的劫难。

1933年年初，在欧洲，德国希特勒执政上台，残酷地镇压德国共产党，法西斯势力羽毛渐丰，并开始向军国主义大踏步迈进，世界战争的阴云密集并迅速地向着每一块和平的天空伸展。

在多难的中国，日本帝国主义的铁骑踏进了东北和华北，侵略计划的形势图上已将箭头指向了华中。国内的统治者，孤注一掷要以铁和血戮灭"异端"，而此时的革命者却在远方"革命中心"的辐射与遥控之下，不断地革着自己的命。

这万马齐喑、罪恶横流的时代，需要激情踔厉的鼓与呼者，喊出沉重而古老的民族的最强音。

时代诚然需要有着深沉民族情感手执民主与革命旗帜的陈独秀，而此时的他正向着身后那使他恨由爱生的世界作一次最深情的回眸，缓缓地步入国民党的南京老虎桥模范监狱的牢门，开始了生命历程中最后一段没有阳光的漫长岁月。

这所监狱，坐落于南京老虎桥北侧，占地面积大约有两亩，规模并不很大，但那高墙、铁门、电网透出的恐怖总未辜负授予它的"模范"称谓。这座"江南模范监狱"始建于清朝末年，主要用于关押朝廷贰臣与政治犯。它饱经沧桑，是清末以来各种政治斗争的见证，如今，举国瞩目的陈独秀被关押至此，成了自建立监狱以来影响最大的政治犯。

他深知踏入牢房意味着什么。也许，他没有像浪漫诗人想象得那般浪漫：牺牲一己自由，换取人间锦绣。至少，他当时的心理活动并没有那么高调。在监狱生活并不是责任更不是义务。尽管"请从嗣同始"的话语一直萦绕于脑际，但带着镣铐革命终归不是终极关怀。然而，世道如此，他也不得不面对眼前的一切做着极不情愿的心理调整。

"绝对厌弃中庸之道。"于是他坚定地走入了自由的另一极，从囹圄中深味自由的真义。他为着自己的每一丝希望与理想都抗争到了最大极限。他遭受了强制与监禁，但他没有悲伤，没有愧疚，有的只是对审判戏剧的嘲弄与激愤。

追求自由往往是以不自由为代价的。

庄周说，哀莫大于心死。对陈独秀来说，最大的悲哀莫过于思想的停滞与放弃。他毕竟在思想着，这种自由是任何妄图钳制的绳索都奈何不了的，他任思想在自己心灵的空间里自由伸展，并将原本有着的属于形体的那份自由也注加给了奔腾着的思想。黑暗赶走了光明，却为人们拓展了思维的空间。

自从老虎桥第一模范监狱承接了这批新客，它便感受到了这群人带来的不平静，其中最为令人瞩目的便是这位两鬓微斑、形悴神爽的老人。首先是牢房外那声势浩大、此起彼伏的谴责与呼吁，继而是络绎不绝且身份非凡的探望者，有的竟是国民党的要人。更甚的是，这位倨犟的领刑者竟连牢房的规矩也不放在眼里。

鉴于陈独秀个人的影响与各界人士的周旋，他在狱中受到了"优待"。国民党当局为了减轻舆论的压力，且给陈独秀所定之罪为与前次牛兰案性质相同，所以就将他安置在了原来瑞士共产党人牛兰夫妇住的房间。牛兰二人虽然被判无期徒刑，但为了照顾国际关系，国民党对其颇为照顾，所住房间与普通狱室设置决然不同。他们迁走后，许久没有合适的人住，似乎在等待着陈独秀这位新主人。

为了更好地收容陈独秀这位颇受举国上下媒体及民众关注的焦点人物，监狱向上级申请了一笔款项，又将这间本已显示着优越的牢房重新作了修整，使它更显得与众不同，俨然成了一间狱中的办公室。而与陈独秀一同入狱的其他托派成员则都住在普通的狱房。

但陈独秀并未感到这是什么优待，他反觉得他们欠下了自己的自由。说是优待，仅仅指居住条件，而在行动上他却受着比别人更为严密的监视。他的狱房有专人看守，他厌恶这些"礼遇"而几欲暴怒。但他毕竟是国民党一贯的敌人而今又成了他们的囚徒，他们能给予一种什么样的优待呢？

起初，监狱监制极严，因为他是"危害民国"的政治犯，被国民党视为洪水猛兽，稍有不慎，其言论及文章传出，免不了又是石激浪生。在当局看来，缚虎焉有不紧之理？于是狱中为犯人们规定了"三不准"，即不准亲属探监、不准通信、不准读书看报。这三点限制对陈独秀来说无疑是断了他的精神命脉，实在都是难以忍受的。他总将自己置身于革命的浪尖上，很少关照亲情。1927年7月4日，时为上海三位共产党重要领导人之一的长子陈延年被国民党杀害于龙华塔下；1928年6月6日，同样是龙华塔下，枫林畔刑场，次子陈乔年又慷慨就义于国民党的枪弹之下。"怜子如何不丈夫"，痛失二子的他还能有多少亲人？若让他完全隔离于朋友之外，又从何处探得狱外的消息，获取友人的嘱托与安慰？不准通信，这无论如何都是对自己习惯的最残酷的斩杀，若掐断了这根联系，自己岂不成了闭目塞听的呆子！若将读书看报的权利也剥夺了去，实在是要将自己压榨成僵尸一条！一句话，就是让你将全部的视线与注意力都集中于屋顶与铁栅栏那些没有生命、也没有蛊惑力的静物上，让空虚与寂寞占据你整个的精神内存。

这简直要了他的命！他似山林中一只被拘的猛虎，震撼人心的怒啸总在一触即发之中。他天生不适合做专制者的顺民。

对于监狱中"三不准"的限制，他怒不可遏，并联合狱友，共同绝食，若是一般囚徒，这种斗争对于统治者无疑正省去了行刑的子弹。而陈独秀身后却站着许多让当局食寝不安的人，若是由此引发一场政治风波，岂不是在"剿共"的百忙中又增一忙，自乱阵脚？于是，这种让陈独秀深恶而痛绝的限条，渐渐地被放松了些，但陈独秀并不满意这点施与。

一次，典狱长入监巡视，重申了监狱中规章等事，当他走进陈独秀的房间时，陈独秀便怒气冲天地朝着他甩出一句：

"你们执行恶法，我拼老命也要抗议！"

典狱长也略知陈独秀个性，并且已被他这种声势所震慑，于是对着怒容满面的陈独秀小心辩解道：

"恶法胜于无法。"

岂料典狱长这种让步而牵强的解释对于认为恶法为一切罪恶渊薮的陈独秀来说，无疑在烈火上泼了一桶油。没等他话音落地，陈独秀已威严地吼出一声：

"恶法就要打倒！"

典狱长一见陈独秀较上了劲儿，便深悟到自己触到了敏感之处，于是说了一句足以引发别人同情的话：

"我无权打倒它。"

陈独秀也清楚地知道，与这位傀儡式的人物争论无太大意义，于是便不再说话，一场即将火爆的舌战甫告平息。

但此事对于典狱长却是一种触动，为了缓解这种紧张的关系，他多方考虑，开启了在夹缝中生存的思维，采取上瞒下纵的中庸之法，虽没有抽掉"三不准"的明令限条，却也实在成了可有可无的一纸空文，"三不准"变成了"三默许"。

陈独秀也是血肉之躯，与别人有着同样的感知。被捕入狱时，他在剧烈而频繁的颠迁中，饮食无定，胃病复发，且久患十二指肠溃疡，血压也在不断地升高。灵与肉的并行摧折使他感觉到，这种不死不活的状态实在是比枪毙略慢些的一种处死。

在这种情况下，他曾在法庭判决前给胡适写信表达了此时的心境：

"以弟老病之躯，既久徒亦等于大辟，因正式监狱乃终日禁闭斗室中，不像此时在看守所中尚有随时在室外散步及与看守者谈话之自由，狱中购买药品和食物当然更不方便，所以我以为也许还是大辟爽快一点，如果是徒刑，只有终日闷坐读书，以待最后。"①

本来，陈独秀并不具备甘于平静、敷于寂寞的性格。他需要的是轰轰烈烈、简单快捷。胡适此时对这位"误入政途，疏于学术"的老友的遭遇有着太多的惋惜！他那种对政治炽烈的追逐，与自己信奉庄周的"顺其自然"相比照，以及陈独秀对生命存消的"左倾"是多么的令他难以理解！

陈独秀可以在古代历史的长河里找到他的乡里故人曹操共"观沧海"，同咏"老骥伏枥"的慷慨雄歌。可是他也不能不时时在四面楚歌中追问自己："廉颇老矣，尚能饭否？"风霜雪雨的岁月拷打为他斑白的头发平添了一层"烈士暮年"的平淡记忆。

2．弃政从文？

陈独秀早该坐下来研究学问了，在别人看来，他当政治家是很不适宜的。特别是"理性早熟"的胡适，关于政治，他曾多次劝说陈独秀"不能走那条路"。但他火热的激情、敏感的思维、固执的个性，使其总在政象万变的社会环境中身不由己，别无选择。他像一枚小磁针，放在不断变换位置的磁场里，总有着强烈的躁动。无论何时，无论何地，政治对他都是抵挡不住的诱惑，不能不使他心跳的外部冲力。但他有充分的理由："你谈政治也罢，不谈政治也罢，除非你在深山人迹绝对不到的地方，政治总会寻着你的。"②"至于政治问题，往往关于国家民族根本的存亡，怎应该装聋作哑呢？"

十几年前，《新青年》诞生于内忧外患、辱压交难的母体中国，他们在创刊号上作了"批评时政，非其旨也"等"不谈政治"的自我剖白，聚结了"潜心学理"的一批同仁，并有了"二十年不谈政治，二十年离开政治"③的共同的预约。但

---

① 《胡适来往书信集》(中)，第143页。
② 《陈独秀文章选编》中卷，第1页。
③ 《陈独秀与文学革命》，《陈独秀评论选》(下册)，河南人民出版社，1982年版。

僭越宗旨，背叛"初衷"，最先从象牙塔走上十字街头的便是陈独秀。《新青年》由同人轮流编辑，其政治色彩与学术色彩的不断变换，已经预示了最终目标的相左与抵牾。对于"食言"的陈仲甫，坚持"不谈政治"理想的胡适的劝说很难奏效，《新青年》营垒内部两种思想方向的苟合终于在"问题与主义之争"的大碰撞之后各行其道了。

其实，不谈政治成了悖论并非偶然，陈独秀从宣布不谈政治的那一天起，他就再也没有离开过政治。"一旦有风吹草动，他便按捺不住内心的冲动，总要不失时机为介入和干预政治寻找借口和突破点。"[①]有着这种执著追求的陈独秀永远不会有陶渊明那"误入凡尘里，一去十三年"的感叹，"虽九死而未悔"是他不变的誓言。

但激荡的政治风云并未给这位视政治为生命的书生革命家以可观的福祉，使其将理想中的黄金世界轻易送交给人类，而给了他在燃烧生命的过程中，让无数追求者看到了他炫目的精神火光的机会。

历史人物的伟大，正在于让后来者深刻地意识到了自己的存在，并努力地调节或选择存在的方式。正是有了陈独秀的动荡生涯、王国维的蹈水赴死，才有了后来冷避政治、对政治保持高度警惕的史学大师陈寅恪，但是不可拒绝的政治却往往伸展着触角寻上门来。

陈独秀没有被人推到"深山人迹绝对不到的地方"，他也仍怀着对政治的依恋和激情走入了牢房。外在的强制力使他不再四处亡命，而有幸有了研究学问的条件。李太白曾去政仗剑远游，寻章觅句，"怒向刀丛觅小诗"的周树人甚至钻进故纸堆里去"抄过古碑"。这是激情遭到冷遇的一种心灵的独守，是寻求精神慰藉的一种有效途径。

虽然陈独秀身患重病，但是国民党当局绝对不会放"虎"归山，狱中的清规戒律、机械化的生活运转，使他的烦闷往往升级为暴怒。因此，左右为难的典狱长为保上下两全，便允许同狱的托派成员濮德治与罗世凡二人轮流看护他，平时每周一次，陈独秀有病时二人可以自由去看护。

1933年夏，陈独秀被判决执行监禁后，7月中旬的一天，上海亚东图书馆

---

① 张宝明：《启蒙与革命——"五四"激进派的两难》，学林出版社，1998年1月第1版，第25页。

汪孟邹的侄子汪原放接到一张明信片，是陈独秀从南京监狱里寄来的。上面说他病了，让汪原放去南京看看他。由于店事繁忙，又兼胆小的汪孟邹对四处点火惹祸的陈独秀产生了畏惧，自从汪孟邹从章士钊那里听说他入狱后，也一直没有前往看望。因为汪孟邹年纪已大，行动不便，看来，这一张明信片便是将年轻的汪原放作为与亚东联络的始端了。

看到陈独秀从狱中寄来的嘱托后，汪原放顿感一阵惭愧，与汪家交往颇深的陈独秀入狱后，汪家竟这样视而不见、充耳不闻、装聋作哑，直到他在如此凄凉的地步我们还在安然躲避！他立即将店里的事务交给了工作人员陈啸青等，便起程赶往南京。到了南京，由于不知底细，于是先去了章士钊的律师事务所去探询情况。章士钊接待了他，又给了他几张名片，说："你拿片子去就可以看到仲甫的。"并交代了去探监应注意的问题。

汪原放打听到老虎桥监狱的确切位置，便手持名片径直去了。到了监狱大门口，他递上了章士钊给的名片，门岗看过之后，便立即让人带他进去，他随着那人走到一处，进了一个门，便是一个小厅，有天井，天井里还有花台，但却光秃秃地裸露着地皮而没有花草。那人将汪原放领到陈独秀的狱室门前便回去了。汪原放进了房中，只见陈独秀正伏案疾书，见他来了一阵高兴，便扔掉手中的雪茄烟头，拉汪原放坐下，问长问短。

这时汪原放审视着许久未见的陈独秀，只见他那张透着冷峻清癯的脸明显地苍老了，面容记载着无情的岁月，两鬓更加霜白，头顶上，一根根的头发不辞而别，光亮的头皮稀疏地荒着几根也即将泛白，印堂中留下了双眉习惯紧皱的褶皱。但他那虽然已经深陷的双眼却依然深邃，流露着坚强与自信。稀落的短髭下稍干而紧抽着的双唇，仍然昭示着内在的刚毅。汪原放也关切地问候陈独秀，当提到陈独秀的身体状况时，陈独秀告诉他说，自己的肠胃病复发，法医看不好，还是黄钟医生最清楚他的病。汪原放知道陈独秀希望能请黄钟来治，因为过去在上海时，黄钟曾常为陈独秀看病，彼此间又建立了深厚的感情。于是他对陈独秀说："我回去和黄先生一谈，他大概可以来看一看的。"细心的陈独秀又随即写了一封信交给他，让他先带给章士钊之后再去见黄医生。

汪原放带着信与嘱托直接回到了上海，找到了黄钟先生。黄钟满口答应到南京为陈独秀看病，他的爽快令汪原放万分感激，并且感到陈独秀的附信实是多余。但谨慎的黄钟因怕陷进官司的纠葛中而提出了一个条件：需要章士钊大律师给他一封信，来作为一种保障，杜绝沟通政治犯的嫌疑，避免许多不必要的麻烦。

汪原放知道，避免无谓的麻烦这也是常情，况且，还有许多病人在等待着这位名医。但是，最令他称奇的是陈独秀惊人的预见性，而手中握着的给章士钊的信函，又恰似十万火急时的"锦囊"。他又带着陈独秀的信直奔章士钊的律师事务所，恰好碰到了刚出庭回来的章士钊。章士钊一下汽车，便立即询问汪原放入狱探望陈独秀的情形，他简单叙述后，递上了陈独秀的信。

章士钊看过后，也不上楼，便拉过一把椅子坐下来，立刻动手铺纸提笔，他的一个老随从赶紧抄了一把芭蕉扇用力扇着。挥汗如雨的章士钊稍一思索，便在律师事务所的写字台上写道：

应君先生左右：
　　积年违教，时切驰想。近以陈独秀先生在京患病，非得先生为之诊治，不足以起沉疴，而坚病者之信。原放兄来言，从者慨然愿往，不胜佩仰。顷以俗冗未克趋教，一俟台驾返沪，定当端诚奉谒。余不一一。手请
　　台安

　　　　　　　　　　　　　　　　　　　　　　弟章士钊顿首
　　　　　　　　　　　　　　　　　　　　　　七月十八日

章士钊写完，交给汪原放，并催促他尽快起程。章士钊自己也不明白，努力想处好却又难以处好关系的陈独秀对他为何有着那么大的吸引力。

汪原放带着此信便辞别章士钊，去找黄钟医生，黄医生此时很忙，尚有一些病人在等着他治疗。当夜，汪原放便陪黄钟医生搭乘沪宁线卧铺到达了南京，因为怕耽搁了别的病人的病，必须第二天赶回上海。

陈独秀对风尘仆仆的黄医生及汪原放不停地表示感谢。一番嘘寒问暖之后，黄钟便仔细地检查陈独秀的病情。诊断后，他告诉陈独秀说，他的病并不重，

要他放心,并开了针剂和一些常服的药,又细致地讲了日常起居饮食应该注意的一些问题,便匆匆地告辞。

陈独秀与黄钟医生是老熟人了,他很佩服黄先生精湛的医术,更钦仰他高尚的医德。他曾推荐过不少朋友到黄先生那里看病。10年前,中国向莫斯科中山大学派遣的第一批留学生,也绝大部分都是到黄先生那里检查后出了证明书才办齐了出国证件。还有瞿秋白的肺病,也由黄医生看了许多次。

汪、黄二人走出监狱后,黄医生告诉汪原放,陈独秀的病是旧病、老病,不太严重,汪原放放心了,便立即将陈独秀这些情况写信告诉了已回徽州老家的叔叔汪孟邹。

经过黄钟医生的诊治,陈独秀用了他留下的药和针剂,病情果然有了大的好转,这无疑为其研究学问提供了较好的身体条件。

陈独秀狱房里的陈设酷似一间研究室,这位政治囚徒的房间里最主要的器物便是两个大书架,上面的书籍落落大满,经、史、子、集样样都有。而他把自己的兴趣却放到了对文字的研究上。"八七会议"以后,被停职的陈独秀曾力图在文字学上作出些成就,整天埋头于中国文字拼音化问题与音韵学问题。当时如果有人到他家里去,寒暄几句后,若是湖北人,他便问有些字用湖北音怎样读,若是广东人,他又问那几个字用广东音怎样读,实是到了入迷的程度,学究气甚浓。

1932年12月1日,陈独秀写信给胡适,希望他能给自己找几本书读,并开列了要找的书目,其中有"英文亚当斯密的《原富》、英文李嘉图的《经济学与赋税之原理》、英文马可波罗的《东方游记》、崔适先生的《〈史记〉探源》"。另外他还要求"关于甲骨文的著作,也希望能找几种寄给我"。

从他要读的书籍可以看出,他希望涉猎的主要是经济、历史与文字学,仍能让人隐隐看到他那份对政治的关怀之情。至于研究文字学则是因为他认为"坑人的中国字,实是教育普及的大障碍"[①]。在启蒙与革命之间,他作着非此即彼的选择,他更适合于启蒙而又不断僭越着启蒙。如今,他终于退守去"基层工作"了。

---

① 胡适:《胡适来往书信选》(中),北京中华书局,1979年5月。

在他写给胡适的信中，他还询问大革命后由胡适交转的拼音文字稿出版情况，他认为现在自己被捕了，三年前所著的因政治、经济问题不能出版的《中国拼音文字草案》可以由商务印书馆放心出版了，如果商务印书馆仍不敢出版，他又退一步地把希望寄托在了掌管着中央研究院语言研究所，且对他较为崇拜的学生傅孟真身上。他以为，自己的这部研究结果对于现今乃至以后的中国文字研究能够起到"引龙出水"的作用，"早日出版，能够引起国人批评和注意"。

在信中他又反来劝说也"已谈政治"的胡适远离政治，埋头著学，称"先生著述之才远优于从政"，并以"王杨卢骆当时体，不废长江万古流"作以勉励。他曾为鲁迅放弃了小说创作而从事弄为政治服务的杂文而惋惜，他希望胡适能像如今狱中的自己一样研究文字与音韵学，并且如在新文化运动中"能够拿出当年提倡白话文时的勇气，登高一呼"而应者云集，像当年那样高举文学革命大旗，掀起一场轰轰烈烈的文字改革运动。殊不知，如今的老胡已不是昨天的胡适之了，陈独秀的希望最终成了肥皂泡般的幻象。往昔那不愿淡论政治的胡适也已难耐寂寞，而对政治心仪神往了，不过与陈独秀劝他从著不从政所不同的是，他既要从著，又要从政，鱼与熊掌，努力得兼。他也渴望从著，但不是陈独秀提出的拼音、文字等枯燥的东西。当年《新青年》内部群体与个体的紧张和分化的痛犹在心头，昨天的故事，已再难重复。况且他也明白，那文学革命中的主角还是陈仲甫，自己只不过是个配角而已，学力上比自己强而又难以相处的陈独秀已不是最好的配合者。私交虽好，但政敌之间的水火不容，又为二人之间设置着不可逾越的"雷区"。"道不同不相为谋"的潜在心理又常使二人若即若离。

陈独秀只有依靠朋友给自己提供的有限条件独自一人朝着文字学领域的纵深处迈进了。

在狱中，他常常与来照顾自己的濮德治谈论关于文字学的研究。陈独秀所从事的文字学很自然地会成为二人共同的话题。看到陈独秀沉醉于枯燥的文字学书中时，濮德治便总有一种探寻这类书痴的冲动。

于是有一天，濮德治便问陈独秀道："你对研究文字学如此沉迷，它究竟有何用处呢？"

陈独秀笑着说:"你不知道,用处可大了,中国过去的"小学"家研究《说文》的人,都拘泥于许慎、段玉裁的《说文解字》和注,不能形成一个文字科学,我现在用历史唯物论的观点,想探索一条文字学的道路,难道没有用处?我当然不劝你们青年人去研究这种学问,可是我已搞了多年,发现前人在这方面有许多谬误,我有责任把它们纠正过来给文字学以科学的面貌。我不是老学究,只知背前人的书,我要言前人之未言,也不标新立异,要作科学的讨论。"

濮德治又说:"依你所说,古之文人也会创造别字、错字?"

"此话怎讲?"

"转注、假借不就是当时没有的字,转借来用吗?"濮德治反问道。

"你这个意见很新鲜,我还没有听过,不过你是不是为青年写别字辩护呢?"

濮德治回答道:"谈不上辩护,我认为青年人写几个别字是难免的,中国方块字太难,我想社会前进,文字语言也随之而变动,写别字没有什么大不了的罪过,但老学究们总从这点看不起青年,我认为这是顽固,不知你以为如何?"

陈独秀说:"你有这点见解,很不错,我研究文字学,就是从发展的观点出发,我主张语言文字都大众化,由繁入简,最后目的是拉丁化即拼音文字。不过在这方面,只能促渐变,不能来突变,如果来突变,那就要大家读天书,任何人也不懂。"

"写别字也是渐变呀!"

陈独秀说:"是的。大家一致写的别字,就应该承认它。"

"大家约好来写别字,是不可能的。"濮德治不解地说。

"这不打紧,如医院里打针,大家都说打臀部(读'殿'部),其实这个字应读'豚'部,管他'殿'部'豚'部,打在屁股上就是了;又如青年都说鼓吹革命,这个'吹'字应读'Trai'而不读吹。现在大家都读吹,管它哩,吹喇叭也是吹,吹牛也是吹,宣传革命也是吹,大家都读吹,你一定要读'Trai',那就是顽固。再如'骇然'的'骇'字,不应读'骇'而应读'海',现在大家都读'骇怕'的'骇'音,反正是骇怕惊奇的意思,怎么读都行。总之创造新字也好,写读别字也好,都要渐进,不能由你自做仓颉,随心所欲地创造出一种文字来。须知中国文字并不是仓颉创造出来的，而是古代人民的社会创造。"①

此时的陈独秀俨然一个教书的老学究，咬文嚼字，意兴盎然，完全忘记了自己立身于囹圄之中，他努力从那些枯燥的文字中寻求自尊，如同一位剃度的苦行僧潜入寒山深寺，从经诵中营造些许的安慰（他当年入主北京大学任文科学长，凭的就是这把"小学"刷子。蔡元培的介绍让老学究们无言以对）。

但是，对于曾经深爱着的小说，他却将那种沉醉深锁在往日的记忆中。在主编《新青年》时，他是那个文化群体的同人中催促鲁迅小说创作最力而且奖誉最多的一个。正是他们将《新青年》营造的"开放"的观念，引入了文学的领地，才使得"诸如鲁迅的《狂人日记》《风波》《药》等小说，既是现代白话小说的开山精品，也是令人百读不厌的文学典范"。②小说那种深刻揭露、批判、痛彻反传统的斗争形式，曾使他击节赞赏，极力推崇。

而如今他在写给别人的信中多次表达了对小说的厌倦与拒绝。

他在给胡适的信中表露道：

"如果能得着纸笔，或者会做点东西，现在也需要书看以销磨光阴。梦麟先生前曾送来几部小说，惟弟近来对于小说实无丝毫兴趣，先生能找几本给我一读否？"

1933年10月13日在给汪原放的信中说：

"我很懒于写东西，因为现在的生活，令我只能读书，不能写文章，特别不能写带文学性的文章，生活中太没有文学趣味了！……我以前最喜欢看小说，现在见了小说头便要痛，只有自然科学、外国文、中国文字音韵学等类干燥无味的东西，反而可以消遣。"③

现实人生，往往契合了文学所揭露与批判的残酷，而对于它所渲染的浪漫却敬而远之。或许此时的陈独秀仍未认识到，他一生颠沛流离，尽为理想与主

---

① 濮清泉：《我所知道的陈独秀》，《文史资料选辑》第71辑，中华书局，1980年10月版。
② 张宝明：《新青年与中国新文学发轫》，《回眸新青年》（语言文学卷），河南文艺出版社，1998年5月第1版，第537页。
③ 汪原放：《回忆亚东图书馆》，第165页。

义所累。

　　一提及文学，便难忘革命，在新文学的火光映照下，曾唤起了多少摧枯拉朽的新生事物。而今，又怎能以身陷囹圄、心盛力衰的焦灼之情去回顾往昔的辉煌！再则，多年的革命实战，已使他不再满足于威力虽大但似"隔山放炮"的文学呐喊，他需要的是短兵相接、肉搏利刃。"俟河之清，人寿几何"，这是孙中山回答严复的话，如今看来却似道出了陈独秀的心声，残阳夕照又兼前途未卜的凄惶，怎能让人有心去深味那文学所诅咒的悲难，丑恶者早已暴露了，接下来应该有的便是身体力行的抗争。"斗则进，不斗则退，甚至灭亡"，他认真地将这句话写进自己的生命。但理想与现实的相悖使他不得不以复杂的感情内视自省，甚至于在"剪不断、理还乱"的困惑中以苦涩的文字去麻醉自己。不能"示弱于人"的个性与现实无情遭际的冲突需要他到"人迹绝对不到的地方"去寻求缓冲的良物。

　　先是胡适劝他莫谈政治，后是他劝胡适远离政治，然而这两位深邃的思想者谁也没有逃脱政治那热情的拥抱。不过，如今的区别是陈独秀为其所"累"，胡适之为其所"宠"罢了。当胡适忙于政治的奔走时，陈独秀却在痴迷着文字的研究。颇具戏剧性的是，当年"不谈政治"者站到了"十字街头"，而"力谈政治"者却钻进了"象牙之塔"。

　　陈独秀的学生傅孟真、王森然等人，也都为本来可以成为学术大师的他将精力过多地花费在政治的波荡中而痛感惋惜。认为他若专心于学术，那么"当代名家，实无其匹"。

　　1934年，当王森然得知老师在狱中刻苦读书，潜心著述时，不由得欣喜激动地说："先生书无不读，又精通日文、法文。故其学，求无不精；其文，理无不透；雄辩滔滔，长于言才。无论任何问题，研究之，均能深入；解决之，计划周详；……其个性过强，凡事均以大无畏不顾一切之精神处理之。无论任何学说，必参己意以研究之，无迷信崇拜之意。故每当大会讨论之际，其意见迭出，精详过人；常使满庭震惊奇绝，或拍掌称快，或呆目无言，诚为一代之骄子，当世之怪杰也。惜仍以指挥行动之时多，精心研究学术之时少，虽有专一、有恒、自信之美德，致不能完成其哲学理论之中心。使先生终为政治家不能成为革命理论家，可胜惜哉。"①

无论是惋惜中加着称赞，或是称赞中杂着惋惜，陈独秀都在以自己独立的姿态坚定地走着。

一天，一位江苏南通姓程的老先生，也是小学家，对文字的研究颇有造诣。他慕陈独秀之名，到南京监狱里看他，两人一见如故，初期互道钦佩，中期交换著作，也互称对方有卓见，后期争论起来，闹到面红耳赤互斥浅薄，两人都高声大叫，拍桌对骂，幸而没有动武。其原因是为了一个"父"字，陈独秀认为"父"字明明是画着一个人，以手执杖，指挥家人行事。而那位程先生则认为，"父"字明明是捧着一盆火，教人炊饭。陈说你不通，程说你不懂；陈说你浅薄，程说你也不深。当时在场看护陈独秀的濮德治，好不容易才将他俩劝开，说学术讨论应心平气和，不应发火，并诌了几句打油诗凑趣道："一曰执仗一曰火，二翁不该动肝火，你不通来我不通，究竟谁人是浅薄，若非有我小濮在，遭殃不只是饭桌，异日争论平心气，幸勿动怒敲脑壳。"程老先生笑了，陈独秀骂濮德治"你这小鬼是浅薄"，"我要敲打你脑壳"。濮德治说，我岂止浅薄，对于你们这一行，我简直是无知。②

隔了一会儿，陈独秀又和程老先生和好了，陈独秀还写了一封信给当时中央大学校长罗家伦，推荐程老先生教文史。

陈独秀没有成为伟大的革命理论家，他对文字音韵学却有着独到的探索，狱中的生活，使这位老书生焕发了青春的活力，似乎一下子找到了失落多年的独处书房的感觉。他不用为看病无钱发愁，也不用为一日三餐忧心，更不用为躲避缉捕而四处潜伏、喘息难平——这已是缉捕的结果了。在这里，他除了不能走出院门外，而在里面尚是自由，别人会客不得到房内，只能在接待室，而陈独秀会客在狱房，还经常有狱医为其检查身体治疗痼疾。另外，尚有同狱的濮德治二人时常护理，端吃端喝，甚至还端大小便桶。每餐也都受着狱中稍稍的优待。天气转寒，狱中又破禁给他生了炭火，他又能打破狱中禁律，抽狱外朋友送的雪茄烟，抽不完还送给看守，物质较为丰富，时间也较为充足，

① 王森然：《近代二十家评传》，书目文献出版社，1987年1月第1版。
② 濮清泉：《我所知道的陈独秀》，《文史资料选辑》第71辑，中华书局，1980年10月版。

他研究的累累硕果也在不断地产生出来，书稿中极大限度地表现着独创性，以辩证的、历史的观点向文字这一荒域探求。

他立志要"谋中国学术长足之进展"，"制造中国五十年新政治学术之结晶，以谢国人"。并给自己制订了二三年内的著述计划①：

《古代中国》《现代中国》《道家概论》《孔子与儒家》《耶稣与基督教》《我的回忆录》。

但是，这些计划由于提前获释出狱而永远定格成计划了，其中除了《道家概论》只写有《老子考略》一文和《孔子与儒家》写有《孔子与中国》一文外，不是未成书，便是没留下文字，使很多有见地的观点未行于世。《我的回忆录》也仅有后来写而未竟的《实庵自传》。

然而，他在文字学与音韵学方面的研究却收获不少。

在文字学方面，有学术短论《干支为字母说》，探讨了"干支"的起源，将阴阳五行家关于干支的解释批评为"逞意妄为"，并提出了诸如"干支之解释求之于义，不如求之于音"等独到的见解。另一部著作是逐个解析汉字的文字学《实庵字说》。该著在《东方杂志》连载后，引起学术界的重视。1942年6月9日的《新民晚报》曾有人这样评价说："《实庵字说》于金石甲骨文字，多所发明。……其书最大成就，即在将有关联谊之字，分别释例，而所举间附以英语学名，于九经文字，鼎彝刻词，及音韵等书，均有捃拾。……此较孙诒让所著《名原》，仅录古文者有别。"还有一部是《识字初阶》，他在狱中仅完成了初稿，在此书中，他极力研究汉字的规律，解决汉字难认、难记、难写的问题。是陈独秀竭力推动汉字拼音化未果的情况下寻求的路径，汇集了他对文字音韵学毕生的研究成果。他一生探索汉字规律，早在《新青年》行刊时所载发的"语言文字大讨论"中就对这些负载思想和情感的符号工具发生了浓厚的兴趣，并且在激烈的论争中往往有语惊四座的措辞，那关于"世界语"（Esperanto）的憧憬，关于"注音字母"的构想也都蕴含有他的努力。政治活动每有一丝余暇，他都努力思索、孜孜以求。他系统深入研究，大胆突破传统。在著作观点上，陈独秀从不随声附和，做学术的"应声虫"，更不亦步亦趋，拾人牙慧。他以艰难的探

---

① 汪原放：《亚东书局与陈独秀等人的关系》（手抄本第三册）。

索，建立了一套套巨著的科学体系。他从历史中汲取营养，在现实与未来中伸枝展叶。他从不在单个文字上冥思苦想，而是从广阔的历史背景出发，从古代的典章制度、生活习俗以及确凿的资料，形成了自己卓然不群的观点。他广收实物证据，博纳传世资料，缜密慎微考证。以巨大的劳动，换来了不朽的成果。

在音韵学方面，他的研究与文字学并行深入。《中国古代有复声母说》是他在音韵学方面的论著，该文对音韵学中传统的"叶韵"和"通转"之说表示异议，并果断提出以"复声母说"取代，同时指出二说的荒谬，最后强调："笃守成说者，或目复声母之说为怪诞不经，余则以为此说乃追求开辟，而比之旧说语意含糊无发音学根据之任意通转，不失为踏实可寻之途径也。"①在文字学研究上，他大胆怀疑，小心论证，敢于毫不保留地发表自己的见解，不怕成为"学术靶子"。他的《古音阴阳入互用例表》把古音分为四类十系，将《广韵》《集韵》《至篇》《说文》所收录的字，按照类别全部录入，条理十分明晰。他表示这是一人之见，持反对意见的必定不少，但他鼓励争论，以探讨的形式解决学术争端。《连语类编》为"辟华语单音节之说"，汇编了古籍中遗留有复声母痕迹的连语，这一书稿为他的《中国古代有复声母说》提供了证据。陈独秀还在该书的自序中说："中国拼音文字之难行，单音及方音为二大障碍，古今语皆多复音之义明，拼音文字之障碍去其一矣。"②并表明了著作此书的目的"非徒以考古"，而是为了更有力地推广中国的拼音文字。另外，他还著有《屈宗韵表及考释》《荀子韵表及考释》，对屈原与荀子著作中的一些古字的读音作了考释。《广韵东冬钟江中之古韵考》指出了广韵数字同韵异读的情况，补正了顾武等人在广韵研究上的舛误与不足。还有《晋吕静韵集目》，虽然完成但未见发表。

陈独秀在学术上可谓博学多识，才通六艺，他通晓英、法、日语，懂拉丁及德语等多国语言，对文、史、哲都有精辟独到之见解。在狱中，他博览群书，潜心著述，紧紧围绕着自己所研究的课题有目的、有计划地去汲取、去创造。"苦心人，天不负"，他在学术领域中的硕果频出与政治革命之中的一次次失败形成了多么鲜明的对比！

---

① 《东方杂志》第 34 卷第 20 号、第 21 号。
② 任建树等编《陈独秀著作选》（第三卷），上海人民出版社，1993 年 4 月第 1 版，第 570 页。

他广泛涉猎政治理论、文字学、传记、历史。从阅读的大量的书籍中可以看出,他读的政治理论书最多,在埋头著述的过程中,仍有着一颗不安分的从政之心,出狱之后终于表现了出来。

从陈独秀对文字与音韵的著述中,仍可以看到他那种敢于怀疑权威、敢于挑战传统的无畏精神,也更能看到他对治学的严谨。在这个领域里,他从不故步自封、恃才傲物,而是勤奋读书、潜心求证。

在铁窗内这间监狱中的研究室里,陈独秀稳重地踱着步,沉思着。

3. 晚年少妻潘兰珍

1932年10月25日,陈独秀接到了一张上面写有"特来探问未见王哲亚"的字条,听传达人讲是一个自称是自己家属的女子留的。凭字迹他不能辨出是谁,这使他内心喜忧参半、疑虑重重:这位署名王哲亚的女子,怕不就是潘兰珍?他忽而又否定了这种猜测:这字迹肯定不是她留的。忽而又怀着一种期盼性的肯定:以她的性格,她会这样做的,这纸条或者是由别人代写的。

次日,上海的《申报》报道了有人到寄押陈独秀的军法司求见的一则消息:

> 南京今有称陈独秀家属之女子王哲亚,偕国府某职员赴十凛苍军法司求见陈独秀,监狱办事人以陈案情重大,奉命不准接见任何家属及亲友,王求书一便条,派人递入与陈,使陈得悉已有家属前来探望,办事人许之。该女子遂书特来探问未见王哲亚九字。又闻陈患胃病,经医诊治略好,每餐只饮粥。(二十五日专电)

陈独秀被捕后,有一个人让他很是放心不下,这个人就是和他共同秘密生活在一起两年多的妻子潘兰珍。

潘兰珍出生于1908年江苏省南通一个贫苦农民家庭,又名潘若云、潘云仙,比陈独秀小29岁。四岁那年,紧依长江下游北岸的南通在一场风暴之后成了一片汪洋,灾民也像汪洋一般四处漫流。其父在1911年也带着全家逃荒至上海,在浦东谋生。上海码头上,他做搬运工、做挑夫,帮旅客搬运行李货物,后来又进入英美烟草公司当装卸工,以拼卖苦力维持全家生计,但还是捉襟见肘。其母在操持家务之余无奈带着她出外捡破烂、拾煤渣。在艰难的生活环境中,潘兰珍渐渐长大了,她过早地承受了家庭生活的重担,成了父母的得力助手。七八岁时,家里又添了弟弟和妹妹,清贫的生活更加困顿。10岁时,为了减轻家庭负担,她便去一家纺织厂做了包身工。几年后,父亲又把她介绍到自己卖苦力的英美烟草公司当童工。屈辱的生活,超负荷的劳动,使潘兰珍尝尽了人间的苦楚,也更加速了她的成熟,十七八岁时她已出落得亭亭玉立、楚楚动人,朴素的衣着遮掩不住青春的光彩。

不想,这份天然的美丽却给她带来了人为的灾难。工厂里的一些流氓工头狼群般地整天纠缠着她,特别是在上夜班时,她更是心惊肉跳,无处藏身。其中一个工头,表面上大骂那些欺侮潘兰珍的流氓是狼群,对她表示极度关心,大献殷勤,并强行做她的"保护者",但实质上为了达到一个独占的目的。几次夜闯潘兰珍住处威胁强迫遭拒后,他便在上班时寻故找茬,责罚打骂,受尽了屈辱,一个孤苦无助的弱女子终于在软硬兼施下屈服了。在衣冠禽兽的胁迫下与其同居并生下一子,不久夭折。在与虎狼相伴中,潘兰珍经受了非打即骂的非人的折磨,孩子的夭亡更使她雪上加霜,他为了抛弃她,常常以无端的暴力让她"心死",每次潘兰珍都在那种"重刑"下鼻青脸肿、遍体鳞伤,肉体的折磨、精神的刺激,使她终于在忍耐的极限上决定永远离开这个恶魔。她逃离了虎口,孤苦伶仃地居住在上海熙华德路(今长治路)上一座石库门房子,与陈独秀成了邻居。

她怎么也想不到,这次搬迁整个改变了她此后的生活,她陪伴着一位老人度过了他最后的岁月。

中国共产党的总书记被停职了,思索、彷徨、艰难中的思想结果被当作了笑料。他被驱逐出了自己创立的党,党籍中注销了陈独秀的名字。在遭受的独裁与心中早已树立的民主形象的轰然撞击声中,他看不到任何希望。

1930年下半年,陈独秀搬到了熙华德路一座石库门房子的前楼。

一天晚上,终日极度紧张的陈独秀终于在买药归来的路上倒在了地上。刚下夜班的潘兰珍看到倒地的陈独秀，赶忙叫了一个邻居，一同将他抬到了自己的小屋里，又请来了大夫。把过脉后大夫给陈独秀注射了一支强心剂，并开了些药。在素昧平生的潘兰珍的照顾下，陈独秀渐渐醒了过来。

陈独秀隐瞒了自己的身份，说自己姓李，南京人，原在大学教书，与妻子离异后搬到这里，现在以为报社撰稿为生。两人在此后的相处中，互相产生了好感。在潘兰珍的眼中，陈独秀是一位学识渊博的先生，在陈独秀的眼中，潘兰珍是一个勤劳善良的女子。于是，她便经常帮他烧饭、洗衣服，他的家务琐事全由她包了。

从此，他们便像一家人似的，一起吃饭，一块说笑。陈独秀一有空闲便教潘兰珍识字读书，写写画画，唱歌诵诗，有时还讲一些历史、地理知识给她听。他在政治的失意与流离辗转的生活中意外地收获了一种家的温馨。

在潘兰珍的悉心照料护理下，陈独秀的生活也逐渐地条理化。在吃上可口应时的热菜、热饭之后，他的身体与精神均有了很大的改观。

对于身处逆境的陈独秀，这样的生活未尝不是一种奢望。一处是险恶的政治争斗，一处是宜人的温馨港湾，他被这位质朴善良的女子深深打动了。白天，他在潘兰珍的繁忙中读书写作，深夜，他又在潘兰珍的催促中进入梦乡。

在外人眼中，他们是父女，在二人心中，他们是师生，但是这种淳朴的师生关系在时间酵母的催化中也渐渐地发生转变。

潘兰珍忠厚朴实，她十分敬重陈独秀，常称其为"李老先生"。她也从不询问陈独秀的往来去向，除了上班，便将全部的劳作放在了料理老先生的饮食起居上。

此时的陈独秀面临着政治与经济的双重危机，几乎没有什么收入。于是，潘兰珍就把自己菲薄的薪金用以维持生计。清苦的生活，温暖的巢，两颗和谐共振的心，彼此都在灵魂的孤寂中寻到了依托。

她也曾经感受到过老先生的脾气怪异、生活反常，居所稍有不安便东搬西迁。

后来两人又收养了一个女儿，取名小凤仙。他们的生活也有不和谐，后来因为养女小凤仙两人发生了口角，潘兰珍带着小凤仙赌气回了娘家，但不曾想，就在她离家后不久，陈独秀就遭到了逮捕。

复杂的斗争形势使陈独秀一直未将真实身份及家世告诉潘兰珍，他并非不信任她，而是怕她无意中会惹来许多麻烦。寻到真正爱情的潘兰珍也从未怀疑，她认为同样真诚的陈独秀对自己也毫无隐瞒。直到陈独秀被捕，她竟与这位被悬赏巨额捉拿的神秘人物生活了两年而浑然不觉！

听到丈夫被捕的消息，潘兰珍吃惊而且着急，她将小凤仙送回南通老家托人抚养，但没有把丈夫被捕的消息告诉父母，就毅然放弃了工作，一路赶往南京。

狱中的陈独秀在为潘兰珍出走暗自庆幸的同时，也有着诸多的忧虑，被押解到南京后，他就把安置潘兰珍的事情托付给了狱外的高语罕，多次写信让高语罕善后。

潘兰珍青春妙龄，应该拥有属于自己的自由与幸福，而自己已是垂垂老翁，又兼释刑遥遥无期，陈独秀提议让潘兰珍与自己断绝关系另谋出路，免得为此而受牵连。陈独秀知道，对于历经苦难的潘兰珍，自己身陷囹圄对她来说无疑是雪上加霜。他为潘兰珍的精神刺痛而悲苦，也为因此给她造成的物质损失而难过。被拘半个月后，也就是1932年11月30日，他还写信给高语罕，让他再到他们的住处寻找潘兰珍的财物：

> 书桌抽屉内藏有一小袋，系女友潘君之物，她多年积蓄，尽在其中，若失去，我真对他不起，务请先生再去探望一次。……如幸而尚存，望携存先生处，……函告潘女士亲自前往领取。①

狱外的托派成员想要帮助潘兰珍解决房租及其他生活困难，陈独秀则认为不知政事深浅的潘兰珍将会对此敬而远之。于是他在12月7日又给高语罕写信说：

> 潘女士她浦东有父母，她能在香烟厂做工，不需我们帮助，并且事已

---

① 汪原放：《亚东六十年·狱中书信》未刊稿。

揭开，她必不敢受我们帮助也。

当高语罕告诉陈独秀潘兰珍已去南通，待托付养女之后要来监狱探视时，陈独秀则又于12月13日在给高语罕的信中动情地让他转告潘兰珍："鄙人生活近况，且语以案情无大危险，免她惧虑"。

因出于无奈而隐瞒了真实身份达两年之久，他对潘兰珍心中埋藏着深深的歉意。1933年他在致高语罕的信中托告潘兰珍拣出羊皮袍及驼绒被这两件衣物的当票，以备赎取。在信中，他向高语罕询问潘兰珍的态度时说："她对于我，以前未曾告以真姓名，及她此次失去衣服，有怨言否？"

他心细如丝，在即将登上国民党法庭的前夜对狱外的潘兰珍表达着深挚的愧疚与满腹的不安。

4月5日，他又写信叮嘱高语罕，要他"婉言劝她不必来看我"。

劝说与拒绝是无用的，心意已决的潘兰珍，已来到南京，决定留下来照顾陈独秀，与他生死相守。

陈独秀又劝她离开南京，另谋生路，他不愿让一个羸老之躯拖累了年轻的她。但潘兰珍表示，无论如何她都改变不了与他共赴艰难的决心。陈独秀执拗不过，只得答应她留下来照顾自己。

经过高语罕等人的努力，潘兰珍被安置在国民党教育部政务处长段锡朋家暂且住下。段锡朋是陈独秀在北大时的学生，趁此机会亦尽师生之谊。

后来，在陈独秀及狱外人士的努力下，国民党当局允许家属到监狱中照顾陈独秀。

此前，陈独秀先后曾有过同父异母的两位妻子。

1897年（清光绪二十三年），丁酉年。在江南乡试中考中秀才不久的陈独秀与高晓岚按照当地风俗拜堂成亲，这是他一生唯一的婚礼。

陈独秀的叔父陈衍庶考中举人，又钦加四品衔，后在东北奉天（今辽宁）候补知州，他官运亨通，家业中兴，但苦无子嗣。陈衍庶、谢氏夫妇在征得陈独秀母亲查氏的同意后，在陈氏祠堂办结了过继手续，陈独秀便成了叔父陈衍庶的继子。

高晓岚，乳名大众，1872年2月12日生，比陈独秀大三岁。其父高登科，字敬亭，为清朝末年安徽统领副将。高大众是高登科与前妻詹氏的独生女。詹氏死后，高登科续弦卭氏，高晓岚备受继母虐待，被当做丫头使唤。高登科得知后，便把长女接到任上，随衙抚养。高晓岚逐渐出落成了眉清目秀、身材修长的大姑娘。她穿着朴素大方，性情柔顺孤僻，刺绣缝补，目不识丁，但恪守封建道德，是个传统的旧式女子。在外人的眼里，两家结为秦晋，可谓文武攀亲，门当户对，珠联璧合，才子配佳人。但有着叛逆性情的陈独秀在康梁思想的影响下，思想激进，崇尚革新。陈独秀与她之间的"思想相隔距离不止一世纪"。高晓岚也兼他频频因参与"乱党"与革命行动而遭到通缉追捕，很少在家。因此，高晓岚不理解甚至反对丈夫的人生追求，在一次次的争吵中淡化了感情。

一位善良的旧式妇女，恪守妇道，在嫁到陈家的33年中，生育了延年、乔年、玉莹（筱秀）、松年等子女，她总是穿着蓝布长裈，宽大的裤脚管，用绳子扎得紧紧的。丈夫挣脱了婚姻的羁绊，她只有做封建婚姻的牺牲了，她不满丈夫行为却上孝公婆，下抚子女，终于1930年9月9日，积劳成疾，郁郁而终，享年55岁。

就在夫妇关系濒临破裂之际，与高晓岚同父异母的妹妹高君曼，走进了陈独秀的生活。

高晓岚母亲死后，高登科的续弦卭氏于1885年生下了高君曼。高君曼乳名小众，又名君梅，比陈独秀小6岁。高君曼与姐姐高晓岚生活环境不同，她是生父生母的掌上明珠，从小娇生惯养，少有挫折，受教于家庭教师，知书达理，思想开阔。她活泼开朗，干练洒脱，热情奔放。在北京女子师范学校就读，思想进步，见识广阔，并热爱文学，特别爱读陈独秀发表在各报刊上的文章，对姐夫很是仰慕崇拜。

高挑的身材，新潮的时装，一头短发下，明眸皓齿与微露的笑容，处处显示着清丽恭良的新式女性特质。妻妹满腔的热情、新颖的思想、不凡的谈吐，让陈独秀顿觉耳目一新。

从此，高君曼便寻找机会，借着各种理由与陈独秀单独接触，或书房促膝谈心，或田间小路漫步，交流思想、热烈讨论。当时，陈独秀常常去藏书楼发表时事演说,高君曼便常常去那里阅读进步报刊或听姐夫演讲。不久,两人便彼此欣赏,互生爱意。

乡邻传言沸沸扬扬,陈、高两家严厉指责,陈衍庶甚至以退继相威胁。但二人并不在乎,我行我素,毫无顾忌。

妹妹与丈夫的日渐亲密使高晓岚看在眼里,疼在心里,封建的规训使她只能将痛苦深埋心底。每见妹妹来找丈夫,她都悄悄回避,暗自落泪忍耐叹息,履行着无爱的妻子职责。

木已成舟,封建的权威已无能为力。

对于陈独秀与高君曼,他们也付出了一定的代价——家已是难以容身。1907年,由于家事更是国事所迫,陈独秀再次东渡日本,高君曼也愿随同留学,日本日光山名胜蓬瀛华严瀑布等诗画般的景物里留下了他们流连忘返的身影。浪漫的情怀,去国的忧思,终于将二人的情感世界混融为一。次年9月,二人双双回国在杭州同居,那时高晓岚与陈独秀的夫妻关系已名存实亡了。

1910年,陈独秀与高君曼的"自由恋爱"已达到了感情的饱和点:同居成了事实,结合只在朝夕。

31岁的陈独秀在陈、高两家一片反对声中,与高君曼在西湖正式宣布结为伉俪。革命的波折,没有爱情的婚姻,使得陈独秀沉浸在婚姻自主与爱情的巨大幸福之中,二人相敬如宾,"徜徉在湖山之间,相得甚欢"。

此时的高君曼,一身入时的江南装扮,亭亭姿秀,绵绵温雅,时常伴随陈独秀出访高朋,琴瑟互答。逐渐结识了沈尹默(原名君默,浙江吴兴人,曾任北大教授)、刘季平(原名仲和,上海华泾人)、马一浮、谢无量等江南文人佳士,西子湖畔,诗酒相娱,互相观摩,豪情满怀。这种在"往来无白丁"的雅境中的应酬是高晓岚所不能伦比的。高君曼赢得了友人们的交口称赞,汪孟邹曾夸赞她是"女中豪杰"。陈独秀也得意于娶了个才貌双全、志同道合的侣伴。

二人弃家出走并自行成婚,被两家视为大逆不道,高家认为姐妹同嫁一人礼教难容,遂逐出家门,不认为女,继父陈衍庶更视二人为败坏门风,比参加革命党更难容忍,扬言永远不许他们踏入陈家大门。就连陈延年、陈乔年兄弟俩对他们二人的结合也深为不满,成了难以解开的家庭疙瘩。虽然他们二人对继母及父亲的成见难以释怀，但是高君曼却始终以母亲的爱去关怀他们，毕竟他们是姐姐的儿子。

高晓岚在安庆病逝后，高君曼带着两个孩子为姐姐奔丧，在陈家一年多的时间里，陈氏家族对她仍耿耿于怀，难以消泯。陈独秀姐姐的子女本该称高君曼为舅母，却偏偏叫她小姨，这使她十分气愤，常反问道：

"叫我小姨可以，但你们舅舅（指陈独秀）如何称呼？难道也叫姨夫吗？"

高晓岚成了被同情的对象，高君曼与陈独秀成了苦难的制造者。

高君曼新婚后，与陈独秀天南海北紧相随，力所能及地支持着丈夫。陈独秀1917年就任北大文科学长时，她带着延年、乔年仍在北池子箭杆胡同9号，照料丈夫生活起居，《新青年》社址搬到上海时，她又随夫来到上海，并于1921年与丈夫同遭逮捕。颠沛流离，动荡不安，残酷的现实使高君曼一颗浪漫的心受到冷却。在教育子女上，二人也出现了明显的分歧。延年、乔年二人随同父亲回到上海后，陈独秀为了让他们在艰苦中饱受磨炼，不许他们回家，要其生活自主，二人白天要读书，还要找活谋生，夜里就住在上海四马路亚东图书馆《新青年》杂志发行所的地板上。为免外人非议，更出于对兄弟二人的爱怜，高君曼想把他们接到家中食宿，陈独秀执意不肯，她就求助于陈独秀的好友潘赞化，哭诉说：

"我是他的姨母，又是继母，我从名义上及感情上看待他们兄弟，一定会胜过于亲生儿女，但独秀不让他们在家食宿，不知道事情缘由的人，谁会原谅我呢？"陈独秀对此指责他说："妇人之仁，徒贼子弟，虽是善意，反生恶果。少年人生，叫他自创前途可也。"

陈独秀在第三次被捕出狱后，为免拖累高君曼，便与其分居，两人很少相见。高君曼因听传闻陈独秀另结新欢，便与之从口角相争，发展到拳脚相向。1925年10月，为节省生活费，高君曼带着亲生儿子陈鹤年、女儿陈子美，从上海愤然回南京，住在东厂街两座破草屋里，陈独秀每月给高君曼及两个孩子50元生活费。

不料，这次分别竟成了永诀，1931年高君曼因患子宫癌在极端困顿中香消玉殒，凄凉地离开了人间，享年约46岁。

1934年秋，潘兰珍正式迁居南京。

在段锡朋家暂住一段时间后，她自感一入华贵的庭堂便束手束脚，多有不便，况且距离监狱较远。为了能更好地照顾陈独秀，她便在老虎桥附近租了间破房子，常常在上午九点到下午五点，到狱中照料陈独秀的生活。

勤劳的潘兰珍除了照顾陈独秀，还去给别人打打短工、缝补浆洗，挣些零用钱，并拿出自己多年打工的微薄积蓄，买些营养饭菜给陈独秀送到狱中，并为他做饭洗衣，尽心尽责、风雨无阻，狱室成了他们的家。身处艰难的陈独秀已深深地感到少妻潘兰珍是他余生幸福的依托了。

当时，许多重要的党政要员都到狱中看望陈独秀，并馈赠许多衣物，仅贵重的皮袍就有好几件，潘兰珍见丈夫如此受人尊重，内心也十分欢喜，她看到了丈夫的价值。他们狱中的恩爱不久便引起了别人的猜疑。

起初，看守听潘兰珍一口一个"老先生"，便认为他们是师生关系，后来，见他们亲密无间，耳鬓厮磨，又认为他们是父女关系，再后来，当看守发现陈独秀与潘兰珍有超越父女关系的举动时，便报告了典狱长。

有一天，负责照顾陈独秀的同案犯濮德治突然被典狱长提讯，他不知何故，以为大祸将临。待来到典狱长的办公室，濮德治见他脸色严肃、面带怒容，心知不妙。以为将要遭到不三不四的训斥。

典狱长让看守退出，将门关紧，然后说道："我今天把你提出来，有件事要你转告。"

他呷了一口水，放下杯子神情严肃地说："陈先生在我们这里，我们没把他当犯人看待，上面叫我们优待，我们也尽量给他以优待。但是优待也有个界限，这里是监狱，不是旅馆。"他叹了口气，接着说："陈先生近来忘记了他在监狱，把我们这里当做旅馆，这使我们很为难。"

濮德治一听，这事与自己无关，心里顿时平静下来，便开口问道："究竟出了什么事，请你直说吧。"

典狱长问："你可知道有个姓潘的女士常来看望陈先生，是他的什么人？"

"大概是他的学生。"濮德治装作糊涂地说。

"不像学生，学生岂能天天来看老师？"

"是不是他的小女儿？"

典狱长自信地说："更不是了，他的小女儿我见过。"

"那么是谁呢，我推想不出。"濮德治推脱道。

典狱长似乎看透了他的心思，进一步问道："你恐怕是知道的，碍于陈先生的面子，不肯说罢了。"濮德治想听听典狱长到底想说出些什么，于是说道："请你直截了当地说吧。"

典狱长看濮德治不能提供什么，便说："根据看守人的报告说，陈先生在他的监房里有肉感的行动，这怎么行呢？这事传出去，岂不要叫我同他一样坐牢吗？请你婉言转告他，要为我的处境想一想，面子要双方来顾，如再有这样的行动，那就莫怪我无情了。"典狱长激愤不已。

濮德治惊讶道："怕不会吧？他已老了，无能为矣，请你再调查一下。"

"调查过了，千真万确，不瞒你说，当年我也是崇拜陈先生的一人，以为他的道德文章，可以做青年模范，现在看来，他的文章虽好，道德有限，一个政党的领袖，这样不爱惜自己，我为他叹息。你告诉他，往后请他自爱一点，也为我们着想一下。"

第二天，典狱长叫濮德治把话转告陈独秀。当他将谈话内容原原本本地说出后，陈独秀却神色自若，毫无赧颜。

濮德治愤然指责说："你这个人在政治、思想一切方面都非常偏激，在行为方面也很乖张。一个共产主义者，为什么不学马克思、列宁那样以严肃的态度对待生活呢？一个政党的首脑，这样对待生活，合适吗？外面小报上说你不以嫖妓为耻反以为荣，确有此事吗？"

面对连珠炮似的斥论，陈独秀沉默无言，但一听是小报所说，不觉火从心起："大报造大谣，小报造小谣，你怎么信它？这是私人生活，别人管不着，也不用别人管。"

濮德治说："谁爱管你，你如果是一个普通人，我们当然不管你的闲事，但你是一个政党领袖，对妇女问题，没有正确而严肃的态度行吗？不会影响革命吗？你不要忘记党内有批评和自我批评这条规章。"

陈独秀沉默良久然后说道："在建党以前，在这方面，我是放荡不羁的，可是建党以后，我深自检点没有胡来了。"

濮德治问道："那么，这位潘女士从哪里来的呢。"

陈独秀反问道："难道我不能有个伴侣吗？孔子云，食色性也，我是个人嘛，动物的本能，我也具备嘛。"

濮德治说："身居囹圄，就要压制这个本能，你忘了，今后要在压制和检点上做工夫。"

陈独秀慨叹道："难矣哉，难矣哉！监狱制度诚属万恶，你们就是这个万恶制度的牺牲者。"

濮德治看他又反过来批评起了自己，便说："算了算了，我们不要求你在这方面给予同情。"

这场风波过后，潘兰珍与陈独秀情感依然如故。

潘兰珍更加细心地照料着陈独秀，而陈独秀则在这种细致周密的照顾下，将全部的精力投入到了学术研究中去。

漫漫长路，幽幽深牢，老夫少妻，在努力地驱逐着寂寞，排遣着忧愁。

他们相濡以沫的日子刚刚开始，而当陈独秀从炮火四处崩飞的南京走出监狱时，他们饱含辛酸的漂泊之舟便起锚了。

第四章
孤愤的囚徒

1. 甘做老书生？

　　一个生来就与世界抵牾不调的人，他以他洗练的诚实，让人感觉怪癖；他以他无饰的执著，让人感觉孤傲。他在理想主义的领域里不断地猎取，又不断地抛弃，他似乎在八方树敌，而终于四面楚歌。他在努力与已被他抛弃的势力对峙着，但每当深自内省时，一种挥之不去的孤凄便时时袭上脆弱的心。

　　毕竟已身陷囹圄，"虎落平川"、"龙困沙滩"的自伤也常常搅得他夜难成眠。渴望短兵相接，而今鞭长莫及，在理想与现实严重错位的迷茫中，他钻进了故纸堆，但这并非是疗救心灵饥渴的良方，以麻痹抑制苦痛，而麻痹过后苦痛更甚。当他力举政事而难以有果时，当他蓦地感觉到，自己曾深爱的文学，也在这种复杂的心境下变得索然寡味时，他一时竟想不起还有什么能重新激活自己濒临枯竭的兴趣。

　　老之将至，前路茫茫。

被捕成囚后，已经有一部分旧友，杳无音讯、不再来往了，但也有许多的朋友及学生赶来看望，他在欣慰之情轻拂心中时，又对那些因故不能来探询的人时时怨愤，"多病故人疏"的凄清感觉也常常笼罩于心。

他需要询慰，纵然那种询慰里并不包含着他所期待的理解，他的这种深沉的渴求，常使他表现出无端的敏感。

他不禁想到了在大革命失败的白色恐怖里，有一件令他尴尬而无奈的事。当时，《新青年》《每周评论》等被列为禁书，印行这些书的亚东图书馆险遭查封，为免遭厄运，图书馆主人忍痛将所印之书几乎焚烧殆尽，并决定将家从鸿祥里搬到温州路，此时，准备搬家的陈独秀闻知，想与亚东图书馆同搬一处，不料他的好友、图书馆的经理汪孟邹却对他说："仲甫，你不要再去了。我老实告诉你，我的老太婆常说：'不能再来了！怕人呵！他还要来，我要吓得爬屋走了！'还有我的老嫂嫂，要吓死了！"最后他苦涩地对陈独秀笑笑说："还是我有时来看看你的好。"为了不让朋友的事业与家庭因为自己而遭受劫难，他将住所搬到了别处，无可奈何的汪孟邹倒深感愧疚，总时时找到陈独秀，细商出版新书事宜。

他知道老友汪孟邹的为人，他对故人的这种无奈选择很是理解，但在这种情形之下想起此事也是自己始料未及的。

1932年10月31日，北京大学校长蒋梦麟带着礼品来到了江宁地方法院，故人的探视使陈独秀宽慰了许多，这对于"寂寞梧桐深院锁清秋"的他，与其说是一种不以时移势转的崇敬，不如说是一种超越困厄的理解。陈独秀与蒋梦麟谈论着数十年沧桑的北大，交换着对时局的认知，投机中又难免有意见相左。临行，蒋梦麟将随身带来的几部小说及一些其他书籍赠送给了陈独秀。这是他精心挑选的文学作品，希望以此能为陈独秀消磨狱中枯燥寂寞的时光。

枯燥与寂寞需要打发排遣，但蒋梦麟这种实现愿望的方式对于此时的陈独秀来说是多么的不合适！如果对于有着恬适自然心境的人，这的确不失为苦心良谋。

陈独秀自有他解脱自我的方式，他在单调与枯燥的胁迫下逆寻。激进的个性、士人的悲情，以枯燥抵抗枯燥便成了唯一的选择——他沉入到文字学的研究中去了。

但是，蒋梦麟的来访，也成了密切关注陈独秀的中共方面新闻的主要内容。11月21日，《红色中华》(第41期)以《陈独秀！取消派！叛党！反共！》为标题，报道了蒋梦麟与陈独秀的谈话，并在评论中说："陈独秀叛党以后，投降到资产阶级去当走狗，充'反共'先锋，这个我们并没有诬蔑他，他的老同事蔡元培、蒋梦麟都替他老实不客气的说了出来，这就叫取消派。"

他已站到了中共的反对派一边，这种令人拒绝不得的评论他只有封存旁置。

11月3日，国民党教育部政务处长段锡朋狱中来访，陈独秀与他谈到了胡适，当他得知胡适还在为自己的案件聘请律师而奔波，并请好了一位姓刘的律师时，他让段锡朋转告胡适："辩护事已委托章行严先生及另一位彭先生，其案情亦不过如是，烦请律师过多，或转易(引)外间无谓之注意。惟深感先生之厚意，并乞代为谢谢刘律师。"①

1933年秋，著名绘画艺术大师刘海粟第一次旅欧归来，当他听到陈独秀入狱的消息后，便赶到南京前来探望。与陈独秀阔别多年的刘海粟在去南京前听到了许多关于陈独秀法庭斗争的盛传，他内心十分激动。来到狱中，他一见陈独秀便快步走上前去，紧紧握住了那双常书战斗檄文的手并大声说：

"你伟大……"

陈独秀也很激动，他兴奋地抢着说：

"你伟大，敢于画模特儿，和封建势力斗争……"

二人同坐畅谈，拊掌大笑，似乎这里不是监房，而是朋友聚义的客厅。他们谈笑风生，旁若无人，使得看守和同狱者都十分惊讶。谈及国民党政府对陈独秀的态度，陈独秀大声说道：

"蒋介石要我反省，我反省什么！"

陈独秀的气概和风度令刘海粟十分振奋，也给他留下了深刻的印象。

临别时，刘海粟从皮包里取出事先准备好的纸、笔和一瓶墨汁，请陈独秀即席挥毫，题字留念。陈独秀接过纸笔饱蘸浓墨，不假思索，一挥而就：

---

① 《胡适来往书信集》(中)，中华书局，1979年5月第1版，第141页。

>   行无愧怍心常坦
>   身处艰难气若虹

　　1935年，刘海粟游黄山，完成了一幅《古松图》，关于此画完成的背景，刘海粟在题记中描述道："乙亥十一月游黄山，在文殊院遇雨。寒甚，披裘拥火犹不暖，夜深更冷，至不能寐。院前有松皆奇古。刘海粟以不堪书画之纸笔，写其一。"

　　画中黄山巍巍，卓尔不群；孤松苍劲刚韧，英姿挺拔，陈独秀一见此图，情由景生，大为感慨，内心孤独的情感与画的意境在强烈地共鸣着，似乎此画专为自己所设，或者这株松的模特儿是自己，或者这黄山本身就是自己。

　　于是，他在波涛翻滚般的激情中为画题诗道：

>   黄山孤山，不孤无孤，孤而不孤。
>   孤与不孤，各有其境，各有其图。
>
>   此非调和折衷于孤与不孤之间也，
>   题奉海粟先生
>   独秀

　　在诗后，他又加注强调区别，以示"不孤"。他不是"折衷的调和派"，他不愿说骑墙的话。但是，能从一株而想到"孤"与"独"，这种敏感的心态，该正是"孤独"心理的表现吧！刘海粟的创作原理是"心由境造"，而陈独秀的欣赏方式却成了"境由心造"，其实，这种"客观的支配"与"主观的支配"的差异，正明白地显示着离群索居的精神压抑。

　　陈独秀却又是自信的，自信中纠缠着孤独，孤独中闪烁着自信，在这两相交织的同类合成中，颓废便悄然隐退了。

　　"新文化运动"中，在"打倒孔家店"的口号下痛斥孔丘为"盗丘"、"遗祸及万世"，以《说孝》一文而名声大起的吴虞在时刻关注着陈独秀被捕后的情况。他难以忘记，"新文化运动"中陈独秀以《孔子之道与现代生活》向旧道德发射的强劲炮火，那时他正担任北京大学教授，在《新青年》杂志上发表的《吃人与礼教》《家族制度为专制主义之根源论》等文章深得陈独秀赞赏。当国民党对"陈彭案"审判的锤音落定，时为四川大学教授、被誉为"四川省只手打孔家店"的英雄，再也抑制不住内心的激动，他辗转反侧、夜不能寐，于夜半四点披衣下床，伏案书成了一首诗：

寄陈独秀狱中
早年谈易记儒生，意气翻惊四海横。
党锢固应关国计，罪言犹足见神明。
尽知大胆如王雅，何必高文似马卿。
万古江河真不废，新书还望狱中成。①

他十分赞佩陈独秀在法庭斗争中所展现出来的勇武及光彩个性，并将他的勇武比之于北周独闯敌阵被太祖叹为"举身悉是胆也"的大将王雅，他的才情比之于善赋的司马相如。他更希望陈独秀以"不废江河万古流"的才气在狱中著书立说、潜心造学。

落身于难的人，对于亲友的看望抚慰无疑是一种渴求，若在平时，有一段时间友朋疏于来往晤面，尚属常事，但对此时的陈独秀来说难免有"多病故人疏"的嫌疑。

1933年11月2日，胡适给陈独秀写了一封信，信中谈到《资本论》译制及"国语稿本"的排印问题，信末写道："此次过京，匆匆不能来视吾兄，十分失望。两个月后南下，当来奉看。"②

其实，"失望"的不是胡适，而是陈独秀，这不能不令陈独秀大为生气，在他看来，胡适的"匆匆"无非是沉醉在与国民党政治要员的觥筹交错中去了。他的"不能来省视"未尝不是一句躲避来见的美妙托词，"两个月后"，"当来奉看"的承诺只是一种浮光掠影的安慰。这不是怕我这一"屈身成囚"之人辱没了他的

---

① 《吴虞日记》，《党史研究资料》1980年第10期。
② 汪原放：《回忆亚东图书馆》，学林出版社，1983年11月第1版，第170、171页。

身份吗？！

　　这是他不能容忍的，"道不同不相与谋"，这样的朋友还有什么可交之必要！于是便写信给汪原放，表达了自己对胡适的愤慨。汪原放为维护朋友关系并平息他心中的怨气，两次写信给陈独秀，为胡适的不能到狱中探望作了解释。未曾想，对于气愤膨胀于胸的陈独秀来说却是火上浇油，他又写信给汪原放，声明与胡适绝交：

> 兄来函为老胡辩护，我深为惊异！你说他太忙，不错，他很忙，我知道他在此间即和一班达官贵人拜会吃酒，已经够忙了。弟前函及此函所说关于老胡之事，望勿告知他人，即令叔亦不必令知之，君子绝交口不出恶声也。我和他仅仅友谊关系，其他一切不必谈，他现在既不以友谊态度待我，不过旧朋友当中又失了一个，如此而已。①

　　事情已发展到如此地步，汪原放也不好再说什么，但他从陈独秀的性格及此时的处境去体会，又觉得可以理解。

　　好在胡适终于未忘诺言，并于第二年在多次看望陈独秀的国民党教育部行政处处长段锡朋的引导和陪同下，来到狱中看望了他，此次的误解顿时烟消云散、涣然冰释，极重感情的他再也想不起生气了。

　　单调枯燥的生活，总是令人渴望充满温馨浓情的交往，孤寂常常挥之不去，抑或挥之暂去但止挥即来。陈独秀在努力地寻找着排遣重压于心的烦忧。

　　他本是爱好书法的，并能写好几种字体，尤擅长写狂草体与郑板桥体，他认为，书法既要有点天分，又要多练功夫，功夫锻炼内劲，天分表现外秀。但他自认是天分有点而功夫不够的。书法的往来与交流，该是消忧释愁的一种绝好方式。

　　1934年9月27日，陈独秀写好一封信，署名"明宜"寄往上海亚东图书馆：

> 原放兄：
> 　　静回沪所托寄书，谅已达览。兹托静转上宣纸一条，请即送交行翁，

---

① 汪原放：《回忆亚东图书馆》，学林出版社，1983年11月第1版，，第171页。

请其大笔一挥，写好仍交兄觅便寄来。并请兄转告行翁，最好能写他的近作诗词，愈速愈好。拟择朋友中能书者四人，各书一幅，合为一小屏，朝夕瞻对，以释消愁，兹托行翁书即此四幅之一，望以此意告知行翁。

　　此祝健康

明宜手启
九月廿七①

　　汪原放向章士钊转达他的要求并将陈独秀的信交给了他。章士钊非常重视，于是便冥思追忆、运笔成斤，很快便完成了一幅集诗书为一体的佳作：

　　　　夜郎流客意何如？犹记枫林入梦初。
　　　　凤鄙诸生争蜀洛，那禁文网落潘吴。
　　　　议从刻木成奚在？煎到同根泣亦徒。
　　　　留取心魂依苦县，眼中台鹿会相呼。

　　　　三十年前楚两生，君时扪虱我谈兵。
　　　　伯先京口长轰酒，子谷香山苦嗜饧。
　　　　昌寿里过梅福里，力山声杂搏泉声。
　　　　红蕖聚散原如此，野马风棂目尽迎。

　　（佛罗伊德画一囚室，其人目送窗棂间，日光一线，生平梦想事件均浮动于中）

　　独秀兄近自江宁函索拙书，因便为长句写寄。世乱日亟，衣冠涂炭，如独秀幽居著书，似犹得所。奉怀君子，不尽于言。

士钊
甲戌初冬②

---

① 汪原放：《回忆亚东图书馆》，学林出版社，1983年11月第1版，第171、172页。
② 同①，第172页。

屏条写成后，章士钊又用丝绫精心装裱，送给汪原放，以待他再去狱中探望时顺便捎带给陈独秀。诗中"留取心魂依苦县，眼中台鹿会相呼"一句最令他欣赏，这一尾联无疑表现了章士钊对此时心境中的陈独秀最彻底的理解。留在心魂中的依旧是悬浮着的寂苦，世有几人能如此知心！"嘤其鸣矣，求其友声"，该联的后句正表达了章士钊愿与患难中的故友呼和应答，力排其忧，愿为"同类相聚、同声相求"的知己。这种神交真情实为孤寂中的陈独秀送去了莫大的安慰。

1937年6月29日，汪原放到狱中探望陈独秀，与他在狱中一同吃饭，谈了整整一天。最后，汪原放对陈独秀说："报上说向你求字的人很多，你写了不少给人。我想请你在有空的时候，给我写一张小屏，裱起来挂挂。"陈独秀没有允诺也没有回绝，但他还是将这事记了下来。他知道汪原放为了自己穿梭于南京与上海之间的辛苦，此种要求是应该满足的。不久，他便托人将写好的两张屏条带到了上海亚东图书馆。在屏条上，他未写上款，但在下面的落款上却署了"陈独秀"的真名，并压印好自己的图章。

屏条的其中一张是录写的《古诗十九首》中一首的"冉冉孤生竹"，另一张文字内容为："天才贡献于社会者甚大，而社会每迫害天才。成功愈缓愈少者，天才愈大；此人类之所以为蚁行而非龙飞。"[①]落款为"独秀书于金陵"。孤苦中夹杂着郁愤，这是陈独秀狱中惯有的心态，由此屏条亦可见一斑。

1933年6月27日，胡适在他《四十自述》一书的序言中，疾声倡言陈独秀、蔡元培等都在有生之年完成一部自传。他以学人的自觉心表白道："我这十几年中，因为深深的感觉中国最缺乏传记的文学，所以到处劝我的老辈朋友写他们的自传"；并且一再强调"我盼望他们都不要叫我失望"。

胡适的提醒让陈独秀蓦然感到：以回忆为主要思想活动的暮年已经来临了。人生到了写自传的时候，这是否意味着对自己一生的历史绾结？为贡献传记文学，是应该付出些努力，况且已经到了回忆的年龄呢？！

于是他便托狱外的朋友借来了《马克思传》《达尔文传》托洛茨基的《我的生平》细细研读，并将写自传以《我的回忆录》为题名列入了自己的著述计划。

[①] 汪原放：《回忆亚东图书馆》，学林出版社，1983年11月第1版，第189页。

其实，积极推动陈独秀写自传的不仅是胡适一人，托派的朋友也努力催促，狱外的托派组织答应向他最大限度地提供材料。他们希望这位领袖能参照托洛茨基写的《我的生平》《俄国革命史》《我们的政治意见书》《告全党同志书》，以自传的形式对中国近现代革命的经验作以总结。

自传的写作已经列入计划了，但是经济的紧张甚至困顿以及法庭审判结果给他造成的愤懑使这一计划几近搁浅。"著书皆为稻粱谋"并非自己的初衷，而被捕入狱后的陈独秀不得不正视"经济"这一因素，而终于有为文而谋"稻粱"的嫌疑了。

多难的漂泊家庭、寒酸的经济来源，使陈独秀不止有过一次的尴尬。自己的各项开支日渐压缩，但生活依然是捉襟见肘，夫人高君曼带着一双子女陈哲民、陈子美艰难地生活着，三人的生活费仅仅是来自他在亚东图书馆的版税中每月支取30元。1931年高君曼去世后，在上海读书的儿子陈哲民的学费和生活零用也都是在亚东图书馆支取的，这一切自然也都开在了陈独秀在亚东图书馆的欠账单上。负债累累，故乡破屋中的亲人们他更是无从顾及了。

更甚的是，被"剥夺政治权利"的陈独秀连发表文字也成了奢想。这无疑断了他的主要经济来源。稿费与版税早已支取殆尽，并且在呈负数疾涨，经济的困顿使借阅成了最主要的览书方式。

令他盛意难拒的亲友的接济，他偶尔也被迫接受一点的，但绝大多数的馈赠他都坚拒不受，存贮于心的原则便是：无功不受禄。

负债的日子对于体面重情的知识分子来说无疑是一种残酷的煎熬，解决与亚东图书馆的经济问题，如何偿还这些债务便成了陈独秀常常考虑的问题，而且考虑这些问题又总难以摒除人情在负的牵绕。

胃病又似困境中的雪上之霜，血压的不断增高与胃病如影随形，因为胃病，他又不得不常常以黑面包为主要膳食。

1933年7月，汪原放到南京狱所探望陈独秀，当谈到图书馆的经营状况时，陈独秀十分抱歉地对他说："我欠亚东的钱实在不少了，心里很难过，你可以把《独秀文存》重印出来，让我快快拿版税把亚东的账结清才好。"①

---

① 汪原放：《回忆亚东图书馆》，学林出版社，1983年11月第1版，第168页。

重印《独秀文存》无疑是无奈的"绝好"的选择。1922年11月、12月，亚东图书馆在战战兢兢中印出了3000部《独秀文存》（一至四）第一版，因为陈独秀第四次被逮捕刚刚出狱。恢复自由后的他又精心编定了《独秀文存》二集，并送到了亚东图书馆，但在越来越紧张的国内局势中谨小慎微的亚东图书馆终未将编好的书稿排印出版。《独秀文存》中"德先生"与"赛先生"以及最后令当局切齿痛恨的"社会主义"已令图书馆经理汪孟邹心惊难定了，更何况让他们费尽心机东放西放、东藏西藏的"二集"！汪孟邹总在侄子汪原放的催促中心躁地说："不能不看一看风头再动手。出事，吃不消呵！"

但是，《吴虞文录》《孟和文存》《胡适文存》《胡适文存》二集、《胡适文存》三集这一"文存系列"却像亚东图书馆一笼笼精制的甜糕。而与《独秀文存》二集有着同一夭折命运的还有另一位书生附有自序的著作《秋白文存》。大革命失败后，《独秀文存》也没有再印。

如今，重印《独秀文存》这个无奈的选择似乎也举步维艰，由于政治的牵累，他在狱中研究的拼音文字稿一直尚未出版，燃烧着让当局恐惧而憎恨的圣火的《独秀文存》，其命运该会好到哪里去呢？！

好在该书初版的销场不差，求丰供寡，亚东图书馆克服困难终于重印出书了，1000部《独秀文存》成了待嫁的新娘。

但广告是不敢在日报上宣传的，出版者又谨慎地在小本书目上加上了"目的剖白"：

"此集所著者在民国十年（1921）以前发表于《新青年杂志》之作品，分论文、随感录、通信三卷。内容乃提倡文学革命，改进伦理观念，讨论宗教问题。读此可见著者十余年前之思想与主张。九版后有蔡子民（元培）先生的序，说'本书各文大抵取推翻旧惯、创造新生命的态度；而文笔廉悍，足药拖沓含糊等病；即到今日，仍没有失掉青年模范文的资格。'……"①

这一淡化政治的说明无疑是违背作者初衷的，但陈独秀已不再计较这些了，他也理解图书馆的苦衷，权且当做"饥不择食"吧！人情的债务将随着经济债务的减轻而减轻、消逝而消逝，这未尝不是一种难得的安慰。

---

① 汪原放：《回忆亚东图书馆》，学林出版社，1983年11月第1版，第168页。

负债于亚东图书馆的确成了他的一块心病,欠款是他在给亚东的信中常提的一件事。1933 年 6 月 16 日在给汪原放的信中说:"柏、章诸君曾有小款托尊处转收,不知全数若干?除以此扣还外,尚欠尊处若干?务请抄一细账赐知。无论如何深交,账目必须清楚。令叔对此往往胡里胡涂,望兄一矫正之。"①

汪原放接到信后便将陈独秀的账目开列成清单寄往南京监狱,陈独秀于 10 月 11 日收到账单后又复一封信道:"另一账单,是《文存》的,写的商业方式,我是外行,不大看得懂,账上的是《文存》的码价吧。15% 是版费吧。我猜想这账上的主要意思是说《文存》的版费,除前透支外,现尚存洋二百六十四元余,是这样吗?所谓透支,是在以前的版费帐上,我多用过三十元余,是这样吗?《文存》还可再印吗?《字义类例》未卖出多少,还有多少呢?"②

卖文糊口总是知识者无可再退的举措,当作品与金钱联姻时,它在读众心目中的价值与形象往往大打折扣,为文者除以文维持身家,还有什么足以令他们自恃的呢?但他们也不是超越物质之外、不食人间烟火的神物!

少妻潘兰珍是无私地支持着自己,但仅靠一个弱女子零工的薪酬及微薄的积蓄维持生计无疑是杯水车薪,何况她还有侍养的父母呢?

陈独秀将出售所成文稿的狱外运作拜托给了对他爱恨交加的好友章士钊。章士钊便持其稿去书店或出版书局联系出书事宜,成了陈独秀思想与精神产品的"推销员"。

陈独秀对书稿出版情况的关心表现出了往昔不曾有过的细致与热切。1934 年 10 月 10 日他在给亚东的信中询问道:

  文稿已动手,题为《道家概论》。此一种稍冗长,一时不易写完,拟先写一短文,题名《老子考略》,写好即寄由兄处转行翁,乞兄先告行翁,不知合用否?行翁收到拙稿,系售诸书局出版,或暂存行翁处以待价,请兄询明行翁示知!

---

① 汪原放:《回忆亚东图书馆》,学林出版社,1983 年 11 月第 1 版,第 169 页。
② 同①。

《独秀文存》一书已经重印，有同人叹评道："这部书，六年不印，真正可惜！"第一批重印的1000部销况不差，但紧随其后的几次重印却在禁书的风浪中颠簸，行销的结果令人并不乐观。

《独秀文存》的销况成了陈独秀创作自传的逆反驱动力，他决定以数倍于前的努力完成一部杰出自传，以弥补《文存》对亚东的影响。而当他将欲卖自传书稿给亚东图书馆的打算提出后，对方对接受与否颇为犹豫。

这是他所未预料到的，但他仍旧理解亚东，然而在他的心理防线上，那种御阻悲壮的屏障被这一丝淡然给悄悄拆除了。

形体内的灵域遭受着消极的袭击，被占领，在裸露。"待字闺中"的书稿、令人仰望的债台，似乎成了难以理顺的矛盾。

1932年12月22日，陈独秀在致好友高语罕的信中流露出了苦闷的心情："自传一时尚未能动手写，写时拟分三、四册陆续出版，有稿当然交老友（即汪孟邹）处印行。如老友不能即时印行，则只好给别家。自传和《文存》是一样的东西，倘《文存》不能登报门售，自传当然也没有印行可能。若写好不出版，置之以待将来，则我一个字也写不出来。"

此时的陈独秀在成文与付梓甚至酝酿与付梓之间，已"经不起太长的等待"，时间之于他，已成了不断添加的重负。

但接着很快就传来了使他欣慰的消息。上海群益出版公司得知陈独秀要出版自传，并预见到它的销路一定不差，便派曹聚仁代表公司到狱中与陈独秀联系并索稿。经过简单磋商，谈定稿酬每千字20元，每月支付200元。群益出版公司表示可以接受他所提出的条件，在初稿完成以后尽快印行。

群益公司对自传出版的承接让陈独秀很兴奋，毕竟未来的书稿有了着落，万事俱备，只欠他凝思运笔这一"东风"了，于是他便积极地准备起来。

1933年2月7日，他又写信给高语罕，希望他在狱外能尽快找来托洛茨基的《我的生平》《不断革命论》《法兰西革命》《西方革命史》等书。看来，他的自传内容也不外于两方面，一是对自我生命历程的回忆，一是对中国革命发展轨迹的回忆。

但陈独秀是谨慎的，初次的合作使他不得不以"小人之心"猜测：对方的可靠程度能有多深？在不能回答自己时，他开始对群益出版公司有了动摇。合作愉快难有几分把握，他保守地认为，应该以稳妥为原则。再则，他顾虑到与好友汪孟邹及亚东图书馆的关系，他们是否会因此误会而心意不爽？另外，自己的债款绝大数是在亚东图书馆，如果交由别处出版，徒增了资金的周转环节，因此，他将自传的出版希望仍保留并寄托在了亚东。

他与汪孟邹及亚东的渊源是特殊而久远的。亚东图书馆的经理汪孟邹是一位胆小怕事但非常淳朴厚道的老好人，对于陈独秀的革命活动他既不赞成也不反对，他赞美共产党是唯一能解决一切问题的政党，但又常常告诉陈独秀："我实在害怕，我不能做一个共产党员。我怕，我真怕！"陈独秀也深知他没有参与革命的愿望和个性，也从不强求，总是对他说："好吧，你就不要做党员，只管站在外面，做一个同情者好了。"

1903年，汪孟邹在安徽芜湖开办了一个科学图书社。次年春，陈独秀带着一把雨伞和一个包裹来到芜湖，办了一份《安徽俗话报》，该报的第一期即由科学图书社出版发行。武昌炮响以后，陈独秀应邀做了安徽都督柏文蔚的秘书长。有一次，他对汪孟邹说："我来和烈武（柏文蔚）说，要他帮一点忙，你还是到上海去开一个书店的好。"1913年，亚东图书馆就在上海诞生了。从此以后，亚东图书馆成了陈独秀最关心的具有出版性质的书社，从此他的书稿付梓与亚东图书馆总有着直接或间接的联系，这种不解之缘已经维持了20多个春秋了。

他在信中告诉高语罕："自传稍迟即可动手"，但他又谨慎地嘱咐道："曹（聚仁）为人尚诚实，惟不知该公司可靠否？望托人打听一下。"3月14日，他在致高语罕的信中又说："自传尚未动手，此时是否急于向人交涉出版？倘与长沙老友（即汪孟邹）一谈，只要他肯即时付印，别的条件都不重要。"

在这种心境下，陈独秀与群益公司的合作已是难有结果的了。在当局禁书的浪潮越卷越高的非常时期，与亚东图书馆的合作也没太大的希望了。

更甚的是，法院审理的日期也在一天天逼近，谁都明白，如果将一个即将走上法庭的"政治要犯"的书稿付梓上架会有什么样的后果。

陈独秀应付着法庭的审判也异常疲惫，三审结束，他不服有期徒刑十年的判决，愤而举文上诉，被驳回诉状后，他决定上诉再抗辩，但最终仍以改判八年而结束。

胡适督促写自传的原因正如他所说："深深的感觉中国最缺乏传记的文学"，那么，对写自传的目的与要求也只能统一于"文学性"了。这种要求对此时情绪下的陈独秀无疑是苛刻的。思维中文学的因子已经被苦恼与枯燥排挤殆尽，写自传的计划越来越远直至消逝在理想的尽头。冰冷残酷的现实世界使他对"文学"顿生了厌恶的逆反心理，这种心理与它对立的势力在顽强地抗拒着。他已经很被动于写文章，读书之于他也成了抗躁的寻常方式。他的精神世界里再也难以生产出文学作品来，因为"生活中太没有文学趣味了！"

1933年10月13日，陈独秀致函汪原放，他在表述了对"文学"趣味的低落之后，对写自传作了消极的交代："你可以告诉适之，他在他的《自述》中望我写自传，一时恐怕不能如他的希望。"① 就这样，陈独秀在孤愤中沉入到枯燥的文字学研究中去了。

时光匆匆，三年过去了，就在日本全面侵华之时，陈独秀才开始着笔写自传。1937年7月上旬，与汪孟邹时有交往的陶亢德，从汪处得知陈独秀写自传计划尚未完成时，他兴致很高，要立即与陈独秀取得联系。汪孟邹也顺水推舟落得人情，于是给陈独秀写信先告知此事，此后陶亢德也几次致函狱中，希望他能够与自己合作，并提出了关于自传写作在起止时间上的要求。

接到《宇宙风》杂志社主编陶亢德的信时，已被他所寄予希望的托派开除后的陈独秀依然对文学不感兴趣，对写自传仍旧表现得十分平淡甚至被动。他在7月8日给陶亢德的回信中说道：

"许多朋友督促我写自传也久矣，只以未能全部出版，至今延未动手。前次尊函命写自传之一章，拟择其一节以应命。今尊函希望多写一点，到五四运动止，则范围扩大矣，今拟正正经经写一本自传，从起首至'五四'前后，内容能够出版为止，先生认为然否？以材料是否缺乏或内容有无窒碍，究竟能写至何时，能有若干字，此时尚难确定。"②

这是陈独秀在狱中给陶亢德的第一封信，信的每页纸上都盖有"江苏第一

---

① 汪原放：《回忆亚东图书馆》，学林出版社，1983年11月第1版，第163、165页。
② 陶亢德：《关于〈实庵自传〉》，《古今》第8期，1942年10月1日出版。

监狱第二科发受书信查讫"的蓝色印章,狱中的监察依然是如此严格。

炮声,荒乱中的狱所倒显出异常的平静,陈独秀伏在静静的书桌上,奋笔疾书,回顾着早期的生活。一月未满,他便完成了两章。7月30日,他便写信通知陶亢德,所成之文,第一章"拟为'没有父亲的孩子',第二章拟为'由选学妖孽到康梁派'"。似乎是一种暗示,他没有拟出第三章的标题是什么,而他的自传,因不久的出狱而最终定格在这里。其实他已料想,自传的命运与自己的命运一样,将随着获得自由而有着不可预测的变化了。

8月中旬,陈独秀以名号为题目的《实庵自传》的前两章便在弥漫的炮火中从南京寄到了上海。

《实庵自传》手稿的到来,令《宇宙风》十分振奋,他们便大加广告宣传,誉称自传为"传记文学之瑰宝"。在编者按语中对传文及著者作了一番憧憬与礼赞:"陈独秀先生除为本刊写自传(第五十期起登)外,还俯允经常撰文,可望每期都有。陈先生是文化导师,文坛名宿,搁笔久矣,现蒙为本刊撰文,实不特本刊之幸也。"然而,他们没有料到,这是陈独秀第一次寄稿,也是最后一次为《宇宙风》撰写自传稿了,"经常撰文"、"每期都有"却成了一种自愧而遗憾的理想。

自传在发表时,第二章"由选学妖孽到康梁派"改作了"江南乡试",内容除个别文字外没有太大的增删编改。自传的第一章起首几段,其实是该传的序言,他以平实的语词表明了书写自传的立意及方式:

> 休谟的自传开口便说:"一个人写自己的生平时,如果说的太多了,总是免不了虚荣的,所以我的自传要力求简短,人们或者认为我自己之擅写自己的生平,那正是一种虚荣;不过这篇叙述文字所包含的东西,除了关于我自己著作的记载而外,很少有别的,我的一生也差不多是消耗在文字生涯中,至于我大部分著作之初步成功,也并不足为虚荣的对象。"几年以来,许多朋友极力劝我写自传,我迟迟不写者,并不是为了避免什么虚荣;现在开始写一点,也不是因为什么虚荣;休谟的一生差不多是消耗在文字生涯中,我的一生差不多是消耗在政治生涯中,至于我大部分政治

生涯之失败，也并不足为虚荣的对象。我现在写这本自传，关于我个人的事，打算照休谟的话"力求简短"，主要的是把我一生所见所闻的政治及社会思想之变动，尽我所记忆的描写出来，作为现代青年一种活的经验，不力求简短，也不滥钞不大有生气的政治经济材料，以夸张篇幅。

　　写自传的人，照例都从幼年时代说起，可我幼年时代的事，几乎完全记忆不清了。佛兰克林的自传一开始便说："我向来喜欢收集先人一切琐碎的遗事，你们当能忆及和我同住英格兰时，遍访亲戚故旧，我之长途跋涉，目的正在此。"我现在不能够这样做，也不愿意这样做，只略略写出在幼年时代印象较深的几件事而已。①

文章接下来便切入了正题，开始了对家庭及少年时代生活环境的叙述，更多的则是对自己所受教育及对其所产生的厌烦心理的表露；第二章则以犀利诙谐的语言揭露与讽刺了科举制度的深重危害：

　　……有一件事给我的印象最深：考头场时，看见一位徐州的大胖子，一条大辫子盘在头顶上，全身一丝不挂，脚踏一双破鞋，手里捧着试卷，在如火的长巷中走来走去，走着走着，上下大小脑袋左右摇晃着，拖长着怪声念他那得意的文章，念到最得意，用力把大腿一拍，翘起大拇指叫道："好！今科必中！"
　　这位"今科必中"的先生，使我看呆了一两个钟头。在这一两个钟头当中，我并非尽看他，乃是由他联想到所有考生的怪现状；由那些怪现状联想到这班动物得了志，国家和人民要如何遭殃；因此又联想到所谓抡才大典，简直是隔几年把这班猴子狗熊搬出来开一次动物展览会；因此又联想到国家一切制度，恐怕都有如此这般的毛病；因此最后感觉到梁启超那班人们在《时务报》上说的话是有些道理呀！这便是我由选学妖孽转变到康梁派之最大动机。一两个钟头的冥想，决定了我个人往后十几年的行动。……

---

① 原载1938年3月广州亚东图书馆出版的单行本。

他在黄昏中开始从生命的朝晨回忆，他的命运与国家及这个多难的民族紧密联结着，他不断地吸收又不断地反叛，内在的标度便是属于这个民族一分子应有的责任心。为了革命理想，为了"虽九死而未悔"的主义，他抛身弃家而徒增"飘飘何所似，天地一沙鸥"的凄凉慨叹。延年、乔年这两个爱子，已在反革命的枪声中倒下了，晚年的天伦之福也变成为革命奉献的代价。

1936年12月12日，蒋介石到西安督促张学良、杨虎城二将军致力"剿共"，以期尽快实现"安内"大业。不料却遭到二人的劝谏直至"兵谏"，阵前倒戈，兵变扣押，成了俘虏。"西安事变"的消息迅及传遍了全国，南京监狱在押者喜形于色，一片欢声雷动。

"风声鹤唳，草木皆兵"，南京监狱当局奉命立即戒严，两挺机枪架在了中央岗亭上，枪口正对着各监房的出口看守长登上岗亭大声训话，声言有再叫嚷者，拖出去枪毙。但监房里的人不顾这些威吓，依然在谈论着蒋介石的生死。

陈独秀内心也十分高兴，这该不是一件小事情，或许，身处之境会因此而改变呢！忘身于兴奋中的人，总有着因此种剧烈震动而憧憬出狱的希望。"怜子如何不丈夫"，延年、乔年的死，曾使这位严父几日未食，如今，陈独秀脸上洋溢着节日的光彩，他托人打了一些酒，买了些菜，准备庆祝一番。他叫来了同狱照顾他的罗世凡和濮德治同饮同贺，他边分置酒具边说："我生平滴酒不沾，今日为国仇家恨，我要痛饮一杯。"

他先斟满一杯，高举齐眉，肃然言道："大革命以来，为共产革命而牺牲的烈士，请受奠一杯，你们的深仇大恨有人给报了。"他将酒奠酹在地上，低首敛眉，表情甚哀，少顷，已是泪光闪闪。

他又斟满了第二杯，尚未举起，已经泣不成声："延年啦乔年，为父的为你俩酹此一杯！"他悲情呜咽，老泪纵横，痛哭失声。他大笑过、大怒过，很难有人见他恸哭失态，二人无不为之动容并努力劝慰，濮德治与罗世凡劝说道："何必如此动感情呢？何况此事还在初始阶段，如何发展，尚难预料，我们不要空欢喜一场又白伤心一阵呀！"

陈独秀许久止住悲痛说："人非草木，孰能无情。我看蒋介石这个独夫，此次难逃活命。东方国家的军事政变，很少不杀人的。"说完，他又兴奋地开始劝酒。

但是，他们的这种喜悦很快便被一阵鞭炮声给震得烟消云散了。

十几天后，陈独秀等在深夜被爆竹声惊醒，南京城一夜炮声未息。这令狱中的人都非常诧异，此时未到春节，即使到了春节，也没有放过这样多的爆竹。第二天起来方知，蒋介石已被放回南京了。

所有服刑的人一阵惘然，特别是为此而庆祝过的陈独秀、濮德治、罗世凡三人，更多了一分尴尬。

这真是一番戏剧性的变化。对于没有心理准备的陈独秀着实是一个沉重的打击，这种打击使他几乎有些颓唐了。

"看起来蒋介石的统治，是相当稳固的，不像我们分析的那样脆弱。"陈独秀幽幽地说。

"根据何在？"濮德治与罗世凡问。

"从爆竹声中可以听出，他有群众基础。"

"唉！爆竹是警察下命令放的嘛！"濮德治不屑一顾地说。

陈独秀分析说："下命令放的，最多只能放个把小时，昨天放了一夜，能说是命令的作用吗？我看南京的人民，是相当拥护他的。"

罗世凡二人劝他道："不要凭感想分析了。"

听到这半教训半嘲讽的话，他顿时气从心起："只要不是瞎子聋子，都能认识到这一点。"

"只要不是儿童，也不会做这样幼稚的分析。"二人与他争起嘴来。

"你们才幼稚得不可理喻！"

"你是老而幼稚！"

陈独秀说："你们以为蒋介石一吹就倒吗？你们会走到无知盲动的地步。"

"你以为蒋介石能一辈子称帝称王吗？你会走上机会主义的老路。"濮德治简直是反唇相讥。

陈独秀最敏感于别人给自己扣上"机会主义"的帽子，他一敲桌子朗声怒道："你们真是无知、幼稚、没有进步、不堪造就！"

舌战在不断升级,此时外面传来了看守的咳嗽声。

大家都不再说话,此争论若传到典狱长那里,难免又是一场麻烦,余下的争论只有留待事实去评判了。

2."金粉泪"洒为哪般?

南京的模范监狱似一座孤岛,戒备森严令人少有问津,但监狱中陈独秀的狱所,却因它主人的朋友特别是高层政要人员的造访,而经临着八面来风。

国难当头,胡马声声,而盘踞在南京这块土地上的统治者却是"暖风熏得游人醉,只把杭州作汴州"。国民党的达官贵人们对渐近的炮声视而不见、充耳不闻,偶有所感,只当作助兴的爆竹,直把那金歌唱遍,曼舞览尽。

南京,这座旧时被称为"六朝金粉"的繁华古都,成了国民党政府的首都。但这里的浮华侈靡之气感染给这班达官贵人的不是阳刚而是阴柔。

铁蹄入关,饿殍遍野,赤地千里。人民水深火热、血和泪流;歌舞升平、金迷纸醉。这不仅仅是一种对比,更是残酷的反差!

蒙冤服刑于南京监狱的陈独秀,从报刊及朋友来访的言论中获知这些人间丑态与罪恶,感慨万端,率而命笔,留下了满纸愤怒,一篇篇辛辣与讥讽、嬉笑怒骂皆成诗。这组诗作,铅华洗尽,全无粉饰,不以文学性示人,尽为直抒胸臆的随感之录。集结篇什,共56首诗末署"所谓民国二十三年书",表达了对有其名而无其实的假民国的否定。

抗日的烽火映照着狱中的陈独秀,他谛听着民族的生息,歌以忧怀,歌以抒愤,歌以咏志:

放弃燕云战马豪,胡儿醉梦倚天骄。
此身犹未成衰骨,梦里寒霜夜渡辽。①

飞机轰炸名城堕,将士欢呼百姓愁。

---

① 《陈独秀遗诗辑存》,《安徽师大学报》哲学版,1989年第4期。

> 虏马临江却沉寂，天朝不战示怀柔。
>
> 长城以外非国土，万里黄河惨澹流。
> 还有长江天堑在，贵人高枕永无忧。
>
> 苏马幽居蒋蔡逃，胡儿拍手汉号啕。
> 儿皇忠悃应无失，毋事皇军汗马劳。

五代十国时期，面对强敌的入侵，石敬瑭不惜割让燕、云十六州给契丹国，俯首称臣、苟安朝政，做了乖依乖顺的"儿皇帝"。历史似在重演，日寇在国民党政府不抵抗政策下占领了东北，并建立了伪"满洲国"后，又于1933年占领热河，向绥东、察北、冀东进犯，华北危在旦夕，民族亡祸当头。蒋介石以"攘外必先安内"之政策，"虏马临江"却避而不战。对日帝百般屈从，相继签订了丧权卖国的《塘沽协定》《何梅协定》，与"儿皇帝"何异！南宋爱国诗人、力主收复失地的陆放翁，"僵卧孤村不自哀"，"铁马冰河入梦来"。如今，这与自己囚卧狱所的情形何其相似！以未老之心、未衰之骨投入抗日也是自己梦中的渴望。

国民党对于抗战，或避让，却装出与抗战共存亡的面孔来。1933年，国民党代理行政院院长宋子文在告热河将士书中说："诸君打到哪里，子文跟到哪里，诸君打到天上，子文跟到天上，诸君打到海里，子文跟到海里。"或败逃，连失国土，却仍恬不知耻，粉饰太平，假作尊严。1932年"一·二八"淞沪抗战第三天即1月30日，国民政府惊慌失措，仓皇迁都洛阳。《淞沪协定》签订后才敢回到南京，但一路上仍是尽显威福的八面威风，陈立夫还将国民党比作治国的先贤周公和伊尹。陈独秀对此写道：

> 两载匆匆亡四省，三民赫赫壮千秋。
> 中华终有新生命，海底弘开纪念周。

健儿委弃在疆场，万姓流离半死伤。
未战先逃恬不耻，回銮盛典大铺张。

虏氏夺地数千里，使节依然笑语迎。
无力复仇应抱恨，如何握手进香苹。

专制难期政令宽，每因功业震人寰。
未闻辱国儿皇帝，亦欲伊周一例看。

国危至此，国民党为维护统治，于1934年2月在国内实行"新生活运动"，宣称"国民军事化"，要以"礼义廉耻"为生活准则；还规定每年8月27日孔子诞辰为国定纪念日，主张复古，尊孔读经，塑造顺民，"新文化运动"时期曾被大加挞伐的封建礼教又死灰复燃，卷土重来。侵略的炮火连天，而国民党高级党政要员褚民谊等还在南京春游并组织大放风筝。国民党欲筹100万元修复孔庙作祀孔基金，一些军政要员还用请神预卜吉凶的迷信进行决策，戴传贤在北京雍和宫举行"时轮金刚法会"，邀请班禅主坛念经。1942年4月，国民党要人及一些社会名流在报上刊出大幅《启建时轮金刚法会启事》，将定期在杭州灵隐寺举行法会，"切望十方善信如期到会恭候大法"，听法修行。陈独秀闻此愤而写道：

要人玩耍新生活，贪吏难招死国魂。
家国兴亡都不管，满城争看放风筝。

经正民兴礼教尊，救之端赖旧文明。
投壶雅集孙联帅，不愧先知先觉人。

四方烽火入边城，修庙扶乩更念经。
国削民奴皆细事，首宜复古正人心。

> 人以一正般般古,四裔夷酋自罢兵。
> 中国圣人长训政,紫金山色万年青。
>
> 德赛自来同命运,圣功王道怎分开。
> 忏除犯上无君罪,齐到金刚法会来。

国民政府以"礼义廉耻"规教国民,殊不知他们正是一班丧失人格、寡廉鲜耻之徒,国民党中央委员邵元冲,因事挨了蒋介石的耳光,回到家中与妻子张默君相诉,夫妻商议为保官位,先忍气吞声。陈独秀由此讥讽道:

> 批颊何颜见妇人,妇人忍辱重黄金。
> 高官我做他何恤,廉耻声声教国民。

国民党官员"满口仁义道德,一副吃人本相",道貌岸然却腐败无治。实业部部长陈公博以使进与发展生产为名,偷卖农场与生产机器,中饱私囊;早年跛足人称"张跷子"的张人杰(静江)1926年曾在广州一度任国民党主席。在南京政府分赃时,因没有争到监察院长的位置而怒气大发;国民党元老李石曾、吴敬恒(稚晖)、张人杰三人合伙故宫盗宝,拆偷王冠,300箱宝物亦被运往南方,成了名副其实的仓中硕鼠。另外,任法国庚款委员的李石曾以公款为伶妓千金一掷,"以10万元赠程砚秋出洋";孙科在任铁道部部长时,贪污公款300万元,铁道部也成了国民党行政院院长汪精卫的私人钱庄和腰中荷包;在鸦片问题上,国民党明禁暗销,而如中央政治会议秘书长陈布雷等高级官员却毒瘾缠身……一班营营苟苟、鸡鸣狗盗、追腥逐臭之徒,大谈"礼义廉耻",未尝不是一种绝妙的讽刺!陈独秀为这般腐败之气提笔写道:

> 低头分取一杯羹,实业宣传花样新。
> 机器农场偷卖尽,增加生产厚民生。

分肥不及暗生嗔，蹩脚先生老气横。
唯一辉煌新建设，前朝灯火万家明。

贪夫济济盈朝右，英俊凋残国脉衰。
孕妇婴儿甘并命，血腥吹满雨花台。

故宫春色悄然去，无饰王冠只一端。
南下明珠三百箧，满朝元老面团团。

拳乱偿金万民血，故宫玉器尽连城。
要人垄断伶人喜，一掷缠头十万金。

十三万万债台高，破产惊呼路政糟。
太子叨光三百万，宗臣外府大荷包。

鸦片专营陆海军，明严烟禁暗销行。
州官放火寻常事，巢县新焚八大村。

严惩鸦片不容情，高坐唐皇国法尊。
为免欠呻频掩袖，好将烟泡暗中吞。

可是，色厉内荏的统治者还建立了特务机构体系，横行法律之外，大肆暗杀，并大兴文字狱，控制言论，实行党锢。陈独秀对此更是无比愤恨：

感恩党国诚宽大，并未焚书只禁书。
民国也兴文字狱，共和一命早呜呼。

法外有法党中党，继美沙俄黑百人。

囚捕无须烦警吏，杀人如草不闻声。

　　垣墙属耳党先生，士气消沉官运亨。
　　闭户闭心兼闭口，莫伤亡国且偷生。

在治国方面，苛税、兵匪、募捐……采取愚蒙与高压的两面手法，直搞得万民疲弊、白骨露野、赤地千里。陈独秀对此亦不客气，以犀利的笔锋指向了统治者贪婪、凶残、欺骗的本性，并迸涌出了对苦难生民的同情：

　　庶人议政干刑典，民气消沉受品弹。
　　莫道官家难说话，本来百姓做人难。

　　兵车方过忍朝饥，租吏追呼乌夜啼。
　　壮者逃亡老者泣，将军救国要飞机。

　　民智民权是祸胎，防微只有倒车开。
　　赢家万世为皇帝，全仗愚民二字来。

　　虎狼百万昼横行，兴复农村气象新。
　　吸尽苛捐三百种，贫民血肉有黄金。

　　严刑重典事唐皇，炮烙凌迟亦大方。
　　暴虐秦皇绝千古，未闻博浪狙张良。

　　苛捐榨尽民间血，百业凋残袖手看。
　　商贾不知遗教美，但愁歇业忍饥寒。

　　观瞻对外苦周旋，索名难延建设捐。

白发媪翁双跪泣，乞留敝絮过冬天。

委员提款联翩至，心软州官挂印逃。
入室无人拘妇去，婴儿索乳苦哀号。

"九一八"事变后，学生抗日救国运动日渐高涨，国民党当局穷于应付，这时，胡适等却提出"读书救国"论，欲禁锢学生于书斋。陈独秀对其也给予了毫不留情的讽刺：

士气嚣张应付难，读书救国最平安。
埋头学得胡儿语，好待荣膺甲必丹①。

在政权上，国民党实行家天下，形成了"四大家族"。宋子文、孔祥熙相继为中华民国财政部部长，控制着全国的经济命脉。"选拔人才"不过是有着任人唯亲之实的骗局而已：

一门亲贵人称羡，宋玉高唐结主欢。
几见司农轻授受，乃知裙带胜衣冠。

皇皇大典枉抡才，官运高低靠后台。
封锁未成民已苦，七分政治费疑猜。

不为稻粱之谋，不为哗众取宠，民族的危机已不容河山于胸的爱国者与革命者只发出个人失意的呻吟。对民族战况、军政大事、要人隐私、生民疾苦的灵敏感知，却"意外"地属于一个失去自由的老人，他深知这些诗作不能发表，也不可能发表，甚至于会成为"辱骂党国"的罪证。但为抒国愤，为留"史记"，他已蓄留不住心中复燃的当年那"冲决一切之罗网"的激情。民族的屈辱、反动

---

① 甲必丹：Captain 的音译，意为船长，指升做买办官员。

的统治、腐败的党风、哀号的饥民，使每个良心未泯的知识分子都无法保持沉默，对社会现实鞭辟入里的解剖，并不因自由与否而受到限制。

世事茫茫，自省乃沧海一粟，在这一派亡国气象中，清醒者方有几人？所幸自己身处艰难之中，不曾与那班丑恶之徒同流合污，依然是一个洁身自好的白发书生。这是一种自我安慰，又是一种顾影自怜。于是他怀着极其复杂的心情为这组诗作结：

> 自来亡国多妖孽，一世兴衰过眼明。
> 幸有艰难能炼骨，依然白发老书生。

从"梦里寒霜夜渡辽"的将军气概到"依然白发老书生"的理性自视，表现得只能是个性的韧力，从"未成衰骨"到"炼骨"，两首仅有的自我剖白，却是"骨气逼人"。以我感为始，又以我感为终，从豪情万丈到寒梅独放的孤清，这未尝不是一个忠贞的爱国者，在心盛力衰的主观与客观的冲突中暗潜的心理脉线。

一个不见容于社会的孤独者，一声声沉重的空谷足音，一阵阵孤愤的慨叹，一个各种政治势力公共的反对派。

而当他寄希望于重树与各种政治势力都不合作的中国托派时，他又成了新的被抛弃者。就在他孤愤地写着《金粉泪》的这年，托派临时中央正在努力制造着"肃清陈独秀派"的热闹气氛。

似乎是陷于十面埋伏之中而不得突破口径，他孤独着，也在激愤着。

由一个新诗的提倡者再度回归古诗的造境，陈独秀的心态变化由此可以窥见一斑。

3．为托派纷争而失信心？

1932年深秋的搜捕，似一阵飓风吹散了中国托派的梦幻，陈独秀等的被捕对这个创伤未愈的组织无疑是雪上加霜。重整组织，成了托派成员的当务之急，也是他们共同的心声。狱中的陈独秀等自身未卜，此时为应付审判已无暇顾及了。

1933年10月下旬，上海托派成员分别由上海沪东、沪西、沪南三个托派区委书记寒君、高恒、屠仰之组织举行了紧急会议。会议推选刘伯庄、刘仁静、陈岱青、严灵峰、陈其昌以及三个原区委书记为"中国共产党左派反对派上海临时委员会"，其中，刘仁静任书记，担负托派组织的领导工作。

狱外的组织举动令陈独秀又有了一丝欣慰与焦灼，身陷囹圄，前路未卜，革命组织的重建对他无疑是一种莫大的吸引力。尚存的革命者并未因他们的被捕而溃散，这并非不昭示着一种希望。

革命的工作不会到狱中开展，自己也不能即得自由，那么，力求参与组织活动的陈独秀寻找一个狱中狱外的联络便成了必然。

陈独秀搜索记忆，他觉得托派成员郑超麟的妻子刘静贞是最佳人选。刘静贞胆大心细、反应敏捷、处事干练，最宜做交通。但她在南京的食宿却成了难题，因为南京距上海甚远，许多事情都将因空间距离的阻碍而徒增诸多不便。

10月底，陈独秀被押解到南京后，刘梦符的入狱探望令他非常振奋，他知道，问题的迎刃而解就在此人了。刘梦符是妻子高君曼的好友及同乡，他当时就居住在南京中华门。于是陈独秀便与刘梦符商量，得到他的同意后，就立即写了一封信给刘静贞（此时刘静贞为隐藏身份已化名吴静如），告诉她在去南京军人监狱中探望丈夫郑超麟时住到刘梦符家，并随他一起来南京老虎桥监狱探视自己。信由刘梦符告别后转交给吴静如。

是年冬，吴静如按照陈独秀信中的嘱咐，来到了模范监狱探望。从此以后，吴静如便接受了陈独秀要她做交通的委派，使他建立了与其他托派尤其是上海托派领导机关的联系，有时一两个月一次，传进上海托派临委的文件、刊物和书信，带出陈独秀的文章、意见和书信。狱中进出的检查时紧时松，检查严格时，她便将陈独秀或临委所交之物隐藏在月经带中逃过检查。

联系是建立起来了，当陈独秀以极大的热情为组织贡献良谋时，却遭受了新组建的托派临委迎头泼来的一盆冷水。

12月31日，上海托派临委向托派各区委、各支部及陈独秀等狱中的托派成员发出了一本油印小册子——《反对派政治问题争论提纲》，该《提纲》归纳了陈独秀、刘仁静、陈岱青、严灵峰等人在民主主义、国民会议、与资产阶级在倒蒋问题上"共同行动"等几方面的分歧观点，并要求在托派内部迅速展开讨论，使反对派在斗争中更趋成熟。

讨论意见无疑是统一思想正常的政治活动，但是狱中的陈独秀已预感到，刚刚恢复组织即展开争论，未免选错了时机，由此而引发的分裂便不会远了。

讨论成了争吵，托派组织的委员们均以"马克思"自认，欲以一己思想统一他人，彼此相争不休，自乱阵脚，更别谈开展工作了。"剪不断，理还乱"，混乱了几个月后，托派组织不得已重新改组，刘仁静、陈岱青退出，由任曙接任书记。

但是缺乏民主作风的任曙，于1933年9月擅自招来广东、北平的代表举行"全国紧急会议"，补选了几个外省的委员，解散了上海各区委，成立"上海市委"，并将上海临委改为"全国临委"，妄图以此表明托派组织的发展景象。任曙此举遭到了陈其昌等人的强烈反对，一番互相掣肘之后，托派工作又陷于瘫痪。任曙无法左右局面，便相约了几个人到北平做大学教授去了。

新的改组又开始了，蒋振东与李平等人加入，由刘伯庄任书记。但到了10月，"临委"又因"工作无计划"而不得不再次改组，成立了由陈其昌、蒋振东、赵济三人组成的"临委"，托派领导核心才稍稍稳固下来，但这个三人小组又从不开会，工作实际上由陈其昌一人主持，活动更是无从开展。

组织在游戏一般无休止地变更着，这使陈独秀非常焦虑与痛心，但法庭审理日期的迫近，似乎使他足以放却一切思想。直到审判的"骗局"尘埃落定之后，他才于1933年9月29日开始向托派组织写信。

1933年3月8日，上海托派临委通过了《目前形势与我们的任务》，认识到自己"长期间学究的讨论，与组织的涣散，领导机关三次受破坏领袖的被捕，民族和民主斗争的策略和路线不能深入群众，重要在斗争中得到切实的运用"，由此决定当前最基本的任务仍是"集中一切力量去领导和发展民族和民主斗争"，并提出了"打倒国民党和召集全权的国民会议"，同时又要求改变中共"在中国之破产的领导"。

《目前的形势与我们的任务》似隆隆春雷从上海滚来，陈独秀从组织自我客观的认知上感受到了光明和希望。

民族和民主斗争是他从未冷却过的激情，争取民族的独立与解放，建立一个民主的世界，这是他未曾改变的强韧心力。"打倒国民党建立全权的国民会议"，这是多么熟悉的声音啊！在这政治的脉跳中，他又感受到了建构崭新世界的激越豪情。这个深沉的民族主义者与执著的民主主义者在听到组织熟悉的令他倍感温馨的宣言，不觉又一阵阵地兴奋起来。

他渴望与组织尽快建立联系，这个组织寄托着他的希望，以垂暮之躯，这或许是自己一生中理想的最后寄托之所了。他欲写信给上海托派组织，但他最终一封信也未写出，他的思维已在忙碌着应付即将到来的法庭审判了。

庭审判决后，陈独秀一度陷入孤愤、彷徨、苦闷之中。他最初的打算就是做一个狱中的书生。于是，他便多次致函上海亚东图书馆的汪原放，托其给自己寻找各类书籍以度狱中岁月。"政治"一词一时成了他心中不置可否的名词，他欲以沉寂来洗去潜心政治的创伤。

或许是时光淡化的作用，两个半月后，陈独秀终于忍耐不住内心的寂寞，于9月29日写信给托派"临委"，诚尽良言，同时，并代"临委"起草了《目前的形势与反对派的任务》的指导性文件。该文件指出，至少在1935年以前，如果世界上几个主要国家无大事变发生，两三年内还只能是"反革命抬头，革命低落的时期"。在此期间，不应提出过高自欺的口号，如"苏维埃"等。主张反对派的力量应集中于国民大会的斗争，并提议在上海即日召集会议，确定关于参加1935年3月国民大会运动的政纲及工作大纲。他满怀憧憬地说："如果我们的工作做得好，使我们相应的脱离散漫、孤立、软弱的现状。"

原本想这一文件能为组织指明一个方向，未曾想却"一石激起千层浪"，一场托派内部思想的大混战在震动中酝酿着，狱中的彭述之及狱外的刘仁静、史朝生等人便开始了与陈独秀的争论。

争论的几个焦点是"民主运动"、"'民众政权'口号"、"国民会议"、"经济复兴"、"帝国主义进攻苏联"问题。舌战在无休止地进行着，愈演愈烈，昔日权威的陈独秀在托派成员的印象中已黯然失色，他们认为这个过去忠实地执行斯大林、共产国际路线的老机会主义，在走投无路时向他们投降了，这种鄙夷的心理使他们在争论中难免掺杂些对人身的攻击，这是陈独秀所深恶痛绝的，这些不知长短轻重的年轻人散漫的争吵真让他气愤难平。

统一思想迫在眉睫，因为陈独秀认为这种状态已使这个组织的"一切工作，特别是内部教育和对外的政治宣传，因为两方面相反的意见相互掣肘而一步也不能进行"。这是一种无谓的内耗，陈独秀觉得危难之间的组织需要自己的参与，几乎是一种责任或使命感使他有着施以遥控的冲动。

陈独秀再也不能容忍这些难有结果的争战。10月8日，他对托派统一后的争论写了一篇《几个争论问题》的总结性短文，希望能一锤定音。在民主运动和国民会议问题上，他认为经济落后的中国，无产者定能通过民主运动走国民会议道路，早于资本主义发达国家的无产阶级取得政权。民主任务已不能由中国资产阶级完成，民主运动已成为无产阶级打击资产阶级的武器。并将仍把民主主义国民会议只看成资产阶级的、只能在反革命时期搞改良运动的彭述之等人批评为"孟什维克"；在"民众政权"口号问题上，他认为"只是在民众运动高涨而还未达到能够提出无产阶级夺取政权的中间斗争环境中一个临时的鼓动口号，不能与无产阶级专政相提并论"。对杜畏之、彭述之"主张只提出国民会议，不说政权"、"民众政权即资产阶级的政权"等观点给予了否定；在"经济复兴"问题上，他否定了刘仁静的无产阶级要担负起革命任务及国家经济必须复兴到接近先进国家程度的观点，认为无论经济状况，哪里有无产阶级运动及有力的同盟军，哪里就有无产阶级革命的可能；在苏联问题上，主张取消"保卫苏联"的口号，因为他认为帝国主义的联合战线已经解体，武装进攻苏联没有可能更没必要。

短文写完后，陈独秀想定了以"雪衣"为笔名，自比身披雪衣的白鹤，自喻有着一尘不染的清白及历经磨难的冷峻。清朝名士恽寿平诗词书画俱佳，曾自称为"雪衣居士"。他卓然不群的个性、独守清白的意旨、执求才儒的心理指向已概括在"雪衣"这一笔名之中了。

统一思想的希望似乎依然渺茫，《几个争论的问题》由吴静如从狱中带出后，在托派中的反应平平，此时连对"文学性"的旨趣都已消失的陈独秀又遭到了清算式的攻击。

11月，刘仁静写信给狱中的陈独秀，对其在入狱前主持托派常委期间的路线及《目前形势和反对派的任务》作了批判。刘仁静翻起了旧账，说陈独秀曾在"一·二八"抗日运动中主张"组织苏维埃"且认为"国民党军队将参加抗日，资产阶级有抗日反蒋可能"，主张"我们应与之共同行动"，以及经济复兴是"纯粹取消派"等是"陷于浪漫主义"，并指责其9月29日的文件又"走到另一极端"，是"短视的经验主义代替过去的浪漫主义"，助长了人民的宪法幻想。

争论中，托派组织的领导核心在不断地分裂着又不断地组合着。任曙弃职而去，后脱离托派投靠了国民党。临委由陈其昌、蒋振东、赵济等人组成。

11月20日，国民党第十九路军将领蔡廷锴、蒋光鼐与国民党内李济深、陈铭枢、章伯钧等反蒋势力，在福州召开了"中国人民临时代表大会"，联合发动了"福建事变"，成立了抗日反蒋的"中华共和国人民革命政府"。"福建事变"的事实使彭述之认为"蒋介石只代表中国的买办阶级，不能代表民族资产阶级"，他连续撰文并提出"反蒋"就是执行"民族民主斗争的主要任务之一"的观点。对此陈独秀认为，如果蒋介石只代表买办阶级，"我们左派反对派的一切根本理论与政策"不是被"从根本上推翻了"吗？12月15日，陈独秀以"雪衣"为笔名撰写了《对于区白两篇文章的批评》，对彭述之关于"福建事变"所提的观点批判为"离开阶级立场和斗争路线"、"是没有血管神经的腐肉"。27日，彭述之又撰写了《我们间的不同意见》托人送达"临委"，叙述了自己与陈独秀、尹宽、刘仁静等人的分歧，并指责陈独秀的观点是"机会主义"。也许是对理想与主义的激情难抑，也许是对"机会主义"一词的敏感与愤怒，陈独秀又写了一篇《对于区白〈我们间的不同意见〉的批评》，将彭述之的"万言书"批评为"一些老生常谈、背诵文件和一些不需要再说的废话"，并表示"不值批评"。

正当争论胶着之际，两位美国人的出现，使得托派内部几人欢喜几人愁。

1934年年初，德国希特勒上台执政，残酷地镇压本国共产党。托洛茨基指责此事件是斯大林共产国际在德国执行机会主义路线的结果，宣布共产国际死亡，提出另行组织托派国际。10日1日，他写成了《苏联和第四国际》，提出建立"第四国际",同时也宣布了"反对派"地位的结束,放弃了将(共产党第三国际)加以改造的希望,必须树立一面全新的旗帜。

此后,受托洛茨基指派的"第四国际"在中国的代表格拉斯(FrankGlass)来到中国并化名李福仁。这位美籍加拿大人曾是美国托派组织"社会主义工党"成员,他曾向王文元表明自己是因职业关系来到中国,因是托派成员,所以要加入中国托派组织。他在中国的公开职业是上海《大美晚报》副总编和《密勒氏评论报》编辑。格拉斯的活动,很快影响了另一位美国记者伊罗生(H.R.Isaac's),使他很快接受了托派的一些观点。

12月,中共中央指示外围报纸《中国论坛》主编伊罗生"写一篇批判左派反对派的文字",特别是反对陈独秀的文章,"他且提供给他一些虚拟的材料"。他"产生了反感",认为这是对自己的诬蔑而拒绝,后渐渐接近刘仁静、陈其昌等托派成员,并对这一组织产生了向往之情,他开始支持中国的托派活动。这位美国记者1933年受共产国际委托,在主编中共中央外围报纸《中国论坛》的同时,参加宋庆龄等领导的"中国民权保障同盟"。他的公开职业是翻译工作,即将中国的小说译成英文寄回美国出版。他还与宋庆龄、蔡元培、鲁迅、史沫特莱等人进行过革命活动。

1934年1月,《中国论坛》被中共中央停止出版,并在《红旗周报》上撰文清算了伊罗生在主编《中国论坛》中的错误,伊罗生将印刷机捐给托派组织后便择居北平,刘仁静担任了他的翻译。5月20日,伊罗生在托派中央理论机关报上发表《为〈中国论坛〉事给中国共产党的信》,公开表示已转向托派。二人组织了北平的刘家良、斯朝生、王耀华、扈焕之等一批青年学生进行托派活动。因难以造成影响,他们便来到上海与格拉斯一起组织了临时领导机关。上海以陈其昌为书记的托派临委接受了格拉斯临委太保守应增加年轻成员的建议,将斯朝生等人调到上海参加"临委"。

争论,如一个又一个的旋涡,将托派卷入了不能自拔的内乱中,令"长于争论"的陈独秀也难以自持。

1934年年初,陈独秀与彭述之在关于"国民会议"的问题上开始了争战。彭述之称陈独秀完全不了解"不断革命论",还说陈是一个"国民会议狂"。陈独秀于1月7日以笔名"雪衣"撰《国民会议与苏维埃》，批评彭述之将二者对立起来，并把革命运动分成"用国民会议口号做反对军事独裁的运动"和"在苏维埃口号之下夺取政权"两个阶段，是对托洛茨基理论的背叛。1月16日，关于"经济复兴"问题他又撰文批判刘仁静"是可耻的机会主义"。并指出了托派面临的三条路，即刘仁静的"经济复兴之路"、彭述之的纯粹"反蒋"之路以及自己提出的以"国民会议夺取政权发展中国民族经济"之路。

1月27日，彭述之撰万言长文猛烈抨击了陈独秀1月7日的文章"除了重复以前的错误与空洞之外，更加上了许多新的错误"，是"用刷子将国民会议刷成最光辉美丽的颜色"。2月3日，刘仁静也撰文抨击陈独秀，反讥其为"无耻的机会主义"。三人之间的争辩难分难解。

2月20日，"临委"通过了"宣委"成员刘仁静起草的《政治决议草案》并作为本组织的行动纲领提交下层讨论。反对陈独秀"国民会议"观点的刘仁静在草案中当然没有提及国民会议问题。4月6日，陈独秀致函临委作了一番提议后，批评草案对国民党准备召集国民会议并颁布宪法这一重要政治问题置之不理。

此时，被托派中央屡加排斥的刘仁静拥两个"国际代表"以自重，企图取得托派临委领导权的青年托派分子在刘仁静、李福仁、伊罗生三人的支持下加入了托派争论，矛头直指陈独秀实质是主持临委工作的陈其昌，因为在其他托派成员看来，陈其昌只不过拥陈独秀以自重。

斯朝生分别于4月12日、4月17日致函陈独秀和以陈其昌为首的托派常委，批评陈独秀被捕后的托派中央组织"几乎溃散"、"极无生气"，是因为临委工作方法不对或工作不力，只依靠上海几个老同志挽救局面，"好像是个保姆或教授"。5月15日，斯朝生以宣委委员身份列席了托派举行的常委会，他提出了《当前推动组织的步骤》[①]，重申了4月12日写给陈独秀信中的主张，要求"建立比较满意的领导机关"。

陈独秀与刘仁静关于"国民会议"与"经济复兴"问题的相互否定依然没个结果，但刘仁静起草的《政治决议草案》却遭到了除陈独秀以外的彭述之、斯朝

---

① 《校内生活》第11期。

生以及沪区委、北平、广东等地托派组织的围攻。5月，迫于压力，托派临委召开扩大会议，决定吸取意见修改"草案"。刘仁静、斯朝生等人提议另外起草一"提纲"，不必修改"草案"，但遭到陈其昌的反对，最后意见分歧难达共识，陈其昌退出"起草"工作。斯朝生、胡文华、王树本等起草了《国际国内形势及我们的任务讨论提纲》，并要求以提纲代替"草案"，又遭临委扩大会议的拒绝。当月，托派北方区委领导刘家良调到上海，任沪西区委书记，与斯朝生、胡文华、王树本等人一起向以陈其昌为主的临委和陈独秀开了炮。刘仁静也于月初撰文发起了陈独秀对"经济复兴"批判的反批判，对陈独秀的结论进行反结论说，自陈独秀建立托派组织以来，其策略"没有一次不错误"。

煮豆燃萁的纷争，看来已不是中国托派中任何一个成员所能结束的了。他知道，统一对一个政党是多么重要，他很自然地想起了第四国际这一总组织，事情至此，自己又身陷囹圄，这或许是解决统一难题的最好选择了。于是他便提笔给托派国际书记局写了一封信：

> 从报纸上见到托洛茨基同志遭受法帝国主义的种种刁难，又见到斯大林主义者的所行所为的如何反动，我感到非常悲痛。斯大林的官僚党制已经摧毁了共产党的活力和精神。他已经把各国共产党的真正领袖代之以他一己的走狗。他在中国所扶植的"领袖们"，甚至还不是他本人的走狗。西方的无产阶级多半不会知道，这些"领袖们"的斗争只是为了要控制党的机关。斯大林在替全世界的资产阶级服务。在苏联，斯大林的个人独裁正在代替无产阶级及其先锋队的专政。所谓"工人国家"与苏维埃政权只有名义上的存在。苏联是被骑在无产阶级背上的小资产阶级所统治着的，它正在为资产阶级的反革命打开门户。帝国主义者如今不再需要拿起武器来反对苏联，他们可以通过斯大林主义者达到这个目的。那个目前只是形式上存在的无产阶级政权，一旦被苏联各种反动势力最后压倒后，不一定要导致特米多的。无论如何，斯大林派会完成它。斯大林的立场与奥国的陶尔斐斯的立场相似。斯大林把十月革命的领袖们交给了西欧资产阶级与流亡在外的白俄政党。我们必须提高警觉。我们不应该仅仅组织一个新党，

还必须反对以为斯大林政制尚能改良的那种幻想。我们必须把"保卫苏联"这个口号代之以"重建十月革命精神的苏联"这个口号。这是我对国际书记局的建议。国民党囚禁了我们许多亲爱的同志,都不能阻遏我们与世界无产阶级联合一致的精神。我们身处在野蛮的地牢之中,唯一足以鼓励我们的乃是世界革命运动的消息。我们给斯大林派伪造虚构的答复乃是阶级斗争。

8月1日,陈其昌撰文批判斯朝生对于整顿组织的意见"实际是捣乱组织的办法,无政府主义的办法,小资产阶级倾向的表现"。① 对于陈其昌的批判,斯朝生反戈一击,说陈其昌整顿组织的办法是"渺小的民族狭隘的官僚主义、宗派主义"。

10月18日,陈其昌撰文批判"提纲""到处都是内容的错误"、"前后矛盾"、"顾此失彼"、"文字技术拙劣"、"不配代替草案"。11月的同日,斯朝生、胡文华、王树本撰文批驳陈其昌对"提纲"的言论是"咬文嚼字和混乱错误",坚持以"提纲"代替"草案"。

托派内部的争战使陈独秀十分痛心,他力挽狂澜于洪流的决心在力不从心的实践中逐渐地黯淡着,狱中老翁的号召力对于那班执狂的年轻人是如此的微弱,微弱得如游丝、如弱柳扶风。那"登高而招,应者云集"的波澜壮阔在托派中一去不复返了,这是思想者最可怕的孤独,其中又常夹杂着对居心叵测的争权者的鄙夷与愤怒,而此时,他才觉得自己是多么需要那"朝夕瞻对,以释消愁"的朋友屏条。

既不愿放弃,又难以驾驭,沉默便成了最好的解决方式。从5月中旬到第二年年初,陈独秀便很少再给托派组织写信撰文,他已忙着书写满纸的《金粉泪》抒发满腔的愤慨了。

"树欲静而风不止"。1934年12月2日,尹宽写信给陈独秀,表达了对托派组织内部的争战状态的厌恶。他认为:"五六年来,反对派尚停滞在小团体的状况中,尚未得着发展",现在"不仅还没有斗争的基础,并且还没有端正方

---

① 陈其昌:《批评朝生同志的组织意见》,《校内生活》第11期。

向，还在议论纷纷，莫衷一是之中"。尤其是"一·二八"事变和"福建事变"中所存的一些幻想破灭后，完全陷于"消极状态"。他在信中表示不愿"加入现实争论的漩涡"，同为目前的争论"实在太浪费了，急待结束"①。他要求陈独秀"放弃那些以单个问题为中心的争论"而以"抗日"、"反战"为中心讨论反对派的政治任务，以便扩大反对派自身的政治影响。

尹宽的意旨，的确是陈独秀的心声，他何尝不想如此？但是，难以"教化"、各怀心思的派中派的撕扯让他也只剩下愤怒了。

以刘家良为首的沪西区委依然在聒噪着，陈其昌又写信进来，详叙了他与斯朝生等人的争论情况。争战的阴云越积越厚，压得人有些窒息，由争论而争吵，由争吵而分裂成了一个逐渐清晰的发展脉络。陈独秀预感到，这种争战之花结出的只能是分裂的恶果。

这种预感在不断地向实感转化着。1935年1月2日，斯朝生、刘家良等人背着陈其昌拟订并发布了《临委紧要通告》，通知各支部在十天内派出一名代表出席"上海代表会议"，并拟订了四个议程：一、制定月前政治路线，以"提纲"为根据，要陈独秀、陈其昌、尹宽等人放弃与资产阶级或小资产阶级上层集团成立"反战"、"倒蒋"等联合战线的主张；二、准备一个新的基本纲领；三、发表筹备成立新党——"中国共产主义同盟"——宣言；四、改组临委。

这无疑明显地放出了分裂的信号。

尹宽的信共鸣了陈独秀深存已久的思想，他觉得有责任去结束组织的这种混乱状况。于是，他在不知1月2日事变的情况下，复函给陈其昌、斯朝生等，以为他们的争论"太琐碎"，并呼吁"停止争论"，所有问题由代表大会解决。陈独秀针对陈其昌与斯朝生等人争论的焦点即是否用"提纲"代替"草案"提出二者"都同样不高明"，尹宽起草的《政治决议案》也"太长"，并且是"陈词滥调"、"毫无生气"。主张"提纲"与"草案"都不用，而"由代大另行起草。我并且现在写了一个草案，贡献于代大"②。并指出："联合战线是两个政治立场根本不同的政治集团在某种政治上一时利害相同的共同行动，并不是谁投降谁，

---

① 《给雪衣同志的信》，托派内部油印小册子。
② 《校内生活》第13期，1935年2月8日出版。

即谁受谁的指导",由此反驳了刘仁静、斯朝生反对一切联合战线的观点。"至于整纪和清党,应该'行之以渐'和'去之太甚',并且必须于代表大会后举行之,目前万不可操切!!!"①这封信的确表达了陈独秀解决矛盾的良苦用心,但事实已到了扬汤不能止沸的地步了。他几乎是一气呵成,以四五个日夜赶制出了《现局势与我们的政治任务决议案草案》,强调"国民会议的口号,正是一切民主运动及其总和","我们目前的任务是在靠紧一切民主斗争","必须有不断的民主的国民会议斗争,才能够推翻国民党政权"。

但是,未等陈独秀的"草案"带到上海,托派组织就对他们下达了最后通牒。

1月13日,托派支部代表七人举行了"上海代表会议",陈其昌、尹宽等人放弃了参与权。会上,斯朝生、胡文华分别作了政治报告和组织报告,获与会者全体通过,并批判陈独秀、陈其昌、尹宽等人对于"联合战线"的观点"乃斯大林派机会主义思想之复活","是资产阶级在无产阶级队伍中的说客",强调必须与之作"无情的斗争"。并决定给他们最后一次机会:"作最后一次的谈话,假如他们重新考虑之后,放弃这种意见,我们是同志,否则,应立即开除出党。"会议还废除了托派的"临委"名称,改为全国领导机关名称"中央委员会"。"中央"由格拉斯等10人组成,其中由刘家良(书记)、斯朝生、胡文华3人组成常委。很显然,新的托派中央已将陈独秀、陈其昌、尹宽等与之异议的人打入了另册而高高挂起。这对于陈其昌等无疑是一场悲惨而滑稽的剧作。

1月15日,独木难支的陈其昌由上海日夜兼程来到了南京,到狱中向陈独秀汇报了斯朝生等人擅自发布《临委紧要通告》和制造分裂的情况。这些已在陈独秀的预料之中,令他惊讶的是这种结果来得如此之快。两人一致认为,这是斯朝生等人盗窃组织权威、夺取领导权,在搞可耻的分裂,而"国际代表"格拉斯则在起着帮凶的作用。

危机已不容坐视。两人商议后决定,只有发表文章对此予以揭露而别无良策。于是陈独秀当即提笔给尹宽、斯朝生等(实际对象是斯朝生)写信说:"一切不乐观的现象殊令我不安!"并责问《通告》中将"我的意见"和"非我的意见"混在一起"是什么用意"。同时强烈呼吁"一切须代大及国际解决!""不宜草率

---

① 《校内生活》第13期,1935年2月8日出版。

决定，尤不可用少数人捣乱后，盗用组织权威来解决政治意见，尤不可采用开除个人这种滑稽手段。"他又旁敲侧击地说："外国同志倘在中国鼓动分裂运动（望你们将我这句话明白告诉他！！！）如果他算是国际代表，最后国际必须负责，分裂运动不是任何人可以任意儿戏的，特此提出警告！"①

在这次事变中直接受到冲击的陈其昌也于三天后发表了《为目前组织纠纷事告全体同志书》，指出斯朝生等人背着他在一周之内制造了《临委紧急通告》是非法的，提出"联合战线"问题是醉翁之意，目的是为了排除异己"取得领导机关"。并声明，对通告及"上海代表大会"及其结果概不负责，并将以自己全部努力免除"无理由的组织的分裂"。他还提出了对当前事态的解决办法：一、坚决反对任何人盗窃组织权威以开除个人来解决政治问题；二、重新召开上海全体代表大会解决纠纷，选举多数同意的领导机关；三、召开全国代表大会解决一切问题；四、政治问题以国际答复作最后决定。

1934年年底，被捕入狱三年多的托派成员王文元出狱，并于次年初来到上海。睹此状况，他十分痛心，于是便写信给托派"常委"斯朝生、刘家良，强烈呼吁"在目前中国这样黑色的氛围中，我们这点快等于零的力量，应该要相当加以珍惜的"。②提出解决不同意见的方法是举行大会全体讨论，并"请国际作最后解决"，在解决前"不要进行组织分裂和制裁"。不久，王文元便回到乡下开始了为期半年的养病。

此时的托派国际无疑是一柄寄托着最后裁决希望的"尚方宝剑"，这也是难以左右局势者无奈的选择。但是这些托派常委们连托派国际对他们也不足以构成震慑，分裂已不可避免。

25日，以刘家良、斯朝生为首的托派中央，给陈独秀写了一封长信，十分系统地列数了他的四大机会主义错误："共同行动"；取消"保卫苏联"及"联合苏联"的口号；仍将红军看作"流寇土匪"；在组织问题上"拉拢调和的中派主义立场"。还批评说，如果这些错误得不到纠正，"则许多机会主义的路线和分子将不断的藉你的'权威'和藉你的这些错误发展起来"。信中还否定了陈独

---

① 《校内生活》第13期。

② 《全体起来，制止无理的分裂组织！！！》，油印小册子，1935年2月6日。

秀解决组织问题的办法，并宣言道："或者纠正错误，或者马上分裂，任何拖延的办法（如'等国际来信'或'召集全国代表大会'来解决），都是有害的形式主义！"①

斯朝生等人的开除活动在紧锣密鼓地进行着。2月4日，托派常委发表《为撤销陈其昌商吉士（尹宽）党籍及要求其他同志表示最后态度事》的通告。通告中说，中央委员会与陈其昌、尹宽作"最后谈话"，二人仍表示"原来的政治主张完全正确的，一点不能更改"。鉴于此，决定将二人"开除"，并要求陈独秀、赵济、蒋振东等人表态。这使陈独秀大为气愤，泼皮似的刁难加到自己头上来了。这又好似揍过人之后，强迫受害者说"无伤不痛"的话，着实令他哭笑不得。

陈独秀当然不会对这班狂妄无知的后生作出任何表态，以往的观点更是难有半点改变。最终，他也被以刘家良、斯朝生为首的托派中央开除了。

这幕闹剧式的悲剧使得陈独秀认为这班无知妄人已无多少可以理会的必要了，只有陈其昌还在被开除后的第二天撰文揭露格拉斯、斯朝生等在"联合战线问题"上是对自己及陈独秀、尹宽等意旨的造谣和歪曲，表述了自己的清白。

此次，历史没有给闹剧准备太多的上演机会，这是一次对中国托派的破坏，在某种意义上又是一种拯救。3月，在上海的刘家良、斯朝生、王耀华、胡文章和格拉斯，在北京的刘仁静、伊罗生先后被捕。原因是一个水电工人中的国民党特务混进了组织。从此，以斯朝生、刘家良为首的托派"中央"不复存在。伊罗生也赶往挪威，将中国托派的活动情况向托洛茨基汇报去了。格拉斯不久被保释后与陈其昌、尹宽等合作，重整中国的托派组织。

争论鼎沸的中国托派组织因再次遭受毁灭性的打击而一度趋于平静，"前途"一词成了一个概念名词。

煮豆燃萁的萧墙之祸给陈独秀留下了无奈的深深叹息，在这为权争丧失理性的厮杀中，无论如何是谈不上理解的。这战争后可怕的平静，让他更有着难以名状的孤清，他打扫着手足相残后的战场，不见了那一副副熟悉的音容笑貌，如同站在深秋中的老人凝望着落叶的飘零。

伊罗生离开中国后径直赶往挪威的奥斯陆找到了托洛茨基，详细地向他

---

① 《校内生活》第13期。

报了中国托派的情况。对于刘仁静所说的"陈独秀的机会主义",托洛茨基表示"绝不相信",并表达了他对陈独秀的信任与支持:"刘仁静可怕地把不同意见夸了大。……我稍稍认识了一下,就已使我相信和陈独秀的分裂是不允许的了。"这位敏锐的观察家"有更多的经验","他能贡献于我们许多好的意见……我们绝对需要留他在第四国际的总委员会中与我们合作"。①狱中的陈独秀在静静地期待着外面的声音,整个上海只剩下20多个反对派的成员,重新崛起的希望只有再进行重组,如不重建核心,托派组织只有在各自为战中逐渐消亡了。于是他便不断地给陈其昌、赵济等人写信,主张由陈其昌、赵济和王文元暂时成立一个三人委员会,着手整理工作。

前番内耗的阴影似乎依旧笼罩在幸存自由的托派成员的心头,最难与他们磨合的便是被保释出狱的格拉斯,这位受刘仁静等蛊惑的"国际代表"亦如迷梦醒来,他也极渴望组织恢复,因为如果中国托派不复存在,那么他这个托派国际与中国托派之间的"联络员"便形同虚设,到此时也就宣告了他在中国使命的终结。

经过一段时间的接触,陈其昌和尹宽与格拉斯达成了谅解,达成了共识,并经常会晤。但是,格拉斯与狱中的陈独秀之间却有着难以分解的疙瘩,他已对一切"毛子"万分厌恶,他连连写信给陈其昌等人,极力阻止他们再与"毛子"合作。似乎是十几年来的经验告诉他,"毛子"在中国革命中所起的作用是负数多于正数。而一般不肖的"二毛子"(王明等),则因有了"毛子"而奴颜婢膝,西崽仆欧一般跟在洋人后面,挟靠山以自重,对本国同志颐指气使、发号施令。大革命失败后的国际诿过,让他仍思之心痛。这种心理的定势使陈独秀一听到"毛子"就万分难受、痛心疾首。前番斯朝生等又拥"国际代表"自重,竟历数其"罪状"并勒令认错,终于通过决议将他"开除党籍",这更令他旧恨重燃,啼笑皆非。

格拉斯数次让陈其昌转达,想到南京与陈独秀拜会并表示和解,被陈独秀多次拒绝。他又托王文元向狱中的陈独秀解释,也收效甚微。

最后,在陈其昌、赵济、王文元等的共同努力下,陈独秀与格拉斯的谅解

---

① 托洛茨基:《关于中国革命问题的谈话》,《中国革命问题》,第331页。

也终于达成。

1935年12月，上海托派代表会议召开，会议选出陈其昌、尹宽、蒋振东、王文元、格拉斯为临时中央委员会，并在北京、香港、山东、广西等地开始整顿或重建组织。

这又是一个新的开端，这又是一次美好的憧憬与振奋，但是，这对于心情渐归恬然平静的陈独秀已激不起什么涟漪，所有能引起他愤慨与激情的，那只有日益加重的民族危机，在他踏出监狱的大门之后，与托派的关系便变得若即若离了，他以疲惫的身心在多种势力的夹缝中开始为民族的危亡奔走、呼喊。

第五章
自由与彷徨

1. 重获自由还是无地自由？

1937年，是见证强权暴力和战争罪恶的不寻常的一年。

"山雨欲来"的风在中国的土地上狂吹着，事变迭连，外患频仍。"一·二八事变"、"伪满洲国"的成立、"长城抗战"、"华北事变"……"黑云压城城欲摧"，中国在日寇残暴的践踏中颤抖着、挣扎着。

1937年上半年，资本主义世界爆发了新的经济危机，为了将危机转嫁代换，日本军国主义者迫不及待地由蚕食鲸吞转变为全面侵略，20世纪的中国空前的灾难便在劫难逃了。

日本陆相杉山元表示"一个月解决中国事变"，三个月灭亡中国。狂想自有他们的依据，他们打算，在华北，两周攻占大同，一个月占领山西全部；在华中，十天占领上海，然后直逼南京，迫使国民党订立城下之盟。如若不成，三周攻陷南京，一个月进逼武汉，然后由广州方面登陆，夺取华南。在狂军的设想中，国民党的首府南京似乎已成了一个剥了皮的香蕉。

南京老虎桥第一模范监狱此时却显得格外的平静，平静得有些反常，似乎忙于战争的人们早已将这个本不愿想到的角落忘却。北平、天津的炮声已敲响了这座特殊营垒中的每一扇窗户。

经历了"西安事变"后那次痛哭流涕的尴尬之后，陈独秀似乎变得更加沉静，沉静得一如这聆听炮火的狱所。

无奈于不自由之身，只有在震撼中努力寻求平静。当他对寄予厚望的托派组织也倍感失望时、当他在各种政治势力造成的壁垒中思想灵魂左冲右击而不得突围时，一个孤独者只有以枯燥来消磨时日了。他"沉迷"在文字学的研究中，伏案作书连篇累牍，似乎并未感受到炮火与世界的不协调。从1月16日到7月1日，他先后在《东方杂志》上发表了《荀子韵表及考释》《实庵字说》一、二、三、四，《老子考略》《实庵字说》五等著作，一个十足的老学者在斗室中蹀躞着，苦吟推究，醉心考证。与此同时，他还在加紧赶写着自传，第一章写就，第二章也将很快被完成。紧张的劳作，著述计划的追迫，的确使他忘记了许多本该忘却的东西。

国难日亟，前途未卜，被称为"中国最敏锐的观察家"的陈独秀自然会被那些不甘迷茫的人记起。一天，国民党教育部政务处处长段锡朋约了北京大学校长蒋梦麟和国民政府监察院监察使杨亮功一起来到了监狱拜望陈独秀。谈得最多的还是时局国势，这是拜访者最主要的心机与需求。谈话即将结束时，段锡朋等表示，将努力与政府周旋，以期早日保释他出狱。陈独秀则沉郁而又不乏幽默地说："我现在虽然是有期徒刑，实际上是无期徒刑。我现在年事已高，那能等期满出狱呢？现在我真不愿出去，那有像这个地方清静安适。"段锡朋又关切地问他是否需要冬季御寒的棉衣，这令他又十分开心："我先后收到送我的皮袍有十四件之多，正苦无法遣送呢。"①

如段锡朋、杨亮功等人一样，远在海外并密切关注着中国势态的托洛茨基也在牵挂着狱中的陈独秀。8月11日和9月3日，托洛茨基在墨西哥考约奥冈寓所与格拉斯谈话，指示并要求中国托派"尽可能注意秘密"，预防"斯大林与

---

① 杨亮功：《早期三十年的教学生活》，台湾传记文学出版社。1980年出版，第18、19页。

蒋介石联盟"在一夜之间被完全消灭的认识，他表示："如果盟约一旦签订，他们将杀死陈独秀，我们一定要为他发起一个运动，你可以发起这个护陈运动。"①托洛茨基认为中共中央依然完全掌握在斯大林的共产国际手里，国民党与中共若产生盟合，则为二者所不容的陈独秀必定会有共而诛之的危险。然而时移势转，托洛茨基的担忧似乎已无必要，但也难责其良苦用心。

狱外狱内对于此时的陈独秀，似乎已无太大的区别。物质生活的艰涩尚能以努力来应付，精神世界的虚匮使他总有些力不从心。走出狱所已不是一种渴望，那种渴望已被狱外的一次次破灭的希望中和而变得平和起来，只有力挽民族危机的冲动犹如夜空一束划过的流星。共产国际、中国共产党、托派国际、中国托派、国民党，这一切此时距他更加遥远，这一切于他似乎都带着一种嘲弄，走出狱所，又能拾取多少令自己醉心的希望？这些曾是政治的合作者，曾经寄托理想与希望的集团，此时只留下些许对他生活施与关怀的朋友了。

1937年7月7日，北平卢沟桥的上空响起了震撼全国的炮声，中国当地驻军第二十九军何基沣旅吉星文团对射击宛平城、炮轰卢沟桥的日军奋起还击，一场全民族的抗战便开始了。

7月29日，北平沦陷。7月30日，天津失守。8月13日，日军大举进攻上海，伺取南京。

南京古城的一切都开始震动起来，惶惶众心已使这座不久前还洋溢着升平气氛的首府顿时显出难以拾掇的杂乱，因为，亟不可待的日军已在进攻上海的第三天使南京的上空也响起了防空警报。

1937年8月15日中午，为尽快使国民党政府屈服，日军派出18架战斗机如飞蝗般地扑向南京，一时间，南京城防空警报骤然大作，惊醒了多少午间的睡梦，一些国民党的高级官员条件反射般地钻入了地下室，那些地面上的建筑和没有地下室掩身的市民只有在巨大的爆炸声中，在烈焰熊熊、火海滔滔中挣扎着、倒毙着。国民党戍守南京的空军部队也驾机升空，与袭京的日机展开了空战。南京城的炮声一直响到了下午五时方渐渐平息，与此同时，南昌、杭州两地也同时被炸。袭京日机被击落6架，国民党军战斗机也重伤一架，但是无

---

① 《中国革命问题》，春燕出版社，1947年版，第336页。

情的炮火已让它所制造的剧痛深深地留在了南京人的记忆里。也正是从这一日起，防空警报便成了每日必听的战争音响。

狱所已难以放下一张平静的书桌了，陈独秀总在炮声或飞机的马达声中放下手中的笔，凝望着外面阴森的天空，听那闪着铁光的飞行物掠过屋顶发出鼓震耳膜的嘶吼。他细心地发现，最初国民党尚有飞机起来拦截，发生了几次空战，可是后来便不见有中国方面的飞机了，日本飞机自由进出于首都的天空，而且一来总是终日不去。炮弹的碎片也常常飞落在狱所的庭院里，重磅炸弹已不时地在这座大建筑的周围爆炸。此时狱中的看守们，如果空袭警报一响，他们便将铁闸加了锁，避入防空壕，狱中的囚徒们自然被交给敌机安排。他们起初尚有一些恐惧，但时间一久倒也习惯了，索性透过铁窗去欣赏敌机的飞行表演和高射炮在天空中绘成的花团。正是从这两种战备的比较中，陈独秀认识到南京政府在这场战争中已居于何种位置。

出于对求生的渴望，南京城中人们的思绪早已被炮火冲击乱了。但陈独秀是幸运的，因为在这让人心绪纷乱的时月里，尚有人深深记起并殷切赶来探望。他就是当时金陵女子大学教授、中文系主任陈钟凡，这位原北京大学的学生穿过层层烟雾来到了狱所，以尽师生之情。狱所遭受袭击的惨状使忠厚朴实的陈钟凡十分伤感，已凸显老弱之态的陈独秀与"五四"时期那位思想界的风采明星判若两人！

回到家中，他心中久久难以平静，为不能对所敬重的老师作出些许努力而深深自责。他决定联合胡适和天津南开大学校长张伯苓等一些名士要人来保释陈独秀出狱。思虑成熟，他便四处奔走与胡适等商量联合保释事宜。此事得到了众人的赞同，并草写了联合保释书，送交国民党当局。自心危危的国民党政府已难以顾及太多，已有心迁都重庆放弃南京的这个政治集团，自然也不愿意将监狱这个包袱溯江而上带到重庆，因为，此时除却飞机、高炮、枪弹不是累赘之外，一切便都变得不太必要了。

"西安事变"于1936年12月12日发生后，到23日，张学良代表东北军，杨虎城代表西北军，宋庆龄、宋子文代表蒋介石，周恩来代表中共中央和红军，进行正式谈判。24日，共同达成了六项协议，其中之一是"释放上海爱国领袖，释放一切政治犯，保证人民的自由权利"。中共中央并派周恩来、董必武、朱德、叶剑英督促南京政府和蒋介石履行六项协议。但是，蒋介石回到南京后并未兑现诺言，他们也深知，释放与国府对立的政治犯，如果被新形势下的中共中央蛊惑了去，岂不是"为渊驱鱼，为丛驱雀"？

如今顺水推舟送人情，南京政府对联合保释表示十分重视，并通过协商之后同意保释。但他们仍不忘尊严，为保释附加了一个前提条件："只要本人具悔过书，立即释放。"这似乎已是国民政府"顺乎民情"、宽大照顾了，但却令陈钟凡等人十分为难，因为这些保释的人中哪一个不知陈独秀的刚烈个性和率真脾性呢？政府的退让决定使他们又不好再说什么，只有怀抱一丝希望如实告诉陈独秀，在众人的劝说下他或许能稍稍迁就。

陈独秀听陈钟凡等转达完国民党政府对让他出狱的要求，顿时怒气冲冲拍案而起说："我宁愿炸死在狱中，实无过可悔！"陈钟凡等努力劝说，陈独秀依然怒气难消，他又郑重声明以后"不要人保"，出狱自然是应该的，是对被侵犯的自由的归还，但若在返还自由上"附有任何条件，皆非所愿"，他要的是无条件出狱。

8月19日上午11时半，敌机又飞临南京城上空，向兵工厂投中了三枚炸弹，轰炸不到一个小时离去。下午六时左右，平静了一下午的南京人都以为天已近黄昏，敌机不会再来了，不料尖厉的警报声使人们刚刚放松的心又是一阵紧缩。霎时，天空中大队的日机飞来，炸弹冰雹一般投落下来，国民党中央军官学校、南京中央大学、考试院等被炸。南京老虎桥监狱这座主要关押政治犯的地方，也成了日机多次命中的目标，数枚炸弹淹没了狱囚们惊恐的喊声和忙乱的敲砸声。

陈独秀徘徊在监房里，视听外面如山洪海啸、雷鸣电闪般炮火及坍塌声，心情更加沉重，他深深地知道，这种生死劫难对于哭喊于炮火中的人们仅仅是一个开端而不是结尾。

一道光亮，紧随着一声巨响，沉思中的陈独秀头上的监房屋顶一阵爆响，扑落而下，他本能地钻到了桌子底下。整个屋顶轰然落地，陈独秀的呼吸里顿时溢满了使人窒息的烟尘味。

炮声渐渐地停了，看守们从防空壕里钻出来，查看被锁在狱中囚徒的伤亡，陈独秀被看守们指派的勤杂人员从废墟中扒了出来，他镇静自若，掸去灰尘，依然幽默风趣地与人谈笑。他的这间被震坍的房屋也即刻被人抢修着。

狱所被炸，所有囚犯的安全已荡然无存。仿佛祸中之福，牢房中的人们似乎多了一层被开释的理由，这于国民政府也实是有了一个下台的阶梯。

汪精卫也在为陈独秀出狱之事忙碌着，这是陈独秀不愿看到的，也是他不能看到的。1927年4月5日与汪精卫共同发表的《汪陈宣言》使他痛犹在心。这个政治骗手每每想起总令他气愤难抑。1934年，他在组诗《金粉泪》中曾写一诗讽刺了毫无骨气的他道："珊珊媚骨吴兴体，书法由来冗性真。不识恩仇识权位，古今如此读书人。"陈独秀最终也无法知道，他的出狱的确包含了汪精卫的努力。就在陈钟凡与胡适等在8月中旬共同商议保释陈独秀之时，胡适就写信给汪精卫，让其设法开释陈独秀。8月19日，汪精卫致函胡适，称"已商蒋先生转司法院设法开释陈独秀先生"。

防空警报从8月20日起每天都在惊扰着人们未深的睡梦，飞机的马达声、爆炸声不绝于耳。

对于陈独秀这样一个举国关注的"政治犯"，如果在监狱中被炸身亡，国民政府定脱不了谋害的嫌疑。在压力与紧张中，南京政府作出了反应。8月21日，国民党政府司法院院长居正，向国民政府主席林森递交了"呈请将陈独秀减刑"的请文[①]：

> 呈为呈诸减刑事，查陈独秀前因危害民国案件，经最高法院于民国二十三年六月三十日终审判决，处有期徒刑八年，在江苏第一监狱执行。该犯入监以来，已逾三载，爱国情殷，深自悔悟，似宜宥其既径，籍策将来。据请钧府依法宣告，将该犯陈独秀原处刑期，哉为执法有期徒刑三年，认示宽大，是否有当，理合呈祈鉴核施行。
>
> 谨呈

[①] 摘于"国民政府司法院"1937年8月21日"呈请将陈独秀减刑"文呈训字第260594号。原件为南京档案馆藏品，墨书缮写。

先驱之死
——陈独秀的晚年岁月

国民政府主席林森

司法院院长

当天,国民政府下发了为陈独秀减刑的指令,称"兹依中华民国训政时期约法第三十八条,宣告将陈独秀原执行之有期徒刑八年减为执行有期徒刑三年,以示宽大,此令"。① 为显示国府的这种足令国人感激涕零的"宽大",他们还决定在报上"明令宣告"这一令自己都感动不已的恩泽。

也就在同一天,司法院向司法行政部发出了释放陈独秀的训令:

令司法行政部部长王用宾

为令饬事,查陈独秀危害民国一案,前饬本院秘书处调取该部卷宗呈阅,兹已经本院呈请国民政府现将该陈独秀原处刑期减为执行有期徒刑三年,以示宽大。现值时局紧迫,仰即转饬先行开释可也。原卷发还。此令。附卷一宗。

从"请文"到"指令"以至到开释的"训令",如此亟须谨慎研讨的要事,如此繁冗复杂的手续,竟然在不到一天就完成了。这里除局势紧张之外,更本真的是他们急于要抛下这个"留之无用、欲罢不能的"尴尬包袱。

次日,国民政府的《中央日报》以"国府明令,陈独秀减刑"刊发了国民党宽大为怀、国难当前不计政治恩怨释放陈独秀的消息,并强调其"爱国情殷,深自悔悟"。这种为免下台尴尬的托词"欲抑先扬"颇具匠心,"爱国情殷"的"捧"与"深自悔悟"的"压"配合得天衣无缝。表面上看来,陈独秀是因"爱国情殷"之"高尚"才产生出了"深自悔悟"之内省。那么,"党""国"一体的国民政府便是令陈独秀"深自悔悟"的对象。如此奥妙的讳隐表述定会令陈独秀默认,"党国"的颜面也由此而保全了,因为这样给人造成的印象是陈独秀已向国民党交上了"悔过书",政府才有释放的举措。一时间,各类报纸竞相转发,刊登这一重要消息。

---

① 国民政府指令第1844号,中国第二历史档案馆藏。

连日来，狱所被炸使陈独秀一直忙于整理从坍塌的屋顶下扒出的书籍、手稿，少妻潘兰珍也陪在一旁忙前忙后。每天都到狱中照顾陈独秀的她在听说监狱被炸的消息后，立即不顾一切地跑来。当看到那间关着陈独秀的狱房屋顶已坍塌时，她一下子惊呆了——老头子完了！泪水顿时夺眶而出。当被扒出的陈独秀洗换完毕走出来时，她简直不敢相信这是真的。看到年轻的妻子潘兰珍泪水盈盈的双眼，陈独秀百感交集，一千多个日日夜夜里，她为自己付出了无数的牵挂与关爱，她以善良的心、勤劳的双手为他营造着幸福，无怨无悔。他深知自己欠她太多了。

潘兰珍听到了关于陈独秀即将出狱的传闻也异常兴奋，因为出狱之后，二人便可自由地生活了。她渴望丈夫出狱，曾多次劝说陈独秀设法出去，陈独秀又怎忍让她失望？监狱被炸后，她决定留在丈夫身边，共赴生死。

8月22日，陈独秀从报纸上也看到了国民党政府关于对他减刑释放的消息，他为即将获得自由而欣慰，但"深自悔悟"一词却深深地刺痛了他。这失实颠倒之词，实是为自我解嘲乱造谣言，本就无罪何来"深自悔悟"！但一看到身边辛苦忙碌的潘兰珍，他又极力忍耐着。

同狱的托派成员濮德治、罗世凡二人闻知消息表示祝贺，并向陈独秀建议对国民政府的措辞应该声明更改，以正民众视听。"爱国情殷"四字，可以默认，"深自悔悟"四字必须言明更正。此时发表更正声明对陈独秀来说较为容易，因为国府对陈独秀减刑释放的消息传出后，各报纸对这一事件的跟踪报道使记者们对他趋之若鹜，他完全可以趁此机会宣扬自己对国民党这一做法的不满，并声明更正，以证清白。但陈独秀的做法却令濮德治、罗世凡二人大惑不解，他拒绝了任何记者的采访。在濮德治的眼里，乖僻的陈独秀一改往日的激励火爆，他沉稳的内心世界或许在酝酿着更得体的举措。

坠落的屋顶、凄厉的警报、山崩般的炮声，使陈独秀感受到了生命的渺弱无定，他又想起了刚刚完成并寄出的两章自传。在7月30日，陈独秀致函《宇宙风》编辑陶亢德，告知前两章自传已经完成。在8月中旬，虽然他觉得收到的希望不大，但还是寄了出去。或许在同样淹没在炮火中的上海，这些稿件不知会在哪一声爆炸声中成为灰烬。再则，在这烽火漫天之际，《宇宙风》能否继续出版、能否再支持下去，恐怕连主编们自己也难以料定。他拿出底稿，重新审理一遍，并准备续写下去。在审查过程中他发现了几个可增改之处，及"考卷"应改成"试卷"。于是他便写信给上海的陶亢德，提出将这几处作以修改。信中透露了"日内即可出去"的消息，目的在于表示出狱后他将尽快完成整部自传。对于国民党政府报道关于减刑释放的消息中言他已"深自悔悟"的话，他对陶亢德说："此间小报乱造谣言，请转告一切朋友勿信。"①

炮声依旧在轰鸣，陈独秀认为，在这纷乱的世界，没有为自己申辩辟谣的必要。他决定以暂时的沉默来隐藏满心的愤怒与不快，但自己的忍耐程度告诉他，自己不会沉默太久，或许将打破这种沉默是出狱后要做的第一件事情。

1937年夏，安庆的气候显示着灾象，倾盆大雨连日狂泻不止，金色的稻田被汪洋吞没。7月初，陈松年焦灼地等来了姗姗来迟的暑假，准备与妻子窦珩光一起动身去南京看望狱中的父亲。这已是四年来的习惯了，每逢学校寒暑假时，他们便打点好了去南京的行装。二十七八岁的陈松年，在家乡安庆黄家狮小学任教六七年了，七年前与窦珩光恋爱结婚。昔日名门望族，如今家道衰微至此，1930年，陈松年的生母高晓岚病故后，照料双目失明的祖母的担子就落在了夫妇二人的身上，一家几口人的生活仅靠陈松年微薄的薪水维持。1932年陈独秀被捕入狱后他便与妻子到南京探望，从此，每年寒暑假期，他们便到狱中给父亲送去一份安慰。记得第一次到狱中探视时，看到父亲衰老而病弱的样子，他禁不住流泪了，久别之忧伤，相见之凄清，亲痛之悲戚，使他难以自已。而父亲却不顾初次相见，像怕别人窥见家丑似的，瞪着眼睛说："没出息！"不知为何，父亲一句话便止住了自己的悲声，这一句话似乎足以使他无地自容。从这一声威严的呵斥里，他感到了父亲的尊严和坚韧的意志力，更有那一声呵斥里包含着的刚性的深沉的爱。

"七七事变"爆发后，日军进逼上海，窥视南京。此时，作为安徽省府所在地的古城安庆，地处长江要冲，居于南京、武汉之间，历来为兵争之地。上海、南京形势日紧，一时间，安庆形势亦骤然紧张，迫于形势，安徽省府又决定搬

---

① 陶亢德：《关于〈实庵自传〉》，《古今》第8期，1942年10月1日出版。该文为纪念"八·一三"五周年所写。

迁至六安，更使安庆人心惶惶。此时失明的祖母身体又老病多发，若夫妇二人离开安庆前往南京，则祖母则无人照顾。南京遭到轰炸的消息传到安庆，陈松年一家更为陈独秀的安危担忧，祖母也一直念叨着这个曾给家庭带来一次次灾难的、让他爱恨交加的继子，她一次次地催促陈松年去南京看个虚实，并让他设法将父亲保释出来。陈松年无奈，只好与妻子商定，留下她照料祖母，并到乡下，托本家堂兄陈遐年帮助照顾家庭。安排好这一切，陈松年乘轮船顺江而下，到了南京，暂住在本家伯父陈庆云家，准备次日去狱中探望父亲。就在此夜，南京城又遭受了敌机的空袭，陈独秀的监房房顶在炸弹的冲击波中塌落。此夜，陈松年辗转难眠。

次日，陈松年匆匆赶往狱所，令他欣喜的是，他不仅看到了有惊无伤的父亲，还第一次见到了与自己年龄相仿的继母。

陈松年从以往父亲的言谈中得知这位女性为父亲也为陈家作出的贡献而十分感动，早生敬重之情，他见到潘兰珍行以母子之礼，并以"母亲"称呼。这令潘兰珍既羞、又惊又喜，听到与自己年龄相仿的男子叫自己"母亲"，令他赧颜。她原本想遇到陈氏家人会遭受讽刺或冷落，甚至把她从老头子身边赶走。她忐忑不安地等待着讥责，不料却等来了一声温馨的呼唤，这一声呼唤足以化解这"两代"间的一切冰冻。交谈，在轻松愉快的气氛中进行着，一切家庭的恩怨似乎都在这隆隆的爆炸声里渐渐渺小如尘、烟消云散。

自从父亲1932年秋被捕入狱，二十二三岁的陈松年与妻子窦珩光第一次探望父亲，也是有生以来第一次见到父亲的音容笑貌。时光使父子情深，一次次地狱中探视，一段段的父子相处，使陈松年一步步地走近了父亲，父亲的形象更加形象、具体、真实。在父亲的言谈举止中，他感受到了父亲的渊博及正常人的血肉和丰富的情感世界。这是一个和蔼可亲而又幽默诙谐的老人。他从父亲的身上找寻不到"古怪乖僻、冷若冰霜、喜形怒于色、难以容人"这些别人对他的评述。敬爱，油然而生，他觉得那种个性与精神的结合体，足以代表一种人格的方向。

出狱，三人都在殷切地期盼着。

8月22日，监狱当局向陈独秀宣布了对他减刑释放的"国府明令"——他已成为一个自由人了。闻此喜讯，潘兰珍与陈松年兴奋难抑，立即着手整理陈独秀的书物行装，待出狱手续办妥后，即离开这个是非之地。

就在当夜八点半，南京城上空又响起了防空警报，大批的日机飞来轰炸，并与国民党的战斗机展开了激烈的空战，空中的战火将南京城映如白昼，老虎桥监狱似一座雷雨中飘摇的破屋，在闪闪的光影下更显得阴森恐怖。午夜十二时，警报又响，敌机又至，但没有入郊。

已被开释的陈独秀已没有时间对这个生活了数年的地方倾吐感慨，这里一刻也不能再停留了。

第二天一早，陈独秀一扫长夜难眠的疲倦，精神饱满地检点着书物，并对尚未获释的濮德治、罗世凡作了一番安慰和交代。潘兰珍已来为他做好了出狱前的最后准备。陈松年昨夜住在了伯父陈庆云家，他为这炮声而一夜未眠，第二天父亲就要出狱，他要依照父亲的要求去傅斯年先生家表述他的愿望。

出狱是陈独秀已经料知的，出狱后的何去何从，也是他权衡已定的事。儿子松年自然希望他回到安庆，了却祖母日夜牵挂之心，争取全家团聚的天伦；妻子潘兰珍既愿回家乡侍奉婆婆又怕会遇难堪，自然是没有主张，依顺自己；自己也曾思虑过应该归家尽孝，但南京如此情状，一旦失守，则安庆这一要塞也难保存，即使回到安庆，也难停留太长时日，其他地方，又无合适去处。更重要的是，他不愿在此国难民危之际做一个颐养天年的老翁。他决定留在南京，在这万物震动的氛围里去寻求理想归宿。他与儿子商量决定暂住在他北大的学生、时为国民党国立中央研究院语言研究所所长及中央大学教授傅斯年家，傅斯年多次到狱中探望，师生之谊颇深，给陈独秀留下了良好的印象。陈松年虽然不理解这种决定，但也不愿违拗父亲的意愿。陈独秀出狱后的去向就这样确定了。

潘兰珍为陈独秀梳洗整理并换上了新衣，他顿时恢复了往昔的精神容光与风度，变得更加沉稳坚毅。陈独秀在这不自由的地方轻松自由地踱着步，在自由与非自由的临界上审视着高墙电网，不禁感慨万分……

临近中午，陈松年、陈庆云夫妇及在南京陆军学校当教官的陈子健、傅斯年夫妇、陈钟凡夫妇陆续前来狱中接迎。为了表示党国的礼贤下士，国民党政府还特意委派南京国民政府军事委员会调查统计局局本部秘书兼第三处处长丁默村（原名丁聚川）以看望慰问的名义来到狱所，观察陈独秀对于出狱的态度，他们没有放弃拉拢的最后一丝希望，暗中早已为他安排好了下榻之处。

同狱的罗世凡、濮德治也来到了陈独秀的监房，大家祝贺声声，寒暄不断，一派祥和愉快的气氛。

正在这时，典狱长将出狱证明书送来交给了陈独秀并表示祝贺。陈独秀接过来一言不发，他知道自己现在即可自由地走出这座监狱的大门了：冤狱终于了结。

他又望了望站在一旁的罗世凡和濮德治二人，昔日同甘苦共患难，如今却让他一人先走了，想起过去他们对自己的悉心照顾，今后却无人去照顾他们，陈独秀心中一阵酸楚。

傅斯年、陈钟凡催促陈独秀上车，陈独秀点头同意，这时，丁默村表达了自己的来意：奉上级之命，备有专车，接陈独秀及其夫人到国民党中央党部招待所去住。陈独秀对此不屑一顾，他态度坚决地拒绝了邀请，并向丁默村表示，他已接受了傅斯年的邀请到他家暂时安身，丁默村无可奈何，又不好勉强，只有作罢。

陈独秀在妻子和儿子的搀扶下走出了关押他五年的囚室，这里有他无数深深的足印，无数令他不堪回首的往事。他被众人簇拥着走出了监狱的大门，这大门外久违了的景物于他已是那么的陌生，断壁残垣，满目伤情。

他回首凝望，脱下礼帽向高墙电网作别，也向狱卒和狱友们告别。

一群闻讯候在外面的记者们一拥而上，争相拍照，并开始了各种形式的采访问话：对出狱的感想、对当局的评价、对抗战的分析……

对于这些提问，陈独秀一言不发，在这个时候，在这种心情下，在被"深自悔悟"一词诬谣的愤怒里，他又能说些什么呢？他挤出新闻记者的包围，在傅斯年的搀扶下钻进了迎候在外的一辆黑色小轿车，身后留下了一张张充满着不解与失望的面孔。

陈独秀坐在车中，又望了望表情各异的人群和那禁锢了他1700多个日夜的沉重的监狱铁门，在其他几辆车的陪同下，在一阵汽车笛声中疾速远逝，绝尘而去，开始了他风烛残年中自由的生活……

2. 该往何处去？

陈独秀与潘兰珍一起住在了南京中央路傅斯年家里，这里的防空警报与轰炸声依旧令他少有喘息之机，头天晚上12时，他就被尖厉的警报惊醒，随之便是日机的一阵轰炸，直到次日凌晨一时方渐平息。在南京，轰炸已成了一张挣不脱的火网。儿子陈松年因牵挂祖母及陈家破屋，见父亲已安顿好，便匆匆赶往家乡安庆向祖母、妻子告诉父亲出狱的喜讯。

继母闻听儿子出狱自然很是高兴，她对久未晤面的儿子没有多大奢求，只望他能伴自己度过残生。于是便催促孙子陈松年给儿子写信，问他"家怎么办？"是否搬到南京。陈独秀接信心中很是复杂，他知道自己本无住处，且经济困难，生活拮据，搬家很不现实，况且，他也隐隐感到，南京他也不会停留太久，去处尚未真正确定。于是他回信告诉母亲和松年："暂时可以不动。"①

最初几日，他在忙碌地接待各方的来访者，交谈中他努力收集着关于抗战的信息，分析着战争的未来形势，因为这日渐肆虐的炮声不容他袖手旁观。

就在他出狱的那天，天津的《大公报》发表了题为《陈独秀减刑》的短评，对他的出狱寄予了厚望："当国家大危难之际，大家的思想和行动都已统一在一个情绪之下，对日抗战之外，再无其他问题。我们欢迎这位老斗士出狱，为他的祖国努力！"

但陈独秀认为最紧迫的事情便是对国民党强加于己的"深自悔悟"一词的辩诬。连日来，他对这种强加之词始终耿耿于怀。他在傅斯年家稍作休整后便提笔给上海的《申报》馆写了一封信，此信言辞铿锵，意态坚决，不平之气溢满于纸：

鄙人辛苦狱中，于今五载。兹读政府明令，谓我"爱国情殷，深自悔

---

① 沈寂：《再访陈松年谈话记录》，《安徽革命史研究资料》第1辑，1980年7月。

悟。爱国诚未敢自夸，悔悟则不知所指。前此法院科我之罪，诬以叛国。夫叛国之罪，律有明文，外患罪与内乱罪是也。通敌之嫌，至今未闻有人加诸鄙身者，是外患罪之当然不能构成。迩年以来，国内称兵据地或企图称兵据地之行为，每役均于鄙人无与，是内乱罪亦无由。周内无罪而科以刑，是谓冤狱。我本无罪，"悔悟"失其对象；罗织冤狱，"悔悟"应属他人。鄙人今日固不暇要求冤狱之赔偿，亦希望社会人士，尤其是新闻界勿加以难堪之诬蔑也。以诬蔑手段，摧毁他人人格，与自身为顾人格，在客观上均足以培养汉奸。此非吾人今日正所痛心之事乎！远近人士或有以鄙人出狱感想见询者，盖以日来都中有数报所载鄙人言行，皆毫无风影。特发表此书面谈话，以免与新闻界诸君面谈时口耳之间有所讹误。

陈独秀（章）八月二十五日①

信文表白了"陈彭案"本为冤案，曾经无罪，"悔悟"无由，力求公众澄清是非，明晰判断。这种举措便是他在临出狱时一言不发的原因。但这种表白的方式并没有达到陈独秀预期的结果，甚至连发表的愿望都未能实现。

信写好以后，寻找发表的媒体着实令陈独秀下了一番思维的功夫。他首先考虑的是，所选的媒体必须有着客观、理性、正义的言论风格，其次便是该媒体在公众中的影响力及其主编的智识。经过比较，他选定了上海的《申报》。因为当年对于"陈彭案"自始至终的报道不仅具备他首先考虑的因素，在此基础上更添了一分同情心；其次在"陈彭案"开庭审理的过程中，陈独秀自撰的《辩诉状》在国民党的高压下，只有天津的《益世报》登载了全文，在整个上海，只有《申报》在《地方通讯》栏目里，以"苏州通讯"的形式，将诉状的要点刊发了出来。而上海其他各报慑于国府压力，只字不敢刊载。

9月9日，这篇书信形式的辟谣与自我剖白带着南京的邮戳飞向了争战正酣的上海。

《申报》馆接信之时，受战争影响，上海各报均缩小篇幅，《申报》也未例外，由五六大张不等而减缩为一张半，且所报道者，均为军事新闻，陈独秀出狱的

---

① 原载《党史资料》丛刊，1980年第2辑。原件存上海市档案馆，标点为该书作者加。

有关消息难以有缝可插。《申报》编辑部主持言论的胡仲持见信后与报馆总经理马荫良商量后一致认为，国民党以"危害民国"治陈之罪，制造"冤狱"应予赔偿。而今被迫释放又造谣诬蔑，"深自悔悟"实是自我解嘲。陈独秀信中所提言之在理，完全可在《申报》上谋一席之位。但以何种形式见报却令胡马二人犯了难。他们犹豫在"读者来信"与"书面谈话"之间而不能决断。怕处理不当而顾虑重重，卡壳在国民党的"新闻检察官"，或被读者忽略，均辜负了作者的目的。另外，二人对托派情况几乎一无所知，他们又托胡仲持的兄长探询中共方面态度。结果共产党方面反应淡漠，表示发表与否于由《申报》自己决定。这样，为谨慎起见，编辑部决定"暂不发表"[①]。由此一直耽误到12月15日，《申报》因拒不接受日方检查而受迫自行停刊。就这样，陈独秀的信便因《申报》的终结而永远成了未发表的声明。

声明虽然没有见诸报端，但它却成了真实的历史记录，为后来的人们拂去了他对"深自悔悟"迁就默认的灰尘。

8月24日下午五时半、25日下午七时到夜里十时，南京城又陆续遭到了轰炸。25日夜，南京老虎桥监狱在轰炸中连中了八枚炸弹，次日，国民党被迫释放了监狱中的所有政治犯。濮德治出狱后便回到了家乡安庆。彭述之则一口气从南京步行跑到了上海亚东图书馆，他满面灰尘，白衣服脏得变成了灰黑色。他一面洗脸一面询问妻子陈碧兰的地址，因陈碧兰在亚东出有小书，故有地址，汪原放便让职员鉴初抄了给他，他稍稍休息了一会儿，便匆忙地按图索骥寻找妻子。不久，他便与也已抵沪的罗世凡加入了上海托派。很快，托派举行了一次积极分子会议，并产生了新"临委"，即在陈其昌、寒君等之外，选增了彭述之和刘家良。

历史有时是一段不太严肃的戏剧。当年与陈独秀等共倡文化运动大业并力主"不谈政治"的胡适，在陈独秀出狱的那几天，已定好了出国的行程。国民政府已决定派胡适和国民党陆军大学校长蒋百里赶赴美国和欧洲国家游说，争取欧美对国民党政府抗战的支持。

---

① 马荫良、储玉坤：《关于陈独秀出狱前写给〈申报〉的一封信》，载《党史资料》（丛刊）1981年第1期。

1937年8月29日，也即陈独秀出狱一周时，两位来访者更让陈独秀感受到了人事多变的沧桑。当天下午，已任国民党江苏省政府委员兼教育厅长的周佛海约同时任南京国民政府内政部参事的包惠僧来到了陈独秀寄居的傅斯年家。周佛海从丁默村那里得知了陈独秀出狱的消息，并且从报纸上得到了证实，于是便与包惠僧一起来访故旧。

　　陈独秀正和妻子潘兰珍一起做饭，在包惠僧的眼里他似乎并不见老，50多岁，胡子没剃，正躬身在厨灶间忙着。忽见二人到来，他一阵惊喜，忙放下手中的活计，与二人热情寒暄。之后二人询问他住得是否满意，陈独秀表示非常满意，但是内心却对傅斯年的打扰怀着深深的歉意。包惠僧住在南京莫愁路一座独院里，想接陈独秀去住，陈独秀表示在哪儿住都一样，常见面就行了，不愿意给别人添麻烦，包惠僧也只好作罢。

　　早在1920年年底，周佛海便与施存统等一起在日本东京成立了共产党早期组织，是早期的马克思主义者。次年8月初，中国共产党第一次全国代表大会在上海秘密召开，周佛海作为唯一一个海外共产党早期组织的代表出席了大会。1921年4月，包惠僧被上海的李汉俊派到广州与陈独秀接触后，二人过从渐密，6月26日，陈独秀因故不能参加"一大"，便指派陈公博为广州代表，包惠僧也作为他的委派代表参加了会议。此后，包惠僧便成了陈独秀亲密的跟随者。如今，当年"一大"的两个代表却都成了国民党的要员。

　　自从1922年陈独秀被捕入狱后，周佛海与他再也没有见过面，时至今日相别已有15余年了；包惠僧与之在大革命失败后也几乎失去了联系。

　　久别重逢，故人已非，陈独秀感慨万分地以故交之谊接待了他们，政途见歧却难抑私交之情，三人同座竟然"相见欷歔"。在周佛海与包惠僧的心目中，昔日的"总书记"在颠沛流离中如今成了天涯流客，内心充满了感伤；对于陈独秀，与二人的相晤难免使他又回忆起大革命失败后那段痛苦、愤懑的时光。平生他最忌恨自己身边的人做国民党的官员或为国民政府做事，而此时，对于这两位他却无从劝说，而且现实共同的敌人乃是入侵的日寇，一样的担忧便是民族的危机。交谈中，他们简单追忆了过去便将话题引到了抗战上，三人发表了各自不同的看法。周佛海认为，"战事须适可而止，目前须开始外交"，倡言以外交手段解决中日战争。而陈独秀却不同意这种看法，因为中国近代史证明，强兵压境，以外交谈判来平息事端，无异等于屈服，唯有割地赔款求和之一途；包惠僧则希望和战并举，即在不放弃战争的基础上进行谈判。

三人的谈话进行了两个多小时，周佛海因有事要去五台山村，二人只好告辞出来，并邀陈独秀次日到周家继续商谈。

南京的炮火使在狱的托派全体恢复了自由，"七七事变"后的9、10月间，1931年因马玉夫告密而被捕的郑超麟、何资深从南京军人监狱获释。在周佛海、包惠僧走后，郑超麟来到了陈独秀处住宿一夜，晚上，两人谈起了抗战前途，陈独秀将他在即将出狱时就已列出的七条抗战提纲出示给郑超麟。郑超麟看过后表示异议，特别是"暂时对国民党政府休战"一条，实在令他无法接受。他向陈独秀发表了自己的观点，他认为中日战争是"蒋介石对日本天皇的战争"，是"帝国主义战争"，"没有任何进步意义"。对中国方面采取"失败主义"策略。他还认为国共合作，中共"会解散组织，全部加入国民党"。陈独秀则反对他这种不伦不类的观点，认为中共加入国民党是"不会的"。

第二天，郑超麟决定回安徽乡下养病，寄人篱下的陈独秀也不便多加挽留，于是郑超麟匆匆而去，不料这次分别竟成了永诀，陈独秀接踵而来的漂泊生活使他再也没有见过郑超麟。郑超麟走后，他草草收拾了一下便动身前往周佛海家。他又与正在忙碌于"和战问题"的周佛海交换了关于抗战的方略，并在一些方面达成了共识。中午，周佛海设宴款待了陈独秀，以此表达对自己未曾入狱探视的愧疚及对他出狱的接风洗尘与祝贺。陈独秀盛情难却，只得待午饭后告辞。

8月底，陈独秀住处附近遭到日机的轰炸，主人傅斯年不辞而别，避难他去，将住处留给了他们夫妇，不得已，陈独秀与潘兰珍又移居南京阴阳营金陵女子大学教授陈钟凡家。对于居无定所的他，此时对战争与和平的感受实在是一种强烈的反差！

9月2日上午七点半左右，陈独秀来到了周佛海家，又开始谈论中国的前途问题，周佛海表述了他对抗战的看法，认为前途悲观，只有以谈判这一外交方式来解除民族危机。陈独秀认为并不排除外交手段来参与问题的解决。他在周佛海观点的基础上假设，以最保守的设定提出了对抗战前途的方略和主张："如无自力更生之望，则须倚赖一国，经济上附庸，政治上独立；俄国时机已失，当于英、日两国中择之。"①但他不放弃以战争来驱逐外侮，丝毫没有降低对抗战的信心。在这里，他流露的似乎不是关于抗战，而是对中国革命道路的探寻。

陈独秀出狱的消息很快地传播开来，各方故友、名士陆续赶来探望慰问，这使他在孤独的流落中获得了一丝丝安慰，陈钟凡的家也较往日热闹起来。没有工作也没有经济来源的陈独秀要关照两个人的生活自然是捉襟见肘，寄居的生活使他对主人的惊扰总怀着一阵阵不安。探望慰问者深知陈独秀的艰难处境，便常常在拜访时送些赆仪。这无疑是雪中送炭，但"君子爱财，取之有道"，他对此一概婉言谢绝，只有北大同学和知交的执意赠送他才酌受少许。仅从这"酌受少许"之中，他总难堪地升腾出一股穷途末路的伤感，一切生活的希望于他是那样的朦胧。好在他心存着对抗战的责任和信心，他以繁忙在努力支撑着，这是一个思想者赖以生存的精神食粮。

一天，包惠僧要求陈独秀为他写个字以作留念，陈独秀便买来宣纸，他是热心的，这种热心毋宁说是一种向往，几年来，挥墨题字成了他抒发郁愤情怀的一个难以替代的方式。想到一生的革命生涯，身如飘萍，体力渐衰，而国难却晚来风急，他不禁叹然写道：

三十功名尘与土，八千里路云和月。
莫等闲，白了少年头，空悲切。

他"激烈"的"壮怀"隐隐地透出了失落，也更多地流露出了依然昂扬的锐气，豪情与落寞在交替中互现。该幅款称"惠僧老兄"，"落款独秀"，写好后，他又亲自送到了莫愁路包惠僧家。

力主和谈并将战争希望寄托在外交手段与国际调停的周佛海与陶希圣等希望得到更多的人认同。他曾托汪精卫"向蒋先生力言"，但结果却是"谓吾辈贡

---

① 周佛海：《周佛海日记》（上）第26页，蔡德金编注，中国社会科学出版社，1986年7月第1版。

献外交方式，不被蒋先生采纳。大为失望，相对无言者数十分钟"。①

但在第二天，北大教授陶希圣从汪精卫处回来告诉他："蒋先生已完全同意原则"，他又"稍为心慰"。认为主张不被采纳是因为"盖蒋先生于公开场所表示，自不能不强硬也"。在反反复复、扑朔迷离的政治迷途中，对陈独秀一向敬重、钦佩的周佛海当然不会忘记他，他时常邀请陈独秀来家叙谈，陈独秀有关对日战争的某些观点与周佛海似有相同，经常出席国防参议会的周佛海突然有个令自己十分兴奋的想法：如果陈独秀能成为国防参议会的一员，自己身边不又多了一个可共商国是的政治理论家。于是，他便将这一想法提给了陈独秀，并与张伯苓等人一起请他参加"国防参议会"。但陈独秀却认为这是个滑稽的想法，他对蒋介石及国民政府的国仇家恨没有什么东西可以使它消逝。他严辞拒绝道："蒋介石杀了我许多同志，还杀了我两个儿子，我和他不共戴天。现在大敌当前，国共二次合作，既然国家需要他合作抗日，我不反对他就是了。"②

桀骜不驯的性格，使他难以寻到满意的合作者，如今，在他的政治领域里，除了依旧对立的多方政治势力外，他又多了日本这一入侵公敌。在联合与斗争的矛盾中，此时的他似乎只能做一个为联合抗战奔走的呐喊者了。他对于国民政府，只有在抗日问题上才心存希望，除此之外的任何合作，无疑都是丧失理想、信念、人格的投降。

但蒋介石对他似乎并未丧失信心、破灭希望，他又指派亲信国民党中央秘书长、教育部长朱家骅与陈独秀晤谈，要陈独秀组织一个"新共党"，并答应国民政府在他组织新党时资助10万元组织建设活动经费，同时，在国民参政会上，还为他组织的新共产党保留五个名额。这无疑是要拉陈独秀进入国民党的阵营中，共创党国的"和平统一大业"。他毕生为民主这一理想与主义奋斗，而当国民党将"国民参政会"这一"民主"形式摆到他的面前并作为拉拢的诱资时，他不禁哑然失笑，看来，国民党把他追求的"全权的国民议会"误解为"国民参政会"了。这"组织新共党"的目的不过为"拉大旗作虎皮"的代称，在国民党

---

① 周佛海：《周佛海日记》上，蔡德金编注，中国社会科学出版社，1986年7月第1版，第24、25页。

② 包惠僧：《我所知道的陈独秀》，《党史研究资料》第3、5、8期。

这一本性独裁的政团的羽翼之下,"新共党"只不过是俯首帖耳的傀儡玩偶或可怜的摆设而已。独裁囚笼中的所谓民主不是"畸形儿"便是"痴呆汉"。但这的确是个居家进身求禄的绝佳机会,接受了这个要求,也就意味着他在黄昏夕照中的生活老有所终了。但陈独秀却对这种"机会"嗤之以鼻,弃之如敝屣,坚决予以拒绝。后来,朱家骅又秉承蒋介石之意,请陈独秀出任国民政府的劳动部长,陈独秀也同样拒绝了。

他又向着南京政府关上了一扇大门,没有人不晓得这扇大门的沉重。

在这样的间隙里,胡适与周佛海等人为实现和谈举行了"低调谈话会",制造抗战悲观妥协的言论,陈独秀当然也成了多次被邀请参加的对象,被拉去与他们"交换"政治意见。盛邀难拒的陈独秀到会却是一言不发。

1937年9月,胡适与蒋百里衔命经上海赴欧美,为抗战寻求海外支持。胡适到美国后,没有忘记大洋彼岸的陈独秀,考虑到他在中国的处境,不久便为陈独秀联系了一家图书公司,并请他到美国去写自传,这无疑解决了他生活中的经济困难,为他摆脱身边的纷扰,投入到一个清静的学术环境中去提供了优越的条件。他似乎已经感知,他这种寻求国外支持的希望已很渺茫,中国不久必将完全淹没在战火中,已年迈的老友又怎能抵御这场劫难?为尽朋友之谊,让其有一个清静、恬然的晚年,他便从美国托人带信给陈独秀,让他到海外完成自传,颐养天年。陈独秀深知老友的良苦用心,但他也知道,此一去也就预示着他革命生涯的终结,况且值此国难之时,去国远离,无异于临危逃脱。再则,以这般年纪漂洋过海,怕是自传未成,身骨已客逝他乡。因此他托传话人向胡适表示,托辞说自己生活很简单,不用去美国,且年事已高,也无兴趣再见生人。

他向美国又关上了一扇大门,这扇大门关得令许多人,包括胡适本人也异常费解。

一条条本可迁就一下便可获取安逸与幸福的道路都被陈独秀堵死了,他四面楚歌,但仍对各种政治力量在抗战的基础上联合充满着希望,这是一个民族主义者在民族遭受危机时最坚毅的选择。

所有这些,陈钟凡都看在眼里,他不禁为拥有这种人格精神而暗自击节赞赏，于是，他提起笔来，由衷地表达了跳荡的激情，笔走龙蛇向陈独秀赠诗一首：

    荒荒人海里，聒耳几天民？
    侠骨霜筠健，豪情风雨频。
    人方厌狂士，世岂识清尘？
    且任鸾凤逝，高翔不可驯！①

  这是对陈独秀人生际遇的慨叹和其脱俗个性的礼赞。万丈豪情却屡遭风雨，世人只反感于他外在的狂傲，又有几人能真正理解那不饰浮华的真性情呢？
  陈钟凡将此诗送与陈独秀，陈独秀读罢顿生满腹感慨，这种理解似一股暖流涌遍了全身，于是他步其原韵率笔作和，歌以咏志：

    莫气薄大地，憔悴苦斯民。
    豺狼骋郊邑，兼之征尘频。
    悠悠道途上，白发染红尘。
    沧海何辽阔，龙性岂能驯。②

  他在这苦难的人间，哀矜着生民，他在这群魔乱舞的世间为理想而艰难跋涉着，始终葆有意志难夺、桀骜而不可驯服的"龙性"。似乎人生的罹难均为顽强者而设，也许他自己因桀骜已付出了太多的代价，而今却到他静心反省的时候，他自己却没有了反省的机会。他不驯的个性似乎只适合做一个反对派，一直反对到与四方都剑拔弩张地对峙着。冷峻的表情，火热的心，当他以慈祥的眼睛为这个民族寻找突围的口径时，却同时要做别人眼中不被容忍的反对派。

---

  ① 任建树，张统模，吴信忠编：《陈独秀著作选》（第三卷），上海人民出版社，1993年4月第1版，第405页。
  ② 张君，房学朋编：《陈独秀诗选》，宜城文艺编辑部印。转引自《安徽师大学报》（哲学社会科学版），1990年第3期，第489页。

自从1929年成立"无产者社"以来,他真正地举起了反对派的旗帜,于今已有8年之久了。这8年,是艰难与灾难共生的8年,多次的毁灭性的破坏,使得这个组织濒于崩溃断种。其实,苏联内部两条路线的斗争早见分晓,当斯大林将托洛茨基流放到阿拉木图之后,也就昭示了中国的托派组织开始走上了不归路。他们面临的灾难同样不亚于共产国际和苏联支持下的中国共产党。

1936年8月19日至24日,红色首都莫斯科策划了一场骇人听闻的"反苏托洛茨基派中心案"的审判,以列宁最亲密的战友季诺维也夫及联共中最有地位的理论家加米涅夫为首的16个著名的老布尔什维克,被指控与国外的托洛茨基联合,"阴谋推翻苏维埃政府,借以在俄国恢复资本主义",押上了公审法庭。"审理"终结,16人全体被判处极刑,立即处死。

1937年1月10日,托洛茨基因考虑到自身安全,由挪威的奥斯陆移居墨西哥。

1937年1月23日至30日,苏联又开始了一场"反苏托洛茨基派中心案"的审判,被告皮达可夫、拉狄克17人中有15人被送上断头台,执行了枪决。

类似的"审判",似乎尚未终结,世界法西斯势力的膨胀直至屠性发作使这对抗中的双方更加紧张起来:托洛茨基认为德国希特勒的上台,是斯大林纵容政策结出的恶果,斯大林之于希特勒有过之而无不及,他将此推广到中国,国共合作乃是斯大林与蒋介石的合作,而与国民党合作,也正是他与斯大林的分歧所在,这是托洛茨基派所不能容许的;斯大林则认为,被驱逐出境的托洛茨基必将与法西斯势力联合,托派暗杀了基洛夫,并替盖世太保当间谍,对苏联政府构成威胁。

在遥远的墨西哥,托洛茨基已看不清1937年的中国了。

中国托派的旗帜还能打多久?

托洛茨基派似乎开始在凭着记忆实行革命,高呼着"打倒国民党",依然在已经遭受着亡国之祸的中国分解着自卫的力量。

在托洛茨基的影响下,1937年2月21日,中国托派临委通过《目前局势与我们的任务》政治决议案,认为中共"以抗日为借口,放弃了土地革命,放弃了阶级斗争的基本路线,总之放弃了共产党所有的立场,以最可耻的态度屈服于国民党蒋介石之前,'求其联俄抗日'"。决议案还提出了"打倒国民党,召集普选全权的国民会议","反对背叛阶级的史大林党,建立第四国际的新党"等托派的"抗日纲领"。①

1937年7月20日,托派临委又发表了《为日本帝国主义侵略华北告民众书》,猛烈抨击国民政府"七七"抗战是"欺骗民众,以遮掩自己的投降"。并指出"谁如果要我们民众停止作独立的抗战活动,而统一到蒋介石领导下去进行抗日,那不是资产阶级的走狗,就是日帝国主义的奸细"。将中共和各救国团体的抗日民族统一战线政策看作"正扮演着这种走狗奸细的角色"。依旧号召"打倒欺骗民众投降日本帝国主义的国民党政府"。

分歧,在陈独秀与托派之间明显地存在着。主要分歧点就在于在抗日战争中对国民党政府的态度与策略。当陈独秀把即将出狱时对抗日起草的七条根本意见交由上海的托派组织看时,却遭到了绝大多数人的反对。

在陈独秀看来,要实现抗战胜利,必须在政治、军事、经济等综合因素下,有一系列的纲领和政策,并组织力量,统一领导。而此时除国民党之外,共产党和其他党派都没有这个力量。他还认为,国难当头,谁能领导这场战争,谁就是他拥护的对象。他表示:"此次抗日战争,无论是何人何党所领导,任何人任何党派都应该一致赞助。"②

1937年9月第四国际执委会书记局又作出了《关于中日战争决议案》,攻击"史大林主义官僚们","命令中国共产党抛弃一切革命图谋",与中国资产阶级联盟,同谋"反革命的压迫"。指示中国托派的任务是"进行抗日战争,使得日本战败;爆发革命,又使得卖国而替帝国主义当走狗的国民党失败于无产阶级之手",建立苏维埃,并"应出其全力建立一个强大的党"。依旧号召"打倒国民党","打倒日本帝国主义"。

陈独秀出狱后不久,托派在狱中的成员们也都逐渐获得了自由。特别是彭述之到上海后,便积极于托派改组,并如愿进入了"临委"。彭述之与陈独秀在狱中时就舌战频生,但他不像陈独秀那样,只进行政治争论而不涉及个人感情,

---

① 《斗争》第2卷第2期。
② 陈独秀:《从第一双十到第廿六双十》,《宇宙风》散文半月刊,第49期。

两人的政治意见却引起了他对陈独秀的忌恨。不久，托派在上海举行积极分子会议并选举临委，而托派的元老陈独秀却一无所知。

中国托派仍然将国民党政府与日本同等看做是当前的主要敌人，他们似乎在做着最彻底的革命，力主抗日，而其实是在断送革命，破坏着抗日。捐弃前嫌，共同站在抗日旗帜下，"民族利益高于党派利益"，这是陈独秀所主张的。而如今，上海的托派组织在这种宗派主义指导下又有什么出路呢？当一个党派在外敌入侵时，仍不以民族利益为重，却在"煮豆燃萁"，这无疑是令陈独秀痛心失望的。

有一次，陈独秀在包惠僧家与他的一次会谈中表示自己已经不是托派，想发表个声明，但随即又想到，既然不是托派，发表声明岂不是画蛇添足？当他听包惠僧说有谈得来的记者朋友，便打算以记者访谈的方式发表声明。于是，包惠僧便向他介绍了常去周佛海家的《中央日报》社总编辑程苍波。

似乎是冤家路窄，这位总编即是四年前针对陈独秀与章士钊的辩诉状在《中央日报》上执笔写社评的社长程苍波。由于是社评，陈独秀不知其名，但程苍波却忘不了他写的那篇《今日中国之国家与政府——答陈独秀及章士钊》。陈独秀说他想见见程苍波，包惠僧就将二人约到了自己的家里会面。

交谈不算投机，陈独秀仅写了个条子，上书"陈独秀，字仲甫，亦号实庵，安徽怀宁人。中国有无托派我不知道，我不是托派。"程苍波表现得十分冷淡，陈独秀将条子交给了包惠僧，包惠僧又递给了程苍波，程苍波在临走的时候却似乎是因忘记而没有带走。包惠僧在送程苍波时说这个老先生想声明自己不是托派，打算借记者的口说出来。程苍波只淡淡表示"试试看"。包惠僧与陈独秀哪里知道，"老先生"是程苍波早就认识过的，也正是这一"既往之识"，才导致了今日他发表声明的希望如泥牛入海。对于一个总编辑来说，以"方寸之地"发表一个简短声明，自然是徒手之劳，况且，陈独秀发表的声明于"党国"并无损害。他的这种忌恨之心是陈独秀无法知道的，时日一久，逐渐改换意图的"声明者"也由忘记而至终于放弃了。

由于托洛茨基对陈独秀的推崇并寄予很深的信任，也由于这位老革命家在国内政界的影响，虽然陈独秀的思想主张不被他们接受，但是，上海的托派组织依旧希望他回到上海统一托派内部思想，使托派有一个崭新的起色。于是，他们便从上海派人来到南京，劝说陈独秀前往上海重整托派，但被陈独秀断然拒绝了。一开始便与托派的观点有严重分歧的他感觉到，即使前往上海，仅内部的争吵就难以预料会扯到何时。这与抗战是不协调的，而更为重要的，是他越来越明显地感觉到了生命的短暂。

他需要一种协调，如黄昏中的晚霞与清风，他也希望拼却余生的勇力，以最后的呼声多为这个他恨由爱生的国家与民族开辟一片光明。

妻子潘兰珍是希望和陈独秀一起去上海的，因为她不知道自己的父母在那座炮火连天的城市里做着什么。丈夫的拒绝使她难以明白，但她可以糊涂地给予理解，她知道，老先生的许多事情都是难以懂得的。在此时，她觉得年迈的陈独秀或许比年迈的父母更需要自己。

他朝着上海关上了大门，决定离开了他曾经寄托着厚望的托派组织，但这不是什么生与死的决裂，他把这个组织看做是仅仅可以共同探讨意见的革命团体，但在政治感情上，较之于中共与国民党，他仍抹不去对这个多难组织的偏爱。

偏爱掩饰不了失望，对时光匆逝、生命渐衰的伤感总是一闪而过，每当回顾一生历程，每当虑及国家前途，他便总觉生命不能承受如此之轻。既然重整托派已没有了希望，既然已经四面树敌，既然反对派已成了最后的选择，那么，就只好以不老之心去重新组织一个新的托派了。

组织全新的托派！这几乎成了唯一的希望！

上海是不能去的，南京更是国民党的"枕榻之畔"，他很自然地想到了武汉，这是一座有着深厚革命基础的城市。近一段时间，他的好友高语罕偕夫人多次前来看望，高语罕极力建议他到武昌去另谋出路，并为他提供了一些武昌旧友的名址。他曾经骂高语罕去见蒋介石是"无耻之尤"，但对高氏的帮助又深表感激。在陈独秀的精神世界里，政见与友情似泾水与渭水，他与朋友的反目，常常是因为政见，而他又是重情的，友人的关情又常常消弭因政见分歧而产生的不快。高语罕的敦促也是陈独秀欲去武昌的原因。

包惠僧知道陈独秀要离开南京前往汉口，也知己无法挽留，他为不能跟随老友对其施以照顾而深表遗憾。为了老友到武昌能有一个宽松的生活环境，他便给湖北省主席何成浚写了一封信，请他对陈独秀多加照顾，不要为他设置障碍。何成浚回信表示，他与陈独秀以前曾在北京见过面，也算老相识了，这次趁机也多加拜访。

没有出版界或新闻朋友的帮助，连一则声明都难以发表的陈独秀自然明白宣传对于建立革命组织的难处，此时他想起了老友汪孟邹，于是便在离开南京的前一天向上海亚东图书馆发了一封信，告知了自己的行踪："弟明日由此乘轮赴武昌，俟到彼处再行奉告。"不仅如此，他还写明了到武昌后的联系方式："弟到武昌处住尚未定，赐示望寄实庵收，外加封致武昌武汉大学王抚五校长收可也。"①

9月8日夜8时左右，刚刚发出信不久的陈独秀又听到了尖厉的防空警报，一阵送行似的炮声在南京城里爆炸了半个多小时。9月9日，草草打点了行装，陈独秀便偕同潘兰珍怀着新的希望登上了前往汉口的轮船溯江而上。

陈独秀站在船头上，回望着南京古城，这是他自被押解到此即将五年整的时间里第一次离开南京，他说不出是轻松还是沉重。

每一次离别，对于一个垂垂老者，很可能都是一次永别。

陈独秀似乎未想这些，他已经在船头向前方充满希望地张望着，似乎已忘却了再多看一眼身后渐远的南京。

而这一次，他的确与南京永别了！

3．向往还是弃绝延安？

托派成员陆续恢复了自由，可是陈独秀却唯独不见王文元，连一点音讯都听不到。原来，王文元于1937年5月间在法租界被国民党特务秘密逮捕，单独关押在与南京反省院毗邻的秘密拘留所里。陈独秀托人四处寻找并打听其音讯，还委托国民党要员朋友到中统（即CC系）询问其负责人，回说查无此人。

形势的紧迫使陈独秀深刻地认识到，团结国内一切力量一致抗日是势在必

---

① 《陈独秀给耕野的三封信》，《革命史资料》第10期，上海人民出版社，1990年6月出版。

行的道路,像郑超麟那样主张"打倒国民党"无疑是自我削弱。他的这种思路,与共产党的"抗日民族统一战线"相印合,这种印合只是意见相同,但他并不愿与中共有所联系,更不抱有以任何形式联合的希望。有一次,陈独秀对包惠僧说:"老干们(指王明等人)不会欢迎我,我也犯不着找他们。"①但是热心的罗汉的出现却让他与中共又发生了一场不小的冲突。

罗汉,湖南人,早年曾赴法国勤工俭学,大革命时任国民革命军第四军政治部主任。大革命失败后曾在北平从事共产党活动,不久到莫斯科东方大学留学。1928年回国后曾负责托派华北区委工作,属于"我们的话派"。不久被捕入狱,获释后到上海参加托派统一大会。陈独秀被捕后,他便脱离了托派组织,后来到宜兴的陶器学校当教员,但对贫困的狱中的托派成员仍不吝接济。

1937年8月下旬,罗汉来到了南京,他主要是为了寻求托派组织,帮助营救狱中的托派成员。"八一三"事变后,在国共谈判的基础上,国民政府军事委员会将红军主力改编为国民革命军第八路军,紧接着,中共中央在南京设立了八路军办事处,由叶剑英(主任)、李克农等负责。

罗汉听陈独秀说寻找不到王文元,也十分着急,当得知与自己私交尚好的叶剑英以特派员的身份在八路军办事处时,他决定前往请助。大革命时期,叶剑英与罗汉同受共产党派遣,在国民革命军第四军中做政治工作。出乎意料的是,这种近似天真的做法却得到了叶剑英的"欣然允诺"。于是二人坐上汽车,查遍了南京半公开的特务机关,一连两天,一无所获,各处的回答几乎雷同:"根本没有这个人。"他们颓然地猜测:或许已被秘密处死了吧。

罗汉刚到南京寻到陈独秀时,和见其他朋友一样,陈独秀也将自己关于抗日的七条提纲给他看,罗汉表示完全同意,并认为理应作为纲领,不分是否托派,实行最广泛的团结。与叶剑英有了几次接触的罗汉认为这与中共统一战线政策相切近,可向中共提出寻求合作。陈独秀知道他这个主张,并未鼓励支持,而罗汉却独自积极行动起来,于是他便找到叶剑英,将自己的想法跟他谈了,叶剑英自然欢迎,但他表示对此事不能自主,很希望罗汉能亲赴延安,与中共中央面谈,并给他写了一封去陕西的介绍信,又资助了旅费。

---

① 包惠僧:《我所知道的陈独秀》,《党史资料》丛刊,1980年第1辑。

对于叶剑英的态度和建议，罗汉喜不自胜，决定立即动身前往延安。中共与国民党虽然在抗日问题上开始了合作，但在行政区域上尚存在着严格的军事界限，所以，罗汉只有先到西安，然后再由西安取道延安。

1937年9月初，罗汉来到了西安，并住在了他的老友林伯渠那里，受到了他们的热情款待。林伯渠是当时中共驻西安办事处主任，罗汉向他讲明来意后，他十分重视，惊喜不已，陈独秀毕竟曾是自己的总书记，于是，两人便商议去延安的问题。然而，天公不作美，连日的暴雨，导致山洪毁路，断绝了交通。万般无奈，林伯渠只好决定将罗汉所携带的陈独秀对抗战的七条根本主张及罗汉自己的意见的合作提议，派专差送往延安或由电报向中央汇报。

消息传到延安，中共中央细致综合并研究了南京和西安发来的材料，中国的托派不是苏联的托派，二者存在着很大的区别，在民族革命的旗帜下可以合作，并对罗汉为托派及陈独秀的奔走深表同情。毛泽东表示"可以与陈独秀先生等形成某种合作关系，以期一致抗战。……现在我们是团结一切力量抗日，陈独秀托派如果表示悔改，何尝不可一起抗日"。① 中共中央书记张闻天也持这个主张。于是，中共党中央便对陈独秀提出了合作抗日的三项条件：

一、公开放弃并坚决反对托派全部理论与行动，并公开声明同托派组织脱离关系承认自己过去加入托派之错误；

二、公开表示拥护抗日民族统一战线政策；

三、在实际行动中表示这种拥护的诚意。②

中共中央关于统一战线的主张是"号召全国各党各派无论过去和现在有任何政见和利害的不同，都应联合起来，建立最广泛的民族统一战线"。中国托派自然是一个独立的政治派别，合作也理所当然地是在相互独立、平等的基础上的合作。如此"合作"，实是"纳降"，陈独秀即使有合作的愿望，也断然难以接受这项条件。对于各党派，此时既然主动寻求合作，必定是拥护"民族统

---

① 张国焘：《我的回忆》，第1331页。
② 叶剑英、董必武、博古给《新华日报》的信，《新华日报》，1938年3月30日。

一战线"政策的，况且，博古等认为陈独秀的抗战纲领与中央路线"并无不合"。"拥护的诚意"只能在合作中的"实际行动"中表现出来，第三项条件实为后话，不应作为合作的条件。

三项各件由毛泽东和张闻天共同签署，很快发给了在西安的罗汉。

罗汉很明白，将这三项条件面陈给陈独秀意味着什么。这不是在"招降"吗？这就是寻求合作的结果？

他表示，这些条件自己不能代替陈独秀接受，自己只可代为传达。此时罗汉不知，陈独秀已怀着新的希望前往武昌去了。

共产党方面的几个主要负责人也深知陈独秀刚烈的个性，他们也掂量出了中央的这个决定对他的分量，于是他们便开始了做罗汉的工作。林伯渠和王若飞在大革命时期与陈独秀同在党中央工作，自然深悉"总书记"的思想与秉性。林伯渠对罗汉说：

"陈在文化史上有不可磨灭的功绩，在党的历史上，有比别人不同的地位，倘能放弃某些成见回到一条战线上来工作，于民族于社会都是极需要的。"

王若飞也表示"自信与独秀共事较久，深悉其倔强个性，但党中央看重组织问题，亦系党内自来之原则，第三国际的支部，决不容许第四国际或第四国际有关系的分子掺入，这乃是自然的事实，所以他极端希望独秀等几位老朋友，完全以革命家的气魄，站在大时代的前面，过去一切的是是非非都勿须再费笔墨唇舌去争辩。"[①]他还表示"因延安有事甚忙，否则可随同南下会晤独秀一次"。

张国焘也曾经在解释中共三项条件时表示："托派中愿意恢复党籍者，须公开脱离托派并承认已经参加托派的错误；不愿恢复中共党籍者，可以与中共在党外合作，支持中共的抗战政策。中共中央也不再对抗日的托派人物采取敌视态度。"[②]

在苏联，此时托派因被认为是法西斯派来的奸细，而遭受着严厉的惩处，作为共产国际在中国支部的共产党自然也免不了受到影响，在苏共中央的认识中，"托派即汉奸"，是不折不扣共而诛之的最反动者。

[①] 罗汉：《致周恩来等一封公开信》，《汉口正报》，1938年4月24、25日。

[②] 张国焘：《我的回忆》，第1331页。

"寻求合作"反被"招降",9月15月,懊丧的罗汉由西安返回了南京。陈钟凡的家里已没有了陈独秀,南京再没有了陈独秀的身影。

他又来到了八路军驻南京办事处,向叶剑英、博古详叙了事情经过。叶剑英也向罗汉讲述了他走后,陈独秀与自己和博古接触的情况。他说,陈独秀曾两次来办事处,双方交换了对抗战的意见,陈独秀"表示赞成抗日民族统一战线政策",①只是觉得共产党在未转变前的路线未免太左,转变后的路线又未免太右一些,但对托派问题不明确表示态度。博古怕中共中央的三项条件"会引起陈独秀的反感",于是便嘱咐他将这决定"不妨口头传达",这样弹性较大,可以自由把握,缓冲掉条件的严肃性,他们对如何使陈独秀接受条件可谓用心良苦。

但罗汉对此事依旧难有把握,在没有思考成熟之前或有人陪同的情况下他是不会贸然前往武昌的。

似是而非的托派成员罗汉的做法自然令托派大为震怒。在托派组织看来这种"投降"式的合作几乎是丧尽了托派的"骨气",这是无论如何也难以容忍的。罗汉在南京和西安与中共频繁接触并寻求合作的消息传到上海后,托派"临委"便就此事作出了反应,托派组织特别是彭述之又要求罗汉明确讲述与中共接触的目的和过程。

发表紧要声明,在对中共进行一番攻击后表示,托派与中共不但没有"妥协之可能",而且还要对其予以"根本粉碎"。还否定了罗汉与中共的合作并与之划清了界限:"近有罗汉其人,以含糊的'托派'名义,在南京,在西安,向史大林党上层分子接洽所谓抗日合作。按罗汉从前虽曾与左派反对派(本同盟的前身)有组织关系但五年以前早已脱离;既非本同盟的一员,自无代表向史大林党接洽合作的资格,其行动亦与本同盟毫无关系。至于其接洽内容之违背本同盟上述一贯主张,当然无加驳斥之必要。恐外界误会,特此声明。"②上海的托派认为,罗汉所为乃是受陈独秀委派或秉承其意,他们将此与陈独秀出狱后拒绝回上海加入组织联系起来,不禁更加确信自己的判断。于是他们在该声

---

① 叶剑英等三人给《新华日报》的信。

② 《中国共产主义同盟紧要声明》,《斗争》第2卷第9期,1937年10月2日。

明中对陈独秀旁敲侧击："以前或今后，如有与此类似的任何个人行动，皆与本同盟全体无关，合并声明。"

已陷入两难尴尬境地的罗汉却不得不面对这种新的难堪，原本想为老朋友做一件令他满意的好事，却不料招来了多方压力，忠厚的罗汉几乎愤怒了。

就在与托派组织发表声明的同一天，罗汉便应他们的要求给彭述之写了一封信，巧妙地表述了事情原委，并对上海托派组织的"枉自多情"与"敏感"给予了讽刺，声明了自己的活动与托派组织毫无干系：

> 弟自仲甫同志与兄等被叛徒背卖，遭受缧绁之厄后，对于一些言论似左行为可疑的同伴就存戒心，一直警戒到他们陆续叛变出去，还未完全弛懈，因此五年以来自己事实上与组织脱离关系，且亦不悉组织之如何组织也。此次赴京，纯本朋友之谊而图援助几位贞坚卓绝的革命老战士出狱，而西安之行亦为此而抗辩一串无稽之谣诬，并申述吾侪老友，最早即主张发动全国武装抗日之事实，尚有"一·二八"一役时三人签名所提出之合作纲领可为考证。日昨在兄寓所，晤赵济、独清二位，说彭兄代表现在组织，因洛甫、泽东为商讨联合抗日问题致弟私电开列三条事件，决定弟写一申明文献刊布，以免世人误会上述弟一己经历之事件，与现在中国共产主义同盟的有缠夹不清之观测。另亦因与此一崭新组织陌生到不曾知悉其何时成立。以故如此一节申明，亦惟有烦兄设法转达也。①

罗汉不仅指出了托派的"敏感"是在"为渊驱鱼"做着"亲痛仇快"的可悲之事，还以"不悉组织之如何组织"、"与此一崭新组织陌生到不曾知悉其何时成立"等荒唐事实对新"临委"的小宗派做法予以讽刺。

罗汉知道，与这个新"临委"领导下的组织的争战是劳心费神而没有结果的，只能将事情弄得越来越糟。而自己眼前的困难是如何恰当地处理好自己、陈独秀与中共的关系。托派的声明指责，使他觉得事情更加严重一层，也更增添了他面陈陈独秀的犹豫。他在徘徊中等待着时机。不久，受中共中央派遣来

---

① 罗汉给彭述之的信（手稿），1937年10月1日。

到南京的董必武，给罗汉带来了一阵安慰，有这位与陈独秀老相识的中共元老的陪同，受责的风险自然会小些。

10月16日，罗汉偕同董必武乘船溯江而上，找到了已定居汉口的陈独秀。罗汉的到来在情理之中，而董必武的光临却在意料之外。三人寒暄一阵，落座热谈。罗汉与董必武将事实经过陈述一遍，又转达了中共中央提出的三项条件。

陈独秀静静地听着，少有声响，故友重逢的激动与喜悦似乎都被这些在他背后发生的事渐渐地冲淡了。他内心肯定了自己离京来汉的决定，那曾经存留于心的本已声息微弱的幻想彻底破灭了。

他对上海托派的失望已有时日，如今对方的攻击更令他沉重之后又添轻松；他埋怨罗汉的自作主张，出力不讨好，而更使他愤懑的是中共提出的"三项条件"，不必说没有合作愿望，即使有，第一项条件也是任何党派都不能接受的，国共合作能否做到让南京政府都脱离国民党？哪里有归顺式的合作？！而第二、三项，只不过"画蛇添足"的措辞！

在董必武的面前，陈独秀认为托派对此事的抨击自然仍是内部纷争，自己不便表态；而当中共提出的三项条件摆在他面前时，对负有这项使命的董必武，这是他不得不发表意见的事。他首先表达了为此事而热心奔波的各位朋友，在谈到自己对"三项条件"的态度时，果不出博古所料，他说："我不知过从何来，奚有悔。"① "现在乱哄哄的时代，谁有过谁无过还在未定之天，不写，有什么过可悔？"②

陈独秀充满怒气的言辞使董必武面露难色，他知道，劝说对于他是无用的，陈独秀回到党内的希望，在他心中便烟尘般地随风飘散了。他很快便告辞离汉，到延安复命。

董必武走后，他随即又起草一封信并重列七条抗战纲领一并交于罗汉，托他带到南京交给八路军办事处的叶剑英、博古，作为自己对中共提出的"三项条件"的正式答复。

陈独秀望着延安那敞开的大门，他沮丧不已。

---

① 高语罕：《陈独秀入川后》，南京《新民报》晚刊，1947年11月13日。
② 包惠僧：《我所知道的陈独秀》，《党史研究资料》，1979年第8期。

罗汉将陈独秀的信及意见带到了南京。叶剑英、博古看过后，博古认为，陈独秀的抗战意见"与中共中央所决定的路线，并无不合"，他们决定向中央再征求对此事的意见，等周恩来与董必武到武汉后，再与陈独秀进行商谈。不久，周恩来到达南京，他热情地接待了罗汉，二人谈论了抗战及陈独秀回党的问题，周恩来并就托派向罗汉发表了自己的看法："所谓中国托派，事实上亦很复杂……我可以大约将其分为四派：一派是赞成抗日的，你和独秀属之……"他并且表示："以后对陈独秀这一派的人，可以将'匪徒'二字停止不用。"周恩来代表中共表达了对陈独秀回党的诚意，同样，这些语言，也是他为日后见到陈独秀后进行劝商的铺垫。但陈独秀已坚定地一边忙于对抗战的宣传号召，一边埋首于寻求自己的政治路径了。

可是，中共党的理论刊物《解放》，还在耐心地劝说着郁愤交加的陈独秀。11月20日，《解放》发表了"时评"《陈独秀先生到何处去》一文，称"当陈独秀先生恢复了自由以后，大家都在为陈先生庆幸，希望他在数年的牢狱生活里虚心地检讨自己的政治错误，重振起老战士的精神，再参加到革命的行伍中来"。

陈独秀不再理会这些评论，自从托罗汉将自己的信和意见带往南京后，他便觉得这件事已彻底了结。但是，上海托派对这件事所发表的声明此时却开始深深地刺痛着他。

就在中共发表《陈独秀先生到何处去》的第二天，他便开始提笔给上海的罗世凡、赵济、陈其昌写了一封信，名为写给三人，实为说给彭述之、尹宽等人听。他在信中批评上海托派道："罗汉为人固然有点糊涂，你们对他大肆攻击，便比他更糊涂万倍。你们乱骂史（中共）国（国民党），尤其是骂史，虽然不是原则上的错误，政策上则是非常的错误。如此错误下去，不知将来会走向何处去！凡兄说别人是宗教徒，现在大概也受了宗教的传染而不自觉了！"

他又将话题拉回到了引发这场争执的原因上："我对于史合作，在原则上是可以的，可是现在谈不上，合作必须双方都有点东西，而且同一工作的对象不得不相互接触时，此时并没有这样的条件。'合作'自然是胡说，罗兄向我也未言及此，你们又何必神经过敏呢？至于互相造谣臭骂，自然都是混蛋。都为教派所限，不曾看见共同的敌人。"

他非常厌恶组织内部的纷争与互耗，也正是这些相互无谓的指骂才使他失去了许多理想中作为与人合作的"东西"。如今，他心中已经开始萌动着实现"有点东西"的理想，他将以创建中共的青春勇魄，以"老骥伏枥"的热忱，重新竖立一面崭新的旗帜！所以，他的言语中已隐隐透出了厚蕴的信心与底气："我只注重我自己独立的思想，不迁就任何人的意见，我在此所发表的言论，已向人广泛声明过，只是我一个人的意见，不代表任何人，我已不隶属于任何党派，不受任何人的命令指使，自作主张自负责任……"

他不愿做一个卖弄风骚的特立独行者，他只是一个深沉犀锐的民族主义者、一个执著忠实的民主主义者，为了民族的振兴、为了民主的实现，他愿为这双层的渴望奉献出殉道者的精神。

他已向着身后关上了一扇扇沉重的大门，但不是将自己故意隔绝到虚无的地方，而是抛却这许多的纷扰去努力开启能够寄养自己理想的那扇大门。他仍以书生的浪漫与真情去期待着奇迹的出现！

出狱之后，他获得了自由，但正是这一突至的自由，似将他猛然丢弃在四面八方都没有希望产生的冷清的街头，他一时竟不知身居何地，走向何方。他甚至时常处在"去处尚未定，因天下老鸦一样黑"的迷茫中，失望、愤懑，还要努力做出"示强于人"。他希望在彷徨中呐喊，而不愿在呐喊中彷徨，这彷徨，其实不就是自由中的大不自由么？自由给了他彷徨，也招致了无法拒避的纷扰。当他焕然闪发出一身勇毅的精神时，他发现，这是深重的民族危机激起了自己的震怒。

他关闭了那一扇扇大门，他觉得自己已用"创造"的自由，置换了"给予"的自由，他将在这个自由的空间里以不再彷徨的激奋为血泪中的民众呐喊。

在自由的空间里，他竟以殷实的自信向着一切困境发出掷地有声的宣告："我绝对不怕孤立！"①

---

① 任建树，张统模，吴信忠编：《陈独秀著作选》（第3卷），上海人民出版社，1993年4月第1版，第433页。

第六章
沧海横波一独舟

1. 流亡还是救亡？

扬子江的波涛拍打着船舷，蒸汽船在沉重的喘息中破浪前行。

南京古城再也望不见了。那里的炮声，那里的火光都抛在了身后，这也是一次忙乱的逃避么？

武汉三镇寄托着火红的希望，这希望又有几分可资安慰的呢？此次告别南京，在他的感觉中似乎与在他领导共产党时多次告别北京、上海、广州没有什么两样，他几乎坚信，不久，他还会回来的。

蒸汽船漫溯芜湖越过铜陵，安庆渐渐地近了。

陈独秀坐在满是流客的船舱中，在沉闷的气氛里整理着纷乱的思绪，妻子潘兰珍体贴地坐在一边，细语轻声与他说着话。

隐隐地已有人在评说安庆及江边的古塔了。这座古城三面环山，一面临江，它上承湖湘，下衔吴越，曾有"长江万里此咽喉，吴楚分疆第一州"之称，是雄踞长江北岸的重镇要塞。三国时期，东吴大将吕蒙曾在这里筑城拒曹；南宋时期，偏安江南的统治者建筑安庆城以御金兵和蒙古兵南下；元末，红巾义军围困安庆七载之久攻克，元统治因之动摇。太平军安庆保卫战，安庆军械所都在昭示着这座城市乃兵争之地。长江荆楚吴越之地，每每有战争，安庆必动荡难安。如今，制造南京炮火的日军，能给这座古城逃避兵燹的机会吗？这似乎是一个渺茫的奢望。安徽在南京的慌乱之中，将省府搬迁到了六安，安庆已躁动起逃难的人群。

汽笛一声长鸣，船靠岸了，停泊在安庆码头。古城依旧，江水滔滔。

陈独秀与潘兰珍相携走出船舱，站在甲板上凝望着阔别20多年的古城，凝望着少时常登的"振风塔"，不禁感慨万分。这是养育他的摇篮，也是他革命的开始。陈家的破屋，双目失明的养母，儿子及其一家，使他渴望踏上故土。

望着码头上来来往往的一张张陌生而又熟悉的面孔，他不禁发出一声沉重的叹息：即使能走那狭窄的石板条街，那古老的宝塔怕已登不上去了吧！

家，对这位漂泊的革命者，正如身上随时随地携带的长袍一样，家就是自己，自己就是家，到处是家又都不是家。这家又像一个符号，缥缈于理想之中。他不会忘记南京监狱里收到的儿子松年写的一封家信，信中有老母亲弃家搬迁的希望。在母亲与自己的这两部词典里，家，正是两种截然不同的概念。

路过家门而不得入，破落的陈家旧宅此时对于他实是一个难以抵御的诱惑。旧宅的一切是否如这江岸上的宝塔一样风物依旧？眼前，是一个令他多次猜想而难做定论的谜。

"汽笛一声肠已断，从此天涯孤侣"，振风塔在身后已渐渐远去了，逐渐黯淡、模糊，最终只剩下一个影子嵌在了记忆中。陈独秀由潘兰珍搀扶进了船舱，躺在铺上，枕听着船外一如心海的涛声。他望着侍坐一旁的潘兰珍，欲从她脸上找寻一些未及家门的遗憾，但没有一丝收获。这位年轻的妻子似乎已顾虑到，她与年龄悬殊的丈夫的结合在安庆的乡邻中不会得到多少像陈松年那样的理解与支持。

这于二人倒成了一种与故乡失之交臂的安慰。

船上乱吵吵的，多数是溯江而上的逃难人群，从那一张张慌乱的面色里，他深深地感受到了这个民族的危机。"白发老书生"在这种危机中应该做的也只有对抗日的宣传了,于是他便开始构思并拟订了五个题目,准备写一本抗日意见的小册子。

在空中敌机的窥视下,船在江面上经过三天多的颠簸终于抵达了武汉码头。陈独秀与潘兰珍走下汽轮,程仲伯早已迎候在码头,他是包惠僧的同学,受同学之托特来接待陈独秀。陈独秀夫妇在程仲伯的陪同下离开了码头,走向了地处南北东西水陆交通的咽喉重镇武汉。这是陈独秀的故地了,距码头不远,回民街的三层洋房便映在眼前,乳白色的墙壁衬托着红色的屋顶,半圆形的大门显示着西式的建筑风格,这便是原来中共在武汉的临时中央局机关所在地。往事历历,1926年12月,随着北伐战争的不断发展,国民政府由广州迁往武汉。12月13日,他从沪赴汉主持中共中央政治局特别会议并作了政治报告,提出挽救联合战线破裂的策略,决定在武汉成立临时中央局。次年4月,他离开上海再次赴汉主持中央工作,以中共中央总书记的身份住进了这座三层洋房三楼中间的一套房间,彭述之夫妇住在他的左侧,蔡和森夫妇住在他的右侧,任弼时的弟弟任作民是他的办公室主任,妹妹任秀兰是他的事务管理员,秘书黄文容又兼作警卫,他出入有车,为革命精心劳作,繁忙而充实。如今物是人非,山河破碎,十载之后他怀着难民的希望又站在了黄鹤楼下,他似乎听到有人在临江凭栏,慷慨悲歌:

  昔人已乘黄鹤去,此地空余黄鹤楼。
  黄鹤一去不复返,白云千载思悠悠。
  晴川历历汉阳树,芳草萋萋鹦鹉洲。
  日暮乡关何处是?烟波江上使人愁。

这种迁客骚人的自怜自伤他很少有过,此时此地,此情此景,令他实在难以避开这种哀吟的震撼。他可以不以物喜,却不能不以己悲。十年的追求,梦幻般的飘散,但他的慨叹中最深沉的还是整个国家与民族的忧虑,顾影自怜的自我感伤却只是与之相生的伴音。

"寻寻觅觅、冷冷清清、凄凄惨惨戚戚"！

陈独秀谢绝了程仲伯的邀请，夫妇二人独寻一家旅社暂居下来。出狱之后，他曾寄居在傅斯年家，后又曾以同样的方式居住在陈钟凡家，寄居的生活已使他感到了诸多不便。倘在平时，他或许能够接受这种诚意，而如今，当他决定在武汉独立开辟一片天空时，他觉得，他的生活环境及生活方式也应以独立的姿态出现了。

夜色下的旅社似一座孤岛，码头的汽笛衬托着恬然与宁静。但陈独秀却从这一切中感受到了武汉的不安定。他没有让潘兰珍陪同踏访旧踪，并未对这位他百般崇敬的妻子讲述自己许多往日的故事。

深夜，他坐在灯下，开始整理思绪，寻求重建政治组织的途径。自我宣传，是任何一个政治团体发端、诞生乃至运作中必须的依托，他从《安徽俗话报》想到《新青年》，他忘不了亚东图书馆的经理汪孟邹这位老友。这位自称"书贾"的先生，从"戊戌"到"辛亥"，从"五四"到"五卅"，从"国民革命"到"共产革命"，从共产党到托派，始终以独特的眼光和勇气、智识寻求着政治与文化的价值。正是如此，他不曾发达过，正因为他不曾落后过，一种新思想尚在被迫害时代，其文字并无一个书贾愿意承印，他却付梓发行了。正是在相互热诚的关怀与人格互赏的基础上，从未曾有过龃龉不调，愉快的合作持续了几十年。亚东图书馆为他提供的条件，汪孟邹的热诚，是没有什么可以替代的。于是，他摊开了纸，又给汪孟邹写信道：

耕野兄：

　　弟已抵汉，暂寓旅社，日内即移居武昌，地址确定，再行奉闻，近来信可寄王抚五兄转交。
　　……
　　此祝
秋安

弟仲甫启
（一九三七年）九月二十四日①

---

① 《陈独秀给耕野的三封信》，《革命史料》第 10 期，上海人民出版社，1990 年 6 月出版。

居住武昌是陈独秀几天前就已决定了的,大革命失败后,他曾秘密隐蔽在远距市区的武昌,他已认定那里是一个较好的隐居之地。

第二天,陈独秀便托人在武昌城内租定寓所,住进了双柏庙后街26号。

这是一所颇具庭院风味的旧式平房住宅,从陈旧的院门、破落的围墙可以看出它已久经风雨。但室内房间布局合理,客厅、厨房、家具齐全。室外青砖铺地,花圃秀树更显得庭院深深、幽静清雅。屋主是一个姓兰的桂系军人,陈独秀托人在武昌找房时,他慕陈独秀之名,慨然邀请他住,并免收租金。陈独秀过意不去,但又盛情难却,只象征性地付些房租。

辗转漂泊,终于有了可以闲庭信步、独立自主的院落!

陈独秀草草安置以后,他又想到了汪孟邹,与这位老友取得联系是他一直记挂于心的。但是自从离开南京来到武汉,他一直未得到亚东图书馆经理的信息,写往上海的那一封封信也都如石沉大海,他几次托人到武昌武汉大学校长王抚五那里,均未得到汪孟邹的回信。他不知道自己的信在飞往上海的途中会历经怎样的命运,许多生命与希望都在连天的炮火中殒灭,他不抱有很大希望,但却又不能不殷切期望着。

此时的上海亚东图书馆自"八一三"事变后,在中华书局等同行业四处设立办事处以辟生存新径的同时,也不得不开始了努力的挣扎,先后到金华、广州、昆明设立办事处。在这种严峻的生存危机中,陈独秀的信对于汪孟邹来说已是无暇顾及了。

上海亚东图书馆自"八一三"事变后,被迫关闭了所有发行所,只剩下西藏中路的一处编辑所了。日军派飞机在日升楼(今南京东路浙江中路口)轰炸后,图书馆的店员大部分都纷纷整理行李,往杭州、徽州逃难去了,徽州的店员也都侥幸平安到达了老家。西藏路只剩下四五个人,门市部也无法再开下去,当陈独秀的信飞到上海时,亚东已人事疏落了。

焦虑的陈独秀未等14日的信到达上海,又于16日写信给汪孟邹,询问前几封信"曾收到否"?再次告诉他已由南京来到汉口,且已"租定寓所",并写详了在武昌的住址。他期待着汪孟邹的来信。

在这种期待中,他又想到了那个曾常催《自传》稿的《宇宙风》杂志社主编陶亢德。自从8月中旬自己狱中撰成的两章自传手稿寄往上海后，他对此便很少关照。出狱后，他几乎将这位主编遗忘了。于是他便又给上海的陶亢德写了一封信，询问自传稿的命运，并表示了对《宇宙风》能否继续出版的忧心。他不知道此信是否能寄到陶亢德的手里，但他还是怀着一丝希望寄出了。

陈独秀的信几经辗转到了《宇宙风》杂志社，陶亢德收到信后得知他已到达武昌，在他的直觉里，敏于时事的陈独秀已将全部的精力都放在抗战的文章上了，自传已无心思续写。对于陶亢德来说，虽然他要的是自传，最关心的也是自传，但也不能强人所难，况且自己也知道时事中的轻重缓急。另外，在这烽火漫天之际，《宇宙风》这种刊物能否支持下去尚未可知。但他依旧抱着希望致函陈独秀，每次去信，总还叮嘱强调一句劝他"有暇甚至拨冗续写的话"。在陶亢德的意识里，他总觉得《实庵自传》有趁早完成的必要。对于陶亢德的催促与理解，陈独秀更觉情债难酬，心躁不安，但令他有所安慰的是，毕竟与这位主编在动乱中取得了联系。

紧张的局势使陈家小院显得特别的静谧与温馨，开始的一段时间里，他紧闭院门，似乎与墙外世界隔绝着的。他在预备着、整理着要做的事情，为建立新托派筹划，为宣传抗日撰文。同时，他又按照从南京到汉口的途中拟订的题目，努力地完成着著述计划。在狱中，他养成了来回踱步的习惯，而如今独立的小院又能更好地满足他的要求，于是，每天早晨在荒芜的园子里踱步，便成了梦醒后的第一项活动，接下来便是一整天的读书写作。

但是，这种"闲逸"也不是一成不变的，他虽然获得了自由，但国民党特务的盯梢跟踪一刻也未曾离开过他。虽然包惠僧、陈独秀去武汉前，就已写信给湖北省主席何成浚，托其多加关照，但结果却令他大失所望。何成浚接信后又将此事托付给了武昌公安局局长蔡孟坚。可是蔡孟坚却以关照之名行盘问之实，几乎完全干扰了他的正常生活。有时，他们发现有人在墙外转来转去，甚至，还故意敲敲他们的院门，这令他十分恼火，只有闭门谢客，避免各方面的羁绊。

紧闭大门，拒绝干扰，令他稍得平静，但当他以这种苟且的平静去省视自己的处境时，又不免产生出沉重的失落与愤怒：出得南京老虎桥那座"小监狱"

却又被"收容"进了一座无形的"大监狱"!

这便是民主与自由在中国的命运?!

专制、独裁、排挤,戕害着民主,而多难的民主却又在民族危亡的边缘面临着即将搁置的选择。回顾"德先生"在中国的艰难历程,他便自然而然想起了为专制者大肆鸣放而又受其青睐的孔子。他在狱中时即对国民政府筹款100万元修复孔庙和作祀孔基金予以辛辣讽刺,如今,在这举国无心顾及民主的紧张里发一声空谷呐喊,无疑是一个虔诚的民主主义者最真诚的拜献。

闭门不为思过,也不是重压下的蜷伏,他在专制所造成的气氛中行使着一位政治思想者永远不会被剥夺的思考的权利。他拥笔撰文,印烙着一个思想者辛勤的思维轨迹。

10月1日,《东方杂志》第34卷第18、19号发表了完成的《孔子与中国》一文,给他晦暗的心境注入了一丝兴奋,这一丝兴奋更使他莫名地怀念着亚东图书馆。

"不塞不流,不止不行,孔子的礼教不废,人权民主自然不能不是犯上作乱的邪说,人权民主运动不高涨,束手束足意气消沉安分守己的奴才,那会有万众一心反抗强邻的朝气。"在狱中对于国民党政府甚嚣尘上的"尊孔复古"的愤激之词也终于喷发了出来!

自从来到武汉,他便成了真正的思想独行者,没有了与托派成员的争讨,没有了与延安方面的冲突,这使得他能在诸多的平静中去关照"德先生",在难抑的激愤中解析眼前的战争。作为一个思想者,在这样风云跌宕的战争中所能做到的也只有以笔代言做好自己的宣传呼告了。于是他开始撰写抗战系列文章,在《抗战中应有的纲领》中指出,中国的抗战应"联合苏联及全世界的工农民众(日本的工农民众也在内),共同反对日本帝国主义";"迅速召集国民大会,集中全国抗战力量,主持和战大局";"改组全国军队,直隶中史政府"等十条纲领。对于抗战的结果,他也作了最坏的估计,他认为中国抗战或许"军事上会一败涂地",但是"我们还是要继续抗战"。他还以此类比说:"我半生所做的事业,似乎大半失败了,然而我并不承认失败";他希望当局"解除人民的痛苦,博得人民之欢心,使人民能够自愿地与政府合作抗战到底"。在对战争的认识上，主张"中国对日战争，利在发动全国民众蜂起参加，持久抗战，尽可能地使战争范围扩大，以消耗敌人的军力和财力"。①对于这些抗战文章，陈独秀拟结集成书，贡献于抗日民众。

2. 抗战讲坛

1911年10月10日，武昌起义爆发。次日，革命军首先控制了武昌城，12日、13日，汉阳、汉口也先后被光复。革命的烈火在胜利的鼓舞下迅速燃遍全国，辛亥革命建立了中华民国，推翻了千年帝制，为民主放松了捆绑，是中国整个民族革命战争的开幕式，10月10日成了民国革命的节日，被定为国民党政府统治下中国的国庆节。但是，此次革命却将反帝的任务遗留后世，从辛亥革命到北伐战争，一直到日军全面侵华，中国革命才动手解决这一问题，直接与帝国主义者发生了武装冲突。

中华民国第26个国庆节快要到了，身居革命发轫之地武昌的陈独秀，自然忘不了26年前的那场圣火。他在租居的寓所里写成了《从第一双十到第廿六双十》一文，回顾了26年间中国革命对反帝任务的作用。并指出："此次抗日战争，不是两个帝国主义之间争夺殖民地的战争，而是被压迫民族反抗帝国主义的革命战争。""无论何人何党所领导，任何人任何党派都应该一致赞助。"②

文章完成后，他便寄给了上海的陶亢德，希望能在《宇宙风》上发表。

国家存亡的声息日趋沉重，这年的国庆节似乎较往年的气氛更浓，社会各界都在积极组织各种活动以纪念这一特殊时期中的节日。特别是武汉的青年学生，更是热血沸腾，满怀激情。他们纷纷走上街头，或列队游行、或发表演说，举行各种抗日宣传活动。有的学校还组织了抗日宣传队、敢死队、义勇军等学生组织。

在这场学生抗日救国运动的浪潮中，武昌华中大学显得更为活跃，青年学生自发地组织了"学生抗战工作团"，并热诚地邀请爱国名人志士为该校发表演

---

① 陈独秀：《我的抗战意见》，华中图书公司，1938年3月出版。
② 《宇宙风》，1937年10月10日出版，第49期。

讲，以激励全校师生抗日志气，刚到武昌不久的陈独秀被华中大学得知后也受到了诚挚的邀请，处境叵测的他没有拒绝青年们的盛情，他似乎又看到了赵家楼的烈火，耳畔响起的依旧是连绵起伏的"外争国权，内惩国贼"的声潮。而如今，青年们的口号变了，但他们的激情却令陈独秀异常兴奋，他欣然地接受了"抗战工作团"学生代表的邀请。送走学生代表后，陈独秀便伏案开始筹备去华中大学的演讲稿了。

此时的武汉已成了全国文化的中心，北平、天津、上海文化人云集武汉，"武汉时代"似已到来。就在陈独秀接受华中大学学生抗战工作团邀请的同时，武汉文化界也在筹备着一场大型的抗战演讲集会，作为文化名人，陈独秀自然也在被邀之列，但遗憾的是，武昌华中大学与文化人的集会演讲日期都定在了10月6日，分身无术的陈独秀只得婉言拒绝了集会的邀请，其实对于他来说，他把更多的希望寄托在了青年人的身上。

10月6日早晨，潘兰珍早早地做好了饭，并在陈独秀用饭的间隙里又为他备好了出行的衣物。她整理得十分细心，这毕竟是在"老先生"自到武昌以来第一次在公众中公开露面，"老先生"形象的优劣她自觉有很大责任。饭后，她又为陈独秀修修胡须，梳理好稀疏的头发，拉整好衣服领角，直到满意为止，她才在温存的嘱咐中送"老先生"随同来接的人上路。

华中大学的礼堂里早已聚满了全校师生，大厅里座无虚席，都在期待着一睹这位极具传奇色彩的老先生登台演讲。

在校领导的陪同下，陈独秀左手挎着文件包稳步走上了主席台，在演讲席上落座，全场顿时响起了一阵热烈的掌声。他以致意的目光环视全场，那一张张朝气蓬勃的脸使他看到了中国抗战的希望。

简短的台前词之后，陈独秀便切入了正题，洪亮的声音在大厅里回荡着：

"全国要求的抗日战争已经开始了。为什么要抗战？一般的说法，是因为日本欺压我们太厉害。这话固然不错，可是，未免过于肤浅了，一般民众尤其是知识分子，应该明了更深一点的意义，抗战不是一时的感情，而有深长的历史意义。"[①]

---

① 《武汉日报》，1937年10月7日。

面貌清癯但又精力充沛的陈独秀开言几语便让在场的"知识分子"们不忍释听,这些切中肯綮的透析语言,着实让全场一阵兴奋,又报之以一片热烈的掌声。他稳了稳高亢的情绪,便开始从19世纪末西欧资本主义发展到帝国主义谈起,贯穿日本与中国反差发展的过程。对于抗战的意义他以肯定的语气强调:

"此次抗日战争,不是基于一时的感情,也不是由于民族的复仇,更不是为了正义、人道、和平,这些好听的空洞名词,而是被压迫的民族反抗帝国主义压迫束缚的革命战争。"

全场的气氛在沉静与爆响的两极上起伏。

他指出了中日两国的社会主义者在这场战争中应负的任务:都应该各自反对其本国的侵略战争,使之失败。他还分析了抗日战争的两种结果:

"如果中国抗日战争取得胜利,列强在中国的特权,或者不必经过战争,而循外交途径,以此收回,这是一种比较温和的办法,然而绝对不是幻想。""如果此次战败,只有亡国为奴。所以此次战争,乃是中国人或为自由民或为奴隶之关键,每一个中国人对于抗战怠工,不尽他所能尽的力量,事实上是帮助了敌人,即是消极的无形的汉奸!"

对于中国"不至灭亡"的侥幸者和"中国必败"的投降派,陈独秀也都分别给予了指导和劝告。最后他说:

"所以我们在抗日战争中,首先必须深刻地了解抗战之真实意义,才会有始终坚决饶的意志。"①

演讲在经久不息的掌声中结束,陈独秀走下演讲台与青年学生代表们握手,并回答他们的种种提问。混在学生中的国民党特务从始至终地听了陈独秀演讲的内容,知其尽是抗战救国的言论,便悄悄地溜走了。

为安全起见,学校领导便终止了陈独秀与青年们的问答,将其接到校办,下午又派人护送回家。征得陈独秀的同意后,他的演讲词也作为校内读物向青年学生们印发,后又由学生们带出校外,成了抗日宣传的内容,在武汉地区广泛传播。

"陈家小院"厨房里,潘兰珍正张罗着晚餐,陈独秀在她身旁一边忙着拨火,

---

① 《武汉日报》,1937年10月7日。

一边兴致勃勃地描述着上午演讲时的情形。潘兰珍静静地听着，感受着他那孩子般的兴奋，虽然她不大明白"老先生"这种欢愉何来，但却不忍有所打断，她深深地知道，丈夫已经久违这种十分投入的喜悦了，于是，她便也时不时地插入一两句有时连自己都不懂的话，她希望以此来延伸他的喜悦。

青年！让他多么振奋的生命群落！希望！青年是最理想的寄托之所！

一接触青年，他便能寻求到许多美丽的遐想，漾动着许多喷薄的感觉。且不论华中大学的这场《抗日战争之意义》的演讲能够激起多大反响、鼓舞多少士气，那些青年们的对抗战的勇武精神就足以让他看到曙光。"新文化运动"之后，他就作为一个启蒙思想家把中国的希望寄托在青年人的身上。在《新青年》创刊号《敬告青年》一文中，他要求青年自我改造成为"自主的而非奴隶的"、"进步的而非保守的"、"进取的而非隐退的"、"世界的而非锁国的"、"实利的而非虚文的"、"科学的而非想象的"青年，号召青年从消极保守、退缩、闭塞的状态中自救出来，成为一代新人。那篇文章成了新文化运动的纲领，他也因启蒙青年而成了"思想界的明星"。青年人率真、正直、激情蓬勃、满怀理想、忠于主义，少有中老年人的世故、狡黠、犹豫观瞻、工于心计、患得患失。但青年们正处于成长阶段，单纯幼稚，可塑性强，难辨方向。因此，对青年们的启蒙引导是思想家们的首要责任。他正感这种重任在肩，每当他自我省视时，他都惊诧地发现，自己正包容着青年人的所有个性！而每当他为此冥思细想时，他又坚信在他做着启蒙的努力时，不可拒绝地"沾染"了青年们的"生气"。随着垂暮之年的迫进，他对青年们的爱与希望愈加殷厚。

他决心将更多的努力付诸青年人，特别是青年学生！那一呼百应的气势，似乎总能让他找回散佚已久的自尊，这是对濒于落魄、脆弱的思想家的肯定与声援。

夜，渐次深沉，陈独秀坐在灯前，攥笔凝思。屋内烟雾缭绕，灯火如豆，他左手紧夹的雪茄不时地凑向双眉紧锁的脸。为了迎接中华民国第 26 个国庆节的到来，《武汉日报》开始了有关国庆题材的组稿，陈独秀也被约写一篇论文。他没有推辞，他觉得这是一个阐发思想言论的良机，连日来国民党政府的压制令他不得不十分珍惜每一个公开发言的机会。在华中大学的演讲稿虽经多方通融，仍未获准公开发表。他对于国庆是丝毫没有兴趣的，更不会捧颂政府，他可以不爱党，但不可以不爱国，在国难日深的今天，他唯一能做的便是为抗战救亡鼓与呼。

国庆，中华民国，辛亥革命，民族独立，救亡图存，……

他在桌上平铺着的纸上写下了一个题目：《辛亥革命之回顾与前瞻》。放下笔，他不禁又想起了1919年与1920年间与孙中山的一次谈话，他深深地记得孙中山的讲话内容："袁世凯背叛了中华民族，可是救了革命党人！"陈独秀当然明白他的意旨：辛亥革命后，国民政府以为革命成功，满清已推翻，国民党人也感觉无事可做，没有几人认为"革命尚未成功"。袁世凯复辟帝制，给国民党人送了一副清醒剂，方感到革命征途尚为辽远。孙中山见陈独秀透解其意，于是接着大发议论道："我的三民主义，尤其是民生主义，一般党人都不感兴趣，甚至说我空想，多事，孙瑶卿在汉口公开的反对我提倡三民主义，他们以为革命就是排满，排满就是革命，现在满清已推倒，革命已成功，何必又来谈什么主义呢？他说的这些话，是代表许多党人的心理的，像他们这些近视，还懂得什么是革命呢？"①

往事历历，言犹在耳，于是他挥笔写道："我们在今日的抗日战争中，切切不可忘了孙先生的教训，我们要认识中国的革命还未完成，我们不要使政治工作落在军事后面，我们不要以为抗日就是革命，我们要深切地认识抗日战争之目的，是在必须首先排除日本帝国主义在中国的特权，在能够建设民族独立的国家，以发展民族工业，以完成辛亥革命所未完成之任务！"

无论如何，他终将抗战置于一切事务之首，他虽然希望革命，也决意抗日，但已经把握住了轻重缓急。

灯火阑珊，夜色沉沉。一阵倦意袭来，陈独秀伏在桌上睡着了。梦中醒来的潘兰珍一见此状，忙起来轻轻唤醒老先生，并提来烫脚水，为他做着休息的准备。

连日的奔波与劳作使陈独秀旧病又乘虚而入，胃痛得厉害，血压也开始有了增高。他的确想静心休养，但在这洪波急流中，他无论如何也难以自持了，

---

① 《武汉日报》，1937年10月10日。

他已不属于自己。他在华中大学的演讲已给整个武汉造成了不小的震动,有关抗日的采访与报道也接踵而来。

1937年10月9日下午,《抗战》周刊记者采访了陈独秀。他虽然身体不适,但为了抗战他还是欣然接受了采访。

"前两天,武汉文化界有一次较为盛大的集会,陈先生没有到,有许多人都颇失望,因为他们都很想听听陈先生的演说。"①记者用颇具艺术的话语说。

记者礼貌的开场白令陈独秀十分满意,但他又深表愧疚地说:"呵,是的,是的。那一次的集会,听说到了很多人,我本来很想参加的。可是先和华中大学约好作一次讲演,恰恰在同一个时候,事实上分身不开了。"

简单的对白之后,记者便立即将访谈引入了正题:"现在对日战争,已经全部展开了。从海南到华北,都在炮火连天的状况之下,而东北的义勇军也活跃起来了!前线将士的英勇,不仅得到国人的爱戴,而且得到世界的赞美,可是后方的工作,陈先生以为最迫切的是什么呢?"

"这一次的抗战,军人确是尽了他们最大的力量,勇敢牺牲的精神,是可钦佩的;可是后方却赶不上,前方的血战是何等紧张,而后方竟是这样的松懈,尤其是武汉,简直连表面的工作都做得不够!武汉为全国后方的中心,而空气这样沉寂,太可怕了。所以党政当局,应该积极地发动民众起来,募集公债和训练壮丁,才会有最有效的办法。"谈到后方,陈独秀立即现出不满意的神情来,鼓噪呐喊是需要的,但仅仅用这些能将入寇赶回本土么?

陈独秀的话似乎共鸣了记者心中早已存在的不满:"五万万元的救国公债,湖北承销了一千二百万,现在还没有收足。"

陈独秀:"这是不好的现象。日本人打算筹集二十五万万的侵略费。中国应该筹足此数,五万万还嫌太少,湖北人承购一千二百万,更是太少了。并且此次公债应该多数以现金购买。"

"以现金购买?"

陈独秀:"是的!用纸币购买,实际上并不能收'有钱出钱'之效。现代市面上流通的纸币所代表的若干现金,已集中在政府手里,以政府所发行的纸币,

---

① 《抗战》周刊,1937年10月16日,第1卷第6期。

以公债形式交纳政府,几乎等于未曾购买公债,其效用至多减少若干通货膨胀,所以以纸币购公债,效果小得很,因为外汇是需要现金的。"

记者:"国民政府实行法币政策,很是成功,曾博得世界各国财政专家的称赞,现金不是早已集中了么?"

陈独秀:"政府的法币政策,确是成功,如果法币政策不成功,这次的仗是打不起来的。不过国内的现金仍未能完全集中。因为大部现金都还在乡村里,政府只能集中都市中若干现金,而不能完全吸收乡村的现金,乡间富户的窖藏,比都市里银行的保险库要充实得多!政府应该设法把乡间的元宝和银币以及珠宝等都集中起来,则对日抗战的费用,方可长期支持下去。"

记者:"训练壮丁问题怎样?"

陈独秀:"敌人的炮火很厉害,我们战士的牺牲一定很多,我们应该把全国的壮丁训练起来,然后才能谈得上持久战。"

记者:"据我所知,现在武汉三镇受训的壮丁,大概有×万人,×个月后,可以调到前线上去作战。"

陈独秀:"不够不够!中国的壮丁,大部在农村里,都市里只是很少的一部分,而且在体质上,都市里的壮丁也还比农村为劣。政府应该征集农村里的自愿作战的壮丁来受训,以作对日战争的后备军。"

记者:"陈先生所说的两个问题——集中现金和征集壮丁,都是注重在农村里,进行起来,恐怕很为困难。"

陈独秀:"要是民众起来,而且有组织,并不怎样困难。"

记者:"如何才能使民众组织起来呢?在现阶段中,我们应该给予民众以何种训练为最适宜呢?"

陈独秀:"关于组织民众一事,在目前,我希望党政当局,下一个绝大的决心,完成自上而下的改革。社会的改造有两个方式,一个是由下而上,一个是由上而下。现在既没有自下而上的方式,我们不能等待,只好取自上而下的这个方式,我们希望执政的国民党从速完成他。尤其在抗战期中,要做到全国总动员,民众的组织应看成第一重要。"

记者:"所谓'自上而下'改革,是不是由中央、省、县,以至区、乡、保、甲的这个制度，层递下去而运用起来呢？"

陈独秀："区、乡、保、甲，不能担负这个任务，而且也不大适宜。"

记者："现在上海出了许多新的刊物，都在鼓吹利用这个系统呢！还有许多青年，都准备回乡运动做保、甲长，或去和保、甲长联络呢。"

陈独秀："据我所知，现在的区、乡、保、甲，和民众还有许多隔阂，并不能切实组织民众，更不能训练民众，我们所谓组织民众，是希望政府能选派优秀青年，分赴各县担负这个责任，而不能厚望于区、乡、保、甲长。"

记者："那么，这些青年回乡去后，岂不是要和那些区、乡、保、甲长冲突起来，对于抗日的后防，不是一个大累赘么？"

陈独秀："土豪劣绅摇身一变而为区、乡、保、甲长，将来我们如果一旦军事失利，他们又会摇身一变而为汉奸，他们可成为敌人利用大汉奸统治中国的社会基础，我们将如何避免和他们冲突呢？"

记者："陈先生对于这次抗战前途的观察怎样呢？将来会有什么结果？"

陈独秀："对日抗战对内可以使中国统一，对外可以使中国富强。只要政府能领导人民抗战到底，牺牲到底，日本是断然要屈服的！日本屈服以后，他在中国的权利，当然要为中国所收回，中国的主权，可因此而得保完整。"

记者："此次抗日胜利，日本在中国特权固可收回，其他各国的呢？"

陈独秀："不成问题！土希战争以后，使土耳其的主权渐次完整，但土耳其只打败希腊，没有打败英法，然英法在土耳其后权利也渐渐被土耳其收回了。所以中国只要对日抗战到底，统一固不成问题，独立也不成问题。英美各国和中国的关系，或者可循外交途径来解决，不一定要诉诸战争；假如中国不能振作，他们就非分尝一脔不可了。"

记者："陈先生既然谈到国际问题，那么，现在快要举行的远东会议，据陈先生的观察，对于中国有没有帮助。"

陈独秀："会议不过是一种形式，不必重视。"

记者："那么，请陈先生把这个会议的背景分析一下。"

陈独秀："苏俄是同情中国的，法国和苏俄有军事和政治的谅解。在会议中，中国渴望得到这两个国家的援助。德国此时还离不开英国，不一定会帮助日本，他也不想牺牲中国的市场，渴望他中立。意大利的态度倒很令人怀疑。美国的态度，以前不大好，自从罗斯福发表演说后，稍稍改变了，然美国终不会走到英国的前面，法俄也不会采取和英国对立的态度，在远东会议中，最大多数国家还是惟英国马首是瞻。英国太持重了，太保守了，太看重既成事实了，他固然不愿从中国的市场退出，而让日本独占，然而他的态度能够有利于中国至何种程度，中国抗战的胜负是有很大影响的。"

记者："关于宣传，文化界的责任是很重大的了。现在武汉已成为全国文化的中心，平津和京沪各地的文化人，都跑到了武汉，有人还提出了'武汉时代'的口号来，陈先生觉得这个抗战的非常时期，以武汉为中心的文化运动，应该怎样开展呢？"

陈独秀："所谓非常时期的文化运动者，就是文化人的参加抗战运动。小说家、戏剧家、诗人、电影从业人员、音乐家、绘画家、大学教授、新闻记者……凡是以文化为职业的人，都应该把他的精力用到抗战的行动上。我们要把抗战的基础，建筑在广大的农村里，希望各地到武汉来的文化人，不要专门在武汉办刊物，而忘记那亟待唤起的农民群众。这样一来，并且可使他们的艺术民众化。"

"听说陈先生要办一个刊物，确否？"

陈独秀："没有这个意思。现在各报纸杂志都肯登我的文字，我何必自己办刊物呢？"

记者："报纸上说，陈先生今后要专做文化运动，不做政治运动了，是不是呢？"

陈独秀："不对！不对。这是大公报记者听错了我的说话，现在的抗日运动，就是政治运动，我能够不参加抗日运动么？那位记者问我，是不是打算参加实际政治运动（他的意思全然是指政府里面的行政）工作，我说，这于我不大相宜，十五六年时，我也没有担任政府里的实际工作，我最怕被政府里的工作所捆住，没有清醒的头脑观察政治局势。换言之，我的个性不大适宜于做官，但是政治运动则每个人都应该参加的。"

"明天就是国庆了。陈先生准备发表一点东西吗？"

"《武汉日报》约我写一篇国庆论文，我打算把辛亥革命未能成功的原因以及抗日与革命的关系，约略地说一说。只写几百千把字就够了，这个时候，没有人愿意看长文章。"

访谈已接近尾声，一两个小时的对话使抱病的陈独秀略显倦意。窗外，开始飘起了雨。此时，已经将近六点钟了，室内也渐渐阴暗起来，记者还要过江回到汉口，于是就告辞出来，满怀着收获的喜悦踏上了风雨飘摇中的小舟。

3. 武汉三镇流离客

窗外，细雨如织，秋天的雨丝在渐浓的暮色中望不见了，但阶前的雨从屋檐上滚落的声音足以证明着它的存在。这里相比南京的喧嚣似乎处处显示着沉静，这沉静又如何不似这眼前的暮色！这里似乎很少听见溯江而上的炮声，但是又有谁能够否定了忘记了它的存在？就像这暮色中的雨？"秋风秋雨愁煞人"，可是，又有多少人怀着这种忘我的忧愁呢？"肉食者谋之"的遁词无论如何也劝服不了自己，与国荣辱同系的沧桑于他似乎早已是一种习惯，而且常常成了聊以自慰的凭藉。

他推开门，走进雨中，甚至听不见身后妻子潘兰珍满含嗔怨的劝呼。

他没有走出小院，在这个有风有雨的围墙内，他能感受到夜幕笼罩下风雨的全部内涵。

他仰首四处，搜寻到一团在灰黑的天穹映衬下的树影，凝望着。风，掀起了他的长衫，雨钻进了他的脖颈，他渐渐感受了彻骨的凉意，这种冰冷从肩头一直延遍了全身，他不由得发出一声声咳嗽。

潘兰珍以为自己的言行不妥惹得他生了气，她急忙地冲进雨里，埋怨着又不乏检讨地把陈独秀劝进了屋里。

第二天，窗外灰色的天光过早地唤醒了长夜难眠的人。陈独秀早早地起床了，潘兰珍也开始为早餐忙碌了，以便饭后为丈夫早早地买来当天的报纸。

10月10日，这是中华民国国庆节的一天，民国的国民们这种应有的喜悦似乎早已被什么东西冲淡，像一杯边兑水边吸饮的牛奶，如今只剩下水一般的味道了。整个武汉三镇很难找出大庆的气氛，只有为党国统掌并乐为不疲的报刊们，努力地在这种沉寂中诵唱着令人发困的赞美诗。

潘兰珍推门进来，带着一脸的喜悦，她边走边展着手中的报纸，并指给陈独秀看。原来她拿着一张《民国日报》名为"双十节"的增刊，《辛亥革命之回顾与前瞻》的标题赫然映入了他的眼帘。

他笑了——这也该是自己对民国的一份"厚礼"吧。

此时的南京也更顾不得举行建国周年庆典，而正在忙于频频举行"国防参议会"，因为在此之前，西方英、美等国本着"调停"的态度定于11月初在布鲁塞尔举行九国公约会议，讨论日本对中国的侵略问题。商讨这次即将到来的"太平洋会议"（或称华盛顿会议）的应付方案，便成了参议会的主题。"日理万机"的蒋介石只是心情复杂地在10月9日晚，发表了纪念辛亥革命二十六周年的广播讲话，作了"告将士及民众书"的演说。此前不久，时任日本派遣军司令官的松井石根曾宣言，中日战争的"目的在推翻中国政府"。"调停"的希望似很渺茫，南京上层的主和者也觉和平无望，众心惶惶。

但10月5日美国总统罗斯福在芝加哥发表的"隔离演说"，似乎给一些人带来了一丝希望。日本在亚洲特别是在中国的军事行动大大超出了"绥靖"者们的预料，当日军独霸中国的野心暴露无遗时，他们便各怀鬼胎、互猜心事地开始了"制止"的举动。罗斯福开始鼓吹，各国对侵犯世界正义之国家，予以"强制隔离"。他说："凡目无法纪，蔑视人道，在国际上造成不安与无政府状态者，爱好和平各国均应努力加以反抗，抑欲以孤立或中立政策，而求不为此种事态之所殃及，亦势有未能。"

但是，这种威胁对于频频得手的日本却置若罔闻，成了不值理喻的童言。就在罗斯福发表演说的第二天，已将上海作为军事基地的日军对南京又进行了更猛烈的轰炸。10点多钟，十几架日机又飞临古城上空投弹，两个小时后退去。午后1时左右，警报又起，敌机又在城南投弹，4点半爆炸声才渐渐平息。晚饭后，本该静寂的石头城又在刺耳的警报声中绷紧了神经。"树欲静而风不止"，这座久经兵燹的城市只有做着沉重的呻吟。

时隔不久，即在罗斯福发表演说还不到一周的10月11日，国民党内的主和派周佛海及时任南京国民政府外交部亚洲司司长的高宗武（原名高敏）等便开始对罗斯福的演讲产生了怀疑。罗斯福的"最近演讲纯系对内作用"，似乎并没有针对日本之意。英国对此反而感觉纠纷更不容易解决，美国也似乎表示了已失"调人资格"。所以他们认为，对美国"不仅不宜存奢望，且恐受其累也"。[1]

10月12日午后，日军对南京城又进行了大规模的轰炸。13日，国民党又举行了"国防参议会"，讨论"太平洋会议"问题。会上，有人提出对日绝交，汪精卫则反对此种提法，认为此举必将使中国变应战而为挑战，丧失了国际上对中国的同情形势。因此斥责主张绝交者是在破坏"党国"的外交政策，有汉奸之嫌。这也正道出了主和者的共同心声。南京依旧在"和战"的争执中、在枪弹的轰鸣中苟延残喘。

武汉此时似乎成了与南京紧密联结着的一根敏感的神经，各种形式的宣传抗日的集会、演讲似乎是对下游南京那密集的枪炮声的回应。在这种浪潮里，即使努力去清静的人也在感受着那无处不在的震动，何况对一个怀着深沉的民族忧患情结的陈独秀？！14日，陈独秀收到了来自上海的托派"临委"陈其昌的一封信，信中谈了上海托派的活动情况，并流露出了让陈独秀入沪之意。这封信来得实在不是时候，他草草看了一遍就放在了一边，因为他还有比处理这些信更重要的事去做。

10月15日，汉口各界在青年会大礼堂举行了一场声势浩大的集会，陈独秀应邀到会发表了题为《我们要得到怎样的胜利及怎样得到胜利》的演讲。会上，听众十分拥挤，似乎每个人都想从类似的救亡活动中寻求把握自己命运的指南。热烈的掌声中，讲坛上，神情庄重的老人展开了讲稿，一个坚定、自信的声音便在大礼堂里响起：

"我今天要讲的是：'我们要得到怎样的胜利及怎样得到胜利'这个题目。"

台下一片寂静，他顿了顿，环顾台下，接着说：

"现在有许多人都在说：'我们对日战争，要得最后的胜利，'并且说：'最后的胜利必属于我们。'但是，我们要得到怎样的胜利，怎样的胜利才是最后的胜利呢？同时，怎样才能得到胜利呢？这一点，我们应当具体地说明，仅仅

---

[1] 《周佛海日记》，蔡德金编注，中国社会科学出版社1986年版，第46页。

抽象地说说胜利，那是过于空洞的。"

"今天有很多人在骂'和'，以为和就是投降，其实一个国家打仗，有战必有和，说和并不是一件坏事情，只看怎样的和法。如果是屈服的和，那是投降；如果对等的和，那是可以的。民族战争，和是可以，投降则不可。"

"前几天我在华中大学曾经讲过此次抗战意义，今天当然已经用不着再说这一方面的话，不过我当时有一个结论是不能不提一提的：我说这一次抗日不是感情的，复仇的，而是求中国在国际上、经济上脱离半独立的地位，得到完全独立的地位。不然，则我们是奴隶的生存。我们必须经济能自由发展，不受外国任何势力的宰制。这才是我们战争的意义，才是我们战争的目的。"①

他通俗易懂的话语赢来了台下一阵热烈的掌声。他似在演讲，又似在谈心。他接着讲了胜利的第一个目的是："我们并不要日本割地赔款，我们只要交还我们的主权，把在中国侵略去的交还我们，这就是我们最后的胜利。"并指出"我们要达到这个目的，必须能够支持长时期的抗战。"在阐述这一问题时，他不禁又流露出了一个中国的思想者特有的仁慈："是不是要他赔款呢？不是。因为赔款是负担在日本人民的身上。"在对胜利的目的进行一番阐述后，他又把话题转向了对远东会议的展望与分析，由此梳理出了西方各国在这场战争中的相互关系。又通过中日对比，总结出了获取"胜利的因素"是："第一，从国外得到大量军火之接济。第二，全国民众蜂拥起来，做到全国财力人力之动员。再加上政府军队的力量，这才能够保证最后的胜利属于我们。"

最后，陈独秀为此次演讲作了结尾："我们要得到胜利，必须在具体办法上指出怎样才能得到胜利；倘空口高喊'最后的胜利必属于我们'，便等于一种咒语，这种咒语，打毁不了敌人，帮助不了自己。"

演讲虽然在热烈的掌声中结束了，但这次形象生动而又不乏深刻的演讲及陈独秀的神采，却烙印在每一位听者的记忆里。

国家与民族的生存与利益，于陈独秀实在是一颗"千斤重的橄榄"。在一般人看来，为了这场民族战争，他似乎也在开始"不择手段"了，解决战争的紧迫性使他开始寄希望于外国的军火援助和他曾痛恨的国民党政府军队。但是，他

---

① 陈独秀：《我的抗战意见》，1938年2月亚东图书馆印行。

不会料到，他为这些类似言论将会付出怎样的代价。

陈独秀在演讲会和报刊的频繁露面使他几乎成了公众人物，他有关抗战的主张也颇受影响所及的人所认可和拥护。当天，陈独秀曾寄给陶亢德的《从第一双十到第廿六双十》在《宇宙风》第49期上发表了，在这一期上还刊登了陈独秀的自传广告，告知读者，这部自传将以连载方式在此后每期上发表。

第二天，武汉的北京大学"留鄂同学会"举行了一场欢迎来鄂师友大会，陈独秀受邀参加，在会上，他听取了留日同学及华北同学的报告，并致了解答词。会后与到会者一起合影留念。

从战区来的人们带来的消息，并未给后方的人们带来多少安慰。特别是华北同学的报告，更让人心寒意冷。山东已攻入了大量日军，进逼济南；在山西太原，10月13日，日军以优势兵力进犯忻口，国民党军队与日军展开了激战，阵地失而复得，得而复失，伤亡惨重。

南京上空此时的炮火也似乎不亚于华北，几乎每天都有日机"光顾"，轰炸的时间大多在中午时分，因为此时在日光的照射下不易被国民党军队瞄准。从10月18日到24日，南京上空的防空警报每到午时便长鸣不止。地下室则成了军政要员们名副其实的家。

武汉的陈独秀在不知疲倦地写作着，《怎样使有钱者出钱有力者出力》《我对鲁迅之认识》等文章频频脱稿；他在不知昼夜地忙碌着，写讲稿、赴集会、应稿约……这已使他应接不暇了，而此时已成"孤岛"的上海的陶亢德自第49期《宇宙风》发出广告后，就再也未间断过向他催逼续写自传的文稿。因为他那里已是箭在弦上，不得不发。

一方面抗战的各种活动使他分身无术，不可开解；另一方面，陶亢德这一厚重的人情债又压得他实在艰于喘息。他知道二者孰重孰轻，孰缓孰急，包括陶亢德在内。但这种两难他必须面对，最得体的办法是给那位"等米下锅"的"主妇"一个明确的或是自圆其说的交代。在谨慎的思考之后，他怀着复杂的心情在给陶亢德的回信中这样说道：

"……日来忙于演讲及各新出杂志之征文，各处演讲词又不能不自行写定，自传万不能即时续写，乞谅之。杂志登载长文，例多隔期一次，非必须每期连载,自传偶有间断,不但现在势必如此,即将来亦不能免。《富兰克林自传》,即分三个时期,隔多年始完成者,况弟之自传,即完成,最近的将来,亦未必能全部发表,至多只能写至北伐以前也。弟对于自传,在取材,结构,及行文,都十分谨慎为之,不愿草率从事,万望先生勿以速成期之,使弟得以从容为之,能在史材上、文学上成为稍稍有价值之著作。世人粗制滥造,往往日得数千言,弟不能亦不愿也。普通卖文糊口者,无论兴之所至与否,必须按期得若干字,其文自然不足观,望先生万万勿以此办法责弟写自传,倘必如此,弟只有搁笔不写,只寄前二章了事而已。出版家往往不顾著作者之兴趣,此市上坏书之所以充斥,可为长叹者也!率陈乞恕。"①

将信寄出后,陈独秀似乎了却了一桩心事:终于可以放下这部令他无暇顾及的自传而将全身心付诸抗战了。但是,一些各怀心事的人已开始在他的脚下扯起了绊索。

在上海,曾被托派开除党籍的刘仁静一直在密切注视着陈独秀。当陈独秀在武汉发表了一系列演说和谈话之后,他便于10月29日据此写信给托洛茨基派驻中国的托派代表李福仁、伊罗生写信,声称"全体同志对他表示失望了"。信中他强调将此信转交给托洛茨基,并强烈要求重新恢复自己与托派组织的关系。然而国外的托洛茨基在1938年6月25日给李福仁的信中表示"不愿给他回信",更不寄予信任。

就在将给陶亢德的信寄出后的第二天,他又收到了上海陈其昌的信。这封信已是第七封了,但他依然未做处理。直到21日,他才给陈其昌回信,信中强调"我只注重我自己独立的思想,不迁就任何人的意见……不代表任何人,我已不隶属于任何派,不受任何人的命令指使"。并坚定地表示:"我绝对不怕孤立。"②

不怕孤立的陈独秀开始了接受各种孤立。上海托派"临委"书记刘家良也向托派在中国的"钦差大臣"李福仁递上了"弹劾奏折",并对陈独秀在武汉的抗

---

① 陶亢德:《关于〈实庵自传〉》,杨扬编,《自述与印象:陈独秀》,上海三联书店,1997年11月第1版。

② 《陈独秀最后论文和书信》,第23页。

日主张大加抨击："陈独秀与某几个老同志认为：既然蒋介石与国民党在进行革命的反帝战争，无产阶级先锋队必须拥护政府作战到底。……我们的结论是：陈独秀及其附和者对中国资产阶级存在着强烈的幻想。……据我们的观察：这个机会主义者（一个标准的机会主义者）是没有希望的了。与他决裂只是一个时间问题。"李福仁将上海托派的这些活动情况向托洛茨基汇报时，也向托洛茨基表示了自己的怀疑："陈独秀出狱是以政治上某种方式的投降来交换的。"[①]

许多政治的拉拢者们在温和的游说下达不到目的时往往容易换上另一副嘴脸。

在华北，忻口会战的"拉锯战"已进行了20多天，中国军队已伤亡十多万人，军长郝梦龄、旅长姜玉贞将领等以身殉国。日军攻破娘子关，中国守军侧后受敌，被迫撤退。11月8日，太原陷落。在山东，济南也岌岌可危。

南京，已开始有了挥之不去的恐慌，这种恐慌及忙乱首先来自于四处交通的瘫痪。任何外交形式已得不到实际援助，10月11日，日军12架轰炸机使南京防空部队又拉响了警报。首府已成了政府留存的是非之地。13日国民政府被迫"拟行迁都"，15日，南京政府及中央机关决定迁都重庆；国防会议研究决定，军事委员会第一步退移武汉，第二步退移衡阳。一派国难流亡的气象由此开始蔓延了。

此时，在南京下游的江苏省的首府镇江已觉不保，便迁往苏北淮阴。似乎把南京一下推向了长江的近海口，这个民国首府也便如一支剥了皮的香蕉，裸露在大江的南岸。

风萧萧兮江水寒，11月中下旬，南京地区是一个风雨飘摇的冰冷季节。南京城的上层人士的家属们已开始摒挡行装，这情形不能不令人想起八国联军入京，满朝文武逃奔的狼狈惨相，风愁雾惨的天气，又重增了奔逃的慌乱与凄凉，其间又夹杂着"盘桓各室，苦不忍离"的缠绵，唯有痛饮几杯后，才稍稍增了些离去的悲壮。

1937年11月20日，国民党政府宣布迁都重庆。时任国民党大本营第二部副部长兼侍从室第二处副主任的周佛海，告别了南京西流湾八号住宅，于

---

① 《托洛茨基档案中致中国同志的信》，第69页。

下午 3 时 25 分登上了人员杂沓的高官离船，到晚上 8 时才在船上安排到房间，与时调任湖南省政府主席的张治中同房。同船的还有国民党军事委员会参谋长兼军政部长何应钦、国民政府内政部部长何键、南京国民政府外交部亚洲司司长高宗武、邵力子、吴鼎昌、熊天翼等。子夜时分，这艘超载之船在夜幕中起航了。

11 月 21 日 8 时半，船停芜湖，又增加了一位国民政府立法院院长孙科，才隔过九江直驶武汉。次日夜 10 时半，这艘船已到达了武汉。但汉口各旅馆已人满为患，官员们只有在船上过了一夜。如此，随着国民党官员的不断涌来，这个已成为全国文化中心的武汉，又不得不成为全国的政治及军事中心了。

日军对南京的轰炸，似乎连躲在地下掩体里的人也感受不到安全了，地面上的一切设施更包括监狱早已成了"预备炮灰"。军人监狱里，看守的人都已顾命四逃了，狱中的犯人也就"因祸得福"地获得自由各自寻命。被关押半年之久的托派成员王文元最后一个从这座空狱中走了出来，开始了命运的流转，和国民党的高级官员一样，把武汉也作为一个流离的驿站。他并不知道陈独秀对他的寻找，但武汉似乎成了一个避风港。但是，就在国民党官员们在武汉喘息未定之时，11 月 24 日，唐生智被任命为南京卫戍区司令长官，统率 14 个师 10 万人固守南京。也就在同一天，武汉的东南方也骤起爆炸声——日本轰炸机的触角已伸到了长沙，武汉自然也已包括在日机的轰炸半径之内。

国民党政府曾把战争的希望寄托在国际上，"七·七"事变爆发后，便派以杨杰、张冲分别为正、副团长的军事代表团访问苏联，争取苏联援助，斯大林曾表示"有出兵可能"，但如今似乎早已没有了"一言兴邦，一言丧邦"的顾忌；12 月 2 日，在国民政府的争取下，德国代表陶德曼由中国外交部次长徐谟陪同，从汉口抵达南京会见了蒋介石与孔祥熙，送交了日本七个诱降条件，对中日战争进行"斡旋"。但这种短寿的"调停"很快便于 12 月中旬宣告失败。幻想的一次次破灭，使武汉更增添了一阵紧似一阵的恐慌。"调停"的失败，也顿使武汉的周佛海们"焦灼万分"，哀叹"命运已定，无法挽回矣！未知吾辈死在何处也"。其实，更大的悲剧还在后面，带着法西斯侵略兽行的日本似乎已经不起太长的等待。12 月 1 日，日本大本营发布占领南京的命令，松井石根率 4 个师团的兵力于12月6日包围南京，13日攻陷了党国的首府。蒋介石声言死守六个月的南京"家园"只6天就丢掉了，回应他的却是连他自己也不曾料想的血腥屠城。

四面楚歌阵阵，武汉更是"风声鹤唳"，这里的官僚及各类流客们总被不分敌我的飞机声从梦中惊醒，特别是听怕了南京上空飞机声的人们。伤心的周佛海不会想到，在这拥挤得住无定所的武汉，竟遇见了曾是政友又似为"政敌"的陈独秀。但无论如何，长久的睽违、国难的凄伤，实在能使双方都不免生出一番忘却政治的同情来。南京一别，似乎陈独秀在武汉等待着这位出狱后曾多次接触的国民党要员。同在罹难中，作为"肉食者"的周佛海似乎有着太多无法掩隐的报颜，此时的陈独秀也似乎怀着比他更多的心事。对于陈独秀来说，与周佛海的接触在抗战问题上虽无打探情报的初衷，但在实际交谈中也的确在证实着或丰富着自己对战争动态的预见。12月13日，就在南京城被攻陷的这一天上午，陈独秀正做着周佛海的客人。然而，陈独秀与周佛海的频繁会晤，又难以向散杂在武汉流离人群中的各种情报人员眼中揉进半粒沙子，当然，也包括延安派在武汉的地下工作者们。

武汉涌满了四方的流客，这些流客又不知他日该流向哪里去，南京既陷，亡国之气笼罩在每一个人的心头，那里的血腥大屠杀，又不能不使每一个人常感冷风袭身。

王文元在几乎中断了的交通困境中，历寒忍饥辗转由南京到徐州，又经郑州于12月中旬到达了阔别十载的武汉。这里有许多他的旧友，但不知道一个确切地址。无奈之中，他只得卖了漱口杯这唯一的财产，得洋数毫，准备渡江到武昌落伽山寻找一个在武汉大学当教授的自己并不愿求助的旧同学。当他在江对面的小面馆里吃阳春面时，却令他惊喜地邂逅了老友陈仲三。这一次偶遇，对于王文元来说"它不但免去了我一次尴尬的求乞，而且使我真正脱出了厄运，让我结束了八个月来生平最坎坷狼狈的一段路程"。① 然而，对于一个思想者来说，更重要的则是他与陈独秀共同经历了一个希望的升腾和破灭。

王文元在同陈仲三的叙谈中了解到了武汉的近况，更令他欣喜的是，阔别

---

① 王凡西：《双山回忆录》，现代史料编刊社出版，第231页。

多年的陈独秀竟在武昌！世界曾经很大，却又如此狭小！中午，陈仲三给王文元买了棉衣后，便带他一同到了陈独秀家。

王文元的到来使陈独秀也十分兴奋，在托派成员中，他所比较欣赏的人也只有他了，在南京遍寻不到的王文元竟然找来了！若早寻到他，南京到武汉的这一段水路，很可能就与他"同船渡"了。他的出现，更激发着他在对各种政治势力都失望时萌生的那种希望，从某种程度上讲，也便是他离京来汉的初衷。无处可归的王文元于是便被陈独秀留在了他的"陈家小院"里。在王文元住在陈家的第一天，为了能让他调养精神，尽快消除奔波的劳苦，陈独秀没有提及政事，只是作了些感旧之谈，随便聊聊，主要是各自在南京的生活。晚上，陈独秀嘱咐潘兰珍做了三四个可口菜，权当为他这位隔别六年的同志接风洗尘。

第二天早晨，陈独秀习惯性地在院子里踱步，早起的王文元与陈独秀便开始了政治谈话。

陈独秀先向王文元讲述了自己出狱后的情况及与中共要求回党的条件，言语之中流露出了极大的不满。谈及上海的托派组织，他更是气愤有余：在国难日亟的关键时刻，他们竟仍躲在亭子间里大骂国民党是以"应战"来"作为达到妥协投降的目的手段""必须不断地揭破……并准备力量推翻他们"。这不是在帮日本人么？这与汉奸何异？！

他批评上海托派道："他们只会背老托的文章，于实际的政治斗争一无所知。"并表示今后"再不属于任何党派，陈独秀只代表陈独秀个人，至于谁是朋友，谁是敌人，得在新斗争的分分合合中决定了"。[①]

对于陈独秀的批评，王文元无法插言，因为长期与政治运动脱离，自己并不明白双方的意见，他表示想先了解一下双方情况。陈独秀于是把他带到书房，拿出自己拟写的抗战提纲，有关抗战文章及演讲词等给王文元看。对于上海方面和意见，他曾接到过，但没有保存。

王文元读罢陈独秀找出的资料，却不大苟同文中的意见，在他看来，除了拥护抗日外，竟没有提及托派这一政治派别的特殊立场。但王文元并未对此当即表态，他准备多了解各方面的意见再行商讨，因此二人没有产生争论。王文元

---

① 王凡西：《双山回忆录》，现代史料编刊社出版，第233页。

又选择了一个新的话题：在武汉创办刊物。他原以为会引起曾有过主办《安徽俗话报》《新青年》魅力与激情的陈独秀的兴趣，不曾想似乎激起了他的厌恶，陈独秀对他的提议当即给予了坚决的否定。他认为此举不但无可能，而且无必要。他告诉王文元："旧的一套工作方法得抛弃，今后如果还想在中国的政治斗争中起若干作用，必须采取新的方法，走新的途径。"当王文元问他所说的新的方法和途径是什么时，陈独秀却犹豫了，因为此时说出自己的构想，是多么的不明智。因为时机尚不成熟，况且自己的构想尚处酝酿之中。于是他便不置可否地说自己已经想了，慢慢谈吧。

从此以后，"陈家小院"便成了陈独秀与王文元的谈论天地，他们每天上午的时间几乎都消费在这个独立的小园里。他们从南京的监狱生活谈到了莫斯科的审判，从中国的托派谈论到第四国际，从抗战前途谈到未来战争的前景……他们似乎都很平静地述说着过去，憧憬着未来，没有辩论也没有争执，大多时候，王文元都做了陈独秀的忠实听众。在陈独秀看来，抗战与革命的领导者"只有那些主张民主和自由，同时又有武装实力的党派"。所以，他认为王文元提出的"创办刊物"这个"旧的一套靠文字工作在工人中宣传，借此组织起来的老想法，必须抛弃。"在多次的交谈中，陈独秀渐渐流露出了自己的构想：一方面"以自由及民主的宽广政纲去团结反国而不阿共的政治流派"，另一方面积极参加抗日队伍，"为未来任何变化预先取得有利于革命的可靠保证"。总之，就是在武汉树立起一面不同于国共、不同于托派的抗战与革命的崭新旗帜。

他厌恶上海的托派如彭述之、刘家良等或怀私愿或重领导权而打着争论的旗帜搞人身打击；他可笑那一班人空喊抗战而无抗战之实，纸上谈兵而远离政治与军事的斗争。"不论任何时候，任何条件，总是将革命之所有能事归结于办一张可怜的报纸。"这也正是他否定王文元创办刊物设想的实质性原因。

陈独秀的否定并未说服王文元，他承认陈独秀寻求新的斗争方法和途径的正确性，却以列宁"党报乃党的组织者"这一基本思想为依据，强调同时应注意办报来作为组党核心。但陈独秀的思想似乎更深邃，他说："目前最根本与最迫切的问题并非该不该办报与办党。而在于：是否懂得事实上而非空言上参加抗战，是否懂得只有这样的参加才能让我们真正地办党办报。"在陈独秀看来，如果国难当头，而不努力以实际行动解决之,这样的党派在民众中将树立起自己怎样的形象?那么,这样一个在民众心目中无立锥之地的党派,又有多少存在的价值与可能?

在其他方面,王文元也绝不同意陈独秀把托派的政纲降低到仅仅争取自由与民主,也不赞成他提出的与民主党派联络的方针,对他的"在抗战中不能引发革命"的估计也深表怀疑。谈论虽在进行,但许多方面的龃龉之处似乎仍难磨合,更令陈独秀失望的是,他们关于社会主义革命的讨论只不过是对四派分裂时关于"无产阶级专政和民主"的争论。他极力避开这些话题,放弃这些此时看来无谓的争论,而转入到实现理想与燃烧希望的实际工作中去。而此时,实际上,陈独秀与王文元的合作设想其实已步入艰难。

恰在这时,与陈独秀同狱四年的托派成员濮德治从安庆来到了武汉,并找上了这个荒旧的"陈家小院"。陈独秀的希望似乎又因濮德治的到来而"柳暗花明"。

南京既陷,武汉还会远吗?南京只有6日,武汉能撑几日?

每一个武汉的流客都深深感受到了初冬的厉寒。人们似乎都不再顾及什么,寻求的只能是生命的寄托之所。

1938年6月初,占领徐州、开封后的日军便分路向形成不久的新的政治、军事、文化中心武汉三镇展开了进攻。

很显然,武汉也将成为中日在长江之畔的新战场。

7月2日,在"中国"、"中央"、"交通"、"农民"四大银行包租的专用轮船上,站着即将离汉入川的陈独秀。此时的这种感觉,使他又想起了几个月前站在南京的码头上的那种凄凉,但这时的感觉却又难比那时出狱的舒展。那时毕竟怀着许多希望,有着足够的自信,而此时呢,神经上负载的不仅仅是普通流亡难民的哀伤,而更多的则是对责任尽失的压抑。望着滔滔的江水,他的心里不由得发出一声长叹:

——别了,武昌!

第七章
孤苦无奈入陪都

1. 是汉奸还是被诬蔑？

就在陈独秀为抗战而忙得连自传也难以续写时，延安方面便开始了对这位在武汉名声日噪的思想者寄予了极大的关注。这种对他来说已不太必要的关注，却使他感觉到了丝丝寒意。

就在1937年11月20日，也就是罗汉偕董必武访问陈独秀后不久，中共中央理论机关报《解放》便发表了《陈独秀先生到何处去》时评，说："陈先生出狱后，在武汉一次演讲中说道：'……这次抗战是一个革命的战争，全体民众应当帮助政府，世界也应当帮助中国……'这与中国的托洛茨基的主张已大有差别，托派在目前抗战中主张打倒南京政府，狂吠'左'的民族失败主义，这完全是汉奸理论，完全做着日贼的别动队的作用。"但却对其认为抗日"要发展工业"、"要发展科学"的观点批评为停留在"五四"时代，思想上仍是"资产阶级的俘虏"。这篇文章属名为"冰"，作者好似在规劝一个糊涂的老朽，愿其在该文的"冰凉"下清醒。在陈独秀看来，这似乎比骂自己"匪徒"已有较大进步了，可是，文中的那种口吻却实在令他难以接受，他仍想对此再发表些什么，然而又觉得对这种言论的处理唯一的最佳办法就是不予理会。

他极力想结束那些已不可能再有满意结果的联系，不料，那种联系却已变换了另一种面孔冲撞了过来，这一变故，将他对延安原有的那一丝好感也冲撞得荡然无存了。

1937年11月29日，王明、康生挟着西伯利亚的寒流从苏联回到了中国并抵达延安。

1931年6月，中共总书记向忠发被捕处死以后，一个典型的教条主义者、还是一个对共产国际十分忠顺的王明代理党的总书记。在1930年，以瞿秋白为团长的中央驻国际代表团成员已全部回国，又兼中共六届四中全会以后白区的白色恐怖，一年多的时间内没有中共代表团负责人在国际工作。王明乘机提出辞去代理总书记职务，改任中共驻共产国际的要求，经米夫同意后，便于1931年10月18日离开上海，11月7日到达莫斯科，并于11月10日被任命为中共驻共产国际代表团团长，参加共产国际执行委员会工作。从此，他便成了坐镇莫斯科并对中共中央遥控指挥的"太上皇"。1933年7月，康生到达莫斯科，被王明提拔为代表团副团长，加强了其控制力。

1934年年底，基洛夫被暗杀，大规模的"镇反肃托"运动迅速在苏联掀起并扩大化。此时，王明、康生便闻风而动，迅速成立了一个所谓的肃反办公室，按照苏联的模式，在苏联的中共党员干部中大肆"镇反肃托"，并在这一幌旗下以"叛徒"、"特务"、"间谍"、"奸细"、"托派"等罪名，通过苏联公安机关任意捕杀无辜者。于是，苏联的中共党员中便开始演绎着被捕、失踪、劳改、流放、处死等各种悲剧。

随着法西斯德国在西方的崛起、日本在东方的"活跃"，不惜一切代价"武装保卫苏联"的口号又被再一次响亮地提起。但是，自从遵义会议后几乎与共产国际失去联络的中共中央对那些远方的号召听而不闻了。于是，在赤都"磨炼"了几年的王明、康生便被共产国际派回了国，以"钦差大臣"的身份促成中共与国民党进行服从式的"合作"，目的是要中国紧紧束缚住日本的手脚，使苏联一旦受德国进攻时,"避免两线作战"。

有着中共驻共产国际代表、共产国际执委委员、主席团委员等头衔的王明,自称与斯大林谈过话并带着国际路线回来,似乎直接奉了莫斯科的命令而来的,为的是要配合在全世界范围内的"肃托"运动。

于是,王明便开始发挥自己的理论"所长",开始了"政治复兴"活动。12月4日,王明的《日寇侵略的新阶段与中国斗争的新时期》一文被《解放》等党报转载。文章已不乏含沙射影之词:"在现时内战停止和全民族武装保卫斗争开始的条件之下……日寇侦探机关,必然更加设法安插自己的侦探、奸细、破坏者、暗杀、凶手和暗害者等到共产党的队伍中来,他们首先是从暗藏的托洛茨基——陈独秀——罗章龙匪徒分子当中,吸收作这种卑劣险毒工作的干部。"

这篇文论似乎已为王明的回国使命定下了基调,就在这年1月23日至30日,苏联开始了对"反苏托派中心案"的审判,皮达可夫、拉狄克等17人中,15人被判死刑,执行枪决。他欲捧了共产国际这个"宝葫芦"在中国依样画瓢来。

1937年12月9日至14日,中共中央召开了政治局会议,王明便迫不及待地在会上作了题为《如何继续全国抗战与争取抗战胜利呢?》的报告,秉承国际旨意,主张中共在抗战中"一切经过统一战线"、"一切服从统一战线"。对于中央曾提出的与陈独秀合作抗日的三项条件,王明立即给予了否定,并"声色俱厉的表示反对",他表示"我们和甚么人都可以合作抗日,只有托派是例外","在中国,我们可以和蒋介石及其属下的反共特务等人合作,但不能与陈独秀合作";在王明的眼里,他的安徽同乡陈独秀连他们革命的对象也不如了。

就在这次会议中,王明指出陈独秀以每月领取日本三百元津贴而为其做了卧底中国的间谍,大骂其为"杀人犯"、"汉奸"。不料,他的这种提法却遭到了一部分人的反对,他们认为"陈独秀与托洛茨基究竟有所不同类","说陈独秀是日本间谍,究非事实"。他以威吓的口吻说:"斯大林正在雷厉风行地反托派,而我们却要联络托派,那还了得";他们"莫须有"的逻辑在这里派上了用场,指鹿为马地说道:"陈独秀即使不是间谍,也应该说成是间谍。"①在王明心里的判决书上,陈独秀的间谍罪早已被圈定成了难翻的死刑案。

---

① 《解放》周刊,1938年2月,第29、30期。

12月，王明便在《解放》第 26 期上发表了《日寇侵略的新阶段与中国人民斗争的新时期》一文，文中说道："托洛茨基匪徒分子——最无耻的民族叛徒黄平、张慕陶、徐维烈等，每月从日寇的华北特务机关部，领取五万元的津贴。"看来，被视为托洛茨基匪徒首领的陈独秀更难避开本来与他毫不相干的权治斗争了。

同是书生的陈独秀怎么也难以理解"书生"王明的心术，繁忙于抗战的奔呼中的他尚不知道，自指出陈独秀是间谍的那次会议结束后，王明便被任命为长江局书记，后来又被派往武汉。

王明一到武汉，便以中共中央的党报为根据地开始了"镇反肃托"的前卫工作。1938 年 1 月 28 日，一篇题为《铲除日寇侦探民族公敌的托洛茨基匪徒》的长文发表在《解放》周刊第 1 卷第 29 期上，该文洋洋万余言，只得续在该刊第 30 期（2 月 8 日）。一石激起迭浪重生，暂为中国政治、军事、文化中心的武汉又多了另一层喧嚣。

全文共有四个小标题，作者康生在该文中首先"论证"了"托洛茨基匪徒是日寇侦探机关最得意的工具"，痛陈"托匪"罪恶，和"无耻近乎勇，有奶便是娘"的奴性。指出"托洛茨基匪徒"是"日寇破坏中华民族解放自卫战争的暗探走狗"。并在"中国托洛茨基匪徒为日寇侦探服务、出卖国家民族的汉奸面目"的标题下开始例证陈独秀等为汉奸、日本间谍：

> 一九三一年，"九一八"事变，日本帝国主义这里占领了我们的东三省，同时，上海的日本侦探机关，经过亲日派唐有壬的介绍，与由陈独秀、彭述之、罗汉等所组织的托匪"中央"进行了共同合作的谈判。当时唐有壬代表日本侦探机关，陈独秀、罗汉代表托匪的组织。谈判的结果是：托洛茨基匪徒"不阻碍日本侵略中国"，而日本给陈独秀的"托匪中央"每月三百元的津贴，待有成效后再增加之。这一卖国的谈判确定了，日本津贴由陈独秀托匪中央的组织部长罗汉领取了，于是中国的托匪和托洛茨基匪首，在日寇的指示下在各方面扮演着不同的角色，就大唱其帮助日本侵略中国的双簧戏。

在同一标题下，康生的言辞中也常有其醉翁之意："虽然陈匪独秀从九一八以来就与日寇勾结，然而，他还可以在武汉演讲，使用其老奸巨猾的侦探技术，用'中国抗战是为了发展工业科学'的烟幕来掩盖日寇对中国的侵略。让这些日寇汉奸在全国抗战之后方还能继续活动，这不能不是中国人民的耻辱，全国抗战的损失。为了抗战的胜利，中国人民再不能容忍下去。"

"双簧戏"的说法颇具想象力，而王明与康生的一唱一和则是不争的事实。《日寇侵略的新阶段与中国人民斗争的新时期》这篇出自王明之手的导向性文章沿着"一边倒"的路子在进行"大概"、"可能"、"也许"的推断。舆论界包括陈独秀本人要求拿出"证据"时，他们只能哑口无言。

王明等在中国的"肃托运动"在不断升级，3月5日，《解放》第32期又发表了《共产国际关于与法西斯主义的奸细——托洛茨基作斗争的决议》，文章指出"须使党的组织清洗出那些为阶级敌人所暗派到共产党内来捣乱的两面手腕的托洛茨基分子；如果那些过去的托洛茨基分子许多年来在工作中没有证明其真实脱离托洛茨基主义，证明其真正忠实于党与工人阶级的事业，那就必须撤销其负责职位"。

自从南京陷落之后，日军溯江而上直取武汉的迹象越来越明显了。在湖南长沙的原北大学生何之瑜考虑到陈独秀的安危，便写信要求他离汉去湘，以便更好地照顾他。起初，陈独秀答应了何之瑜的邀请，准备赴湘去长沙岳麓山下潜心文字学著述。但后来，陈独秀分析出，如果武汉不守，长沙必危，湘潭亦非安全地带，又兼有伤兵股匪到处滋事，"恐亦不易安居"。于是他便写信回复，表示"决计入川"，并向其解释自己不愿迁往湖南的原因道："湖南非乐土，城市将难免为战区，乡间亦不免土匪侵害。"1938年2月11日，陈独秀写信给何之瑜说："弟一星期后，当可动身入川（罗汉、季严劝我往）……"在陈独秀的生活日程里，离汉入川只需要打点行装这最后一道程序了。但是，似乎只有陈独秀自己知道，此番的离汉，还包含着另组新政派的理想破灭而对这个城市深潜的失望。然而，就在他将要远离这座战乱中心城市时，一盆脏水迎面泼来，他不得不以一个政治家的"本能"丢掉远行的包袱去作下意识的遮挡。

这似乎正应验了他曾经说过的一句话："你谈政治也罢，不谈政治也罢，除非你在深山人迹绝对不到的地方，政治总会寻着你的。"

陈独秀此时的目光正聚焦在抗战的国际形势上。在政治的旋涡里，无意谋人、浪漫视物、心不设防似乎成了书生革命者普遍的悲剧构成。在抗战的日子里，他们往往把心思全部用在缝补被人划破的民族自尊心上了。

就在《共产国际关于与法西斯主义的奸细——托洛茨基作斗争的决议》发表的同一天，《政论》半月刊第1卷第5期发表了陈独秀的《从国际形势观察中国抗战前途》一文。文章言之谆谆地告诫人们要放弃对国际的幻想，"我们只有依靠自己"，别人的肩膀靠不住。并以"敏锐的观察家"的气质分析道：

在避免战争的条件下，维护大英帝国在全世界各处的利益，这是英国的国策；在避免战争的条件下，尽可能地联合任何国家尤其是英国，以防御德国复仇，这是法国的国策；自己极力避免陷入战争伤的旋涡，而利用他人的战争销售军火，这是美国的国策；不惜牺牲各国的革命，不惜忍受不名誉的和平，以谋一个国家建设社会主义的国家之安全，这是苏联的国策；统一日耳曼民族，对法复仇，以收复德、奥在上次大战中的失地，这是德国的国策；向北非、中欧、近东发展，以成为地中海的主人，这是意大利的国策；吞灭中国及南洋，独霸远东，这是日本的国策。

这便是书生气浓的革命者的悲哀与不幸，当他沉醉在研究抗日的途径中时，却被无端地扣上了"日特汉奸"的帽子。当"白的成为黑的"时，作为一个怀抱深沉的民族情感的知识分子，除了愤怒还能有什么呢？

带着苏联生活习惯的康生把延安当做了莫斯科，他在发表那篇"铲除托派汉奸"一文之后，并未停下手中的繁忙。"山雨欲来风满楼"，在王明、康生二人的影响下，陕甘宁边区抗战后援会等群众团体于2月20日在延安举行了反托派大会。会上，康生作了报告，"深刻揭露"了陈独秀等托派在中国所犯下的罪恶。

对于这一突发的变故，陈独秀显得异常愤怒，唾面自干不是他的个性，他冷静地思索着，以便给此次事件一个有力而得体的回复。他回忆起前番周恩来在武汉曾对罗汉说的话,延安方面承认自己和罗汉等"是主张抗日"并"赞成民族统一战线政策的",并且表示"以后对陈独秀这一派的人,可以将'匪徒'二字停止不用"。如今,他们刚刚撕去了强贴在自己身上的"匪徒"的标签,却又换上了"日特汉奸"的批斗牌。如此的反复无常无中生有让人岂能坐视?他把中共的几篇文章放在案头,开始反驳这场不断升级的诬蔑。

然而,没等他作出具体的反映,武汉的文化界和政界已经是"群情激愤"了。国民党国防参议会参议员周佛海、陶希圣,对此事大鸣不平。国民党中央政治委员会委员傅汝霖等更是"义愤填膺",在互通消息、相互商量之后,便决定对这番诬蔑进行公开反驳,或许,陈独秀会在这场政治的寒流中感受到国民党的"温暖"。在关于此事的接触过程中,国民党中央监察委员会委员高一涵、武汉大学校长王星拱、武昌大学历史系教授段锡朋,还有国民党中央立法委员会委员张西曼、林庚白纷纷加入决定共同辩诬。并在拟好的公开信上签上了名。

3月15日,由周佛海等九人共同签名的一封公开信发表在了《大公报》上:

为陈独秀辩诬
傅汝霖等九人致本报函①

傅汝霖等九人昨致函本报,为陈独秀氏声辩,兹志原函如次:

大公报台鉴:中国共产党内部理论之争辩,彼此各一是非,党外人士自无过问这必要;惟近来迭见共产党出版之《群众》《解放》等到刊物及《新华日报》竟以全国一致抗日立场诬及陈独秀先生为汉奸匪徒、曾经接受日本津贴而执行间谍工作,此事殊出乎情理之外,独秀先生平生事业早为国人所共见,在此次抗战中之言论行动,亦全国所周知,汉奸匪徒之头衔可加于独秀先生,则人人亦可任意加诸异己,此风断不可长,鄙人等现居武汉,与独秀先生时有往还,见闻亲切,对于彼蒙此莫须有之诬蔑,为正义,为友谊,均难缄默特此代为表白,凡独秀先生海内外之知友及全国公正人士,谅有同感也。特此函请贵报发表为荷,并颂撰安。

傅汝霖、段锡朋、高一涵、陶希圣、王星拱、周佛海、梁寒操、张西曼、

---

① 《大公报》,1938年3月16日。

林庚白。

该声明在《武汉日报》和汉口《大公报》上同时刊发外,又被《扫荡报》《血路》周刊(1938年第12期)等转载,影响进一步扩大。民主人士沈钧儒也在《大公报》上发表声明,表示不赞成随意给陈独秀扣上汉奸帽子。

自从王明以中共长江局书记的身份来到武汉以后,中国共产党在武汉出版的《新华日报》便在其掌握之中。这位在苏联即以《两条路线》的小册子,和在《共产国际》《布尔什维克》《救国时报》等发表30多篇论文、讲话而见宠的"理论家",自然深谙党报的用场。

17日,《新华日报》对九人的公开信作出了反应,发表了《陈独秀是否托派问题?》一文,表示这一问题"要由陈独秀是否公开声明脱离托派汉奸组织和反对托派汉奸行动为断","由别人来越俎代庖,均是无济于事"。他们认为陈独秀的沉默是在回避这一问题,而让周佛海等代言。也就是在这同一期报纸上,莫名其妙地出现了林庚白的声明,声明表示自己参与签署的九人公开信中,只是对陈独秀的人格"予以维护,原则上自可赞助",但因该信"颇涉于共产党所指为托派者之语气",自己要求修改而不得,故撰文表示"本人于该函之内容,完全不能同意,应不负任何责任"。在这则声明之后,《新华日报》又发表了题为《关于林庚白的来信》的评论,对该声明表示赞扬,特别是在对于托派的立场上。同时规劝道:"当此国共两党亲密合作的时候,国民党同志不应把反对托派汉奸的斗争视作是'共产党内部理论之争辩'",而应"视作是全国人民的责任,同时也是国民党同志的责任"。无独有偶,第二天的《新华日报》上,又出现了类似的声明,但声明者不是林庚白,而是张西曼。声明自己在信上署名时也曾要求"酌加修改",而其参与的真正原因是"因为在他(指陈独秀——引者)出狱后,作过数度的访问。从他那抵抗倭寇侵略的态度和对我所创中苏文化协会的伟大使命以及中苏两友邦联合肃清东方海盗的热烈期望中,可以证明他至少是个爱国的学者。"在同一期上,《新华日报》又发表了《再论陈独秀是否托派汉奸》。次日,该报就张西曼的声明又发表了《不容忽视和小心上当的短评》。署名者对公开信的声明和《新华日报》的评论闹得如火如荼,署名者如此火急的

"转向",如果不是"中苏互不侵犯"的合作力量的干预,如果不是这一辩诬阵营中的"内讧",那便是并未完全领会王明意旨的《新华日报》社编辑记者的自编自演了。

对于包含着如此严重的人身攻击和诬蔑,陈独秀当然无意让周佛海等人"越俎代庖",他更明白,如此这般的国民党要员占很大成分的"联合声明",只会将事情搞得更乱、更糟。自己是诬蔑的对象,一个愤怒已极的当事人又怎能对此无动于衷?

1937年3月17日,陈独秀自辩清白的文稿以书信的形式完成了,题为《致新华日报》,寄给《新华日报》后,他知道没有多大的希望,于是便又同时寄给了发表过九人公开信的《扫荡报》。果不出所料,《新华日报》未见动静,他的这封反诬的公开信,出现在了《扫荡报》上:

> 我在去年九月出狱之后,曾和剑英博古谈过一次话,又单独和剑英谈过一次。到武昌后,必武也来看过我一次,从未议及我是否汉奸的问题,并且据罗汉说,他们还有希望我回党的意思。近阅贵报及汉口出版之《群众周刊》及延安出版之《解放周报》,忽然说我接受日本津贴,充当间谍的事,我百思不得其故,顷见本月贵报短评,乃恍然大悟。由此短评可以看出,你们所关心的,并非陈独秀是否汉奸问题,而是陈独秀能否参加反对托派运动的问题。你们造谣诬蔑的苦心,我及别人都可以明白了。你们对我的要求是:"他如果不甘与汉奸为伍,他应该公开坦白地宣言脱离汉奸组织,并在实际上反对托派汉奸行动"。我坦白地告诉你们:我如果发现了托派有做汉奸的真凭实据,我头一个要出来反对,否则含沙射影血口喷人地跟着你们做啦啦队,我一生不会干这样昧良心的勾当。受敌人的金钱充当间谍,如果是事实,乃是一件刑事上的严重问题,决不能够因为声明脱离汉奸组织和反对汉奸行动,而事实便会消灭。是否汉奸应该以有无证据为断,决不应该如你们所说:"陈独秀是否汉奸,要由陈独秀公开声明脱离托派汉奸组织,和反对托派汉奸行动为断"。除开真实的证据而外,声明不声明,并不能消灭或成立事实呵!况且现在并非无政府时代,任何

人发现汉奸，只应该向政府提出证据，由政府以法办理。在政府机关未判定是否汉奸以前，任何私人无权决定他们为汉奸，更不容许人人相互妄指他人为汉奸，以为政治斗争的宣传手段。

我经过长期入狱和战争中的交通梗塞，中国是否还有托派组织存在，我不甚知道。我在南京和剑英谈话时，曾声明：我的意见，除陈独秀外，不代表任何人。我要为中国大多数人说话，不愿意为任何党派所拘束。来武汉后，一直到今天，还是这样的态度。为避免增加抗战中纠纷计，一直未参加任何党派，未自办任何刊物。我所有的言论，各党各派的刊物，我都送去发表。我的政治态度，武汉人士大都知道，事实胜于雄辩，我认为任何声明都是画蛇添足。

从前我因为反对盲动政策，被中国共产党以取消主义而开除，此全世界周知的事。所以有人要求我公开声明脱离"赤匪"，我曾以为这是画蛇添足而拒绝之。我现在对于托派，同样也不愿意做画蛇添足之事，你们企图捏造汉奸的罪名，来压迫我做这样画蛇添足的事，好跟着你们做啦啦队，真是想入非非。你们向来不择手段，不顾一切事实是非，只要跟着你们牵着鼻子走的便是战士，反对你们的便是汉奸，做人的道德应该这样吗？（一九三八）三月十七日[①]

一番审慎的思索与分析之后，他终于对此番的诬蔑活动有了更明晰的认识。受迫到无理可争，愤怒到无话可说，反复强调对各种脱离声明都是"画蛇添足"，正表明了对政派纷争的厌倦与深恶。如今，处在这种国难与党争的艰险中，自示清白似乎成了一种必要。他反复地表白自己是一个独行者，是"为中国大多数人说话"的人，而今又不得不努力为自己说话。他常常以"爱国爱公理的报酬是痛苦，爱国爱公理的条件是要忍得住痛苦"这一句话来安慰自己，然而，当这一句话也不能自慰时，他也只有无奈而气愤地做这些"画蛇添足"式的辩白了，况且，今日这种丧失人格的诬蔑，又怎能与那番"爱国爱公理"的理论有丝毫的联系？！

[①]《扫荡报》，1938年3月20日。

而此时，在寒冷的莫斯科，从3日到13日，一场"右派和托派反苏联盟案"的审判正在进行着，被告布哈林、李可夫等21人被推上了法庭，其中18人被宣判死刑立即处死。

3月20日，叶剑英、博古、董必武三人的公开信发表在了《新华日报》上，三人在信中叙述了1937年9月、10月间分别在南京和武汉与罗汉及陈独秀会晤的情形。表述了陈独秀在与他们的接触中"始终不愿公开表示反对托派汉奸之理论与行动，及坦白拥护抗日民族统一战线"。叶、博、董三人已无暇为陈独秀辩白了，公开信的字里行间只在表示那番接触仅仅是陈独秀一个人的错，一切与三人无关。

对于王明，也如康生一样有着苏联政治生活的习惯，只不过，康生把延安当作莫斯科，而他把武汉当做莫斯科；康生把《解放》周刊当做《真理报》，而他把《新华日报》当作《真理报》罢了。

在三人发表公开信的同一张报纸上，《新华日报》社针对陈独秀的公开信发表了《关于陈独秀来信》，指责陈独秀索要真凭实据的要求是"无赖的口吻"，是"装腔作势佯作不知道：在莫斯科几次审判托派奸徒案件中在全世界面前公布了的托派奸徒为德日法西斯蒂特务机关服务的真凭实据，写在日寇华北特务机关工作大纲上利用托派分子为侵华工具的真凭实据，王公度及其他托派奸徒叛卖祖国为日寇效劳的真凭实据"。指出其信"陈独秀虽然声明了他与托派汉奸没有组织关系，可是直到今天还是托派思想的俘虏，正因为这个原因，所以他不愿意坚决地反对托派汉奸的行动，也正因为这样，中国人民把陈独秀和托派汉奸联结在一起，不是没有理由的"。

"因为你不反对别人，那你也便是别人"的论证方式，在陈独秀看来，要么是逻辑的粗俗、要么是包藏着祸心，而对于那些精明的"理论家"们很大程度上就昭示着后者。

但《新华日报》毕竟不是《真理报》，武汉也不是莫斯科。王明、康生这一派钦差作风很快便受到了抵制。"汉奸事件"越闹越大，这种明显的诬蔑对中共来说也无疑是自毁形象。于是延安方面便指派八路军驻长沙办事处主任徐特立负责平息这场政治风波。徐特立便约了何之瑜一同从长沙来到武汉，调解这场纠纷。

谈话在十分平和的气氛中进行，徐特立代表中共向陈独秀转达了对这次事件的歉意，并劝其理性地看待此事，不要再发表公开言论，并表示中共方面自己已出面周旋解决。对此，希望远离是非的陈独秀表示了同意。在此期间，周恩来也为这次政治风波的平息付出了很大的努力，他广泛接触各类人士，并多次指派或委托别人去陈独秀家登门拜望，以示安慰，并表示为免事态进一步扩大，希望陈独秀"不要活动，不要发表文章"。

然而，事实并不那么简单，王明、康生不愿意放弃自己的初衷，他们对"日特汉奸"的张扬并没有半点收敛。

不论康、王主观上的真正目的为何，这种无端的政治伤害让陈独秀难以充耳不闻。徐特立的保证，如今于他似乎是一种愚弄，无论在朋友相谈中还是书信交往中，他都难以掩饰自己胸中的愤懑之气。

4月8日，他终于按捺不住外界风雨激起的心头怒火，给湖南长沙的贺松生写了一封信，信中说："徐老先生所说：'事情是解决了的。'真使我莫名其妙！罗汉的事，有他自己与你们的信，我不愿多说。关于我，恐怕永无解决之一日。他们自己虽然没有继续提到我，而他们正在指使他们汉口及香港的外围，在刊物上，在口头上仍然大肆其造谣诬蔑。我在社会上不是一个初出茅庐的人，社会自有公评。他们无情理的造谣中伤，于我无损，只他们自暴其丑陋而已。我拿定主意，暂时置之不理，惟随时收集材料，将来到法庭算总账，此无他也。"

气愤归气愤，既然别人已铁定了心要判你为汉奸，一切辩白都是无用的，在那些人的公案上，似乎永远没有水落石出的希望。"等将来再算总账"的话，是无奈的警告，他自己也知道，这场纷争已没有必要再进行下去，他已没有更多的时间去理会这种不可理喻的事了。

3月27日，日军出动了约80余架轰炸机对武汉发起了大规模的空袭，武汉的徐家棚遭到了空前的轰击，整个江城的房屋为之而震动，武汉又开始忙乱了。这炮声，更让陈独秀觉得争论已不太必要了。

真是多事之秋，就在他欲将此事搁置不理时，中共内部又发生了一件事。

1938年4月2日，时任陕甘宁边区政府副主席的张国焘，以祭黄帝陵为名离开延安经西安并于7日到达武汉。经过与国民党的一番秘密接触，于4月17日发表了脱离中共的书面声明。第二天，中共中央决定将张国焘开除出党。就在张国焘声明脱党并投靠国民党的第三天，中共中央发出了关于开除张国焘党籍的党内报告大纲，并在《新华日报》上予以公布，23日，《大公报》对此也予以转载。提出张国焘前往武汉八路军办事处期间，"曾见过陈独秀一次"，其目的是"在党外寻找反党的同盟者"。

看到这些离奇的故事，陈独秀啼笑皆非，他于4月23日给何之瑜写信道："张特立（即张国焘）到武汉事，你们想必已在报上看见（今天的新华及大公），我并未遇见他，有人造谣，他已来见我，真可笑。"对于这些已经成了笑料的诬蔑，陈独秀已能宽然释怀，正如他所说的"于我无损，只他们自暴其丑陋而已"。但是，中共与陈独秀合作谈判的"真正行动者"罗汉得知"日特汉奸"一事时，却忍不住了。

4月24日、25日，罗汉一封长长的公开信在汉口《正报》上连续发表了出来。信是写给叶剑英、博古、董必武、林伯渠、王若飞、周恩来的。文中叙述了去年8月份到10月份与他们接触的过程及大致情况，反驳了康生等对陈独秀、彭述之及自己的诬蔑和政治陷害。

罗汉在信中批驳道："以这样严重的卖国谈判，参加者又有当时政府要人在内，而其结果乃以三百元之代价成交，真可谓极廉价之高峰。""说我经手在日本侦探机关拿津贴的那一年，也正是我刚从狱中出来贫病潦倒的一年。记得那一年我在上海辣斐德路一间小酒铺的阁楼上，常在酒铺出入的朋友，不少现在还是中共的红人。"

罗汉又点名地说："康生君说去年六七月间我和独秀曾与美国侦探接洽……只管造谣的高兴，竟连陈、彭那时尚在南京狱中的事实也忘记得干干净净了！""我自一九三二年秋，即已脱离实际的政治生活，在沪苏一带工厂中服务，……从没有离开过职守，更没有到过南京见过独秀。中共不少和我熟识的朋友，都可以代我证明这一点。"

罗汉的声明无疑给这场即将消弭的论争又加了一把火，于是，一些别有用心的人便对共产党又展开了围攻。

就在这场如火如荼的诬蔑与反诬蔑的斗争正炽之时，远在异国墨西哥的托洛茨基给上海的"第四国际"代表李福仁写了一封信。莫斯科的大规模的"肃托"运动，使他对中国的陈独秀寄予了深深的担忧。早在1937年12月1日，他就在给李福仁的回信中同意他所说的"斯大林派现在可能要暗杀陈独秀"的想法，说"正是为了这个缘故，我相信他最好能到美国或墨西哥来"，并强调"这对陈独秀说是一个生死问题，对第四国际说则是一个有巨大政治意义的问题。至于他能参加（第四国际）大会所能带来的好处，那就更不必说了"。①

1938年布哈林、李可夫等18人被审判、被处死之前的2月5日，他又致函李福仁，再次要求他把"中国这位老人（指陈独秀）设法弄到美国来。我觉得，他可以出国宣传，使外国工人运动赞助中国为理由，要求当局授权放洋"。并且分析说："如果苏联参加战争（这是颇有可能的），中国的局势会于两三个月内发生变化，到那时我们的所有同志会被消灭。我们必须在这个意义上对他们提出毫不含糊的警告。让陈独秀出来，无论对于他或对于我们，同样是很重要的。他在第四国际中可以起片山潜在莫斯科给第三国际所曾起过的作用——而且，我希望陈独秀还能比片山潜给革命事业带来更多好处。"②

6月25日，托洛茨基再次致函李福仁，信中忧心地说："我非常关心的问题是陈独秀的人身安全。这是一个重要的政治问题。我毫不怀疑斯大林派会在战争期间暗算他。……陈独秀如到美国，能为中国的反对日本帝国主义展开很有效的宣传。他以一个真正的中国人、一个老革命家、且以一个独立的政治家的资格来进行这种宣传，对于美国工人所能发生的影响会比莫斯科的代理人们所能发生的要大到一千倍。"他还反复强调要陈独秀"无论如何得跑到外国来"，并嘱咐李福仁"必须以任何代价把这个建议传递给他，甚至可以摘引我此信的片段，让他可以（并非正式地）给当局看"。对于陈独秀与中国托派的龃龉不调，托洛茨基给予了极大的理解："陈独秀对我们中国支部保持谨慎的态度，我绝对能够理解，他在中国太出名，他的每一步行动都受着当局的管制。"③

---

① 《托洛茨基档案中致中国同志的信》，第68页~69页。
② 同①，第71页。
③ 《托洛茨基档案中致中国同志的信》，第73页。

托洛茨基的判断与担忧自有其依据，这依据便是苏联莫斯科的形势，但他的判断又是失败的，因为此时的中共中央已非昔日，他所预料并担忧的事情最终也没有出现。

王明、康生在中共中央的一些做法，让以毛泽东为首的中央领导人大为痛心，为了改变这种工作状况，加强与共产国际的联系，任弼时便于1938年4月14日代表中共中央向国际递交了中国抗日战争的形势及中共的工作与任务的书面报告大纲。5月至6月，共产国际执委主席团讨论中国共产党的报告，任弼时、王稼祥都参加了会议，并宣读了中共中央代表团宣言。宣言与报告大纲得到了共产国际的肯定。另外，自从1935年8月中共中央政治局委员陈云到达莫斯科以后，使共产国际了解了中国革命真相，同时，陈云在《共产国际》上发表的《英勇的西征》《中国共产党是中国苏维埃和红军的组织者与领导者》等文章，使共产国际对毛泽东等中共领导人有了新的充分的认识，决定确立毛泽东在中共的领导地位。7月，王稼祥离开莫斯科前，受到了斯大林的接见，不久回国抵达延安。9月29日至11月6日，中国共产党在延安举行扩大的六届六中全会，王稼祥传达了共产国际的指示，全会批准了以毛泽东为首的中央政治局的路线，会议决定撤销长江局和王明的书记职务，"汉奸事件"也渐渐地曲终人散了。

风波是过去了，然而它给陈独秀留下的却是深深的伤痛和难泯的记忆。在1940年6月22日一次与朋友的通信中，他对此还是耿耿于怀气怒不消："彼等（意指中共中央）对弟造谣诬蔑无所不至，真是无理取闹。"①痛定思痛，他深虑党派之争给抗战带来的危害。国土大片沦丧，炮声愈加密集，而我们却仍在内争！于是他便在《抗战行动旬报》征集对抗战集体意见时写了《各党派应如何巩固团结》一文。文中批评国民党"提出思想之统一为党派合作抗战的条件问题"，"未免太过幻想了，而且对于各党派合作抗日是一种有毒害的幻想！"，并揭露出"提出思想信仰统一的问题，正因为企图实现一国一党消灭其余别的党派之理想"。指出"无论政府党或在野党，都不应该利用抗战的机会，效法这种人为的外表形式来消灭异己！能够使各党派合作团结的口号，只有一个，即'抗战救国'。""如果定要拿思想信仰之统一为各党派合作抗日的条件，那只有先从

---

① 陈独秀致杨鹏升的信，1940年6月12日。

事内战，肃清了异己，然后才来抗日；这对于党派的问题，只是分散而不是团结，对于抗日救亡的力量，不是增加而是削弱，都在客观上帮助了敌人！"①

就在康生发表《铲除日寇侦探民族公敌的托洛茨基匪徒》不久，陈独秀就发表了《抗战中的党派问题》一文，虽然陈独秀对那场诬蔑还未有耳闻，但全民族抗战在即，国内党派的共处与抗战的关系已在他的深深关注之下："在民族危急存亡的今日，全中国不分在朝在野的各党各派，如果认为民族利益高于党派利益，无可犹疑的应该避免无关于抗战胜负之根本政策的讨论，而以全力用在民族解放的战争上面。"指出"国共摩擦"的原因"即两党对于联合之方式，都未免鲁莽：一方面国民党未能抛弃招降的态度；一方面共产党在政治上事事迁就允诺，未能坦白的坚持自己抗日的政治主张，因此事后在政治态度及宣传上，引起了国民党对共产党有言行不符的疑虑"，并提出了两条建议："一、国民党承认共产党及其他在野的党派，都公开存在，要求他们合力抗日，而不取招降的态度；并且不妨碍在野党对政府党政治的批评。二、共产党及其他党派，都以在野党的资格绝对拥护抗日战争；一致承认国民党一党政权及其对于抗日战争之军事最高统率权这一事实，不要把开放党权和开放政权混作一谈。"文末呼吁："党派间以至一党中小派别之非政治的无原则的地位斗争，只有为敌人开辟道路！"②

他想让自己静下来，给自己创造更多思索的空间，虽然偶尔也难免遭受外界不可拒绝的勾拉牵扯，但他毕竟在以中立者的身份面对着那一切。

他无意与张国焘发生联系，但来自中共的对他来说简直是一场风暴的"汉奸事件"，却让他总想揭开其之所以发生的真正动因。而若要真正做到这一点，只有从既深知中共营垒内部，又真正反对中共的人身上去了解。而这个人只能是叛共的张国焘了。但这并不是他的初衷，宣传抗战的繁忙使他无力也没有时机去做深入的调查。中共的报纸上曾登载了他与张国焘叛共前曾有接触，那意思就是说，张国焘的叛共是自己鼓捣的了。自己尚不与国民党为伍，哪有心机为国民党拉政治人丁？自己与周佛海有过接触，那只是"不谈政治"的一般朋友

---

① 陈独秀：《从国际形势观察中国抗战前途》，1938年4月，广州亚东图书馆印行。
② 《血路》，1938年2月19日，第6期。

罢了，即使有涉政治，也是有关抗战时局，从中了解一些国民党的抗战动向。凡有不利抗战的，均作了批驳的对象及材料了。

张国焘脱共投靠国民党后，便开始了在武汉国民党上层人物中活动。1938年4月24日下午，张国焘便来到了周佛海家。张、周二人相见，均不禁想起了17年前，二人分别以北京及日本东京代表的身份同在上海出席中国共产党第一次全国代表大会并在上海工作时的情形。那一切恍如昨日，而十余年变化之大，令二人顿生今昔之感。谈论中，张国焘得知周佛海与陈独秀交往密切，且从周的口中知道刚受冲击的陈独秀对中共正气愤不消，难道他不想见见来自延安的自己？对张国焘来讲，他一直在酝酿着组织一个新的共产党，而此时能拉到陈独秀，这不是很光彩的一面政治招牌吗？于是他向周佛海提出了想见见陈独秀的要求，希望他能提供机会。对此，周佛海欣然答应了，因为组织一个新共党对付延安，蒋委员长也非常感兴趣。

4月27日下午，陈独秀、张国焘被周佛海约到了自己家中，张、陈二人开始了在武汉的第一次接触，这几位中共最早的参与者们在政途的沧桑上不觉有了共同的感慨。交谈中，陈独秀对中共诬蔑自己为汉奸一事的来龙去脉终于清楚了。三人在周佛海家中共进晚餐。趁着陈独秀对中共的愤恨，张国焘说出了自己组织新共产党的想法，并希望得到陈独秀的支持与合作，以共图大业。然而陈独秀对此非常冷淡，一口回绝了张国焘的拉拢。事后，陈独秀向包惠僧提起此事说："张国焘想拉我，我对他说我没有这个能耐。"①关于"托匪汉奸"一事，国民党却较为宽怀，免中王明、康生等借刀示人之谋。就在陈独秀与张国焘会晤于周佛海家的当天晚上十点半左右，周佛海接到了蒋介石的"委座手谕"，指示道："凡未实际参加伪组织者，不论谣传如何，均不得称逆。当电中央社及新闻检察所遵办。"②

然而，国民政府对陈独秀仍不放心，也包括对张国焘投靠的诚意。于是，军统头目戴笠便指派武汉警察局局长蔡孟坚给张、陈二人提供了许多次会晤的机会，二人"密切往返"，有时与张国焘共进蔡孟坚为二人准备的餐饭。一次吃

---

① 包惠僧：《我所知道的陈独秀》，《党史研究资料》，1979年，第3、5、8期。
② 周佛海：《周佛海日记》（上），蔡德金编著，中国社会科学出版社，1986年7月第1版。

饭中，陈独秀曾称赞张国焘早年带领北大学生到上海"沿租界马路商店散发叫卖《新青年》"①很是卖力气。

正在这时，在中共"五大"上，曾与陈独秀、瞿秋白等组成九人政治局的谭平山出现在陈独秀的面前。离党后，1928 年与章伯钧发起成立中华革命党（即第三党）。1930 年 8 月改称"中国国民党临时行动委员会"，1935 年 11 月又更名为"中华民族解放委员会"。是国民党三民主义青年团筹备委员会委员的谭平山，也找到陈独秀要求共同组织第三党，陈独秀已无意于此，断然拒绝了。他不愿在乱中加乱，只主张"抗战救国"。

1938 年 5 月初，关系战略全局的徐州会战拉开了序幕。30 万日军分六路围攻徐州，13 日，四面被围的国民党军队开始向豫东皖北突围撤退。徐州国民党军队几十万大军退路被切断的消息于 5 月 16 日传到了周佛海处。5 月 19 日，就在徐州陷落的这一天。为共商抗战之计，在周佛海家里，一桌丰盛的午餐周围便坐着国民党中央执行委员会兼中央民众训练部部长陈公博、国民党中央执行委员会秘书长兼中央党务委员会主任委员朱家骅、曾是北京大学教授的陶希圣、陈独秀等，当然在座的还有张国焘。此时的防空警报对武汉已不太新鲜。在座的每一位都不会忘记 4 月 29 日发生在武汉上空的大空战，这场空战规模之大不由得使人又想到了已失陷的南京。战争局势的急转直下，使武汉遭受了前所未有的压力。其间，有为国而忧者、有为地位不保而忧者、有为不能寻到政治联盟而忧者，午餐在亦忧亦悲的气氛中至下午 3 点才结束。

6 月 6 日午后，陈独秀携潘兰珍来到了周佛海家，以便更真切地了解时事，以定入川之计。周佛海所谈的事实证明，武汉能守已无太大希望。

日军占领徐州、开封之后，便于 6 月初分路向武汉发起了进攻。安庆正处在日军打开的大陆南北交通线上。局势日渐危急，年迈体衰的陈独秀的继母又在念叨着漂泊他乡的儿子，她急着要去寻找，家已破碎不保，在这个世界上，已没有谁能够代替陈独秀来充当她老年的慰藉了。陈松年无奈，四处打听，才从方孝远那里得知父亲的确切地址。于是陈松年便与妻子一起搀护着祖母带着孩子乘船前往武汉。母亲及儿子的到来使陈独秀又悲又喜。局势已来不及给他

---

① 蔡孟坚：《悼念反共强人张国焘》，台湾《传记文学》，1969 年 1 月，第 36 卷第 1 期。

们提供叙旧时机。6月12日，日军在安庆登陆，家乡已经沦陷。陈独秀决定先将母亲及儿子一家安置到重庆，自己随后就到。他把买船票等事全部委托当时在国民党中做事的包惠僧办理，并给宜昌在国民党政府任职的老友史岳门写信，望其接洽自己家人。于是，陈松年便在包惠僧的安排下，乘船前往宜昌。放心不下的陈独秀于6月14日又给宜昌的陈松年写了一封信，再次嘱托他去找史岳门，设法乘船前往重庆。

就在陈独秀给儿子发出信后准备乘包惠僧安排的差船入川时，与陈独秀阔别30多年的大姐从安庆携家逃难突然来到汉口。悠悠岁月三十载，相逢又在乱离中。这颠危之中的相逢，能给人多少沧桑巨变的感觉。于是他便对包惠僧说："老姐姐来了，我怎能撇开他们自己先行！"他决定将老姐姐一家也送到重庆后再动身入川。几天以后，在史岳门的帮助下，陈松年一家登上了一只军火船离开了武汉，承受着盛暑溯江而上前往山城重庆。

6月20日，陈独秀又一次来到周佛海家，此时，他的离汉行李早已准备好了，他是来向周佛海道别的。28日，将一切安置妥当后的陈独秀与潘兰珍一同登上了"中央"、"中国"、"交通"、"农民"四个银行包的专轮前往重庆。

身后，武汉三镇只剩下了一个模糊的影子。

2. 抗战有望还是无望？

又是一次难以成寐的远程流亡。

小轮船在波涛的拍击声中朝着依旧前路未卜的陌生的地方逆流驶去。希望，如船舷的浪花只有那跳跃般的一瞬，换来的只是一场场破碎。

抗战至今不到一年，华北、华东、华中，丧失到唯留半壁江山了。此次日军分路进逼武汉，武汉也会成为第二个徐州吗？抗战救国的号子声犹在耳，而事实如此，中国还有救吗？

他站在甲板上，在江风中肃立着。他不禁想起了去年九月，自己刚出狱不久，他住在傅斯年家时，与其谈论世界大事时的情景……

对于时局，傅斯年很颓丧地说："我对于人类前途很悲观，十月革命本是人类命运的一大转机,可是现在法西斯的黑暗势力将要布满全世界,而所谓红色势力变成了比黑色势力还要黑,造谣中伤,倾陷,惨杀,阴贼险狠,专横武断,一切不择手段的阴谋暴行,都肆无忌惮地做了出来,我们人类恐怕到了最后的运命!"

陈独秀说:"不然,从历史看来,人类毕竟是有理性的高等动物,到了绝望时,每每自己会找到自救的道路,'山重水复疑无路,柳暗花明又一村',此时各色黑暗的现象,只是人类进化大流中一个短时间的逆流,光明就在我们前面,丝毫用不着悲观。"

傅斯年很严肃地对陈独秀说:"全人类已临到了窒息的时候,还能够自救吗?"

陈独秀说:"不然,即使全世界都陷入了黑暗,只要我们几个人不向黑暗附和,屈服,投降,便能够自信有拨云雾而见青天的力量。譬如日本的黑暗势力,横行中国,压迫蹂躏得我们几乎窒息了,只要我们几个人有自信力,不但可救中国人,日本人将来也要靠我们得救,不要震惊于他们那种有强权无公理的武装力量!"

听了陈独秀的一番话,傅斯年颇受鼓舞与振奋。

有一次在中英协会上,陈独秀与胡适、傅斯年晤谈时,傅斯年对胡适说:"我真佩服仲甫先生,我们比他年纪轻,还没他精神旺,他现在还是乐观。"

他望着滔滔江水与两岸青山,心里默默吐出一句:"我现在还是想着!"

"我们不要害怕各色黑暗势力笼罩着全世界,在黑暗营垒中,迟早都会放出一线曙光,终于照耀大地,只要我们几个人有自信力,不肯附和,屈服,投降于黑暗,不把光明当做黑暗,不把黑暗对付黑暗,全世界各色黑暗营垒中,都会有曙光放出来!"

"我们断然有救!"

7月2日,经过好几日的水上漂泊,轮船终于平安抵达国民党的陪都重庆。

陈独秀在潘兰珍的扶携下走出了船舱,出现在重庆码头上。早已等候在那里的高语罕及周钦岳等连忙上前迎接老先生。一路叙话,嘘寒问暖,高、周二人便将陈独秀与潘兰珍暂时安排在重庆禁烟委员会主任李仲公的办事处,住在

"上石板街15号川源公司"的楼上。

经询问得知,母亲谢氏及儿子松年一家十天前即到达重庆,先是住在旅馆里,后又逐渐找到了安徽的同乡及亲戚胡子穆、潘赞化和方孝远等人,不久,陈松年的大姑母吴陈氏也在陈独秀的安排下乘船到了重庆并与陈氏一家同居住。亲人皆已有所安顿的情况给了陈独秀以些许的安慰,亲情,这个与他外在性情格格不入的名词,到了晚年,似乎一下子被从灵魂深处抽取出来贴到了面庞上。早年,他锻炼儿子的"置之死地而后生"的方法几近残酷,由此还与夫人高君曼拌过嘴。"五四"时期,1919年下半年,陈独秀在北京大学任文科学长的时候,延年、乔年两个儿子到北京看他,他们并不直接去陈独秀家里,而是准备了一张名片投递,上面写着"拜访独秀先生",下面写着延年、乔年两兄弟的名字。此事一时被人们传为笑谈,说陈独秀提倡民主,真是民主到了家里。①在这里,哪里还会寻找到半点亲情痕迹呢?

陈独秀住下后,周钦岳、张恨水等忙于为他设宴洗尘,他们都是陈独秀在《新蜀报》《新民报》共事的朋友。张恨水原名张心远,是陈独秀的同乡,安徽潜山人。"九一八"事变后,他开始写抗战小说,由南京入川后,经张友鸾介绍与陈铭德相识并参与《新民报》的筹备,起初编一副刊为《最后关头》,显而易见意指抗战。

此次的宴会,使他想起了不久前在南京的一个场景:那也是一次宴会上,当时他已"决计入川",于是便征询第三党章伯钧的意见,其时这个《新蜀报》的主编周钦岳也在座,且在四川供职,于是章伯钧转而问他道:"仲甫入川怎么样?"周钦岳表示非常欢迎。

如今,周钦岳的盛情证明他正在践行自己的诺言,又兼张恨水的热情劝用,使他顿时淡忘了许多异乡的流落。但他此时尚不知道,周钦岳的欢迎是有条件的。

他私下里向其他朋友吐露了自己的衷心:要求陈独秀入川后"千万不要活动,更不要发表什么政治性的东西,那么住和其他生活方面的问题,我都可以

---

① 许德珩:《我和陈独秀》,《党史研究》,1980年第4期。

负责"。①他知道陈独秀的脾性，任何附加条件的帮助于他都简直是一种污辱，只能引发他的怒气。他希望不挑破这层纸而有奇迹的出现。然而，对于陈独秀来说，能给周钦岳的只能是失望。

喘息甫定，视政治为生命、视国家与民族之前途为前途的陈独秀，又开始为战争而繁忙起来了。

7月7日，是中国抗战一周年的日子，在入川的路上即已思索着抗战一周年给中国带来了什么。他在尚未揩净灰尘的桌子上铺纸提笔写道：

> 这一年是中国历史上最光荣最有价值的一年，一年战争中所给予我们的经验与教训，胜过一百年。……然而经过一年的战争，以一个大力士竟然不能够击倒一个东亚病夫，使他不敢还手，全世界人士都眼见这位大力士的本领不过如此，这位病夫也不是人们以前所想象那样容易驯服的民族，这是敌人失败之第一点。……因此敌人对于一般汉奸，很少敢于信任，一年以来，未曾出现一个有力的汉奸，这是敌人失败之第二点。……然而在此次战争中，我民族抵抗者的人格提高了不少，同时敌人野蛮无赖的面目，在全世界文明人士面前无隐藏地暴露出来，这是敌人失败之第三点。……这各种程度的反战情绪，将随对华战的延长而加强，如果进攻武汉战旷日持久，得不着效果，受军事压迫的各种反战分子，会日渐抬头，这是敌人失败之第四点。……②

他又指出中国目前"迫切应该力行"的"四事"：第一，外交上坚决地择用以本国现实利益为本位的政策，争取各国大量物质援助而为己用；第二，民族垂危的今日，在野的党派应该口心如一地援助政府抗战，获得胜利。不应该有保存实力趁火打劫的企图；第三，政府应迅速决心解除人民痛苦，从而组织抗战民众；第四，政府应该下大决心，严惩各级官吏中的贪污分子，对于生活奢华、狂嫖滥赌、人民侧目者，一律发往前线，开挖战壕或运输。

---

① 《周钦岳谈陈独秀》，1982年12月，周祖羲访问整理。
② 陈独秀：《抗战一年》，选自《民族野心》，广州亚东图书馆印行，1938年8月。

他实在太忙了，似乎每一根神经都在为抗战而绷紧着，在抗战过程中，他努力使自己站在各党派之外，然而，党派党内之争的旋涡，总将他圈卷进去而身不由己。告别了武汉，他似乎有了一次新的生命，如果说在武汉还有另立旗帜而"曲线救国"这一"私心杂念"的话，或者难拒干扰，那么在这国民党的新都，他只有专心致志地思索抗战救国之路了。在常人眼里，此时的陈独秀已是穷途末路，无可依归了，然而于此时的陈独秀来说，他已不再需要任何依归，如果可以，他愿以一身之躯，为挽救民族的抗战呼喊到力竭。在国民党行政区内，延安的力量他是看不到的，并且在他的意识里仍积郁着旧嗔新怨，满怀着失望。由此，在他的抗战逻辑里，能够起领导作用并取得抗战最终胜利的政府只有国民党一个，所以，国共合作、统一战线，都要以国民政府为主了。当然，在国民党抗战不力，有"政府之私心"时，他也会责无旁贷首当其冲地予以批评挞伐。

陈独秀的抗战主张对于连失国土的政府来说，自然是大有裨益，甚至于感怀着一种"有助之恩"。于是，陈独秀很快便受到了国民党中央广播电台的邀请，并于7月14日发表了题为《抗战中川军之责任》的演讲。

该演讲对敌我双方进行了分析，认为"敌人利在速战速决，我们利在延长战争；战争愈延长，我们固然愈加破产，敌人也愈加困难；我们破产是愈加贫弱，敌人的困难是不能维持富强"，①由此削弱了日本对英美俄的防御能力。从而得出结论："只要我们再困苦支持半年以上，守住武汉不失，敌人便会知难而退，即是撤回我们不能忍受的媾和条件，我们便能在战败破产的废墟上，加倍努力，复兴我们的国家民族。"为使川军"第三次出兵"，投入到武汉会战中，陈独秀激励将士们道："川军是我们国家民族的最后长城。这便是抗战中川军之责任，也就是川军在历史上不朽的荣誉。""即万一不幸，武汉失守，在经济上、文化上，也只有四川能够领导云、贵做复兴中国的安哥拉。"

他所做的一切无非是为了调动全民族的抗战积极性，"使有钱者出钱有力者出力"。他的确太天真了，简直是一个抗战痴人，悟不透天真二字的含义，看不清一个"争"字里隐藏的杀机，陈独秀不幸而在中国，中国有幸而有陈独

---

① 陈独秀：《民族野心》，广州亚东图书馆印行，1938年8月。

秀。自"五四"以来，他都在不断破译着国民劣根性这一痼疾基因的密码，只有他才能说出"此次对日战争，对方乃是文化较高的民族，可以说虽败犹荣"的话来，但是真正悟出其间所包含的对民族深沉的忧思者能有几人呢？他在努力地建造着一期期的启蒙工程，也对革命产生着无限的向往与实践。他率真而疾的性情，使他与孙中山一样有着"俟河之清，人寿几何"的理性前倾，因此才使得他的政治生涯里启蒙中有革命、革命中有启蒙的双手抓举。如今，在他眼里，"议败亡了国，一切改革都无从谈起"。民族战争即上升为革命，革命中需要启蒙，他也就甘心做一个启蒙者了。然而，他并非没有感受到启蒙的沉重，在政治的多种话题中，他也常常不经意地说出一些"浮躁"的话来："说到改去缺点，真是千头万绪，现在已经有点缓不济急。在战争第一的今天，只有从治标方面，择其有利战争而不妨碍战争的几点着手。"①即使到了只余西南半壁的今天，他依然在以如火的激情感染着每一位川军抗战将士。鲁迅曾对国民上层人士抗战情绪的低落而发出一声"中国人失掉自信力了吗？"的反问，而到了陈独秀这里，则给出了一个掷地有声的回答："我们断然有救！"他身体的上空似乎悬着沉重地写着"民族"二字的十字架，放在他微驼的背上，稍不努力，便被压得难以喘息。抗战中某些党派容易产生"保存或发展实力以待战后"的取人垫背策略，然而，再高明的政治家或智谋家只能乱编国民教材，而不能篡改半点历史，它必将以铁的真、火的热突破愚蒙，昭告后世。在国民党内，如果没有各派系对抗战利弊的挑拣和权衡，又怎会生出这一番"苦口婆心"的劝说？

在中央广播电台的演讲令陈独秀自己也颇受鼓舞，他觉得自己能够在战区中发挥自己的作用，他曾记得在武汉时，王文元等几人曾建议自己去香港，从而摆脱国民党的严密监视，而他未假思索便否定了。原因是：我们既然拥护和参与抗战，无论怎样也要留在抗战地区，利用他们不得不给我们的合法身份来做公开批评，一去香港便将这个身份自动放弃了。②而今，这一切证明自己当初的决断是正确的，在这样的抗战氛围里，已经不再有人说自己是反党反政府的"非法人物"。

---

① 陈独秀：《民族野心》，广州亚东图书馆印行，1938年8月。
② 《托洛茨基档案中致中国同志的信》，第74页。

演讲后的第二天,他又毫不停息地去思索、去完成新的抗战篇章。第三天,一篇题为《民族野心》的文章又脱稿了。文章从经济这一根本原因入手,经过分析得出结论:"经济长久停滞的中国,也因为鸦片战争之后,又经过欧洲大战,资本主义的工业有了初步的生长,民族野心已开始萌芽,于是才会有了戊戌维新、辛亥革命、'五四'、'五卅'运动、北伐战争和此次抗日战争的发生。然而正因为经济长久停滞在前资本主义的缘故,旧社会的抵抗力过于强大,资本主义的工业与文化不易侵入,民族资产阶级昏懦的可怜,双料落后的士大夫群仍然充塞了朝野,这便是历次革新运动中途夭折和此次抗日不易成功的根本原因。"①他对农民、商人、士大夫们各阶层的抗战现状均不满意。尽力而牺牲于抗战的只是一部分有民族意识的工业家、工人、军人和受过资本主义或社会主义洗礼的青年。

他身处于国统区,自然听到一些关于延安方面对抗战"游而不击"的谣言,于是,便依据道听途说展开了对延安的批评:"跟着以最前进政党自命的蠢材,大反其'唯武器论',和大唱其'大刀向鬼子们头上砍去'的歌,大吹其'大刀旋舞起来,皇军便要发抖的法螺'。"对于"投机抗战"者,他没了"宽以待人"的胸怀,言辞显得尖酸与刻薄。给予"怠于抗战"这类人的批评,成了他对抗战应负的责任。在他的意识里,这类批评不是为国民党作伥,也不是为中共张目,归根结底都是在帮全民族抗战。

这类批评几乎成了"每周一歌"。7月21日、27日他又分别完成了《论游击队》《说老实话》两篇文章,并发表在《青年向导》杂志上。他认为对游击队有两点必须认识:第一,正当的游击队有两种,一是由正规军指挥供给的别动队,一是民众自携武器、粮食的武装队,它们都须与正规军配合才起较大作用。第三种便是在民众之外又在民众之上向民众征发军器、粮食的游击队,在战中和战后,往往是社会国家的累赘,在这次抗战中,被人骂为"游而不击",抗日不足扰民有余,"亡国的游击队"正指此辈。第二,即正当的游击队,虽有它的特殊作用,即战乱中扰乱和牵制敌人,战争失败后使敌人不易安全统治;然一离开正规军,而幻想专靠游击队来保国家,便是天大的错误。他还指出,在抗

---

① 陈独秀:《民族野心》,广州亚东图书馆印行,1938年8月。

战中过高估计游击队和游击战术,"即使游击队布满了全国的农村和小城市,甚至避开敌人的势力在偏僻地方建立一些可怜的边区政府,仍然算是亡了国!没有大城市,便没有国家"。①

实干兴邦,空谈误国。他歌颂抗战中的务实者,对于空喊抗战者予以强烈的讽刺:"在抗战八股大流行的今天,把宗教般的感情代替了科学,说老实话更是不合时宜了。后方的英勇战士太多了,尤其在开会宣言和通电的时候。全民抗战,各党合作,全国精诚团结,民众奋起,歼灭敌人,最后胜利,如此等等,似乎已经不成问题,事事结果圆满,处处印象极佳。"②

陈独秀努力而忠实地为抗战做着免费的宣传,以便多增些不知何时将安然离去的理由与自慰的资本。或许他已将在抗战中收取任何演讲用费都视为趁火打劫或可耻的蒙窃。凡是有关抗战的邀请,他是有求必应毫无托词的。

在商界,他毫不犹豫地接受了重庆民生公司的邀请,前去作抗战演讲,他不管对方是慕其名气以扬其商业知名度,或是随便捡起抗战这一时髦的名词为镀金,总之,只要一有机会,他便不会轻易放弃,并且为撰写每一篇讲稿而殚精竭虑。

陈独秀爱国情殷、抗战心切,一心想为抗战宣传做点贡献。但他长期生活在国民党统治区,难免受到国民党舆论宣传的误导,再加上信息闭塞,在不了解抗战实情的情况下,又轻率地人云亦云,说了一些过头话,结果事与愿违,帮了"倒忙",这是事实。但是,平心而论,陈独秀发表这些抗战言论,在主观上没有帮国民党说话的动机,可以说陈独秀无意之中被国民党政府所利用,不自觉地充当了一次他自己也不愿意充当的角色,在客观上与国民党的反共宣传产生了某种"共振",对共产党领导的抗日游击战宣传作了不真实、不公正的评价,动机与结果相悖。那些指责陈独秀的人们,也应当看清这种背景,不能武断地斥之为国民党政府的"帮腔者",要知道陈独秀对独裁专制的国民政府素无好感,对其消极抗日政策同样给予猛烈抨击而不留情面。

7月的山城重庆,燠热难耐,而陈独秀衰弱的病体里却燃烧着如火的激情。

---

① 陈独秀:《论游击队》,《青年向导》,1938年7月23日,第3期。
② 陈独秀:《说老实话》,《青年向导》,1938年7月30日,第4期。

陈独秀在家时，夫人潘兰珍几乎不离半步，或挥扇为其驱赶蚊蝇，或在他大汗淋漓时递上凉水浸过的布巾，让其敷在前额上稍事休息。她尽心尽力地为老先生提供着一切方便，又常常站在他的背后看他瘦削的身体和头顶上稀落的头发暗自心酸。她不是没有劝说过他"珍重身体"、"及早休息"之类的话，而实践证明这些话在丈夫的面前显得多么的苍白无力。她常常由己推人，在这流火的7月，年轻的自己，尚难以忍耐这炙热而又闭闷的酷暑，何况一个已60岁高龄的衰老病体呢？

在狱中，陈独秀就患有高血压，从离开南京到汉口时，血压就已上升到一百八，如今看他的苦状，与那时相比有增无减。连日的劳累，酷暑的煎焙，使其日趋形衰。潘兰珍知道，从精神面貌上看，他出外与居家完全是两个人。她不知丈夫具体在做什么，但从与丈夫接触的人对他的尊敬、谦恭，她就知道丈夫一定在做着不平凡的事。她将全部精力都用在了照顾陈独秀的生活起居上，忠诚而无微不至，她不敢想象如果没有自己，丈夫的生活会是什么样子。

他们的生活是清苦的，战乱中的物价暴涨，即使陈独秀有着微薄的稿费却也常常会有着数米而炊的拮据，但陈独秀又偏偏不是愿拿别人善意资助的人。他在武昌时，包惠僧从南京到汉口前，曾到周佛海家里，陈独秀北大时的学生陶希圣也在，他托包惠僧带给陈独秀200元钱，并说钱是北大的几个同学凑来的，送给陈独秀以尽师生之谊。当包惠僧赶到武昌将钱如数交给陈独秀时，陈独秀执意不收来路不明的钱，直到包惠僧道出了钱的真正由来，他才无奈收下。近几日，他又收到了任卓宣的一张200元的汇票，任卓宣曾是原中共旅欧支部及湖南省委负责人，后来遭到国民党逮捕，充当了特务。他得知陈独秀生活困顿，便寄钱资助，以表寸心，然而陈独秀却当即淡然寄回了。

陈独秀在汉口时，曾多次到狱中看望他的时国民政府教育部次长的段锡朋与杨亮功商量，让杨亮功写信给武汉大学校长王抚五（王星拱）到该校教书。因为陈独秀的政治身份，国民党教育部的人不便出面，于是便让杨亮功代为传达段锡朋的意思。因为此时陈独秀生活尚无着落，只有靠《独秀文存》等微薄的版税生活。他们商议，建议武汉大学给陈独秀一种名义，每月津贴数百元，但不一定要他讲课。无功受禄，陈独秀不会去做，真正去做小范围的教书先生，自食其力，又不是陈独秀打发光阴的劳作心愿，因此只有婉拒了这些温暖良善的帮助。后来王星拱又想了其他办法，陈独秀均未应诺。

在潘兰珍的嘱托中，陈独秀包里装着的是标题为《资本主义在中国》的讲稿，又踏上了去民生公司作演讲的路，他步履蹒跚而坚定，行进在山城的烈日中。

演讲台上他开始了对人类的进化形式及社会的发展展开了分析，这也便是自受邀几天来对中国资本主义的存在与发展思索的结果。他反驳了中国还是半封建的说法，认为观察一国经济，要以哪一种经济成分居领导地位来确认是何种社会，"没有什么一半一半"，更不能认为它有各种经济成分，而认定它是各种社会。他认为："比起资本主义先进国来，中国此时还是一个初期资本主义国家，这就是说资本主义在中国，还有发展之余地。"指出"在目前过渡时期，我们宁可忍受资本主义的罪恶，来代替封建军阀的罪恶"。他又分析了中国不能跳过资本主义直接过渡到社会主义的原因，最后得出结论："中国目前的问题，不是什么'社会主义，或资本主义？'而是'本国的资本主义，或外国资本主义的殖民地？'"①

对于现代的经济制度，他认为只有两个：即资本主义与社会主义制度，而没有第三个。私人资本制度及国家资本制度都是资本主义的范畴，"只要不废除财产私有，都不能走出资本主义的范畴"。并且敬告反对资本主义者：小资产阶级的中共即不懂无产阶级的社会主义，又厌恶害怕资产阶级的资本主义，所以提出了"力争非资本主义的前途"的说法。②

在国内，陈独秀在努力宣传着自己抗战救亡的主张。但他又将深远的目光注视着国外，因为那里有着自己的侨胞。在武汉时，他即与暹罗（泰国旧称）《华侨日报》记者有过密切的接触，进行过关于抗日救国宣传的商讨，以更好地通过《华侨日报》向国际社会及海外华侨呼吁，争取更多的资助或声援，并在此期间与暹罗华侨日报的记者团成员合影留念。

如今，他没有忘记这一反战的力量和途径，也没有忘记那一切被中日战争

---

① 陈独秀：《资本主义在中国》，《民族野心》，广州亚东图书馆，1938年8月。
② 陈独秀：《告反对资本主义的人们》，《政论》旬刊，1938年8日5日，第1卷第19期。

牵动着神经的人。

8月1日，他又忍着巨大的病痛完成了《敬告侨胞》一文。他满怀激情地说："凡是中国人，无论国内国外，都应该尽他所能尽的力量，援助这一战争。国民对战争越尽力，胜利越有希望，即使不能胜利，甚至战败而亡国，全世界也不至把我们看成永远亡国而不能复兴的民族。"

"在此次战争中，海外各地侨胞，对于祖国这热望与援助，使我们住在国内的人，不但兴奋，而且惭愧。"

对于抗战这一民族运动，他敬告侨胞，如果他们所在的国家"不公开的直接加害于我们"，就不应该在自己民族利益或"阵线外交"的立场上，妨碍其以民族利益为己任的外交政策，从而违反其民族自决的精神。至于国内的贪官污吏对人民的欺诈，他认为是"世界各国最可怕的地方"，希望归国曾受其害的侨胞，莫因之而对祖国失望灰心，他接着阐述道："人民是国家的主人，官吏是国家的公仆，公仆不良，主人有权利起来赶走他们！不起来赶走他们，是人民自暴自弃；失望灰心，更是自杀！"他又诚挚地自责道："我奔走社会运动，奔走革命运动，三十余年，竟未能给贪官污吏的政治以致命的打击，说起来，实在惭愧而又愤怒；然而我过去不曾自暴自弃和自杀，将来也不会自暴自弃和自杀，但愿与海内外志同道合的人们携着手共同奋斗到底！"①

随着武汉形势的日渐吃紧，长江下游沦陷区的流亡官吏与逃难百姓不断向山城重庆涌来。一下子承担这么多人的衣食住行，使这座陪都的一切都显得无序而忙乱。物质奇缺，价格飞涨，躁乱的山城在奇热中简直要起爆了，而下游水陆两路还有更多背井离乡的人在向重庆涌动来，他们知道，留在战区总是没有紧随政府保险。

作为国民党政府陪都的重庆，机关林立，人口剧增，供应紧张，居住也困难，又加上日机时常侵入骚扰，很多机关、学校和居民纷纷向其周边地区疏散。生活原本拮据，捉襟见肘的陈独秀夫妇也日渐难堪起来，靠微薄的稿费生活也难以为继了。潘兰珍不言尴尬的炊事，陈独秀也非常明白。急躁、酷暑、精神疲劳、血压升高、胃痛接踵而至，温饱尚成问题，问药更难提及。但使夫妇二

---

① 陈独秀：《敬告侨胞》，《告日本社会主义者》，广州亚东图书馆印行，1938年11月。

人欣慰的是，不久前他们竟在这乱离之地遇到了皖籍名医邓仲纯。

邓仲纯（号庆初，又字初），安徽怀宁（安庆）人，与陈独秀同乡，是著名书法家邓石如的重孙，邓叔存（字以蛰）的二兄早年曾留学日本东京帝国大学学医，与陈独秀相识并建立了很深的交谊。抗战爆发后，他随着逃难的同乡来到了江津，为了能在当地立足，便又与当地的著名乡绅邓鹤年（号蟾秋，1871—1953）攀结为同宗。通过邓仲纯，陈独秀结识了邓鹤年、邓燮康叔侄。邓燮康（1910—1978），1929年毕业于上海复旦大学市政系。五四运动中深受《新青年》的影响，对陈独秀很是仰慕。抗战期间，他大力资助由外省迁到江津的文化机构、学校及流亡而来的社会名流及学者，最大限度地解决他们的食宿困难问题。

他在来重庆行医时得知陈独秀夫妇已到此地，便登门为陈独秀检查了身体，除针对性地开列些药品外，邓仲纯还留下了一部分供陈独秀平时用。看到陈独秀的身体状况和他们夫妇艰苦的生活条件，邓仲纯内心也异常凄凉，"同是天涯沦落人"，但陈独秀与自己相比却又有着更深重的苦难。巨大的精力消耗，几乎虚脱身体素质，却还要与普通的逃难人一起承受着嘈杂与拥挤。自己家在江津，距重庆水程180里，他想多为陈独秀检查身体，却无法达到。凭着职业经验，他觉得陈独秀需要在医生的指导下才能做好身体保健。否则，照此下去，体质的大幅滑坡是无法避免的。

如果陈独秀能在江津该多好！

这种闪电般的念头让邓仲纯一阵兴奋，他便如实告知陈独秀的病情，并建议他搬迁到江津居住。听了邓仲纯的话，陈独秀十分犹豫。从南京到汉口，又从汉口到重庆，这都是在自己的直觉之下，又经过深思熟虑的结果。而今，离开重庆却是从未想过的！这意味着什么？遁入深山吗？难道已无其他的路可走？他也感觉到在这种环境中生存的艰难，但他舍不下这种宣传抗战主张的机会与环境，就如他曾经不愿意去香港一样。陈独秀没有当即允诺，希望邓仲纯能让自己慎重考虑，邓仲纯也不愿强人所难，只是向他讲述了江津的大致情况。

江津是在重庆上游的一个县城，当时，人口约有80万左右，是川东的一个大县。这里地势较重庆平坦，环境也较安静，况且气温也较重庆清爽多了。抗战爆发后，随着局势的紧张，安徽国立第二中学经教育部批准立案后，遂迁到此，并按该县中学排次更名为"江津九中"。此中学用以收容战区中安徽籍来渝的教员和学生。徐州会战失败后，安徽籍的教员及其家属、学生纷纷迁到江津，"江津中学"如一个"皖人收集站"，安顿了几千人。而当时江津国立九中的校长便是陈独秀早年的同学邓季宣，他的好友潘赞化也是该校的总务主任。

邓仲纯回江津后，邓季宣从他那里得知陈独秀所处的困境，二人便商议将他迁到江津来。

生活的艰难、环境的险恶、陈独秀日趋加重的病体，虽然让夫妇二人十分难耐，但陈独秀离开重庆的念头却从来没有过。一个月来的演说与撰文，他畅达于这种政治活动的得意，他觉得除却食宿的不便与艰难以及病痛的折磨外，整个精神还是很欢娱的。谁知那个无名的江津会是怎样一个地方？闭塞的江津会有这样的政治、文化、军事中心能让他更真切地关照政局吗？

但是，人的生存毕竟依赖着环境，既然他一生都在努力追寻着规律与法则，在忍受着强烈的病痛时，他隐隐地感觉到了生命的脆弱与衰微，当他经历着无米难炊的尴尬时，也叹息生活无情的捉弄。

不久，邓仲纯又来到了重庆，随同他的便是江津九中的校长邓季宣。他感喟两位同乡的古道热肠，他也对那个很不知名的江津怀着一种朦胧的希望：那里不如重庆能让自己拥有更多政治活动的机会，但也不一定就比自己想象的太差。终于，因"政治的和物质的条件不允许话，他只好退居人事比较闲适生活比较便宜的江津去做寓公"①了。

经过一番审慎的考虑和艰难的比较抉择后，他终于答应了两位好友的要求。1938年8月3日，陈独秀夫妇携带着沉重的行李，在邓仲纯与邓季宣的帮助下登上木船，离开了重庆，朝着江津驶去。

3. 流落江津

船靠岸了，对于流亡惯了的人，每一个未曾到过的地方，都不会让他感受到该地的陌生。

---

① 淮南病叟：《陈独秀入川后》，南京《新民报》，1947年11月19日。

江津确是聚集了许多皖籍人，方孝远、朱蕴山、胡子穆、光明甫等，那一张张陌生而熟悉久违的面孔，在这里都见到了，这令陈独秀也有了一阵不知是幸福抑或清冷的兴奋与感叹。

然而，随之而来的一件事，却熄灭了他的兴奋，希望没了，而尴尬顿生。

当这一对老夫少妻随着邓仲纯、方孝远带着沉重的行李来到他们租住的地方欲作安顿时，邓仲纯的妻子却对这两位客人冷若冰霜，几乎说出不许入住的话来！或许是看不惯这年若父女的老夫少妻，或许是嫌外人介入自己的生活会有诸多不便，也或许是狭窄的妇人之心怕亏了家用，或她根本就不理解为人之妻的真正含义，以及男人之间无私的互助之心。无论如何，对陈独秀来说，无情的事实已摆在自己的面前了！

但他却没有表现出什么，然而，又能表现出什么？邓仲纯的热心帮助使他感激匪浅，自己又怎忍心而让他们夫妇因此不和？

邓仲纯也十分难堪，关于接陈独秀来江津，与妻子商量过，她也没有表示反对，然而如今不知怎么一见他们夫妇却突然变了卦？夹缝中的他一边劝说妻子，一边向陈独秀表示歉意，他深知妻子脾气，自己是拗不过的。然而，大量流客的涌入，使江津的住房十分紧张，他所租住的这家房东告诉说，他们的房间也全部出租，已无余剩。让他们夫妇到哪里去呢？

知识分子特有的自尊与体面，受到了深深的伤害，陈独秀内心顿生难以名状的压抑。老友却是真心真意帮助自己的，自己又无意迁怨别人。他本不愿来，曾经努力说服自己来江津的那些条件此时又开始了另一种劝说：不如归去。无论如何，重庆方面有许多政界和文化界朋友，郑学稼、薛农山、周钦岳、张恨水等。薛农山曾是托派骨干，在自己1932年被捕后投靠了国民党，如今，任《时事新报》主笔。离开这样一个政治文化氛围，纵然这里有这么多同乡，也驱散不了已经产生的孤独了！

即日折回重庆已不可能，只有暂寄宿一晚，次日计议了。邓仲纯也对妻子抱有回心转意的希望，决定先将他们夫妇安顿一夜再作打算。于是，邓仲纯与方孝远商量，行李先放邓家，暂且将二人安置到小客栈里暂且住下，再作计议。

来到江津的第一夜，陈独秀思绪如潮。

重返重庆的念头，只是在遭受尴尬的那一瞬显得非常强烈，而此时冷静地想一想，回去之后又如何向他人解说？况且，来到这里，他毕竟也是下过决心的，自己已不能忽视在那里生存的艰难以及病体的彻痛。他也没想到要回去，否则，他们怎么会将所有的行李都带在了身边。来时的不易，使他想到，也幸亏母亲没有一同来，否则，困难会更大。如若回去，他们仍要做一次沉重的搬迁。"既来之，则安之"，希望或许就在这番等待之中，况且，好友方孝远说，会想到办法的。

　　但这样也不是长久之计，人员复杂而常有躁乱。于是，邓仲纯、方孝远便多方寻找住所，几日均无结果。偌大一个江津，竟难以觅到适合陈独秀夫妇居住的地方，难道这里对于他们真成了"上无片瓦，下无立锥之地"？一生漂泊的陈独秀此时真切地感受到了出门的艰难，住无着落的他一连几日都没有写东西，在无奈于艰难的愁思的拥塞下，哪里还有半点空间？

　　这几天，似乎很漫长，他也很清楚，忧愁，与事实无济。于是，他也便努力地忘却身外的艰难，重又思考民族的抗战了。

　　8月7日，多方努力未果的方孝远、邓仲纯终于找到了一处住所，这一住所在江津东门城内的郭家公馆。房东感于出门人的不易。便将储藏家用的房子合并，才腾出条件不算太好的一间来。

　　只要有闲房可住，这也便是不易中之大幸了，条件差一点，又怎得计较？况且，也没有挑拣的余地。

　　当天，陈独秀夫妇便搬住到这间热如炉火般的小屋，成了它的临时主人。

　　无论如何，终于有了属于自己的稍稍安顿身家的住所。整理好房间，他的第一件事便是撰写文章了。

　　8月8日，一篇《我们为什么而战》便脱稿了，这是几天来他在忧郁中思索的结果。这几天里，他对于物质与人的关系，有了更深刻的体味性认识，他从这一认识出发，分析了这场民族战争之所以发生的最根本的原因：生命依赖于物质的生存。这里，他不自觉地流露出了艰难于物质贫乏的感受：

　　"各个人以至全民族是不能靠空气生存的，要靠衣、食、住、行上物质的条件，而且要有很好的丰富条件，才是光荣的生存，而不是贫苦的屈辱的生存"。①

他在这篇文章中指出，日本对华战争"正是不要中国有民族工业，要中国民族永远为日本民族生产工业原料，做他们的农奴；日本民族永远过工业的光荣的生活，中国民族永远过农业的屈辱的生活，如此，中国民族并不是不能生存，而乃是屈辱的生存，不是光荣的生存"。"所以，此次我们对日战争，固然可以说是为民族生存而战，然而明了正确地说，应该是'为民族工业而战'。"

他的生活似乎又转入了正常，刚刚稳定下来的陈独秀便想起了在重庆的母亲及儿子一家。高龄的母亲与自己一样地在重庆生活，或许比自己更难，儿子又没有生活来源，对她又能有多好的照顾呢？大姐原是商户，但是又能资助到什么时候呢？自己在南京监狱里时，化名周西岑的外甥吴季严也因搞托派活动被当局逮捕，关押在南京的水西门监狱（陆军监狱）。被释放后回到安庆，陈独秀在重庆时听大姐说他与妻子李秀泉已起程入川，若如此，母亲、大姐一家、儿子松年一家，不说生活，就连住房也会十分紧张。另外还有受北大同学会委托照顾自己的罗汉，和随罗汉而来的妻子方志环，那里，他不知该会有如何的安排。

他满怀牵挂地给儿子写了一封短信，简叙了到江津的情况，并对重庆方面的亲友均作了安排：

松年：

　　三日抵此，不仅用具全无，屋也没有了。方太太到渝，谅已告诉了你们。倘非带行李多件，次日即再回到重庆矣。倘非孝远先生招待（仲纯之妻简直闭门谢客）即有行李之累，亦不得不回重庆也。幸房东见余进退两难，前日始挪出楼房一间（中午甚热），聊以安身。总比住小客栈好些。出门之难如此。幸祖母未同来了。此间租店屋,非绝对没有。但生意外来人不易做。据邓季宣的意见，景义仍以和胡子模合力在此开米店为妥当。在此收谷碾米运往重庆出售，与本地人交涉比较少也。季严等已到重庆否？倘大批人俱到，绣壁街住不下。罗太太（方志环女士）及季严夫妇，可住金家巷的

---

① 陈独秀：《我们为什么而战》，《告日本社会主义者》，广州亚东图书馆印行，1938年11月。

房子。此房子可与薛农山先生接洽,此人上午在黄家垭口(四达里五号住宅),下午则在时事新报社。他们已到否?望即写信告诉我。

父字(一九三八年)八月九日①

他原本想自己先到江津,等稳定后再接母亲和松年一家来,然而,如今自己尚成问题,这些想法难有希望。安排好这一切后,他便又开始了创作抗战文章。

自从离开了武昌以后,陈独秀与老友汪孟邹依然没有中断联系。他想仍如在武昌那样,将自己在重庆所撰文章结集出版成单行本,以便更广泛地宣传自己的抗战主张,影响民众抗日思想。在重庆,他不断给老友写信,介绍自己的生活状况,并整理自己到重庆后所发表的演讲稿或文稿,寄往广州亚东图书馆。据汪孟邹来信告知,以《民族野心》为书名的单行本不久即可出版发行。汪孟邹十分同情陈独秀的处境,为了能对他有所帮助,名正言顺地补贴他的生活,只有如此遂了老友心愿了,虽然日军占领上海后,亚东的经营状况几乎处于崩溃。

如今,陈独秀在重庆的抗战文论已经缩结,又该有一个新的起端了。但从体力与精力上,他已隐隐觉得,再想如在武昌和重庆那样地集稿成书,已是不大可能了。但他仍然没有半点的灰心,再过几天便是"八一三"抗战一周年了,这样一个抗战的光荣日子,他不能不着笔撰文。

对于"八一三"抗战,他肯定了"战地扩大","达到消耗敌人的目的"是正确的,认为"我们所有的把握,只是一个'拼'","我们拼着失地,拼着丧师,拼着牺牲工厂,拼着伤亡满地,甚至拼着一片焦土","只要拼得他无可奈何,不得不对我们稍微客气地说和,我们便算是胜利了"。②

在他看来,中国只要忍受别人不堪忍受的牺牲与痛苦,显示出不易欺侮的力量,敌人或会因此"知难而退",而我们应在痛苦与牺牲中"真正得到教训"。若如此,"经过两三个五年计划,我们便可以由破落世家变成新兴世家"。

来到江津后,陈独秀的生活更苦了,他几乎断绝了经济来源。所幸有邓仲

---

① 郭因:《陈独秀生平二三事及其他》,《文史资料选辑》(安徽),安徽人民出版社,1980年第1辑。

② 陈独秀:《八一三》,《政论》旬刊,1938年8月15日,第1卷第20期。

纯等人的资助,并且为他检查身体,极大地控制了病情,才使得他能够潜心地读书、写作。与在重庆相比,他已开始很少在公开场所露面。但是,对于时事与政局,他却没有丝毫的漠然,而是更加密切地予以关注,并不断地思索着。他此刻不再如初来时那般的孤独,因为有许多朋友并未忘记他,好友郑学稼即来了两封信,信中的安慰的确使他忘记了许多。

8月的江津,似一盆火旺的炭火,强烈的高温,几乎使陈独秀不能攥笔,血压在高温中不断增高,并伴有间断性的眩晕。但他在努力支撑着,以深邃的目光关注着自己民族的命运。

他不仅将反战的目光投向侨胞们,而且又将目光投向了日本的社会主义者。8月21日,他又完成了《告日本社会主义者》一文。他谴责日本的山川、佐野、铃木等社会主义者转向爱国主义,赞助"自己的帝国主义政府,压迫侵略被压迫被侵略的民族"。指出中国的抗战对象是日本帝国主义的财阀和军阀,而不是反对日本平民,侵略中国"本是日本帝国主义者的要求,而不是日本平民的要求"。他还为日本社会主义者做了一个榜样:若"中国战胜日本后,成为一个帝国主义的国家,侵略日本时,则中国的社会主义者,便应该首先反对本国政府"并"赞助日本政府及人民对华抗战"。他"希望日本的工人和倾向社会主义的青年"能够给他以"合理的回声"。[①]

文章写完后,他便寄给了重庆的薛农山,希望能发表在他所主编的《时事新报》上,因为在重庆时,薛农山曾邀陈独秀为《时事新报》撰稿。

纵然身体几欲不支,可他却未因此而停下手中的笔。8月2日,他离开重庆前夕写了一篇《告反对资本主义的人们》,原本想详作论述,却因为迁江津打点行装而草草结束,并为读者留下了"我另有专篇论列,兹不赘及"的承诺。如今,他又想起前文,开始了关于资本主义"许多根本的理论"的续写。

在他的思想中,采取资本主义还是社会主义制度来发展工业,在进步的青年中,"成了火热的希望着解答的问题"。在他看来,社会主义诚然优越于资本主义,"资本主义无论为功为罪,而毕竟是人类社会进化所必经的过程"。"资本主义决不能因为人们厌恶它而不来,社会主义也不能因为人们爱好它而

[①] 陈独秀:《告日本社会主义者》,《政论》旬刊,1938年9月5日,第1卷第22期。

来"。他在 8 月 24 日撰写的《我们不要害怕资本主义》中说:"现在的中国,也有许多青年人模模糊糊地反对资本主义,爱好社会主义,这可以说是一种进步。但我们必须向他们指出,不根据经济发展,不根据政治斗争,只满怀着厌恶资本主义感情的小资产阶级空想的社会主义,和无产阶级科学的社会主义之区别。""我们不要唯名主义者,一听到社会主义便肃然起敬,一听到资本主义便畏之如蛇蝎,厌之如类蛆。如果人们不敢断言中国此时可以采用社会主义制度发展工业,这必须毅然采用资本主义制度来发展工业,只有工业发展,才能够清除旧社会的落后性,才能开辟新社会的道路。""我们只认为资本主义是中国经济发展的必经过程,要来的东西让它快点来,不要害怕它,老成谋国者,要'负责任,说老实话',不好有丝毫虚矫之气。"[①]

此时的他,已对资本主义实行了心悦诚服地大退让,但他又不是社会主义的抛弃者,他以自己独有的思想深度去理性地关照着这两种不同历史阶段的不同的意识形态。思想家的价值往往是在千百年以后才被实践证实了他的睿智。

《告日本社会主义者》寄出一周多了却迟迟不见回音,他只好又寄给了《政论》旬刊。9 月 5 日,《政论》将这篇文章发表了出来,而《时事新报》却依然没有动静。或许是自己性子太急了,未等《时事新报》妥善安排便出现在了《政论》旬刊上,而引起了薛农山的不快,于是他也便没有说什么。

但是薛农山又从重庆来信并提出"有暇赐稿"之类的话来,这使陈独秀顿生受愚之愤,在这种余怒中,他给郑学稼写了一封信:

> 学稼兄:两示均已读悉,日来因血压高,头昏眩,不能伏案写字,故未及覆。今天稍好一点,始能勉强作此信。来信所谓胡氏似有神经病,是否指胡秋原?望示知。其在《时事》所为文颇不似有神经病者,想兄别有所见也。……我辈立论,应在寻求真理,非求其有利无利于何方也。《论资本主义》一文,《时事》不能发表,为什么?《告日本社会主义者》一文,也不能登载呢!望代向农山兄问明示知。农山兄即今还催我为《时事》做文章,做出又不能登(弟之头昏即由于天热勉为文而起),既不登载,又

[①] 陈独秀:《我们不要害怕资本主义》,《政论》旬刊,1938 年 9 月 15 日,第 1 卷第 23 期。

不以实情早日告诉我，此殊非待朋友之道。待朋友不宜耍手段！此祝暑安。卧榻草此，恕不能详。弟仲甫手启。①

他似乎仍然脱不掉那一种多疑与急躁，不知为何，自从来到江津，他感觉唤醒了他在南京狱中的记忆。在南京，他曾经对胡适有过这样误解式的恼怒，困境中的心胸往往很是狭窄，似乎原来的至交都会在自己落难时投来嬉弄与讥笑。

信写完后，他便于9月12日从郭家公馆寄出。文章写而不能登载，的确让他也丧失了一些创作的信心，又兼连日来江津持续不降的高温，使他头晕得厉害，耳朵也开始轰鸣起来，他不得不接受邓仲纯的劝告放下了手中的笔。

文章写出而难以刊发，使他总是不断地想着老友汪孟邹。自从迁到江津以后，他就没有间断与他的联系，介绍自己在这个新的环境中的艰难。从对方的来信中得知，此时的广州局势已开始紧张，日军已有大批开进的动向，亚东的经营实在堪忧。

国外的托洛茨基一直没有放弃让陈独秀出国的努力。他要求中国的托派组织设法让陈独秀离开中国这个恶劣的政治环境。办法和机会是不太多的，最佳的方法当然是以合法的手续及合法的身份赴美。能够以这种办法让陈独秀出国的人只有旅居美国并任驻美大使的胡适了。

历史总是充满着戏剧性，这两位对政治有着不同见解的思想家似乎在蹈循着一种反变的规律。曾经力主不谈政治者，却时时饱受着政治的青睐，而一贯主张谈政治者又往往遭受着政治的捉弄。也常常是，当陈独秀处于政治或生活的困境中时，他的"文化老友"胡适正受着政治的宠爱，过着风光的生活，也常常在这个巨大反差的时期，陈独秀的其他朋友便开始"越俎代庖"地向胡适发出了求助之声。

1937年9月，任北京大学文学院校长的胡适，受命于危难之间，被国民政府委派到欧美进行游说，以争取各国援助，此后便在美国做着非正式的外交工作。1938年9日17日，他又被国民政府正式任命为驻美大使，10月就职，开

---

① 郑学稼：《陈独秀先生的晚年》，《掌故》月刊（香港），1972年4月。

始了正式的外交工作。

上海托派决定利用胡适这一身份,助陈独秀出国,希望能为他在美国高校里谋得一个客座教授的地位,让他赴美讲学。但是托派组织又不便与国民政府官员胡适出面接触,于是便找到了与胡适、陈独秀友情深厚的亚东图书馆的经理汪孟邹。所幸的是,汪孟邹并没有推辞,其实他也正想帮助困顿中的老朋友。于是在10月21日,也就是广州沦陷的那一天他给远在美国的胡适写了一封信,信中说:

> 仲甫于七月二日由汉到渝,每月至少两次与我通讯,现住离渝百二十里之江津东门内郭家公馆,小轮船四、五小时可达。日撰文二、三篇,归《时事新报》发表,每篇送三、四十元,以维生活之需。乃近得他来信,说胃病复发,血压高之老病亦发,甚至不能低头写字。他今年六十高龄,使弟十分悬虑,未能去怀。私意如就吾兄在美之便,或向政府设法,为他筹得川资,使他与爱人潘女士得以赴美游历旅行,病体当可易愈,因他体气素强,诸事乐观之故。到美之后,如林语堂卖文办法,陶行知演讲办法,该可生活无虞。此事国内友人均无力量办到,不得不十二分仰望吾兄为此高龄老友竭力为之。如幸谓然,即请斟酌分别进行,感甚祷甚。①

信寄出后,远在异国的胡适或是公务太忙,或是在那没有战场的国度里已想象不到他这位中国老友的艰难,最终也没有写出一封回信。这些当然是孤愤的陈独秀所未知的了,否则,难免又会让他气恨难平地说出与胡适之"绝交"的话来。

一个丧失人性的民族的炮声,使他无法继续沉默。10月12日,他又提笔写了《我们为什么反对法西斯特》。认为法西斯战争的目的是要建立"停止自由思想"的统治。"失去公法上自由的人民,除了绝对服从奴隶道德外,不能课以任何道德的及政治的责任。"他对于社会主义与资本主义新的认识,及他对延安方面的成见,使他总忘不了在文章的后半部分对中共讥讽一番。他在引述了

---

① 《胡适往来书信集》(中),第384页。

中共机关报《新华日报》上一段反法西斯特的文章后，说："这一段话真说得痛快淋漓！可是我们也要劝他们拿镜子照照自己！凡是攻击法西斯特的人们，便应该自己反省一下，有没有和法西斯特同样的行为，不要在别人是'暴行'、'横行'、'钳制'、'封锁'、'颠倒是非'、'淆乱黑白'，在自己便是政治斗争的正当手段，说什么'只问目的，不择手段'！"

对于中共的言论讥讽，似乎成了他能在国民党的刊物上发表文章的因素。或许是"曲线救国"，或许是"曲线自救"，但无论如何，他已站在了距离延安十分遥远的地方。

虽然江津的气温渐渐降了下来，天气凉爽了许多，但是，他的身体也由此而江河日下了，内心也常常多了些悲秋的感觉。有时，他一连几个月都难以写成一篇稍长的文章。1938年10月初，独立出版社出版了他的《所谓国际二大阵线》之后，他的思想便大部分都隐现在与朋友的书信中了。

此时的陈独秀，已在困病中开始退守，他把社会主义放在了资本主义之后，思想上已退守到一个纯粹的民族主义者与呵护民主的卫士中。在他的意识里，一切都应以国家和民族的利益为根底，这是衡量一切主义进步与反动的标准。

他反对托派在民族危亡之际尚竭力掣肘抗战力量的荒谬言行，他又反对着他所认为的中共在全民抗战的间隙里"游而不击"，发展势力。他也反对着国民党政府的消极抗战，独裁的政权统治。同时，又不屑于东拉西扯的各种怀揣心事的民主势力。

他反对托派，虽然精神不佳，无力写长文，但是对于托派的言论，还是写了一些提纲式的短文，这些短文，"乃为托派（国外以至国内）先生们的荒谬见解而发"。对于外人的惊讶，他又认为是自己"未能详细发挥，或不免为外人所误解也"。在他的经验总结里，列宁和托洛茨基的主张在中国均已失败，正如他在12月23日对郑学稼说的："列.托之见解，在本国不合，在俄国及西欧又何尝正确？弟主张重新估定布尔什维克的论理及其人物（老托也在内）之价值，乃为一班'俄迷'尤其是吃过莫斯科面包的朋友而发。"①

他所估定的布尔什维克主义及其人物的价值便是"纳粹是普鲁士与布尔什

---

① 郑学稼：《陈独秀先生的晚年》，《掌故》月刊（香港），1972年4月。

维克之混合物"。他也承认自己的见解很难得到别人的赞同,但他坚信自己采用的是"科学的态度",并没有依据任何教派的观点,他更不屑以布尔什维克正统自居。但是,他的这些"新"理论的来源也并非是羚羊挂角,更不是他自己的独创。郑学稼送给他的《布尔什维克与法西斯为孪生儿》令他"拍掌大悦!",甚至激发了他写一本《俄国革命的教训》的创作灵感与激情,以期能"将我辈以前的见解彻底推翻"。但他又无不惋惜与懊丧地说:"惜精神不佳,一时尚不能执笔耳。"

冬天渐渐地来了,陈独秀衰病的身体与不胜炎热一样不胜严寒,对天气的变化反应特别敏感,吃药与吃饭一样成了必需的事情。虽然邓仲纯经常来为其诊病,但住所相距的一段路程总让他感觉到极大的不便,况且,他觉得,自己也有点老了。

在江津行医的邓仲纯,其精深的医术、高尚的医德使得名声大振,业务有了大的发展,于是他便在该年冬将其在四牌坊街的诊所迁到了江津,在同宗的望族邓蟾秋、邓燮康叔侄的资助下开了一家医院,取名"延年医院"。该医院坐落在江津黄荆街,门牌编为83号,分为前后两个院,邓仲纯夫妇即住在后院。似乎为了表达上次被妻子拒之门外的歉意,也为了能给陈独秀看病更方便一些,邓仲纯再次登门热情地邀请他搬去同住,邓蟾秋叔侄也仰慕陈独秀名气给予了热情照顾,并同样要求他搬到"延年医院"去住。邓仲纯的妻子看在邓氏叔侄的面子上,也便没有说什么。

住在"延年医院"的后院的确是陈独秀希望的:一来自己可以免交房租,节省了家庭开支,二来与邓仲纯朝夕相见,便于照顾自己的病体。但是,初来江津之痛,使他难以把握是否会再次被邓妻拒之门外,于是他婉言谢绝了老友的美意。但邓仲纯却是真心要求他搬去同住,再三邀请,陈独秀怕说自己有斤斤计较之嫌,也便勉强答应了。

1939年元月初,陈独秀夫妇在冬日的严寒里迁到了江津城内黄荆街83号。

自此,他们便又有了一个新"家",与邓氏夫妇同宅。

不久,在重庆处于困境中的儿子陈松年一家也携同双目已经失明的老母来到了江津。一下子增加了这么多人,不可能全部住进83号,于是陈独秀便在同乡老友的帮助下，找到江津国立九中的校长邓季宣、总务主任潘赞化，将陈松年安置在该校搞总务工作，勉强维持家中生活，并住在了九中；老母亲则与陈独秀夫妇住在一起，凭她的身体状况，她已不愿意再离开儿子半步了。潘兰珍努力地支撑着这个两老一少的三口之家，虽然更加清苦而困顿，却始终任劳任怨、默默无闻。

母亲的到来令陈独秀十分欣慰，毕竟两地的分居使他总有无限的牵挂，如今母亲来了，就在自己身边。几十年的漂泊生活，欠下了几十年的养母情，此时想来，怎不令人万分愧怍！

母亲已经看不见自己了！她已双目失明。见到母亲衰老的神情和体态，他总是不自觉地审视自己，一种悲凉之感骤然而生。他知道母亲的日子不会太长，但是自己的日子又何其长呢！两个衰老的生命说不定何时便会相继而去了。

自从来到江津，他便失去了在重庆的那种火红的感觉。他觉察到了自己的精神状态在一天天沉落，他努力去改变过，但结果总是有着力不从心的颓然。他想靠稿费来支撑生活，却往往是杯水车薪，入不敷出；对于身体，他能够忍受住任何病痛，却不能让他有所改善。来到江津的困顿与凄苦只有他一人有着最深切的感受。

他没有因迁到江津而自悔，他也知道，这一切似乎全是无奈之中的必然。

关于迁居江津，他曾经以李太白的题赠朋友作自我解释，那诗里不乏原作者的飘逸与浪漫：

问君何事栖碧山，笑而不答心自闲；
桃花流水杳然去，别有天地非人间。

如今，此诗如果出自别人之口，对自己岂不成了一个冷冷的嘲讽！

无语问情，沉默又怎能掩饰满心的凄凉！

回眸来时的路：南京、汉口、重庆、江津，这每个驿站似乎连成了一串乱离中孤旅的足迹。留下这一足迹的人，在路的尽头，在黄昏中怅望着夕阳，吐出了一声深长的幽叹："老了……"

第八章
穷困潦倒老书生

1. 谁真正需要独秀先生？

1938年6月初,占领徐州、开封后的日军,分路向当时已成为国民党政府政治、军事和文化中心的武汉三镇展开了猖狂的进攻。

国民党政府将武汉看成了关系抗战全局的战略位置,日军也把夺取武汉定为获得最终胜利的关键性一招。

日军由烟俊六大将为司令长官,先后投入125个师团、120余艘舰艇、500多架战斗机,共35万兵力;国民党军队由蒋介石驻武汉亲自指挥,国民政府军事委员会调集第五、第九战区部队及海空军,共14个集团军、129个师、70余万人及40艘舰艇、100多架飞机投入战斗。于是,抗战以来战线最长、双方投入兵力最多、伤亡最大的武汉大会战开始了。

从6月12日日军在安庆登陆开始,中国军队在武汉外围的皖北、赣北和鄂东等地纵横数千里的战线上进行了大小战斗数百次,共毙伤日军20万人,中国军队也遭受了巨大的伤亡。

在华南，日军为策应武汉的攻势，于1938年10月中旬在广东大鹏湾登陆，进攻广州。21日，广州失陷。迫于华南的形势，和武汉战线上不断增强的压力，就在广州失陷的第五天，武汉也在作了四个半月的顽强抵抗后沦落于日军之手。

国民党军队英勇将士的正面战场上的浴血奋战，是上海这一"孤岛"上的人们所看不到的，他们看到的只是失败与退却这一结果。那些只会躲在租界的亭子里空喊抗日的托派分子们，却又开始了他们的种种猜想。1938年10月28日，也就是武汉失守后的第三天，他们就"义愤填膺"地发表了《为武汉广州失陷告全国民众书》，猛烈抨击国民党政府"藉'应战'以达到它与帝国主义妥协的目的"。对于国共两党的合作是中共"奴颜婢膝地向国民党投降"，"帮助了国民党政府欺骗政策的顺利进行"，并把广州、武汉及大半个中国的沦陷归结为"国民党和史大林党的反动政策之分工合作（所谓国共合作）所造成的后果"，并疾呼全民"自动地组织和武装起来积极参加抗战"，"召集普选全权的国民会议以代替国民党的军事独裁"，"尤其要立刻脱离斯大林党的恶毒欺骗"。

1938年的托派已经人为地分别被香港的刘家良、上海的寒君等划分为"新人"和"老人"，并以"新人"的中心自居，寒君也俨然成了"少壮派"的中心。陈独秀当然被列入"老朽"之列，包括离开陈独秀后到香港的王文元也被刘家良要求表明对陈独秀的态度，但"寒刘中心"只维持了几个月便消失了。

此时的托派内部仍存在着分歧，一种认为中日战争是新的世界大战的一部分，不赞成"拥护抗战"的说法，此种意见以郑超麟为代表；另一种认为"拥护抗战，批评其领导"，陈独秀已声明不代表托派，主张"无条件地拥护抗战"。但是，即使他这种不代表托派的思想主张也未能被中国托派们放过，抗战以来他的所有言论主张都被放在了上海托派的讨论会上。

1938年11月，上海托派临委通过了《我们对于独秀同志的意见》，指责陈独秀"完全采取了'超党'的，即'超阶级'的立场，他自'八一三'以来所发表的一切文字，正由这一立场出发，因此一贯地充满了机会主义的精神"。"他放弃了自己多年所坚决拥护并为之而奋斗的革命旗帜，这等于背叛了组织，叛变了自己。"其原因"主要是由于他出狱后希图无条件地保持自己的'公开的地位'"。最后警告说:"要想重新回到革命的队伍里来,首先必得考虑他所幻想的'公开地位',进而考虑他近来全部思想错误的根源,否则他的错误将跟着时间前进至于不可收拾。"附言中,他们又期望似地说:"我们希望同志D.S.(陈独秀托派中的化名)将站在革命的利益上来互相讨论和批评,以便最后获得共同一致的正确结论。"① 在上海托派自作多情地看来,他们的组织对无路可投的陈独秀依然有着迷人的魅力。

其实,对于已不愿再思考的这个派别,以及这股上海来风,他觉得没有理喻的必要。在困顿的生活中,他也已无心再予以回击,况且,这些《意见》他尚未看到。但是,陈其昌的来访,使他又不得不对此有所表示。

1938年年底,应托洛茨基的要求,为了让陈独秀早日出国,托派临委陈其昌从上海出发绕道香港前往四川江津造访。陈其昌介绍了上海托派组织的情况,并将带来的托洛茨基于1938年6月25日写给李福仁的信交给陈独秀看。另外,还有托洛茨基邀他赴美的建议。最后,他连《我们对于独秀同志的意见》也送到了他的手上。

窘迫中的陈独秀对于托洛茨基的关心与热情深为感动,这位异国的知音给他带来的大多是深深的理解,在大革命失败后,在历次的托派内部的风波中,在国共两党的夹缝里,他都真切地感受到了这位政治家的胸怀与高尚的人格。如今,身处危境中的托洛茨基却在牵挂着自己的安危,况且,他所关注的竟是一个从未谋面的异国知音!

托洛茨基的热情陈独秀并非没有考虑,然而权衡的结果却是他不得不满怀歉意地拒绝了这种邀往美国的盛情。自己尚在累病缠身的境况中,存亡于旦夕,况且老母在侧,正欲补一生之孝,如若同去美国则不现实,莫说老母,即使自己也难以断定能否承受住大洋疾浪的颠簸。即便能够抵美,在有生之年又能否回归这令他恨由爱生的国土?再则,国难之日,去国而奔,这未尝不是危难之中的"全躯保妻子"者。

他婉言拒绝了托氏的邀请,表示自己的身体状况已不允许出国远行,再者,由国民党正式批准他出国赴美,成功机会可以说绝对没有。对于与上海托派组

---

① 《保卫马克思主义》(托派临委刊行的油印小册子),卷1。

织的主张相左，陈独秀表示绝不让步，坚持自己的观察与思想。他当即给托洛茨基写了一封信，这封信，不是为着上海托派而写，也不是为着发泄对冲击自己的愤怒，很大程度上，则是为着托洛茨基邀请他赴美的这份盛情。

曾经对武汉的保全寄很大希望的陈独秀，对这场会战的结果也不得不抱之惋惜。但中国托派这种极"左"的思想，又不能不令他反感与气愤。虽然他没有亲睹武汉战场的作战情形，但他却在这样的战区里感受着战争的每一点气息。虽然他已声明和任何党派都已脱离关系，但是，对于这样有损于民众战争感情的言论容不得他坐视无声。

信中，他认为中国抗战大半国土的沦陷，是由于国民政府战前没有作战的意志，"仓卒应战，最不可少的准备太不够"，战后"复以反革命的方法来执行民族革命的任务，所以军事失败并非意外的事"。指出广州、汉口相继失陷后的中国目前局势有三个前途："一、经过英法等国的调停，蒋介石承认日本之要求而屈服；二、蒋介石政府退守四川、贵州、云南，事实上停止战争；三、日本攻入云南，蒋介石逃往外国。"他对这三种前途进行了分析，如果是第三种情况，"日本国内和国际如果没有产生巨大的事变，中国是没有力量赶他出去的"。

他认为此时中国工人在数量、物质和精神上，都退到了三四十年以前的状况。中共人数远远超过托派，但只是些"知识分子和没有一点工人基础的武装队"。"我们当然未曾幻想在此次战争中有很大的发展。如果政策比较的正确些，也不致像现在这样衰萎。"并尖锐地指出"我们的集团自始即有极左派倾向"。并列举了一些表现如："有些人认为民政民主斗争是资产阶级的任务"，"主张中国无产阶级应该把解决民族民主任务放在自己双肩上的人是左派资产阶级的意识"。

他非常厌弃这种极左的思想，于是他继续写道："有些人认为任何时期任何事件任何条件下，和其他阶级的党派协议对外国帝国主义或对国内独裁者的共同行动，都是机会主义。这些极左派的倾向在组织内部的宣传教育起了很大的作用，遂决定了对中日战争的整个态度，没有人能够纠正，谁出来纠正，谁就是机会主义者。在战争中，这般极左派的人们口里也说参加抗战，同时却反对把抗日战争的意义解释得过高。他们的意思或者认为只有反抗国民党统治的战争才是革命的，反抗日本帝国主义的战争不能算是革命的。""他们认为谁要企图同共产党、国民党谈判共同抗日的工作，谁便是堕落投降。群众眼中所见的'托派'，不是抗日行动，而是在每期机关报上满纸攻击痛骂中国共产党和国民党的文章，因此使史大林派的'托派汉奸'的宣传在各阶层都得到了回声，即同情于我们的人也不明白'托派'目前所反对的究竟是谁。""这样一个关门主义的极左派小集团（其中不同意的分子很少例外）当然没有发展的希望；假使能够发展，反而是中国革命运动的障碍。"他还提出建议说："只有组织上获得相当数量的工人群众，政治宣传行动上无保留的以百分之百的力量用之于民主民族斗争的小集团，才能够得上做重新创造无产阶级政党的中心势力。在组织上努力接近工人，加上民主民族斗争的宣传，这种初步而基本的工作，在日本占领区域或国民党统治区域，都同样是应该采取的方针"，"如果仍旧说大话，摆领导者的大架子，组织空洞的领导机关，妄想依靠第四国际支部的名义闭起门来自立为王，那么除了使第四国际的威望在中国丧失外，别的将无所成就"。①

这是一封意见中肯的信，在陈独秀的建议中，很少有这种和风细雨、娓娓动人的风格。文中虽然言称"我们"，但是，这只能作为一个亲切的礼仪性的称呼，而完全失去了包含自己这一词的实质意义。在他的意识里，自己除了目前的抗战外，对于各党派已是"跳出三界外，不在五行中"的自由的思想者了。

信写完后，他让陈其昌带到上海，最后由李福仁转寄给了墨西哥的托洛茨基。

纵然陈独秀的信没有将上海托派当做引起论争的对象，但是，上海托派组织却把这封信当作了对他们整体的否定，到了此时，托派中已没有几人能理解这位老朽的顽固的先生了。1939年1月9日，托派临委作出了《给国际的政治报告》，对陈独秀给托洛茨基的信中对他们的"极左派"的评价给予了反击，并自我辩解说，自从抗战以来，他们所坚持的基本路线"是完全正确的……而且与托同志最近关于中日战争所发表的许多文件的意见相符"。

对于陈独秀所指陈述的弊端，上海托派非但没有引以为训，在对待国民党

---

① 《托洛茨基档案中致中国同志的信》（双山译），1981年版。

问题上却更是变本加厉。1月20日,托派临委致函国民党五中全会,指出国民党政府领导抗战一年多来的失败,在于"没有积极发动民众"等四条弊端,提出"立即取消军事独裁,解散奴婢式的国民参议会,立即召集普选全权的国民会议"等四点挽救目前危机的办法,批判国民党"一贯地坚持'国共合作'式的'民族统一战线政策'",是"'损人利己'的而绝对有害于抗战有害于民族利益的政策"。并提出两点建议:一、"政府立即开放民众运动";二、"在上述条件下,我们准备和你们,和一切工会,一切抗日团体,及共产党以至其他党派共同合作发动民众,武装民众,组织民众,总而言之,在一切抗日群众活动及军事活动中,我们一致行动"。①

广州、武汉的相继失陷,中国战局的日益严峻,令远在墨西哥的托洛茨基十分关心。他不断地写信询问中国托派组织的活动情况并提出一些指导性的建议。2月23日,托洛茨基致函上海托派临委李福仁,对其写的中国托派积极参加反日斗争的报告,就日本在中国的军事胜利原因,认为"中国的土地革命在斯大林派的支持下给国民党停止了"。在信中,他仍没有忘记陈独秀这位中国的政治朋友,他询问李福仁道:"陈独秀的近况如何?他在干什么?他的思想如何?"

托洛茨基接到陈独秀的信后,于3月11日又复函李福仁,回答了陈独秀的信中对中国托派的看法:"我很难形成一种确定的见解来判断我们的同志们的政治意见,或判断他们极左主义的程度,因之也不能判断我们老朋友方面对于他们严斥是否正确。"

对于陈独秀对托派这一革命组织的思想感情及其提出的工作方针,托洛茨基表示:"我非常欢喜,我们的老朋友在政治上仍旧是我们的朋友,虽然含有若干可能的分歧","然而他表示的意见,我以为在本质上是正确的,我希望在这基础上能够同他经常合作"。他再次提出要陈独秀到美国去,即使国民党政府不许可,也要想办法离开那个对他来说已经危机四伏的是非横生的国度。

此时的他,显然只能对托氏的关怀之情报之以感激与歉意。这种异国的热情已经不能点燃他那颗奔腾于四海之心,即有此心,力亦难从,但他又对拒听

---

① 托派散发的传单。

这种远方的呼唤不抱有任何遗憾。

对于陈独秀的态度，中国的托派似乎缺乏了托洛茨基的那份理性的理解与关照。他们似乎觉得理论上战胜了陈独秀，便能在托派中立下权威或列为正宗。托洛茨基对陈独秀的那份真诚似乎丝毫没有感染他们，他们仍将陈独秀树为最顽固的论敌，剑拔弩张般地对峙着。

就在托洛茨基给李福仁的信寄到上海后，托派临委又朝着江津的陈独秀放了敲山一炮。他们写了《临委给国际的报告——关于D.S.同志问题》，该报告指出："D.S.同志自出狱后便一贯在政治上采取机会主义立场，在组织上采取取消主义的观点。"陈独秀对资本主义的鼓吹，表明他与托洛茨基的"不断革命论"已相去甚远，对无产阶级力量及社会主义理想已丧失了信心，批判了他"无保留的以百分之百的力量用之于民族民主斗争"的思想，同样脱离了"不断革命论"，而且"他最近思想的发展已接近了'阶段论'的学说"。这一切都表明了在抗战过程中，陈独秀与中国托派在走着两条根本不同的路线："一条是向孟什维克机会主义乖离的路线，一条是不可调和的布尔什维克——列宁派路线。"由此他们还警告说："假如他仍坚执成见，把我们视为'极左派'以保留他一贯的机会主义路线，则我们始终都是无法接近无法合作的。"对于王文元、陈其昌为陈独秀"并未离开我们的立场"的辩护，批评为"往往以道德的感情的观点来回避这斗争"。

上海托派依然单方面地"同意"陈独秀"留在第四国际内"，并且"更希望他能到美国去"。这些不得已的举措，很显然表示了对托洛茨基意见的尊重。可以想见，如若没有托洛茨基这面挡风的墙，这股上海来风又不知会升为几级了，因为，陈独秀竟然几乎全盘否定地将他们定性为"极左派"！

但是，这股上海来风尚未吹到江津，陈独秀已沉浸到失亲之痛的悲哀中去了。而且这次情感的重创对他不啻秋叶又遇寒风，许久，许久，他都没有抚平这种创伤。

自从母亲由重庆来到江津，就已双目失明，她不能自顾的凄凉的晚景，常常感染着同样多病的陈独秀，令他望而生悲。而已觉日薄夕山的谢氏，却有着无限的欣慰：自己本无子，弥留之际有继子在侧，亦去而无憾矣。她已为上苍给予自己"老有所终"的恩典而心满意足了。

潘兰珍对于这位慈祥的婆婆非常尊重,视为亲母。在她看来,这位老太太对她与陈独秀的结合从未有过半点异样的表示,她似乎早把自己当作了陈家正式的一员。由敬而爱,所以对这位继母的照顾也一丝不苟,无微不至。陈独秀也常常放下手中的书和笔,端起潘兰珍做好的饭菜坐在母亲的身边,一口一口送到她的嘴里,然后一句一句地听她那不着边际却亲切无比的唠叨。这唠叨,似童年的歌谣,但童年的歌谣里没有如此多的沧桑。每当此时,潘兰珍总是提醒丈夫去续写书桌上的文章,一切由她来耐心地服侍。然而,陈独秀似乎没有注意到这些劝告,依旧专注地聆听着这个苍老的声音,思绪已飘到那遥远的往事中了。

如此艰难而又饱含亲情的光似乎给这位动情的老人留下的反哺机会太少了,1938年3月22日(农历二月初二寅时),这位慈祥的老人便在亲人的一片悲恸之声中,在依然弥漫着黑暗的黎明前离去了。

情感世界里一片失亲的孤凄!这是继延年、乔年那一双爱子被枪杀的痛苦后,从未有过的孤凄!

如今葬母实可悲,他年葬吾知是谁?

大姐的哭声共鸣着自己一腔的凄惨,也更是一种四念难支的震颤!儿子的悲号,更使他不忍自视!

漂泊之中,寄人檐下,本不宜披麻戴孝,宣张丧事。然而大姐却坚持要以家乡丧礼来安排衣素、守灵等尽孝道的仪式,陈独秀也只得顺从她了。

正值此时,受北大同学会委托照顾陈独秀的罗汉也来到江津,赶上了这次葬礼,也为这位漂亡的老人化了纸钱。葬过老人,鉴于陈独秀虚弱的身体状况,他在江津又住了一个多月,才赶回重庆。但是,这一次的分别,对于陈独秀与罗汉,却不幸而成了永诀!罗汉此去,再也没有回来过。

1939年5月3日和4日,也就是罗汉由江津回到重庆的那两天,日军派飞机对重庆进行了前所未有的大轰炸,罗汉在这次劫难中被炸身亡。

葬过母亲后,悲痛、忧郁中的陈独秀病况愈劣。

5月5日,他在给时任重庆卫戍总司令部中将顾问的杨鹏升回信时,表达了丧母后的凄苦情状："弟遭丧以后,心绪不佳,血压高涨,两耳日夜轰鸣,几于半聋,已五十日,未见减轻,倘长久如此,则百事俱废矣。""先母抚我之恩等于生母,心丧何止三年,形式丧制,弟因主短丧,免废人事,然酒食酬应以及为人作文作书,必待百日以后。"

对于这一次的精神打击,于他似乎很难恢复了。

但是,他曾经的言论却又使两种对峙的政治势力各怀心事地寻上门来。

广州、武汉失陷后,中国的抗战进入了相持阶段。在政治上,日本侵华的方针由以军事打击为主的"剿共灭党(国民党)"转为以反共为诱饵,拉拢国民党,实行以政治诱降为主、军事打击为辅。国民党稍稍有了喘息的机会,眼见中共力量日益壮大,其"攘外必先安内的"灵魂又开始在体内复活。原本不太牢固的合作,又出现了罅隙,于是摩擦便不可避免了。

在抗战之初,苏联为了防止日本从东线入侵而有腹背受敌之危,便希望能以中国的任何力量拖住日本的腿,于是对国民党给予了大量的军事及物资援助,而延安方面,却未得一枪一炮,只是从这场国际交易中获得了聊以休整的机会,及让蒋介石接受了自己国共合作与统一战线政策的要求。而蒋介石也借此与日本周旋,争取较好的妥协条件,坐以待变。1939年秋,"二战"局势已定,并在美国的支持下再也不能忍受国共合作了。

1939年1月,国民党召开了以"整顿党务",研究"如何与共产党作积极之斗争"为主题的五届五中全会,制定了"溶共"、"防共"、"限共"、"反共"的方针,决定成立反共委员会。会后,又陆续颁布了《异党问题处置办法》《限制异党活动办法》等秘密文件,并开始在部分地区袭击八路军,制造分裂事端。中共对国民党的挑衅也给予了必要的回击。

两党新的斗争,似乎已与陈独秀无关,因为二者的摩擦已经不是抗战的内容。他离延安较为遥远,但距国民党政府也不近,此时的他,俨然成了遁入深山的乡村野老,又是一个时遭饥馑的流亡者,从身份上,他已不会再受那两种势力的青睐了。但是,他过去的身份以及对各党派的吸引力,仍然决定了他要承受八面来风的吹拂。

国共两党在斗争中又都不约而同地想起了这个独立黄昏中的老人。

鉴于陈独秀在抗战中不利于共产党的言论，以及他的政治影响，中共中央决定将陈独秀劝往延安，让其亲身感受延安军民的革命氛围，从而帮助转变其革命思想，至少不能再用言论影响共产党在民众中的形象。在他们看来，陈独秀的思想形成由他所处的国民党统治区的环境所决定，共产党的创始人之一，连任前五届的中共中央总书记在国统区大发批评中共的言论，这种绝妙的讽刺是共产党所决然不能忽视的事情。

1938年9月至11月，中共中央在六届六中全会批判了王明的错误，在撤销了长江局的同时又设立了中原局和南方局，分别由刘少奇、周恩来二人领导。江津正属南方局的工作范围，所以，说服陈独秀一事自然落到了善做思想工作的周恩来身上。

从情感上，王明、康生编造的"汉奸事件"已严重伤害了他；从政治上，纵然二人已被调回莫斯科，但仍不能排除重返延安的可能，况且，从那次痛犹在心的政治冲击中，他已真切地感受到了延安内部的政派斗争，谁又能保证哪一天，自己不会被翻出旧账彻底清算？到那个他没有一个知心的政治家的地方，无异于身陷囹圄。离开江津去延安的要求，对于此刻的陈独秀来说无法接受。

在国共摩擦越来越烈的紧张中，周恩来秘密来到了"延年医院"。但事实证明，周恩来十分失望。

但周恩来并未放弃对陈独秀的努力，不久他又托陈的好友朱蕴山前往江津劝说，一来以这种朋友的身份不会引起国民党注意，比较安全；二来又淡化了政治色彩，更容易让陈独秀接受。

朱蕴山秉承周恩来的意旨，去江津黄荆街83号造访陈独秀，力劝其前往延安。然而陈独秀却对他说，中共方面已没有他政治上的知音了。李大钊已作古，延年、乔年也死了，自己的思想与延安已大不相同，想到在那样的环境中，自己会陷于政治的孤独，他便凄怆地说："他们开会，我怎么办呢？"他还表示，自己不能被别人牵着鼻子走，最终将弄得无结果而散。

陈独秀淡然拒绝了延安方面这最后一次的邀请。

在江津的这个时期，也常有陈独秀昔日的学生去看望他这个寂寞中的老人。

陈独秀到江津不久，时任该县县长的黄鹏基受其老同学龚灿滨之约，前往郭家公馆看望他。黄、龚二人都曾是北大学生，虽然他们未听过陈独秀的课，但都曾是《新青年》的热心读者，对该杂志的主撰者陈独秀一直怀着崇敬之情。在他们的印象中，陈独秀不大像花甲之年的老人，紫色脸膛上的双眸依然蕴藏着创办《新青年》的活力，神情沉郁而矜持。在看望陈独秀返回的途中，黄鹏基对龚灿滨说："陈先生是受监视的，重庆方面常派人来侦察他的行动，一两个月要来问问。"

1939年中旬，湖南长沙即将成为新的战场，何之瑜便动身到了江津。在北大同学会的帮助之下也在江津九中做历史教员，并受北大同学会的委托，让他这位曾追随陈独秀多年的北大学生接替罗汉，以便就近看望、扶持、照顾多病的陈独秀。

许德珩曾是北大学生，1919年10月12日，赴法勤工俭学。1927年1月回国后在广州中山大学教书，并任黄埔军校政治教官。抗战爆发后，他迁往重庆，该地常遭日机轰炸，为安全起见，他便在白沙找了两间房子，将他的子女安排在那里，自己仍住在重庆。这期间，他在重庆与白沙之间常来常往，每次必经江津，所以有时就到江津看望陈独秀，师生聚首，谈及"五四"往事，不胜感慨万分。

当年蔡元培到北大，力图改革，开始整顿腐败的校风及学生自由散漫、松弛的校纪。后来陈独秀被蔡元培聘为文科学长，二人积极推动北大改革。当时许德珩是一个穷苦学生，冬天仍穿着夹衣，宿舍里没有取暖设施，所以他不是在讲堂上，就是在图书馆里。他所在的班上课纪律很差，陈独秀开始着手整顿。其时，该班有一个学生是黎元洪的侄子，经常缺课，并让别人代他签到。陈独秀误认为是许德珩，便在布告牌子公布他经常旷课，并记大过一次。许德珩一见给自己记过的布告，十分惊异，盛怒之下，就把布告牌砸碎了。这立刻激起了陈独秀急躁的性情，怒火冲冲地对砸布告牌一事又记了一过。许德珩又将第二个布告牌也砸了，并站在陈独秀的办公室门前，让他出来与陈说理。蔡元培知道后，经过调查才知道，是陈独秀搞错对象了，便让其收回成命，蔡校长又对许德珩劝慰一番，此事遂告平息。

回眸往事，是非对错，陈独秀也都有一种说不尽的怀恋。

包惠僧自到重庆后，也与陈独秀有着不断的书信往来，信中，陈独秀常劝包惠僧不要做什么参事，要做官做个县官也好。包惠僧想接他到重庆陈家桥住在一起，陈独秀不愿再回重庆，便推辞说："年老多病，行动不便。"

气温渐渐地升高了，夏天很快又到了，母亲谢世后，陈独秀的身体状况一直没有明显的恢复，高血压、胃病、心脏病也因天气的不断转热开始了连锁反应。由于许久没有撰写文章，稿酬这一重要的生活来源也断绝了。罗汉也没了音讯，虽然北大同学会的帮助也常常解决了他的燃眉之急，但他依然要时时为生计发愁。

此时，在江津白沙镇的邓鹤年闻知陈独秀生活窘迫、贫病交加，顿生同情之心，于是便热情地邀请陈独秀夫妇到白沙镇小住一段，休养病体。

陈独秀没有拒绝这份热情，他与潘兰珍一起离开了"延年医院"到了白沙，并受到了邓氏全家的热情招待，被安置在华贵舒适的下松林邓氏别墅——"康庄"。许多当时避难于当地的社会名流闻知也纷纷慕名登门造访，由于身体原因，均请邓家代为挡驾。

自从到了白沙镇，生活的舒适无忧使陈独秀的病体也有了很大的好转，气色与精神也有了很大改观。在白沙镇休养期间，恰赶上邓鹤年70大寿，慕于邓氏的名望，前来祝寿者颇多，仅馈礼即收了35000多元。邓鹤年当即慷慨地说："将所接祝寿现金，悉数捐赠聚奎中学。"

"聚奎学校"的前身是"聚奎师院"，由邓鹤年的父亲邓石泉所创办。邓鹤年是邓石泉的第五子，聚奎学堂第一任堂长邓鹤翔之弟。他能诗善文，一生经商，为人正派，自奉甚俭，常着布衣，有时还穿草鞋；待人接物和蔼可亲，在重庆商界享誉很高。最令人称道的是他的博施济众。他在重庆经营盐业结束后，拥有60万元左右的财产。为继承先父德风，他多次出资捐助这所学校以发展当地教育。该校罗马歌剧院样式的学生礼堂就是他出资一万多银元建成的，内有三层看台，可容纳千余人；堂额有于右任题书的"鹤年堂"三字。

在为邓鹤年祝寿的晚宴上，陈独秀又想起了邓鹤年常说的话："集财非难，散财实难。集而不散，用而不当，非道也。遗之子孙，资之作恶，尤非道也。"于是他感慨地对"聚奎中学"校长周光午说：

"一个人聚财不难，疏才实难。像蟾老百万家财，以十五万赠聚奎中学，五万元办图书馆，自己留下五万元度晚年，其余分赠亲友学侄留学费和兴办社会事业，真是不易矣！"

为了表达对邓鹤年的敬重，晚宴结束后，陈独秀满怀兴致，挽袖挥毫写下了"大德必寿"、"寿考作仁"两个篆字条幅，作为一份厚礼赠送给了邓鹤年老人。邓鹤年为表示对陈独秀题书的珍视，并留于后人，便请石匠将这两个条幅分别镂刻在黑石山风景最好的鹰嘴石和团石上。

陈独秀写完了条幅，又与佛学大师、书法家欧阳竟无、邓仲纯、文学家台静农等五人具名，由欧阳竟无执笔写了一篇《邓鹤年先生七十寿序》，盛赞邓老疏财的德义之举。

另外，为了表达对邓鹤年相助之情的感激，陈独秀接受了周光午的邀请，带病在聚奎中学的"鹤年堂"为该校师生作了一次精彩的演讲。

演讲那天，陈独秀身穿蓝布长衫，外套马褂，脚蹬布鞋，衣着十分简朴。他中等偏高的身材，背微驼，面目清癯，两眼深沉有神，颏下留着稀疏的山羊胡，颧骨突出。倒背着双手，步履从容，显得十分慈祥。他说话带着浓厚的安徽口音，慢条斯理，引经据典，抑扬顿挫，很有学者风度，使人很难把他和一个叱咤风云的政治家联系起来，许多学生还以为他是私塾先生。他在给学生讲话时心平气和，没有慷慨激昂的语调，就像摆家长龙门阵一样平易近人。

演讲大约有40分钟，学生们听得很投入。他先从匡衡凿壁偷光谈起，劝青年要珍惜光阴，努力学习，为民族做贡献；接着又谈日本帝国主义想霸占中国，全国人民要一致对外，争取抗战胜利。

讲演完毕，陈独秀走下讲台，学生分列两旁热烈鼓掌，他点头微笑着，徐徐前行，显得很高兴。

久病而抑郁的陈独秀难得一次高兴，也找到了那种登高一呼的感觉，使他焕发出青春的活力，令他兴奋不已。他陶醉于这种轻闲与悠然之中，想静静地休养一段，什么都可以想，什么都可以不想。然而，陈独秀仍旧没有去到那"与世隔绝的地方"，政治又似幽灵般地追寻到了白沙镇。

在国民党方面，自从1月份便开始营造一个"反共合理"的舆论氛围。1月

16日，张君劢发表了《致毛泽东先生的公开信》，提出要取消边区，取消八路军、新四军，"将马克思主义暂搁一边"。国民党政治文人叶青等连连发表反共文章为实施具体的反共措施创造条件。

因张国焘的提醒，蒋介石也开始注意陈独秀的反共价值来。他想，陈独秀绝对不会忘记那次来自中共的"汉奸"旋风。张国焘投靠国民党之后，急于为其献策献媚，以获赏识。在国民党反共情绪开始高涨时，他顿觉时机来临，便向蒋介石建议：派国民党知名人士公开访问陈独秀，重提中共对其"托匪汉奸"的诬蔑，将其盛怒之下的言论及其对抗战发表的主张一起编辑成册，来对付国民党在抗日宣传上的影响。

蒋介石听从了张国焘的建议，便派胡宗南（字寿山，时任第八战区副司令长官，屯兵西北，封锁陕甘宁边区）和戴雨农（名笠，时任国民政府军事委员会调查统计局局长）携带着水果、茅台酒之类的礼物到江津白沙微服私访陈独秀。

他们随身携带的还有1938年3月15日由傅汝霖、段锡朋等人在《大公报》和《武汉日报》上为陈独秀的所谓"汉奸"事件辩诬的公开信，这是行使离间之计的依托。在他们看来，这封信一定能激起陈独秀对延安的愤怒，并且在某种程度上会使他生出对国民政府方面的感激。然而他们把陈独秀的私人感情估价得太高了，似乎理性也在这位老人身上丧失殆尽。

但他们又有顾虑，因为他们事先探知，罗汉去后，高语罕夫妇经常不离陈独秀左右。高语罕曾是黄埔军校著名的政治教员，胡、戴二人尊其为师。这次接触的目的如果传到中共方面，那么，便会授以把柄，今后反共的实际行动就会被中共批判为"蓄谋已久"的，这对国民党方面将大为不利。所以，蒋介石要求胡、戴访问陈独秀的行动，一定要绝对保密。但为了让陈独秀重视他们的访问，不被轻率地拒之门外，蒋介石同意对陈独秀本人可以表明是奉他之命进行拜访的。本来要让张国焘一同前往见陈，但张却认为见到陈独秀双方都会十分尴尬，不利于这次行动，蒋介石才只让胡、戴二人前去。

国民党的官员他接触的也不少了，但是，对于胡宗南、戴雨农这两个不曾交往的国民党官员未有邀请的来访，陈独秀很觉意外。胡、戴二人见到陈独秀，果然高语罕夫妇也在一旁，并寸步不离地为其招待客人。陈见到二人，便问是不是受蒋先生"关照"而来的。胡、戴答是,但对张国焘一字未提。

陈独秀始以为二人是奉命来审查他的政治行动,为避免牵扯与麻烦,于是说:"自从逃难入川,虽以国事萦怀,却并不与闻政治,更不曾有任何政治活动。但天下兴亡,匹夫有责,不知二位先生来意如何?"

由于胡宗南在蒋介石军事集团中实力较强,所以名气很盛,陈独秀对他在重视中又多了一分警觉。访问是以胡宗南为主,戴雨农为陪。胡宗南在回答陈询问来意时,一面出示带去的简报资料,一面挑拨说:"陈老先生受到中共人身攻击一事,大家不平则鸣。傅汝霖、段锡朋君诸先生,是陈老的学生,忘年之交的朋友,诸先生为陈老恢复名誉的辩护启事,乃国人之公论,民心之所向。今特来求教,请陈老谈谈对国事的看法。值兹世界第二次大战爆发,德军席卷欧陆,波罗的海四国乃苏俄前卫边沿,被德军闪电一击,不一周而尽失,眼看苏俄处于极不利之局。国内国共问题,由分而合,由合而斗,大战当年,如国策不能贯彻,前途实堪隐忧。为今之计,陈老意下如何?"

陈独秀默思良久,看看站在一旁的高语罕,又看看手中的简报,用一种很缓慢的语调说:"蒋先生的抗战决策,是符合国人愿望的。弱国强敌,速胜困难,只要举国上下,团结一致,则任何难关都可渡过。延安坐井观天,谬论横生。我本人多遭诬蔑,幸公道在人心,先生等所示剪报启事一则,足可证明。列名为我辩者,乃国内知名人士,有国民党的,有非国民党的,有以教育家而闻名的。我原打算向法院起诉,因见代鸣不平的公启,乃作罢。先生等对我的关注,深致谢意。本人孤陋寡闻,雅不愿公开发表言论,以致引起喋喋不休之争。务请两君对今日晤谈,切勿见之报刊,此乃唯一要求。言及世界局势,大不利于苏,殊出意料。斯大林之强权政治,初败于希、墨的极权政治,苏联好比烂冬瓜,前途将不可收拾。苏败,则延安决无前途,此大势所趋,非人力所能改变。请转告蒋先生好自为之。"令胡、陈二人意外的是,陈独秀始终没有像他们预料的那样,说出一番慷慨激昂之词。

最后,陈独秀又书写李白的《山中答俗人》一诗相赠,以表示自己已遁迹山林,仅有不问时政的隐士闲情。

胡、戴二人告辞了陈独秀返回复命,戴雨农又将他们与陈独秀的谈话记录呈与蒋介石，蒋介石阅过之后不禁为陈独秀的睿智而感叹道："陈的见解深湛，眼光远大。"

摆脱了这些政治的纷扰，陈独秀努力使自己返归自然，但是，他并不是一个安享富贵之人，待他身体稍有好转，他便提出要回江津县城，因为，他许久没有读书撰文了，他感到很失落。匆匆两个月过去了，生命还会有多少"两个月"呢？他婉言谢绝了邓家的真诚挽留，与潘兰珍一起又回到了江津。

夫妇二人又住进了"延年医院"后院。许是几个月的隔别，加上邓妻对潘兰珍并未消除的成见，两位妇人总也不能和睦相处，且偶有口角之争。邓仲纯与陈独秀二人对此都很为难，所有的调解与劝说均为无效。

别扭、口角已破坏了生活的和谐、愉快，这种气氛如一面镜子，一经破裂再难缝合。况且，又一个酷热的季节已经开始，这座小城又似烧透了的砖窑一般炙热烤人。解决这一问题的最好的办法只有离开这个地方，最好是在乡下凉爽的农村。陈独秀没有接受邓仲纯的挽留，开始另寻他处了。

不久，在江津县县长黄鹏基的安排下，陈独秀与潘兰珍迁居到了江津县城大西门外十五公里左右的鹤山坪施家大院——"延陵别墅"。城郊鹤山坪本是偏僻的丘陵山冈之地，远看似仙鹤挺立，故而得名。施家大院乃是江津一中校长施明璋家，因居家人少，有余房，并且有县长出面，施明璋当即允诺下来。

夫妇二人在施家住了下来，但是，他们给别人留的通讯地址依然是"江津县黄荆街八十三号"，其信均由邓仲纯收到后再转交给他。因为陈独秀的身体状况一直不好，邓仲纯每隔两三天便从县城到他住的乡下一次，为他进行免费诊疗。乡下通讯不便，乡间的周转羁押，往往使信件还没有邓仲纯送来得快。这下，邓仲纯倒似陈独秀的一个私人保健医生兼义务通讯员。施家大院的确较"延年医院"清静凉爽多了，但由于身体状况，他仍无力撰写文章。

清幽的乡间环境似乎熏染得他也沉静了许多，也使得他不得不在许多的时光中回顾往事。回忆，是暮年人生的一种较显著的思想方式。

陈独秀不禁将思绪一下子回溯到前清光绪二十九年。那一年，是他作为一个真正的文化人开始活动的一年。那一年也即1930年8月7日，他与章士钊、张继等人在上海新马路梅福里创办了《国民日日报》，聚集了大批文人志士，轰轰烈烈到12月初，该报终因外绝销路、内生诉讼，又兼经费短缺而被迫停刊。该年年底，他回到安庆，又与房秩五、吴汝澄一起筹办《安徽俗话报》。在此之前，汪孟邹于该年冬在芜湖开办了新书店"科学图书社"，贩卖新书报、教科书等。该书店的墙上还挂有陈独秀写的一副对联：推倒一时豪杰，扩拓万古心胸。为给经《安徽俗话报》寻找发行机关，陈独秀看上了汪孟邹的"科学图书社"，于是便通过安徽知名人士胡子承与汪协商，终于如愿。图书社欢迎陈独秀到芜湖并让该社执行《安徽俗话报》的发行工作。从此，《安徽俗话报》成了陈独秀生发文章的肥沃土壤，每期必有妙文连篇。虽然该报仅支持了不到两年，但的确为他后来创办《新青年》积累了宝贵的经验及丰厚的文化底蕴。

1922年，该社印制了一本《廿周纪念册》，他还能记起他在这个小册子上说过的话：

> 二十年前，孟邹以毫无商业经验的秀才，跑到芜湖开书店，实是盲目的行动；然当时为热烈的革新思想所趋使，居然胡胡涂涂，做到现在的状况。我那时也是二十几岁的少年，为革新思想所趋使，寄居在科学图书社楼上，做《安徽俗话报》，日夜梦想革新大业，何物臭虫，虽布满衣被，亦不自觉。当日社中到夕晤谈的好友，章谷士、曹复生，可怜如今都没有了！这二十年中，孟邹办了个亚东图书馆，我做了几本《新青年》，此外都无所成就。惟彼此未曾做十分无人格的事，还可以对得起死友。一九二二年，四月九日，书此以志芜湖科学图书社廿周纪念。

他还记得胡适为该社的寄言是："给文化做了二十年的媒婆"，陶行知的寄言是："赈济了二十年学术的饥荒"。

往事历历，他难以忘记为《安徽俗话报》做出卓越贡献的芜湖科学图书社，但是，它已于1938年在芜湖沦陷时完全毁于日军之手，这个安徽的第一家新书店，也使30多年的老书店竟殁于一旦！

如今，自己的文章写出后也不能发表，这也是他常常不愿再写文章的原因。这种时刻，总让他怀念办《安徽俗话报》时发表文章的随心所欲的感觉：那时，哪里会有今日如鲠在喉的焦躁啊！你完全可以做一个文章的制造厂！而这一切，芜湖科学图书社无疑是其中的必要条件。

生活的困顿，也常常让他思念芜湖科学图书社的模式。亚东图书馆经营困难时，他曾建议模仿芜湖科学图书社扩大经营范围以形成经济互补，并对汪原放说："加文具部，很要紧。文具生意的利息也不错，和书籍同做，财政可以活泼得多。"

回忆着过去，他不禁对消逝的芜湖科学图书社愈加怀念起来，这种怀念，又在逐渐的强化中转化成了强烈的向往！

那买卖铅笔、墨水、信封、信纸的悠闲，岂不是很有味道！再则，又可以糊口养家、解决艰难的生计问题！而更重要的，还可寻回那种尽情挥洒、激扬文字的快意！

静极思动，一股强烈的冲动促使他提起笔，给汪孟邹写了一封信，他要东下芜湖，重开那个逝去的科学图书社！

这似乎是一个挣扎于疾苦现实中的人，在力图找寻那曾经拥有过的梦一般的过去，带着一种渴望，更带着一种草率。

但是，信寄出后，自瞻现实，他又渐渐地冷却那份流星般的激情。他开始自嘲这股浪漫情怀，那里毕竟是沦陷区；况且自己一身重病，毕竟也朝夕不保，已不是当年那个挥手即可赴四方的陈仲甫了！

他终于没有再去芜湖，那毕竟是一个只能令人向往的梦！

但他不曾想到，有着这种深沉情结的，他已是第二个了！

第一个便是老友汪孟邹，他比起陈独秀来只不过是幻灭的第一者罢了！

从梦幻回到现实的人往往会有一种莫名的失落与烦躁，面对眼前的环境，他又生出一种不满足的感觉来：这个院子坐落在一个小山坳里，未免显得太闭塞；院子里施家孩子的吵闹总令他心里很乱，不知在于主观还是客观，他总感到这个院子已失去了初来时的那种安静。

一个多月过去了，他已深深地感觉到与这个环境的不可调和，便又期待着能出现一个新的选择对象。

他终于又偶然地寻到了另一处居所。

有一天，陈独秀到了江津县城想买几本书，以疗救精神的饥饿，由于囊中羞涩，他不愿进新书店，便踱步到一个旧书摊上。这使他有了一个意外的发现，书摊上有一本《杨承鲁读〈皇清经典〉》的手稿。翻看其中内容，有与自己正在写的《小学识字教本》相关书稿的介绍，觉得很有参阅价值。于是，他便很感兴趣地买下了这本手稿。

第二天，他与邓鹤年、邓燮康叔侄在茶馆中摆谈，提到了购买杨氏的手稿一事，邓氏叔侄便给他详细讲了杨承鲁的情况：杨承鲁，原名杨禅，又名杨志道。是清朝有名的二甲进士，生前曾有300多亩土地，家中藏书很多。其家就在他所住的鹤山坪施明璋家二里路远的地方，一生著述丰富，还有好几箱书稿来不及整理就去世了。

杨承鲁有一个孙子名杨庆余，是江津中学的教员，很想将祖父的《杨承鲁读〈皇清经典〉》《群经大义》《杨氏巵林》《龙溪日记》等六部遗著出版，很希望有位名家代为校正、整理并作序。杨承鲁生前，趁国学大师章太炎到成都之际，把自己的《杨承鲁读〈皇清经典〉》拿去请教，章太炎很不欣赏，随手便批了"杂乱无章"几个字，未予理会。陈独秀购书一事传到杨家，便激发了杨庆余的灵感：此事让陈先生去做，是不会辱没祖父的。于是他便邀请陈独秀住到清静的杨家旧宅，帮助自己实现夙愿。

对于陈独秀来说，也是结识了一个故去的同路人，因为，杨氏的著作中对小学的研究也很有独到之处；再者，自己改换一个新环境的愿望也在这偶然之中实现了。

于是他便接受了杨庆余的邀请，又与潘兰珍一起搬到了离施家大院二里多路远鹤山坪石墙院杨承鲁旧居——"杨氏山庄"住了下来。

杨承鲁的三个儿子也均已去世，杨家旧居由杨承鲁的儿媳杨彭氏管家，院内景致幽美，假山鱼池，青竹绿树，蔚然成林；院外视野开阔，青山幽谷，宛如画图。

陈独秀与潘兰珍被安排在偏房，卧室是一个上无天花板，下是裸土地的普通民间瓦屋，另外还有一间书房和厨屋。

这里，便是陈独秀流亡的生命里程中最后一个驿站了。

2. 托派的"反对派"

如果说，陈独秀与中国托派的争论，以前还是内部分歧，如今他却已站到了这个阵营之外开始对垒了。关于第四国际的主要立场（是否工人国家），中国托派历史上从来不曾引起过争辩，如果有，那便是陈独秀一人；1949年之前，不曾有过一个人对托洛茨基的苏联性质观表示过异议，如果有，那只有陈独秀。

3月2日，他给上海的"西流"们（代称中国托派即《西流》杂志的同人们，包括濮德治）写了一封信，批评了《动向》月刊做了重庆《新华日报》的应声虫，也认为此次大战是上次世界大战的重演，并将列宁"一战"的理论抄袭到"二战"中来。说"我竟看不出中国托派与史派之区别"。他还指出："不但在德国，即英、法普罗政党固不应采用'保卫祖国'的口号，却应该采用'共同攻打法西斯的希特勒'的口号。"主张"反对希特勒，便不应同时打倒希特勒的敌人，否则所谓反对希特勒和阻止法西斯胜利，都是一句空话"。

信写完后，他便寄给了云南的濮德治，让其转寄或再抄寄到上海租界里去，让王文元等人讨论。信寄出后，他稍稍嘘了一口气，当他想再提起笔来时，却传来了足以令他笔落墨洒的噩耗：

3月5日，蔡元培逝世于香港！

生命之易逝若此！预料之外又在意料之中！可毕竟太突然了，在这本应互相话别的残岁中，竟没有彼此的哪怕是满含凄凉的问候！失去后才顿觉需要，需要时常痛呼，但事已晚矣！

就是那个曾经提倡学术思想自由，并聘自己为文科学长的人，如今不复存在了！

就是那个能将守旧的陈汉章、主张复辟的辜鸿铭、参与洪宪的刘师培与主张革新的胡适、钱玄同、陈独秀熔为北大一炉的蔡孑民，就是那个在北大校园与自己并肩推行改革的蔡校长，永远地去了！

暗杀团，北大，进德会，《新青年》，"五四"，北京工读互助团，第四次被捕，第五次被捕，南京狱中……这每一个壮烈或者落魄的故事里，都有那位老先生忠厚、温和而又不乏睿智与凝重的帮助。纵书千万言，也诉不尽无限的缅怀与悲戚！

故友的离去，使他又一次展开了沉重而又尘封着的历史画卷，咀嚼往日的沧桑。

一个文人，一介书生，痛定之后唯有以文字来寄托与表达哀思了，为自己，为他人，更为后人。

"'人生自古谁无死'，原来算不了什么，然而我对于蔡孑民先生之死，于公义，于私情，都禁不住有很深的感触！四十年来社会政治之感触！"

提笔便是感伤，他接着回忆了与蔡先生初次相识的情形，从暗杀团到北京大学，并赞扬了蔡元培的两种个性特点，"是一位无可无不可的老好人；然有时者关大节的事或是他已下决心的事，都很倔强地坚持着，不肯通融，虽然态度还很温和"；"这样容纳异己的雅量，尊重学术思想自由的卓见，在习于专制好同恶异的东方人中实所罕有"。

"五四运动，是中国现代社会发展之必然的产物，无论是功是罪，都不应该专归到哪几个人；可是蔡先生、适之和我，乃是当时在思想言论上负主要责任的人，关于重大问题，时论既有疑义，适之不在国内，后死的我，不得不在此短文中顺便申说一下，以告天下后世，以为蔡先生念！"

3月24日，这篇题为《蔡孑民先生逝世后感言》的追念文章，发表在了《中央日报》上。

蔡元培的死，令陈独秀倍感伤心、凄凉与孤独，许久，他的精神都难以振作起来。20日那天，他又接到了杨鹏升的信，那时他刚刚为《中央日报》写过纪念蔡元培的约稿，写时尚有一种精神支撑，写过之后，却是一阵不可恢复的颓然。他几乎没有精力再去想什么，写什么，故一直也没有复信，始终沉浸在对往事的追忆与痛惜之中。与杨鹏升信一起收到的，还有他要杨为他印制的一些信封和信笺，二者均为特制，信封上印有"仲甫手缄"，信纸左下方印有"独秀用笺"。这是他的必备品，也是常用品，他拜托老友为他印制一批信封、信笺，的确又节省了一项不小的经济支出。这些，也是另一种形式的资助，不禁又引起陈独秀"屡承厚赐，何以报之！"的感慨。杨鹏升的信中还要求陈独秀能为其已故高堂撰写墓志铭文,这又无形地勾起了他的感伤,这段时间以来,他总是在与生命的终结发生着或隐或显的联系,母亲,蔡元培,纪念文,墓志铭……风雨飘摇一孤舟,他力图寻找书生的情趣,却总被这一切冲击得支离破碎。在重庆疗养时,即让白寿良为自己刻制了一枚文字生动的印章,想激起蛰伏的书生雅兴,却又常常被失意整个地笼罩了。

杨鹏升给他邮来的信及信封、信笺给他带来了一丝安慰,4月7日,他勉强振作精神给他写了一封回信。时间是疗救一切感情创痕的良剂,然而对陈独秀来说却是越久远越沉重。距蔡元培的死已一个多月了,他依然掩饰不住失去故友的痛惜与悲伤:

"弟前在金陵狱中,多承蔡先生照拂,今乃先我而死,弟之心情上无数伤痕中又增一伤痕矣!"

由死而生的凄凉,似乎对于年老者最易受创,三年前在南京狱中,当他听说"中国托派中最杰出的女革命者——黎彩莲"(寒君的妻子)咯血而死时,曾满怀悲伤地在给赵济的信中说:"……彩莲的死使我很悲伤。一生中我遭遇到这样的事已不算少;可是我从来不曾如此难受过,也许是我老了……"①

革命的志同道合,生活的互相依存,都足以使一个后死者万般留恋,在反观中有一种独立黄昏的孤凄!这是一种生命的怅望!

如今,他已完全陷于孤立了,当他亢声宣言"我绝对不怕孤立!"时,还站在中国托派的营垒里,现在,他站在了哪里呢?当他对第四国际的根本主张、托洛茨基不变的不可与人妥协的认识也发生了质疑时,自己已经走上了一条无人可走的路。

那些曾经信仰的理想与主义到了他这里,为何都不值得推敲了呢?他坚持着自己的观点与主张,又从不愿迁就自己,他是一个理想主义者,一个凸显的自我理想主义者,一个"虽几死而未悔"的思想烈士。在他的心目中,延安方面已是完全不可理会了,国民党方面在除认可其真正抗战以外,都是他一贯反对的,如今,当国民党连他的抗战主张也不愿刊登时,还有多少可以理会的呢?对于那些第三党们,在武汉时就已对他们彻底失望,那些飘摇不定的一群,又

---

① 王凡西:《双山回忆录》,第279页。

哪里有自己的思想呢？不过把自己看似鲜活的脑袋放在别人的肩膀上罢了！而今，他唯一能以同志称呼的便是上海的那个组织了，因为他们虽然有些政治观点与自己龃龉不调，但毕竟在许多方面还可共商。如果这个组织的思想观点完全沦于第四国际那荒唐认识的统治之下，自己就连个可共商讨政治的对象也没有了。这样想来使他不禁有些后怕，毕竟，现在改掉一生特殊的生存习惯——脱离政治，做一个纯粹的书生，又是于心不甘的。况且，他对革命的责任心、对一个政党的恩怨，正如他曾经在大革命失败后，中共受共产国际错误路线的领导时，他所说的话："我不忍眼见无数同志热血造成的党，就这样长期的在不正确的路线之下，破灭消沉下去。"如今，这种话他又必须对中国托派说了。

蔡元培的死，对他是一种沉重的精神打击，使他长时期沉溺于悲痛之中，他放不下这种精神重负，但是，他又时常感到一种纠正那些上海朋友思想认识错误的紧迫。于是，在沉郁的心境中，在难忍的痛里，他忘记了医生的话，在 4 月 24 日又提起笔，开始给濮德治等写信（让其转寄或抄寄给上海的王文元等）。

信中，他对上个月的信又作了补充，表明了自己有两个信念："一、在此次大战结果之前，甚至战后短时期中，大众的民主革命无实现之可能。二、现在德、俄两国的国社主义及格柏乌政治，意大利和日本是附从地位，是现代的宗教法庭。此时人类若要前进，必须首先打倒这个比中世纪的宗教法庭还要黑暗的国社主义与格柏乌政治。"他由此认为"不但在英、法、美国内反对战争是反动的，即令印度独立运动也是反动的。民族斗争一脱离世界斗争的利益，便不能不是反动的"。他估量到自己的见解不会被认同，因此说："不但连根兄（王文元）见之骇然，即兄等亦必认为宜慎重考虑，因为和我们脑中以前所学的公式太冲突了。"

不久，他在另一封信中说，"此次若是德俄胜利了，人类将更加黑暗至少半个世纪，若胜利属英法美，保持了资产阶级民主，然后才有道路走向大众的民主"，就中国而论，若是后者，"当然恢复东西旧秩序，其影响于中国国内政治，也可想而知，我们能做比此更美丽的梦吗？"并重申道："兄与我在数年前都已认为死狗是全世界罪恶之魁首。"

时至五月，江津的气温又逐渐升高，暑气渐显的县城给陈独秀带来了"人留天不留的"惋惜与无奈。他愿意留在江津，留在"延年医院"，一来可由邓仲纯随时关照病体，二来通讯比较方便，但乡村的相对宁静与清爽也让他向往。毕竟鱼与熊掌不可兼得，县城的漫漫暑期让他望而止步，况且，有邓医生的经常下乡，诊病与通讯问题随即解决，只是有些间接，不像在黄荆街这样随机罢了。另外，尚有国民党教育部紧催的书稿等着他完成，国立编译馆已预付了5000元稿酬，又怎能将其一拖再拖呢？前些天，国民党编译馆馆长陈可忠又请陈独秀编写学生用的中国文字说明一书，陈独秀答应了这个要求，这样一个由政府部门支持的学术研究的条件，怕不是大多数纯粹的知识分子乐此不疲的事情。对于这个书生之情已经开始回归的陈独秀，能借此机会展开自己倾心的文字学研究，未尝不是一件很有诱惑力的事情，同时，在生活极端困顿中还能获取一份稿酬，未尝不是一种生存本能的需求。"君子爱财，取之有道"，靠这份辛劳换取的报酬，或许会让自己少一些受人救济的"行乞之辱"。回到乡下，这或许是"三全其美"的办法，同时也是迫不得已而为之的办法。主意已定，陈独秀便在邓仲纯的帮助下回到了鹤山坪石墙院。

5月13日，陈独秀回到鹤山坪不久，编译馆馆长陈可忠报请教育部再预支给陈独秀5000元稿酬。第二天，教育部长陈立夫批示："前稿已否交来？照发。"最后决定，这笔款项将在该年度高等教育救济费下动支。教师用书尚未编写完毕，一连串的事故，令陈独秀自己也不能保证圆满完成，所得到的教育部上次预支的稿酬无论在何种困难下都未动分文。在这种存款备变的潜意识里，他流露出了对人世多变、前路难卜的力不从心。

正在陈独秀努力向托派发表自己的"新观点"时，第四国际又召开紧急大会，通过了托洛茨基起草的宣言《帝国主义战争与无产阶级革命》，批评克里姆林宫又将中共"置于蒋介石差遣之下，以此消灭中国无产阶级的革命创造力"。

果然不出陈独秀所料，他的观点一传到上海，便如一颗石头投入了平静的水面，激荡起阵阵涟漪。给那个"团结一致"拥护托洛茨基主张的上海托派立即注入了一种不安定的因素；也同样在他的预料之中，就连一向可与其讨论的王文元及陈其昌也觉得他思想乖谬。

托派临委震惊之余，经过一番周密的讨论作出了《对陈独秀来信的决议》。批判陈独秀在致西流三封信中的思想为"公开站在民主的英法帝国主义方面，反对革命的'失败主义'，反对'以国内战争去转变帝国主义战争'，……明显地完全承袭了过去史大林'以民主阵线反对法西斯阵线'之荒谬立场，这在本质上是英法帝国主义的狭隘爱国主义思想，是普列汉诺夫、格德和亨得曼在第一次大战中所表现的极端可耻的机会主义之再版"。

在整个第四国际都处在分裂与动荡的状态中，没有原则性内部论争的中国托派对于陈独秀的言论，难免有一种唯恐中国托派不乱的嫌疑。对此，他们怀着十分的警惕，更怕陈独秀点上一把火，将这个第四国际中唯独平静的支部烧得四分五裂。于是最后警告他说："我们最后希望独秀同志对此加以慎重的考虑，我们准备继续与独秀同志讨论。但在考虑和讨论时，我们希望独秀同志不要将自己的意见公开向外发表，以免引起我们中间的严重纠纷。"

陈独秀当然没有乱人之心，因为在他写信之前并不知道他们的这种"一致"与"团结"，不经意竟如他们所说的成了"严重纠纷"的挑起者。他看到了托派临委的决议，觉得有必要重新把握一下他们的政治思想，他细读了上海托派的机关刊物《破晓》及王文元等的来信，才终于明白地说："你们的意见一致，我都见着了。"但是这样的明白，使他更不能沉默与迁就。然而，多事之秋的陈独秀在又一场变故下不得不抑制这种冲动。

老姐姐在油溪镇去世了！

自从陈独秀的大姐吴陈氏在老兄弟的帮助下到达重庆后，同样耐不住陪都的杂乱以及日机的不断骚扰，不久便随外迁的人群离开重庆到了距江津上游40多里的油溪镇，凭借以前经商的积蓄，除维持自家生活外，还经常资助困境中的兄弟陈独秀。这年春天，大姐病重，陈独秀拖着病体溯江而上到油溪镇看望她，一见到老姐姐，他便有一种同病而怜的酸楚。兄弟姐妹四人，长兄、二姐早年去世，如今只剩下四人中最长和最幼的两人，而这两片秋风中的残叶又不知哪个率先飘落！二人临别时，老姐姐拖病远送，依依难舍，木立怅望，谁知在这一惜别中，老姐姐的缠绵里竟包含有太多的对生命的依恋和对亲人的缱绻！

"骨肉生死别，即此俄顷时"，几个月后，老姐姐便撒手人寰！脑溢血带走了陈独秀敬重的又一位亲人，终年69岁。她与老母亲一样，没有安睡故土，却客死在遥远的异地！自己也会和母亲、大姐一样么？

姊妹四个，如今只余一人，亲友迭逝，充塞于心胸的不仅仅是孤独！纵然衣袖能揩干纵横的老泪，却怎样也难以抚平这一道道心灵的伤痕！

当年兄长陈庆元（名健生，字孟吉）逝世后，他曾写了《述哀》一诗，表达了亡亲之痛。如今，他又不得不以此种方式送走他的老姐姐。除却这一方式，贫病中的老书生又能以什么方式来述尽心中的哀思呢？在极端悲痛中，他饱蘸笔墨写下了撼动人心的《挽大姐》一诗。

"大姐今又亡，微身且苟延。"这是一个多么凄凉的自叹！老姐姐的死，对于孤独的陈独秀无疑似一次秋冬之夜的严霜，打在了胡须上，打在了稀落的头发上，更打在了寒如冰冻的心上，在他颓唐的神情里，更显出了颤颤巍巍的衰老之态。

安葬完大姐后，陈独秀一直处于心绪的低谷之中，对满月怀乡，对残月自怜，孤独地回忆着自己的平生往事。他放下了文字学研究，也不再给濮德治及上海托派写信，更为重要的是，精神与情感世界的几近溃落又加重了原本就恶劣的病情——他再也无力去做那些事情了。

大量流亡的民众仍在不断地涌往江津，物资的紧缺也渐渐凸显出来，本来就靠别人接济过活的陈独秀夫妇更感受到了生存的压力。他们已开始了典当、变卖。柏文蔚送给他的灰鼠皮袍，以及他在狱中收到的十多件皮袍都已进了当铺，曾经"正苦无法遣送"的衣物也着实解决了一些燃眉之急。

生活的窘迫使吃菜也成了奢侈的消费，为了节约开支，手脚勤快的潘兰珍便在后院的空地上开辟了一处小园，种上了菠菜、辣椒、洋芋等陈独秀平时最爱吃的蔬菜。在空闲时，陈独秀也常常给菜圃浇水、施肥、捉虫，以排遣心中的忧郁。

沉默，几乎令他消沉，一个多月过去了，他依旧沉浸在悲痛与无聊之中。长久不能写作令他十分烦闷，时间也的确起了淡化作用，一段时期过后，本来就闲不住的陈独秀又开始在病中关注上海托派了。

就在托派临委作出"决议"的一个月后，陈独秀给王文元写了回信，指出他们的幼稚之处："第一，是不懂得资产阶级民主政治之真实价值（自列托以下均如此）"；"第二，是不懂得法西斯和英法美帝国主义者阶级作用不同"（英法美的帝国主义统治只能容忍无产阶级的组织宣传至某种限度，法西斯则根本铲除无产阶级组织与宣传）；"第三，是不懂得'中间斗争'的重要性，……以为只有最后斗争才能够消灭法西斯及其复活……只好静候着最后斗争从天下降了"。"再加上第四"是幻想"英法失败后革命起来推翻整个资产阶级统治之假定，这完全是幻想奇迹"。总结此"四种根由之总根由"是："对于实际的历史事变发展闭起眼睛，一味玩弄抽象的公式。"认为他们"反对民主国的英美"，"在思想上与死狗（指斯大林派）无二，即词句与亦多相同，近读《破晓》一小册，（《破晓》当然是根据托洛茨基的意见）竟放过法西斯，专向英美攻击，且为苏联征伐芬兰辩护……'反对民主国英美'，'不攻击法西斯'，'拥护苏联'，这三个政纲合起来，第三第四国际在理应该合并了"。

就在陈独秀给王文元写这封信之前，王文元与郑超麟合译的托洛茨基著的《俄国革命史》完成，他们约托氏写一专序，他很高兴地答应了，序中指出，布尔什维克主义的本质是"毫不妥协地反对与资产阶级合作政策"。这实质是对"国共合作"的反对。它与陈独秀主张的调动一切可以调动的力量进行抗战的思想存在着严重的分歧。但是，托洛茨基与陈独秀的这种分歧很快便结束了，"自序"没有写完便死去了。

1940年8月20日，寓居墨西哥的托洛茨基被莫斯科方面派去的杀手用斧头砍成重伤，抢救无效，于次日死去。

此时的德国法西斯军队，在英法美的绥靖政策下以疾风迅雷之势席卷了整个西欧战场。1940年5月，德军占领了丹麦和挪威后，从10日开始在西线发动攻击，并很快占领了其邻国卢森堡、荷兰和比利时。在攻打比利时时，其主力已从比利时南部突入法国的马其诺防线，使其成了个战争摆设。14日，德军突破法国要塞色当，直取其首府巴黎。6月10日，意大利乘人之危，对法宣战，14日，德军未发一弹占领了巴黎并于22日迫使法国政府签订了投降条约。号称帝国主义强国之一的法国，仅在一个多月之间就彻底溃败了。

西欧战事极大地鼓舞了亚洲的日本，7月24日，日军派出大批战斗机扑向成都，中日在成都上空展开了激烈的空战，日军欲效仿德军横扫欧洲之势，以"闪电战"横扫亚洲，把中国变成第二个法兰西。9月27日，日本又与德、意在柏林签订了同盟条约，正式结为三国轴心军同盟，匈、罗、保、南被迫相继加入。在整个托派看来，西欧战争实际是资产阶级民主制与法西斯制（疯狂的独裁制）的较量。德军的频频得手，引起了托派内部关于这两种制度的讨论。

老姐姐死后，陈独秀的病情每况愈下，少有恢复，邓仲纯仍一如既往地穿梭于县乡之间，调理着老友的病体。但有一次，邓仲纯因急事缠身未到，陈独秀病情加重，便在潘兰珍的帮助下到"延年医院"找邓仲纯看病，在邓家，他又收到了6月30日杨鹏升写来的信，信中不乏家常之语，给病中的陈独秀带来了一丝丝安慰。

真是祸不单行，待病情稍有控制，他们回到石墙院时却惊讶地发现家中一片狼藉，窗户大开：住所被盗了！

夫妇二人赶快查点财物，发现几只装有换洗衣服、书籍和手稿的箱子不见了。最后统计，一共丢失了衣服和被褥等十多样。衣物等的丢失陈独秀倒不可惜，贫家不惧盗劫，而让他痛心的是，他所写的《小学识字教本》书稿及其他尚未出版的书稿也被盗贼窃走了。另外，还有他的心爱之物——在武昌时杨鹏升为他所刻的"独秀山民"四字阳文篆书印章也被掠去。

危急的国际形势、多舛的身家命运，一次次冲击着这位暮秋中的老人。寓所失窃，使贫困的生活更加贫困，这于他并不算什么，但一种生存的不安却笼上了心头。

家中被盗的第二天，他给杨鹏升写了回信，信中告诉了他失盗一事，并对变幻无常的时事家情发出了沉重的喟叹：

"弟对大局素不敢乐观，近益情见势绌，倘一旦不支，成渝水陆大道，必为敌人及汉奸所据，乡间又属土匪世界，无军队或秘密会党势力，亦不能生存，兄为川人定无大碍，弟为老病之异乡人，举目无亲，惟坐以待命耳！"

西欧的局势、成都的空战，又使他真切地感受到了近在咫尺的战争，这位多难的老者对抗战已没有了太大的把握，自己这个"老病之异乡人"还能再经得住几次颠簸？"举目无亲"的孤单、旦夕不保的病体，不能不令人发出"坐以待命"的无助的空叹！

接踵而来的变故使陈独秀思考了许多，物价暴涨使他们的生活难以为继，正如他后来于10月19日给杨鹏升的信中所说："谷物之暴涨，则全属人为。封锁时代又加以奸商横行，此事无法解决也。"失窃一事不仅给他们的生活雪上加霜，更让他失去了安全感。听别人说，江津西南的赤水县及江津上游的江安县物价尚低，治安较好，他便打算到那里居住，以便脱离这个艰难的生存之地。

但是，他的身体状况又让他有所顾虑，为此，他决定先到重庆治疗好自己的病，待身体康复，能远行并足以作较长支撑，然后再到赤水或者新安定居。考虑成熟后，他又在已经落款的信后追加了自己的打算："此间已势不可居，拟九月初赴渝治病，在渝南岸至多住一个月，即拟移居赤水或江安县城居住，不审此二城中兄有知友否？"

他希望能得到杨鹏升对他迁居的帮助，信发出后，杨鹏升爱莫能助的回答令他十分失望，他也反视自己，虽然能摆脱眼前的困境，谁又晓得赤水与江安不久是否也会成为现在的江津？再则，离开了江津，也就意味着离开了好友邓仲纯，那里有随时为自己诊病的好医生吗？即使有，自己肯定又多了一项更加昂贵的药费开支，不像邓仲纯这样包揽自己的所有医费。思前想后，迁居赤水或江安的打算只得放弃。

时至9月，托洛茨基被暗杀，病中的陈独秀尚不知，他7月底写给王文元等的信许久都没有反应，但他并没有感觉到这一骤然静寂的含义。但其间也收到过陈其昌、王文元的信，都是法国投降后他们关于民主制与法西斯制的认识，针对这些，他又带病开始给"西流"写信陈述自己的观点。通过梳理自己与上海组织的分歧，得出争论的中心点是两种问题："一、大战失败国有无革命。二、应当保护民主。"他否定了前者，着重谈论了后者，因为，他与王文元一样认为，"民主问题"是他们之间"主要的不同意见"。对于这一分歧，他自称根据苏俄20年来的经验，经过六七年的深思熟虑才得出了六种认识：1. 非大众政权不能实现大众民主，则政权流为史大林式的极少数人的统治是事势必然，并非史大林一人心术特别坏些。2. 大众民主取代资产阶级民主是进步的，以德俄的独裁取代英、法、美的民主是退步的。3. 民主有其具体内容，资产阶级的和无产阶级的民主内容大致相同，只是实施范围有广狭之分。4. 民主的内容包含议会制度，而议会制度与民主的全部内容并不相等，苏俄排斥议会制度是排斥民主，"比资产阶级的形式民主议会还不如"。5. 民主自古而今都是每个时代革命力量的旗帜，永不过时。"史大林的一切罪恶，乃是无（产阶）级独裁制之逻辑的发达"，若不恢复民主制，继史大林而起的，谁也不免是一个"专制魔王"，"若不以制度上寻出缺点，得到教训，只是闭起眼睛反对史大林，将永远没有觉悟"。"是独裁制产生了史大林，而不是有了史大林才产生独裁制"、6. 与科学、社会主义并称为"近代人类社会三大天才的发明"的近代民主制，10月以后，被独裁代替，"无产阶级民主"、"大众民主"成了空洞名词和"抵制资产阶级民主的门面语"。莫斯科、柏林、罗马是"三个反动堡垒"，倡言全世界的一切斗争，"必须与推翻这三大反动堡垒联系起来"。他还批评刘仁静"任何时期，任何事件，无产阶级都不能与别的阶级共同行动"这一理论，只有反动作用。认为陈其昌"在战争进行中之现在，民主与法西斯之显然界限已归消失，或将归消失"的说法莫名其妙。他还列出了英、美及战败前法国的民主制与俄、德、意的法西斯制这两类制度的对照表，将苏联归为法西斯制一类，原因是"苏俄的政制是德、意的老师"。

一封四五千字的长信终于完成了，但这封信也足足耗费了陈独秀20多天的时间，病痛使他每每弃笔，时断时续，贯穿其间的是一种献身民主的思想烈士的精神。他后来在给杨鹏升的信中表达了这种艰苦运思捉笔的苦楚："弟病无大痛苦，惟不能用脑，写作稍久，头部即感觉胀痛，耳轰亦加剧了。"他将信寄给云南的濮德治（西流），并让其抄寄王文元（守一）、赵济等。信末他还嘱咐濮德治将原函及以前他所写之信全部寄还，他打算将来印制成册，以此影响那些真正热爱民主的人们。

不久，陈独秀也获悉了托洛茨基的死讯。他为这位异国的革命同志的惨死而痛惜，这种党争的代价他并不陌生，也并不自怕，相反，又大增了对惨死者革命风格的崇敬和对谋杀者的愤怒。这个飘然而去的生命，徒增了他政治路途的孤独，这位异国的思想者毕竟曾是自己的政治同路人，也无论他怀着一种什么样的目的多次努力让自己出国，但其间毕竟包含了许多对自己处境的担忧，那是一种不常见的真挚的同志的爱。他对于托派内部政治思想的"兼容并包"，以及对自己与托派的恩怨、分歧、论争宽怀以待，毕竟让他十分钦佩。他以一个特殊的托派分子，对这位第四国际的领袖寄予了中国上海托派成员所不曾有的哀思。

在哀痛之余，他不禁又为原本就争论迭起的中国托派组织寄予了深深的忧虑。他深知，中国托派之所以在激烈的论争中没有分裂，其中起主要作用的便是托洛茨基。如今，托氏已亡，维系团结的纤索不复存在，上海托派内部新的争战与接踵而至的分裂便不会太远了，分裂后的托派组织也便不会有太大的前途。

他以一生的政治经验坚信这种预测，他也肯定这种趋势是自己所阻挡或影响不了的。自从由汉入川后，他对这个组织便没有寄托太多的希望，但仍在政治生活的寂寞中与托派部分成员保持着时断时续的联系，但这种联系的身份，已不是托派成员了，纵然他曾经与中国托派的部分政治观点相同。

其实已无事可做，他本来可以做一个不理于事的清闲者，但是，正是这种清闲"害"了他，这种清闲，使他猛然想起了因研究文字学而久违了的"政治"。虽然他也在不断地予以密切关注，但却几乎未发表什么见解与言论。当病情稳定之时，他便想做些可以不参考任何资料的事情，这种事情便是"政治之心"的复活。他又想起了去年的这个时候，上海托派给托派国际的报告中对自己的批判与警告，一年来，他虽然没有实际参与托派组织的思想争论，但对这个组织的政治动向也没有失去了解。况且，1939年8月苏德签约及11月苏芬战争爆发后，他对于布尔什维克党又有了新的认识，而此时，中国托派在第四国际的影响下，对于苏德签约后的苏联的看法与陈独秀的认知发生了分歧。于是，一场从这段清闲的日子为始端的新的论战，也是最后的论战便拉开了帷幕。

"孤岛"时期的上海，倒成了中国托派最适宜生长的土壤。英法租界，成了他们的隐身之地和保护圈，他们凭借法理，相当袒护抗日活动，一个刊物，只要名义上有英美籍发行人即可公开发行，并且不怕日本人的干涉，所以政治性的出版活动相当蓬勃。上海托派利用这个独特的条件，在一个美国人的帮助下于1939年7月办起了一个取名《动向》的月刊，到10月底勉强出了四期便被迫停刊，12月又出版了一期《破晓》，1940年1月出版了《西流》。这些刊物，传递着整个第四国际争论动态，坚守着中国托派的思想阵地。

苏德签约和苏芬战争如一枚重磅炸弹落在了第四国际内，整个第四国际因苏联问题进入争论并陷于分裂状态（特别是美国支部）。争论的一个根本问题是苏联卷入国际战争中其性质还是不是"工人国家"。托洛茨基一直认为苏联是一个"堕落的工人国家"，其本质仍是工人的，"如果它牵涉或被牵涉到大战中去，我们还是要保卫它，虽然我们对斯大林的统治阶层保持着绝不调和的敌对地位"；另一种以为，苏联已卷入帝国主义战争，并对芬兰动武，其性质已非"工人国家"。

在整个第四国际为此争论纷起时，中国这个支部却显得异常沉寂，因为他们在一致拥护着托洛茨基的主张。他们统一的意见是：一方面，苏德签约、苏芬战争"都是斯大林多年来叛变世界革命所获致的结果，特别指斥他因和希特勒作外交妥协而放弃了反法西斯的斗争"；另一方面，他们又"根据了第四国际的纲领，声明不管苏联为何与如何卷入战争，我们仍旧要保卫苏联"。

早在1934年莫斯科审判之初，狱中的陈独秀闻知此事，愤而说道："这样不民主，还算甚么工人国家？"对托氏的"苏联乃堕落的工人国家"表示了怀疑。在他看来，以民主为尺度，没有高于资产阶级制度的民主，根本不可能是工人国家。更让他生气的是"保卫苏联"的口号，这不是他一贯反对的共产国际"武装保卫苏联"口号的翻版么？

正在陈独秀专心著述之时，果然不出其所估测，托洛茨基死后的中国托派内部已开始了一场中国抗战性质的论争，并且这种论争很快从量变到质变，直至组织的分裂。

1939年秋，"二战"局势已成，次年初，上海托派内部即普遍地提出了一个问题：如果中国的抗战变成世界战争的一部分，其性质是否发生变化？托派对其态度是否随其性质而改变？该年秋，王文元写了一篇题为《太平洋战争与中国抗战》的文章，发表在《斗争》上。认为中国的抗战已属帝国主义大战的一部分，中国与帝国主义等量齐观，得到了楼国华、陈其昌、刘家良以及一开始就认为中国抗战无进步性的郑超麟的支持。

当时彭述之去了香港，与此同时地反弹琵琶，在香港的地方机关报《火星》上登载了同一问题的文章。认为"不管中国抗战如何与帝国主义战争相结合，其进步性仍旧不变"，除非英美帝国主义军队在中国登陆并与日本进行战争。

彭述之一回到上海，一场激烈的争论战便开始了。刘家良最初支持王文元的观点，后改变立场转而支持彭述之，使原来五对一的争论变成了四对二。起初，托派多数属于"抗战变质论"者，后来，李福仁重来上海，起草了一个决议并以"第四国际太平洋书记处"的名义通过，支持彭述之的观点，又很大程度地影响了两种立场拥护者的比例，原来的多数派变成了少数派。

争论以书面的形式继续了半年之久，争论的过程中，新形势不断引出了新问题，新问题又导致了新歧见。

在争论的过程中，上海托派同样没有忘记批判陈独秀这个曾经的老托派分子。此时上海托派中央以彭述之为代表的多数派已占上风，王文元、陈其昌、楼国华等少数派已危机四伏。彭述之们自然懂得，能够批倒陈独秀，则是树立多数派权威最有效的办法。而这个时候，陈独秀在苏德签约和苏芬战争后的观点和意见通过"西流"转寄到了上海，1月10日托派中央常委通过《关于D.S.对民主和独裁等问题的意见的决议》，猛烈抨击陈独秀攻击无产阶级专政、否认苏联社会主义制度、歌颂资产阶级民主和否认在这次大战中有发生任何革命运动的可能的观点，并警告说："独秀对于战争与革命的意见，对于民主与专政及苏联等问题的意见，现在已经发展到了顶点，发展到了完全离开第四国际的立场，完全离开了马克思主义，离开了无产阶级立场而站到最庸俗的最反动的小资产阶级的机会主义者的立场上去了。现在的问题是：不是独秀完全放弃他的荒谬的意见，就是他离开第四国际，离开革命，中间的道路是没有的。"

在托派内部，两派的斗争越来越明显，已到了拉拢成员以扩大势力的地步，"多数派"的活动更是步步逼人。2月8日，彭述之、刘家良背着楼国华，以托派中央常委名义，向各基层发信，准备召开大会，确定托派新的抗战纲领。23日，彭述之、刘家良又背着楼国华、陈其昌，以托派中央临委的名义，向全国各地方组织各支部发出"通告",要求正式讨论"抗战性质是否已经变化,如何变化?我们的基本策略目前应否改变,如何改变?""此次世界大战以至日美战争是帝国主义战争抑或民主反法西斯战争?中国的民族革命以及过去三年来的资产阶级军事抗战是否有进步性?中国无产阶级在资产阶级领导的抗日战争或一般的反帝战争中是否应该采取'失败主义'?"等问题,并限制在4月底讨论结束。看来,对于胜利希望较大的一派,已经不愿再作长久的等待。

在"少数派"一方,自然不愿以沉默的方式来对待"多数派"的有力的进攻。是月,郑超麟撰写了《在革命的失败主义大旗之下》《论中国对日战争有无客观的进步意义》等文章,认为在帝国主义和无产阶级革命时代,殖民地半殖民地国家的阶级分化和斗争,"使得殖民地中不能存在一个人群为共同的民族利益而暂时忘记其阶级利益"。在中国,"所谓'国民',所谓'人民',所谓'大众'……是不存在的;存在的是无产阶级、农、城乡小资产阶级、资产阶级、地主,他们重视各自阶级的利益过于中华民族的利益"。所以,"中国没有民族的革命",中国的民族解放运动"带着反动的性质","中国对日战争自始即没有客观的进步意义","无论在殖民地和非殖民地,爱国主义都是反动的"。"绝不能在日本帝国主义者和美帝国主义者之间分出优劣来"。他还指出:"非分化和破坏中国正规军队,非彻底提出阶级斗争口号,不能成功并不能爆发第三次革命。""我们第一步应当破坏资产阶级政府机构和军队系统,即是应当实行失败主义。'转变帝国主义战争为国内战争',列宁这个旧口号恰合新中国的需要。""先安内而后攘外,蒋介石这话说得比中国一切马克思主义者都高明……""让我们把堂堂正正的革命的失败主义大旗树起来!这个大旗将为中国的革命者和非革命者的分界点。"

仅仅进行言论争战似乎不是"多数派"的真实目的,在"少数派"着力于表面的论争时,"多数派"却在加紧着另一种活动,并且悄悄地占了上风。4月16日,彭述之、刘家良控制的托派中央,将陈独秀关于抗战问题的几封信和郑超麟、王文元、彭述之、刘家良的争论文章,汇成《校内生活》和《火花》第3卷第5期合刊出版,发到基层。6月26日,托派中央临委决定7月12日召开代表大会。

"少数派"似乎没有估量到对方的真正意图，依然在做着认真的辩解。7月2日及8月11日，郑超麟、楼国华、陈其昌、王文元联名发表《给大会代表同志的信》《我们对现局势的基本态度》和《我们的组织意见》，宣称：托派组织中存在着两种路线：一种是以他们为代表的"托洛茨基主义的，即革命的国际主义路线"，"失败主义"路线；另一种是以彭述之、刘家良起草的大会决议案为代表，"半史大林主义的，本质上是民族爱国主义的路线"，即"保卫主义路线"，"阶级合作政策的一个变种"。认为现在客观上已提出了"武装暴动夺取政权，建立无产阶级专政的要求"；号召开展反对国民党，反对共产党，"反对我们内部的'保卫主义'理论"斗争，组织托派新党。

7月12日，楼国华（托派中央三人常委之一）和陈其昌（托派四人临委之一）联合发表对大会的声明。强调2月以来五个月中，以临委和临常委名义之行动而为我们所未闻者，我们一概不能代为负责。

但是，"少数派"的警告与抗议式的反驳并没有改变他们所处的境况，相反，他们觉得已很有必要离开这个组织了。是月，托派中央作出《对最近党内争论之决议》，系统地总结批判陈独秀、郑超麟、王文元、陈其昌在抗战问题上的"机会主义"观点，断言战争"必然以革命而终止"，"中共必然分裂"，一切革命分子都将加入"第四国际"。

虽然思想问题的争论没有直接导致组织崩溃，但的确奏响了分裂的序曲。"党内无派，党外无党"，似乎成了每个高喊民主口号的党派谨遵不移的律条，这是民主党们赖以生存的组织原则。彭述之等当然不会漠视这种树立权威的原则。

1941年7月3日，托派（"中国共产党同盟——第四国际支部"）"第二次全国代表大会"在彭述之等的主持下召开，王文元因病没有参加，郑超麟、陈其昌和楼国华三人则反对草率地召开大会而不愿参加。大会通过宣言，就希特勒进攻苏联，呼吁中国工农"保卫苏联"，"立即起来参加和扩大抗日战争"。攻击斯大林"向'民主帝国主义'讨饶"，抨击国民党"把中国抗战完全出卖给美帝国主义"，与国民党合作的中共"尽了帮凶的作用"；宣扬"我们一贯的革命立场：无条件保卫苏联，转变国民党领导的抗日战争为真正的民族革命战争！"，"召集国民会议来代替国民党的军事独裁"。大会选出了彭述之、刘家良、李福仁、蒋振东、毛鸿鉴为新中委，这五个中委成员都属于"多数派"。楼国华、陈其昌被排挤出托派中央，郑超麟、王文元也被排挤出《斗争》报编委。

虽然王文元等对此次会议的准备与进行都不满意，但却自安于"少数派"而接受了它的结果。不过，他们又向新中委提出了一个要求，即是在机关报《斗争》上开辟一个专栏，以便双方继续讨论，但政治问题。要求被拒绝后，他们又要求继续出版内部生活，以便延长讨论，但又遭到了拒绝。于是郑超麟、王文元、陈其昌、楼国华等自行出版、独立辑印了内部生活《国际主义者》，以此对托派内外的革命者发言。办刊之初，"少数派"曾声明，新中央如能允许在《斗争》上开辟专栏，《国际主义者》可以随时停刊。但以彭述之为首的新常委会对他们已不再考虑任何要求和条件。并作出警告："少数派"的行动已破坏了组织原则，如果继续发行，便宣布所有"少数派"的同志已"自动脱离了"中国托派。自此，于1935年5月1日统一起来的中国托派开始陷入了分裂：彭述之等为"多数派"，又称《斗争》(报)派；郑超麟等为"少数派"，又称"国际主义派"(到1948年、1949年，两派又分别独立建党，前者称"中国革命共产党"，后者称"中国国际主义工人党")。

就在上海托派内部争论得不可开交并伴有组织派别的剧烈碰撞与震荡之时，虽然那些争论中，陈独秀常常被作为批判的对象，但他已开始过着远离政治的书生生活，一心钻到故纸堆里去考究与推敲了。

3. 窘迫文人

陈独秀认为参与即将发生的论争已无太大的意义，因为那些争论无异于革命营垒中的内讧，并将导致一场不似流血胜似流血的煮豆燃萁式的"手足相残"。为了避免陷入那个论争的旋涡，陈独秀只有以很少有过的沉默来应对这场即将来临的激变了。他有一心潜入到学术的研究中去、聊以自慰不甘寂寞的书生情怀。自从大姐去世，寓所被窃后，万事俱废的伤感使他寻求书生雅兴的激情更为强烈了，这是一种生存理念遭受危机后向另一种生存意义转借的心理动机。他在给杨鹏升的信中曾流露出了一个书生的本色与雅致：

"弟拟求四个好友各写一小斗方，四个女画家各画一小斗方，装成四条屏以为纪念，近已各得其三，想求为兄写一小幅（纵横皆写），嫂夫人倘喜作画，更为画一小幅，则或为完璧矣。尚蒙许可，得书即将纸寄上（纸幅大小一致，故以由弟寄上）。"

这仿佛是一种巧合，但这种巧合中不能不让人感受到潜藏着的一种书生雅致的"苦涩"。五年前他在南京狱中时，也曾对章士钊作过类似的请求，并向其表达了此举的心迹："拟择朋友中能书者四人，各书一幅，合为一小屏，朝夕瞻对，以释消愁"。如今这种"书画活动"的方式与当年几乎雷同，也未尝不是一种与狱中孤凄之情的暗合，在这惊人的相似里，如今无奈而为书生之事的苦痛昭然于众。1940年年底，他又致函杨鹏升，催促他将纸与稿速转交于在重庆的章士钊，因为章士钊已答应陈独秀"纸到必写"，并嘱咐杨鹏升说："纸及稿倘尚未寄，盼即寄去，惟稿必钞付，恐其失去或有第二次甚至第三次向兄索稿之事，因此人疏懒生活无秩序，自幼即如此，去来更习名士派，不可治矣。至于写，弟可担保其终必践约也。"并告"其旧居已毁于轰炸，方在修理中，暂居'通远门外两路口重庆村八号'，信件可案此处"。

《小学识字教本》书稿的被窃遗失，使他更觉偿还这笔债务的紧迫。从9日下旬开始，他便凭借残稿和记忆重写该书，并在研究文字学的间隙里涉猎些中国古代史著作，并偶然涉笔成篇。11月16日，他的一篇《中国古史表》发表在了《东方杂志》上，后来他又根据《史记》"王帝纪"重订"古史系统表"，并将其寄给陈钟凡以征求意见。陈钟凡回信与其商榷，认为此表缺乏考古学上的根据，难成定论，但陈独秀不以为然，"依然固执己见"。

书法是陈独秀一直执迷的爱好，因病而迫处闲暇时，他常常用心练笔，并与欧阳竟无、台静农等研讨书法艺术，并自有许多心得意领。这年9月，新任县长罗宗文慕名到陈独秀家作了礼节性的拜访，他来到石墙院，见到陈独秀，看他已经颇显衰老了，从他这副老态龙钟的情状里，他几乎看不出陈独秀曾经是那样一个有影响的人物。他与陈独秀在书法方面有了共同语言，在罗宗文的感觉里，陈独秀的书法颇有功力。陈独秀在与他谈书法时认为："写字既要有天分,又要有工夫,天分表现在外秀,也要下工夫锻炼内劲。"他认为陈独秀的书法也的确达到了"内劲外秀"的境界。后来陈独秀也作过回访,并给罗宗文写了一个条幅,内容是杜工部的七律《曲江对酒》第二首的后四句:

穿花蛱蝶深深见,点水蜻蜓款款飞;
传语风光共流转,暂时相赏莫相违!

在思想的苦痛中,他在学术研究方面付出了超常的艰辛,11月28日,他终于完成《小学识字教本》上篇,交稿于江津白沙镇的国立编译馆。但是,这部分书稿送审时,国民党教育部部长陈立夫却认为书名命为"小学"二字十分不妥,易与"中学"、"小学"之意相混淆,让陈独秀修改或另择书名。但陈独秀却认为陈立夫无知,不解"小学"之意,拒不同意,并坚持说:"一字都不能动。"书名的争执搁浅了该书上篇的出版,若是别人,或许会作出无条件的让步,但对于陈独秀来说,退这一步实在是"挟泰山以超北海"。无奈,编译馆为了缓和矛盾,只将该稿油印50册,分赠给了学术界人士。直到1941年9月19日,他还在致函询问魏建功:"此书迟迟不能付印,其症结究何在耶?若教育部有意不令吾书出版,只有设法退还稿费(请问问陈馆长,如有此事,嘱他直言勿隐,以便弟早日筹备退还稿费)。如何,希有以示知!"

对于衰老的陈独秀来说,无论从事于学术研究还是政事的活动都难免会付出沉重的代价,这种代价,似乎只能是对生命里程的裁减。长期的积劳与营养不良,使他更加不耐寒暑。11月底,他又被迫迁居江津县城中黄荆街83号延年医院,原因是"乡下天寒,盗风又大炽"。

对于自己时坏时好的病情,他几乎丧失了康复的信心,就这样反反复复、冷冷热热,何时是个尽头呢?凄怆自顾,难免生出自怜自伤之情。在极度伤感的情绪中,他写下了《病中口占》一诗:

日白云黄欲暮天,已无多剩此残年。
病如垣雪消难尽,愁似池冰结愈坚。

> 斩爱力穷翻入梦，炼诗心豁猛通禅。
> 邻家藏有中山酿，乞取深卮疗不眠。

零落的残年，难释的病愁，直将他向"醉"与"梦"驱逐，名酒"中山酿"（亦名"千日醉"）便成了他"通禅"的结果。"一醉万事休"的方法，是对"剪不断、理还乱"的万端愁思消泯的良策。解决失眠的困扰，只有依靠酒杯了。

他真的开始借酒浇愁，恣情放纵。在酒力的作用下，现实转为浪漫，显真趋于朦胧，在真与非真之间无所顾忌地透出了一种强弩之末的豪情，在难以寻到"真我"的醺然里又挥笔写就了词句激扬的《寒夜醉成》：

> 孤桑好勇独撑风，乱叶颠狂舞太空。
> 寒幸万家蚕缩茧，暖偷一室雀趋丛。
> 纵横谈以忘形健，衰飒心因得句雄。
> 自得酒兵麇百战，醉乡老子是元戎。

醉，毕竟是醉，醒，终归要醒，醉时的疏狂，往往是醒时的尴尬。自我的麻醉这种"休克疗法"不仅不能治"本"，连治"标"的时机也给断送了。"抽刀断水水更流，举杯消愁愁更愁"，若能以不清醒能摒除一切忧郁，那位浪漫如仙的古代名仕何以发出如许撼人心魄的哀叹呢？以醉遣情，于事无补，于情无益。只要不放弃生命，他最终还是要认真面对目前的困境。他似在一张无形的网中挣扎，努力寻求着突破口，但努力的结果，只能是自己渐渐归于平静。一番痛苦的思想歧路之后，他又将自己主要的精力放在了文字学的研究上。

本来，在陈独秀的心灵深处，他出狱后的第一选择还是想重操旧业——研究学问。毕竟，年龄已经将他逼到这样一个平静的角落；二来他也想借此过一段稳定安静的生活。当年他从南京模范监狱刚刚出来时就到了中央大学教授傅斯年家，后来他又拒绝很多外界人士的邀请，在傅家遭受飞机轰炸的情况下专门来到陈钟凡家。对书香的向往与文人积习一直潜藏心中，只是碍于身份和面子他不便张口。在南京的逗留并没有给他带来运气，而武汉的寻求业务未能满足他的要求。因此，在外在形势与内在需求的双重压力下，陈独秀决意离开。其实，早在1938年2月陈独秀就已经失望。陈钟凡推荐他到武汉大学的路子被封死，他在信中曾婉转地说出了事情的原委："武大不便聘我教书，我所学亦无以教人。"①不是陈独秀本人不愿去，而是形势已经不允许校方这样做。这里的形势不是政治形势，而是民族抗战在即，人人自危，哪里还有空缺的岗位让贤！

在他的脑海里，托洛茨基派成员的极力劝告，以及国民党要职的诱惑都统统像浮云一样悬着，唯有请写传记与聘为教授的话让他激动。当时，胡适也曾为他的生路尽力，但是赴美离乡的代价让他望而却步。在政治与战争的旋涡中，陈独秀颇为激动的事情不是没有，而是寥寥无几。远在美国做大使的老友胡适为自己赴美的奔波令他感慨万千，身处逆境的托洛茨基的关怀也让他心潮起伏。

自从"日特汉奸"事件发生以来，他几乎是孤注一掷地要去拣起"学问"。此时的他心里也十分清楚："学问"的事情单纯雅静多了！

南京四年多的牢狱生活，研究文字学几乎成了主要内容，老书生的形象诚然隐蔽了他与托派的联系，也的确让他抵御了几多失去自由的孤独与凄清，但是，那时毕竟是他怀着对出狱后太多的希望，从某种程度上说，那是不得已而为之的权宜之计。而如今，回归自由后对文字学研究的向往又说明着什么，这是希望破灭后同样无奈的选择么？这一从"被动"到"主动"的转变过程实在令他自己也慨叹不已！他似乎不属于自己，不经意的活动似乎都因为政治而引发出身不由己的纷争。

往事不堪回首！叹今日之事多烦忧！

他急需找到一个清净的环境。这一时期，他的言谈举止中无不充满对"读书"生活的关切。即使是在"日特汉奸"事件发生以后，当何之瑜陪徐特立来到武汉调节时，陈独秀对何提的建议十分感兴趣：愿意去岳麓山下从事千古之事——潜心学术生涯。只是后来他从长计议，才有了新的归宿："湖南非乐土，城市将难免为战区，乡间亦不无土匪侵害，故决计如川也。"②在他看来，抗战

---

① 陈钟凡：《陈独秀先生印象记》。
② 陈独秀1938年2月1日致何之瑜的信。

中的主要作为就是学术大业了。

做学问，写诗书，这是他一贯的书生情怀。他总是以书生之心处世，然而他所处之世，又往往冲击着醉心研求的雅致心境，使他常常换掉手中的笔，而撰写为国为政的文章。对学术的执著与对政治的敏感，贯穿了他整个一生。每当心有所静时，他首先想到的是研究学问，而当他将欲着手时，又往往遭受着政治的触动。学者的秉性、政治家的激情，使他总在二者之中不断地变换着角色。但是，这二者并非在均衡的变换之中，较多、较长的时期内他都是以一个政治家的思维在深虑着，在这种深虑之中，又暗潜着一个书生的精神脉线。在他这种对政治的偏向里，任何一个不含党派偏见、不带个人情恨的人，都能从中看出，一个思想的烈士、一个民族的精英分子那种深沉的为民族与民主而忘却自我的恋恋情结。

狱中几年，不幸而有幸，高墙隔断了他敏感的神经，虽然也曾有政治思想的流溢，但毕竟大多时间他都无奈地去研究学术了。政治生涯的断然沉寂唤起了他学术研究的热情，那是他文字学研究丰收的五年，他沉醉其间，自得其乐，曾决意要做一个老书生终至天年。然而，当那颗对政治敏感的身心突然裸露在笼罩着民族危机的世界里时，他又一下子改变了心力的方向。此时，他虽然也常有书生情怀的萌动，但已无那种心思落笔，终于不得不拿出那些狱中的积蓄来聊以弥补现实中的失落。

1937年11月1日，他拿出了著于狱中的音韵学论文《中国古代语言有复声母说》发表在《东方杂志》上。就连他11月至12月间在《宇宙风》上发表的两章《实庵自传》也还是在狱中完成的。出狱以后，虽多次被陶亢德、汪孟邹等人催促，也再没有续写下去。陶、汪二人为使他能竭力完成自传，竟不约而同地都用了"木已成舟"的催逼方法。陶亢德用的是在《宇宙风》上登"广告"的形式，给读者以"每期都有"的许诺。而汪孟邹则在1938年3月7日将它印成单行本时，在文前加了一个《〈实庵自传〉刊者词》：

> 一个时代权威的自传，会道出他自己的生活变迁，他的活动背景，他的经验，以及他那个时代的许多的历史事实。尤其有意义的是，他会告诉

后人，他并不是什么天纵的超人，而是从平时生活中奋斗出来，可以模仿而跂及的。因此，这种自传，实包含有无限的历史的与教育的重要性。陈独秀先生在中国文化与政治史上的功业，不仅照耀着近代的中国，且早已照耀到世界，这久已成为历史定评，无须在此多说。

那么《实庵自传》的刊行，对于近代史学尤其对于青年人的意义之重大，已可不言而喻了。后之来者，从这个领导时代的人物的自叙中，定能懂得些什么并能学得些什么！本集是《实庵自传》的初两章，然可从中窥见作者少年的环境和与其特有的奋斗精神。先为刊出不是无有意义的。现在独秀先生正在完成其自传的全部，并已允许续成各章归我们刊印单行本。这当是读者所乐闻的。

陈独秀也常觉欠了陶、孟二人的债，书信的往返中提及此事总是深致歉意。现实的生活，使他无暇自传，忙于政治时，他也无心去写，而当他真的沉入到学术研究中时，他又将自传排除在了学术研究之外。1940年5月5日，他在《实庵自传》原稿上又写了一个短跋："此稿写于一九三七年七月十六至二十五日中，时居南京第一监狱，敌机日夜轰炸，写此遣闷。"从他把写自传当作遣闷，就足以想见《实庵自传》命运的归宿。

自从他到江津后，汪孟邹就多次催促他，有一次他却回信说，自己正在写《小学识字教本》，它比自传更为重要，等到此书写完再说。其实，这并非是谁更重要，而是他所写的《小学识字教本》乃官方允许的，而若写自传，对于他这个革命一生的人则必难避免大是大非的政治措辞，不仅在出版上会有周折，还难免招致各党派非难。

自传"别人难以代写"，自己又不愿草率而为，因此，他在去世前三个月给郑学稼写信说："弟之自传，真不能不写，但写亦不能出版，为之奈何？"这个一贯弘扬言论出版自由的人，却又偏偏与这种自由无缘。最终，只有前两章的自传也真正成了绝唱——一个永远没有高潮和结局的故事。

1939年2月16日、3月16日，他在南京狱中就已完成的《广韵东冬钟江中之古韵考》陆续发表在《东方杂志》上。著作的问世，似乎是对书生之心的安慰,然而,于他似乎又挑起了一丝伤痛:那种狱中生活已不再续写,而那种生活中的主要内容却不得不再次捡起。

从此以后,在艰难的生活中,他开始努力将现实的生活与南京狱中潜心于学术的生活接轨。

1939年春,他又找出在南京狱中尚未完成的文字学研究初稿《识字初阶》,将书名更改为《小学识字教本》,并作了序言寄给了陈钟凡,信中说:"此书出,非难者必多。书中解说亦难免无错误,而方法余以为无以易也。形、声、义合一,此中国文字之特征也。各大学文字学科,往往形、声、义三人分教,是为大谬。欲通中国文字学,必去六书之说,所谓指事,会意,形声,皆合体象形,声皆有义,义托于形,形声义不可分也。"并说:"明知此事甚难,然非此无由通识中国之文字也。""上篇已成半数以上,暑期前拟上下篇全部完成,在暑期或开班教授一次试验之。"他的自序中还这样叙道:"本书取习用之字三千余,综以字根及半字根凡五百余,是为一切字之基本形义,熟习此五百数十字,其余三千字乃至数万字,皆可迎刃而解,以一切字皆字根所结合而孳乳者也。"

书名中的"小学"有双关之意:一是指古人童年时初学习识字为"小学";二是指汉代以后以研究文字学为"小学"。巧合的是,当他正朝着这个方向努力时,国民党教育部拟编一套教师用的中国文字说明书籍,该部设在江津白沙,是一个出版机构,其所属的编译馆馆长陈可忠知陈独秀在江津,便约他编写,鉴于陈独秀的生活境况,陈可忠向教育部写了申请预支5000元稿酬的呈文,得到批准。但陈独秀因继母去世,以及文稿失盗等变故,该书终未完成。

在用心推究写作《小学识字教本》的同时,陈独秀还潜心整理杨鲁承的文字学遗著手稿,在整理遗稿前,他有着极大的兴趣和热情,当知道章太炎曾对《读〈皇清经典〉》做过"杂乱无章"的批杀后,他则说:"杂乱无章没有关系,只要稍加整理,就会有理有章了。"可是,在整理的过程中,他失望地对龚灿滨说:"《群经大义》很多是转述前人注疏的,创见不及四川的廖季平,《杨氏扈林》评价诸子,则远逊胡适之先生,但杨先生在'小学'方面倒是有点成就的。"

这种失望,使他将更多的精力都用到自己的文字与音韵学研究上去了。

在研究文字学之余,他也没有放弃书法爱好,然而此时并不常为人题字,即使有也并不太刻意用心。这年秋天，邓仲纯的外甥葛康素久仰陈独秀之名，幼年时期就常常听他的祖母谈到陈独秀，并从陈独秀与外祖父邓艺荪的信中见到了他的书法，一直非常仰敬。他听舅舅说陈独秀在江津，便经常到他那里求教书法要领。这对于陈独秀来说又在闲暇之时多了一种精神寄托。

葛康素的外祖父邓艺荪（1858—1913），字绳侯，与陈独秀同乡，早年皖籍维新人士，曾与陈独秀有过长期的密切交往，是办新学、图救国的教育家，安徽新学的主要奠基人，他还是清代艺术家邓石如之孙。邓艺荪有五个儿子，邓仲纯、邓叔存（字以蜇）分别是他的次子、三子。葛康素的父亲葛循叔是邓绳侯之婿，早年与陈独秀、苏曼殊也曾是密友，不幸早逝。在江津，邓仲纯之所以像尊重长辈一样倾力对待陈独秀，在很大程度上与他和父亲的交情有关，再者，陈独秀的磊落个性也着实让他敬仰。

1938年春，日军进逼皖城，葛康素也乘船到达汉口，他听说陈独秀在汉口，便在一天晚上去拜访他。当时陈独秀住在旅馆的小楼上，室内非常空寥，只有几件箱箧。葛康素见陈独秀已经老了，身穿布衣，须发斑白，但是精神却非常饱满，还没有失掉少年英豪的气魄。陈独秀见到葛康素说他十分仿他的父亲葛循叔，勾起了他早年丧父的伤痛，令他一阵凄怆。那天晚上，他与陈独秀谈及家乡事到二鼓时分才回到了自己租住的旅店。不久，葛康素也逃难到了江津，在江津得到了舅舅的很大帮助。他居住在江津德感场，终日苦练书法，以至于达到了废寝忘食的地步。

在葛康素与陈独秀相处期间，陈独秀曾给他写了三条书法论：

一、作隶宜勤学古，姑能免俗。

二、疏处可容走马，密处不使通风；作书作画，俱宜疏密相间。

三、初学书者，须使粗笔有骨而不臃肿，细笔有肉而不轻拖，然后笔笔有字而小成矣。笔划拖长宜严戒，犹之大枪大戟，非大力者不能使用也。

陈独秀给别人写字多作草书，信笔挥洒，或精神贯注气势磅礴，或任手勾勒拖沓笔画，情之所指，尽显率真，淡泊名利，超凡入圣。他用笔遒劲，墨气盎然直追古人，又为葛康素作了一笔书成的屈原《哀郢》，具有书法

全新格调。他还赠给葛康素的五兄葛康瑜一条小幅,上写赠友人诗:

何处乡关感乱离,蜀江如几好栖迟。

相逢须发垂垂老,且喜疏狂性未移。

该书卓荦肆姿,风格独到,堪为心书。

在书体方面,陈独秀的书法小篆最佳,古隶次之,但是,求其书法的人得到篆隶二体的较少。邓仲纯即得过"我书意造本无法,此老胸中常有诗"的篆联,该书笔姿圆润,自然之间而不失规矩。

文字学研究,书法自赏自娱,他埋下头去,不再去理睬什么,但他的身体状况却总迫使他不断搁笔、难有进展。在他不能写作的时间里,他又习惯性地去感知着外面的世界,并且为这些感知而气愤难平:8月,苏德签订了互不侵犯条约。9月,英法对德宣战,欧战正式爆发,中日长沙会战开始。11月,苏日签订了互不侵犯条约。苏芬战争开始。从这些事件中,他认为苏联对德、日的所谓签约,无非是对法西斯的纵容。他无力再做长文,但又抑制不住内心的震怒,于是便在苏芬战争的第二个月提笔写下了《告少年》一诗:

太空暗无际,昼见非其形。众星点缀之,相远难为明。
光行无所丽,虚白不自生。半日见光彩,我居近日星。
西海生智者,厚生多发明。摄彼阴阳气,建此不夜城。
局此小宇内,人力终难轻。吾身诚渺小,傲然长百灵。
食以保躯命,色以延种姓。逐此以自足,何以异群生。
相役复相斫,事惯无人惊。伯强今昼出,拍手市上行。
旁行越郡国,势若吞舟鲸。食人及其类,勋旧一朝烹。
黄金握在掌,利剑腰间鸣。二者唯君择,逆死顺则生。
高踞万民上,万民齐屏营。有口不得言,伏地传其声。
是非旦暮变,黑白任其情。云雨翻覆手,信义鸿毛轻。
为恶恐不足,惑众美其名。举世附和者,人头而畜鸣。
忍皮以终古,人世昼且冥。古人言性恶,今人言竞争。

> 强弱判荣辱,自古相吞并。天道顺自然,人治求均衡。
> 旷观伊古来,善恶常相倾。人中有鸾凤,众愚顽不灵。
> 哲人间世出,吐乎律以诚。忤众非所忌,坎坷终其生。
> 千金市骏骨,遗言觉斯民。善非恶之敌,事倍功半成。
> 毋轻涓涓水,积之江河盈。亦有星星火,燎原势竟成。
> 作歌告少年,努力与天争。
>
> 后批:伯强,古传说中之大疠疫鬼也,以此喻斯大林。近日悲愤作此歌,知己者,可予一观。

抒发完胸中的愤慨后,他又将此诗分别抄寄给了在云南的濮德治和在成都的杨鹏升等人。

陈独秀把这首诗抄寄给濮德治,目的是让他抄给上海的托派组织看,他因有重病缠身,体力不济,不少给濮德治及上海托派写的内容相同的信,常常将自己的原稿寄到云南,让他再转寄或抄寄到上海。濮德治得到该诗后又写信问陈独秀,诗作是对一般独裁者而言,还是专指斯大林。陈独秀回信说,自己在给所有独夫画像,尤着重斯大林。不久又寄一信说,如果能叫马克思、列宁复生,如果他俩肯定今日苏联所行的一切,就是他俩的主张。那我就要说一声,你们的学说,我不赞成,我宁要民主不要专政。

次年1月11日,在杨鹏升的帮助下,他以"仲甫陈独秀"的落款将《告少年》发表在了成都的《新新新闻》旬刊第2卷第20期上。

自从迁到鹤山坪石墙院,陈独秀拖着虚弱的病体将大部分精力都用在了整理遗稿和撰写《小学识字教本》一书上。他没有了为其他报刊写文章的时间和精力,《教本》的稿酬虽已获批,但又不能现支,因此,也就基本上断绝了经济来源。所幸,因代人整稿换得了免付房费的待遇。夫妇二人所住的房屋年久也无人整修,雨天常常进水。室内只有两张木床、一张书桌、几条凳子和几个衣箱和书箱:这些便是他们的全部家当了。

在极端困顿时,一向拒受施舍的他也开始极其尴尬而又矜持地接受好友真诚的周济,但那毕竟使他付出了巨大的心理自我争斗的代价。他觉得即使是这样的迫不得已，也难以自我安慰；即使还去这所有的赠予，也难以寻回已被如此削去的知识分子的清高与自尊。1939年10月19日，他在给杨鹏升的回信中说："承转寄某先生所赠陆百圆，如数收到。"对于这些热心的资助者，他似乎常常这样的无颜以对。

清苦的生活使本就衰弱的身体长久得不到营养的补给，而渐渐地令他难以支撑了。虽然邓仲纯常来诊病，效果却总是不太显著。邓仲纯说重庆有名医周伦、曾定天，二人在治疗高血压病上有独到之处，并建议陪他去一趟，陈独秀同意了。12月30日，他便给杨鹏升写了一封回信，告诉他日内打算到渝就医，可能要在重庆住两三个星期，并将《告少年》一诗抄寄一份，附于信后。

1940年1月4日，便与邓仲纯一起到了黄荆街83号，准备再由江津前往重庆。但听说该医生将于下个月到达重庆坐诊，重回鹤山坪不是不可，若下个月往重庆去，又徒增了颠来倒去的麻烦，况且，与邓仲纯住在一起，可随时照顾自己的病情。于是，在邓仲纯的挽留下，陈独秀留住在了"延年医院"，以待下月前往重庆。

杨鹏升得知生活困苦的陈独秀病重且须住院，当即给他回信询问详细情况，以便资助其住院诊疗。

10天后，江津城里的陈独秀又接连收到了由章士钊转寄来的两封信，对陈独秀去渝治病一事及其费用问题寄予很大的关切。

由于陈独秀曾给杨鹏升写信说要去重庆，而迟迟将近一月未去，到了月底，他在欲去重庆之时提笔又给他写了一封信说明了事情的原委，并对杨氏的关怀致以感谢：

鹏升先生左右：

由行严兄转来十五日、廿二日两次惠书均读悉。弟一病十月，未能写作，颇为烦闷。承公垂念，感何如之！本月四日即移居城中，惟以医生下月初始由歌乐山抵渝市开诊，故至今迟迟未行，兹已决于三五日内由此赴渝，抵渝即直住宽仁医院，住一二星期仍回江津。至于医药费，曾与编译馆约过一稿可以支取应用，不应以此累及友好，友好皆贫如我。素无知交者，

更不愿无缘受赐，吾兄盛意，心感之而已。此祝

健康，夫人均此

弟独秀手启
（一九四〇年）一月卅日

信末还附言嘱告两件事："公为行严所刻印章样本已为转去。行严兄已移居中三路聚兴新村五号。"

2月6日，陈独秀离开江津前往重庆住进了宽仁医院2号病房。住院期间，他静心养病，很少走动，不想会晤政界中人。在医生的精心护理和潘兰珍的细心照顾下，病情有所好转。

经过两周的治疗，陈独秀的病况有所减轻，住惯了清静的乡村，他却对重庆的喧嚣、杂乱感到异常烦躁，因此更想念鹤山坪的清静来。听医生讲，若要完全根治其病达到完全康复，需要长期静养。对于陈独秀来说，他更感到了来自医院住院费的压力，再加日机不断进城骚扰，又无书可以消遣，便决定离开重庆返回乡下。邓仲纯也建议他到延年医院住一段时间，这与住在宽仁医院一样的效果，况且，还可以省去许多住院费，既有重庆的方便，又有乡下的清静。

陈独秀接受了邓仲纯的安排，于2月20日乘船又回到了江津县城，住进了延年医院，准备观察一段时间病情后再回石墙院。刚刚住下，他便给那个诚直热心的军人杨鹏升写了一封信，告知自己已回江津及暂住延年医院的情况，望其莫烦牵挂。但信发不久，又接到了章士钊转寄黄荆街83号的杨鹏升的信及汇款。他当即于2月26日满怀感激地写了回信：

鹏升先生左右：

回江津后即上一函，谅已收到，顷接行严史由渝转来十六日手书并汇票三百元一纸，不胜惶恐之至！此次弟留渝只二星期，所费有限，自备差足，先生此时想亦不甚宽裕，赐我之数耗去先生一月薪金，是愈不可，寄回恐拂盛意，受之实惭惑无既，辱在行乞，并谢字亦不敢出口也。此祝

> 健康
>
> 　　　　　　　　　弟独秀手启嫂夫人同此问安
> 　　　　　　　　　（一九四〇年）二月廿六日

　　收到汇款，他的确感觉到了来自老友的温暖，钱，此刻于他是一种莫大的需要，然而，他同样有着知识分子那种特有的自尊，他也曾有过那种将金钱称为"阿堵物"的超然物外的心理。如今这种绝对自洁的心理不是没有，而是被困顿的生活现实长期压抑了，但这种压抑，又从未曾让他饥不择食，来者不拒。"素无知交者，更不愿无缘受赐"是他接受帮助的第一准则，再则，凡是国民党的高级官僚或者中共叛徒的赠予，他都不会接受。在南京时，他的学生罗家伦、傅斯年曾亲自送钱给他，但他执意不收，驳得二人很失情面。端茶送客时还对二人说："你们做你们的大官，发你们的大财，我不要你们的救济。"入川后，叛徒任卓宣曾因陈独秀生计艰难而汇给他 200 元钱，也被他原封不动地退了回去。这些人，虽然完全出于私人的同情而没有丝毫的政治目的和党派用心，但他仍以独立的革命者的人格予以拒绝。

　　如今，他没有了当初那种"我不要你们的救济"的刚强武断，那种对资助挥之不惜的潇洒，换之而来的却是受之有愧的"不胜惶恐之至"，这种转变，其间包含着多少难以言说的艰辛！"寄回恐拂盛意，受之实惭惑无既"的"两难"，实在是一种万般无奈中的托词，用于掩饰生活中的捉襟见肘与尴尬万状！拒绝，失去了解除困境的机会和依托，而在如今经济来源日渐枯竭之时，接受资助几乎成了唯一的选择路径。他毕竟要努力生存下去！那就要面对不可逃避的现实！

　　他曾是不愿拿自尊与别人做任何交易的，如今也不会，他同样坚信赠者的诚意，与过去相比，只不过更现实一些罢了。但这种现实的心理，难以从"无奈"中寻找聊以慰藉的理由。"辱在行乞"，一种多么苍凉的慨叹！这一种无偿收受的羞辱，不是来自别人，而是一种"自辱"、一种心理自我厮杀后的汗颜。

　　他曾接受过"北大同学会"的资助，但那毕竟是一个集体，有众人拾柴般的轻松。如今受取个人的支援，他总难以心安理得，这大概是没有还期的债务了，

"夫债妇还"、"父债子还"于人于己似乎都未曾考虑过。

在这段休养的时间里，他不能看书、写作，书都在石墙院，纵有书生之情，也难以如愿。再则，医生嘱咐他要静养，不可操劳过度。《小学识字教本》是不能再写了，去写抗战文章，也难有积极性，因为在国民党统治区发表主张抗战的文章已成了令他愤怒的困难！实质是自己失去了言论自由的权利，连贡献利国利民的抗战主张也不受欢迎了！这些主张，是作用于现实的抗战的，写出而不能公诸民众，无异于过期的失去价值的新闻！他还曾经大加责备《时事新报》老友薛农山不发表自己的《告日本社会主义者》等文章是在对自己"耍手段"。如今，他似乎仍不清楚，曾经"十分抗战"的国民党已转变风向，努力和日本进行谈判妥协了，在这段需要谈判双方"平心静气"的时光里，哪里还会需要他大喊抗战的言论？他想把发表与出版的希望寄托在亚东图书馆，但亚东在广州失陷以后经营也几乎濒于停顿，无力为他出版了。

1941年1月16日，《东方杂志》上发表了他忍寒撰写的《禹治九河考》一文。所得稿费固然不能支撑生活，但能让空落的心绪有所依托，也未尝不是打发光阴、苟延残喘的方式。在写作的间隙里，他又不忘与老友们互通联系。他曾让老友章士钊为自己写一个"小斗方"，也不断与老友汪孟邹通信，与杨鹏升也一直未间断书信往来。远在上海的汪孟邹此时与陈独秀一样处于"环境艰危，生活逼迫，工作极窘，心绪不宁"之中。他收到陈独秀的川中来信，同是困境中的他更能深刻地体味到老友的艰辛。这位老友一生长期的地下工作式的生活以及监狱的囚困和饮食的不周，十分严重地损害了他的身心健康，高血压、肠胃病、心脏病日趋严重，他的生存过程，就是与贫困、病痛、孤独以及各种不期而遇的变故顽强抗争的过程。如今，自己对他也已是恨不能助。无奈，他只得又给曾经常让他在国内买书的驻美大使胡适写信求助。

1941年2月25日，汪孟邹在信中对胡适说："记得二十八年春曾有一信托友人带香港由航空邮呈，是为仲甫兄病事，迄未得复信，不知已收到否？""仲甫兄自入川后，即患高血压症，时轻时重，医云是川地太高，移地或可较好。但为势所阻，又无法离川。今年已六十三岁，老而多病，深为可虑，还要带病工作，近著《小学识字课本》，售稿于国立编译馆，以资生活，亦太难矣。现住川东江津县黄荆街八十三号。"信发出后，汪孟邹却迟迟没有得到胡适对于此事的回复，或许，这位生活安逸的老友不像他们那样，在寂苦的生活中常回忆过去，感念旧情。对于陈独秀，或许是"多病故人疏"；对于胡适，或许是睽违太久，那份往日情怀也不知遗落到何方角落了。直到陈独秀逝世半年后，他才从陈树棠的来信中得知丧讯，且轻描淡写地说："来书提及仲甫，已于去年五月作古人了，念之慨叹。"全没有大受触动的对故友逝去的伤怀。

但有些国内的朋友却对这位羸弱困顿的老人付出了很大的努力。在成都的杨鹏升，知道陈独秀愈加病困，几欲帮他，但又知他"无功不受禄"的脾性，只得想些让他接受的办法，不伤害他的自尊心。于是，他们便故意求陈独秀题字、写稿，付给他资费，借此让他"理所当然"地接受自己所提供的生活费用。3月份，陈独秀收到了杨鹏升附有"千元汇票一纸"的信，信中还提到求他写大字对联，但对于千元汇款却没有说明用处。23日，他给杨鹏升写了回信，答应给他写大字联，并询问他所寄的汇票"作何用"。此时，陈独秀尚不知道这位朋友的良苦用心。

另外，在此之前，国民党政府"知陈（独秀）穷困"，便由朱家骅赠给他5000元，被陈独秀拒绝。后来又委托张国焘转赠，张国焘也知道陈独秀平素个性，知道陈独秀定不接纳，得知郑学稼与他近来书信交往较密后，他便托郑学稼转赠陈独秀。陈独秀接款后问明由来，因自己不便与张国焘直接联系，便于3月15日给郑学稼写了一封信，并将张国焘寄来的5000元支票一并寄去并嘱咐他当面还给张国焘，并说"却之不能，受之有愧，以后万为我辞。"对此，张国焘感叹道："仲甫先生，总是如此。"①

陈独秀在江津没住多久，又回到了鹤山坪。一来天气渐暖，二来他又实在放心不下石墙院那个"家"。

回到鹤山坪后，他的病情时好时坏，血压很不稳定，有时达到高压210，常常头晕目眩。因此，有一段时间，他也就很少写文章，研文字，延展着在他看来苟且偷生的生活。他不再勉强自己，而是在凄怆中寻求着一种恬适与自然。

他很少参加社交活动，但偶尔也会被地方上一些上层人士邀去共赴宴会。

---

① 郑学稼：《陈独秀先生晚年的一些事》，台湾《传记文学》，第30卷，第5期。

但是，宴会上，他已不像往昔那样谈笑风生，而总是沉默寡言，难见爽容。他有时也在潘兰珍的伴随下，到江津县城东的"支那内学院"游玩。"支那内学院"是由佛学大师欧阳竟无在江津重建的一个研究印度佛学的单位。1918年，欧阳竟无与章太炎等人在南京设立"支那内学院"；抗战时期欧阳竟无逃难入川，重建了这座佛学研究院。这座学院坐落在风景宜人的长江之滨，又是江津公园的所在地。陈独秀喜欢到这个清静的地方，有时和潘兰珍，有时和高语罕。他和高语罕一到这里，便与欧阳竟无谈文赏艺、切磋书法、聊天，或偶尔与同乡老相识、70多岁的老进士苏鸿怡等人一起打牌。他在到江津风景区东门公园游玩散心的同时，也顺便到西门的康庄一带踏青赏景，这里，曾是他小住过的地方。此处背依青山，面临大江，万树桃花，遍地橘林，风景优美，实是一个修身养性的绝妙居所。每每来到这个地方，他都流连忘返，不忍离去，常常不由自主地发出一声感叹："此地风景甚好，得此佳景，平生足矣！"

在鹤山坪，他也常常在写作间隙或黄昏时分在潘兰珍的陪伴下走出院门，到院子外边的几棵大黄桷树下和附近的小店消闲，很多时候，他也和近邻乡亲谈天说地，但是，他那一口难懂的安徽方言，使他的听众往往只闻其声，不解其意。在逢年过节之时，他也常被乡邻请写对联，他都有求必应；他还给一些学校或单位题过字。另外，有的人家新房落成，他也被请写匾额，江津的龙溪滩乡绅刘建初盖新房时，陈独秀应请为其写了一个"仁寿修居"的楷书横匾。有一次，在成都读书的杨鲁承的孙女杨树君回家时，慕陈独秀之名请其题字留念，陈独秀为她写了一首诗，前两句是："相逢须发垂垂老，且喜疏狂性未移。"杨树君不解其意，请他诠释。陈独秀说，这是自己的近作，不久前他见到了从苏联回来的廖先生，虽然两人须发都白了，但令他欣慰的是二人的革命意志和性格都始终未变，故作此诗以记之。

在乡邻们的眼里，这个喜欢摆谈的老人不再像初来时那样神秘，从他的言谈举止中可以看出，他是一个平易近人的老者，与众不同的是，他的神情中总透出一种儒雅与不易觉察的深沉。

几次黄昏乡野的漫步使他爱上了这种境界与氛围。

每至黄昏，潘兰珍便扶携老先生步出院门，或踱到村头，或漫步在近村的田间。

　　金色夕阳的光辉祥和地洒满了大地，也将它最后的激情铺满了天空。当它将最后一瞥留在地平线上时，仍能让人从中看出它驱逐黑暗的那份自信。等到第二天，它又将以湮灭一切黑暗的崭新姿态泼洒无限的光明。它有着生命的轮回，而自己却拿着生命的单程票蹒跚地接近了路之尽头。暮霭沉沉，游鸟归巢，牧童的短笛，缥缈的炊烟，释耕的牛声……一切都在呼唤着归去来兮。这夕阳中的感受，又总令他顿生"梦里不知身是客，一晌贪欢"的忘却一切的澄静的心境，也正是这种心境，又在刹那间爆发出难以名状的忧伤，这种忧伤又不仅仅是对生命的本能依恋。从上海到江津辗转，从政治的神经中枢到政治的神经末梢续滑，从长江头到长江尾的流落，其间贯注了多少伤痛与辛酸、寂寥与失望！

　　这种复杂的触动使他不能自持，失亲的悲伤也罢，逝友的凄惶也罢，傲立的孤寂也罢，书生自有他将其酝酿并挥笔成篇的惯用技法，这种技法，也是书生在遭受心理危机时无奈的突围之策。他回到家中，铺纸挥毫，昏黄的灯光下便显现了他斑斑点点的心迹：

　　　　嫩秧被地如茵绿，落日衔天似火红。
　　　　闲倚柴门贪晚眺，不觉辛苦乱离中。

　　远避政治，放手学术，过多的清闲，让陈独秀陷于对往事深深的回忆之中，亲友迭逝，除三子陈松年一家外很少再有亲人，在江津的亲戚胡子穆在平日的交往中给予了他真正的亲人般的帮助。诗写完后，他加上"写给胡子穆"的标题抄给了这位与他同在异地的亲人。

　　南京沦陷后，在金陵女子大学做教授的陈钟凡也辗转入川逃难，避居在成都，过着清苦的流亡生活，与陈独秀时有通讯往来。

　　1941年3月下旬，陈钟凡给陈独秀去信表示，他将应广州中山大学许志澄的邀请去该校任教。陈钟凡的信深深触动了陈独秀，这种触动并非其做教授一事，而是他所提及的那个城市，勾起了自己对有关那个城市许多往事的回忆。

　　那是1920年11月初，陈独秀接到广东省省长陈炯明的邀请函，请他去广东主持教育，提倡新思想，发展新文化。陈独秀向陈炯明提出"教育独立，不受行政干涉"、"以广东全省收入十分之一拨充教育经费"等三项条件得到同意后，允诺赴粤任职。12月12日经陈炯明再次电催方于该月下旬乘船经香港并于29日抵达广州，拟出教育改革计划和法案，开始推行广东教育改革。1921年1月中旬，广东省省长公署设立广东全省教育委员会，陈独秀任委员长，主持一切教育行政事宜。

在广州期间，演讲、著述、指导创刊，直到三四月间与谭平山、陈公博等酝酿创建广东共产党，他的生活紧张而充实，一切似乎都在迎合着理想的发展。不久，广东共产党组织成立，并创《广东群报》为其机关报，还利用职务之便创办了"宣传员养成所"和"俄语学校"等学校，宣传马克思主义。1921年7月23日，中共一大在上海召开，陈独秀因故不能到会，指派陈公博、包惠僧为广东代表参加一大。会议上，陈独秀被推选为中央局书记。27日，他在广东的教育革新遭到攻击，8月17日致电陈炯明，请求辞去教育委员长之职未获同意，于9月11日偕包惠僧请假离开广州返回上海，10月4日即被逮捕，月底获释后正式辞去了广东省教育委员长的职务。

不到一年的广州生活，给陈独秀留下了美好而深刻的印象，那些如火如荼的革新与革命活动的确让他感受到了广州的艳阳馨风。对革命前景的无限希望也正在这个充满热情的地方萌动、飘扬。

"风流总被雨打风吹去"，如今，那一切都早已被历史定格为不可修改的生命画图，他不愿回顾往日的辉煌，因为那样只能更加反衬出此时的落魄，可是经意不经意间又守不住那种思情。

无奈，他只得将这种思情润上笔端，写下了一首绝句《春日忆广州》[①]，轻吟着往日的故事：

  江南目尽飞鸿远，隐约罗浮海外山；
  曾记盈盈春水阔，好华开满荔枝湾。

---

① 雪云：《陈独秀诗录略注》，《革命史资料》，上海人民出版社，1987年2月出版，第5期。

记忆的门扉一旦开启便很难关合。《新青年》是他经常回忆的，但他的每一次回忆，都有着不同的感觉和对象，亦喜亦忧，或人或事。李大钊、胡适、钱玄同、高一涵、沈尹默，一个个如脑海中的人物绣像；白话文、文学革命、新道德、"德先生"、"赛先生"，一件件如随手翻看的珍存至久的卡片。

李大钊作古，胡适之出洋，沈尹默也在抗战中与自己一样流落到了重庆，如此等等各有所归。依然健在的沈尹默是离他最近并时有交往的《新青年》同人了。他曾经与自己、胡适、李大钊轮流主编《新青年》，又是自己在北京大学的同事，在《新青年》的文化营垒里他与胡适一样是白话诗的身体力行者。

怀着对故友的思念，怀着对自我的矜怜，他偶有诗兴便捕捉灵感般地写上一首无题，每一篇他都托台静农转寄给沈尹默，与重庆这位"同是天涯沦落人"的朋友共同咀嚼着物是人亦非的沧桑感触：

> 湖上诗人旧酒徒，十年匹马走燕吴；
> 于今老病干戈日，恨不逢君尽一壶。
>
> 村居为爱溪山尽，卧枕残书闻杜鹃；
> 绝学未随明社屋，不辞选懦事丹铅。
>
> 哀乐渐平诗兴减，西来病骨日支离；
> 小诗聊写胸中意，垂老文章气益卑。
>
> 论诗气韵推天宝，无那心情属晚唐；
> 百艺穷通偕世变，非因才力薄苏黄。

陈独秀在以寻觅旧踪的返恋情怀与朋友加强联谊的同时，也常常与身边所能交及的朋友相处甚得。似"黄连树下拂琴弦"，又似"戴着镣铐跳舞"，在匮乏的物质生活里、在怅然的精神世界里，努力营造一种"老夫聊发少时狂"的境界。

农历五月初五，聚奎中学校长周光午、何之瑜、台静农、魏建功夫妇，为屈原祭日设酒聚饮，感时伤事，皆大醉。闻知此事的陈独秀，不由得又触发出一番感慨来，随即写下一诗寄赠魏建功：

  除却文章无嗜好，世无朋友更凄凉；
  诗人枉向汨罗去，不及刘伶老醉乡。

  屈原、自己，古今殊世，但都曾是吟诵诗文的"仕人"，一对怀着浪漫理想的书生，趋同的正直个性，一样的人生悲剧。今日捉弄于人的政治不正似昔日取毁纳谤的楚怀王？自己比之屈原，只不过没有峨冠博带与长铗而已。他是在遭受着楚国的流放，归根结底是在遭受着政治的放逐；而自己不仅遭受过多年的牢狱生活以及政治的放逐，还遭受着国难中的辗转迁徙与流亡。"世无朋友更凄凉"不就是感叹政治知音难遇的伤感与孤独么？本来就没有太多的嗜好去打发让人静得可怕的光阴，又没有朋友作为诉说积郁的对象，还有多少可供生存的资本选择呢？诗人在发出"天问"、"离骚"后寄身于汨罗江了，但是结果如何呢？客死异地，于事无补。他那对政治的殉道精神又能让当时的谁予以理解呢？殉道者的壮举，尚不如"竹林七贤"之一的刘伶不满政治现实消极避世的自我麻醉，这不得不让他发出痛心的感叹！

  对于成都的陈钟凡，自从收到他的信后也一直因病与感伤而没有回信，火热的夏季已经到来，他不能再拖下去，于是便在病情稍轻时给陈钟凡回复了一封信，表示赞同他去中山大学任教，并在信中附寄了手书《春日忆广州》一诗相赠，并在落款处写上"弟独秀于江津"。

  陈钟凡接信后，有感于老友的恋旧之情，便步其韵和诗一首：

  瓜艇吟魂荡蜒鬟，苍梧极目万重山；
  梦余犹味鱼生粥，惆怅西江水一湾。

  诗写毕，他又给陈独秀写了一封信，告诉他因为许志澄因去职这一突来的变故，南行之事已经没有结果。

陈独秀又以老友的热心去信，建议他有机会可到上海沪江大学任教，因为上海离陈钟凡的家乡盐城较近，便于照顾桑梓眷属。此时广州和上海都已成了沦陷区，在日本侵略者的铁血统治下，因此陈钟凡认为陈独秀"对战局终抱悲观"，出此下策，拒绝了他的劝说，并且表示："宁愿与国土共存亡，不甘心至敌人铁蹄下去讨生活"，仍然留在成都。

陈钟凡坚决的态度令陈独秀不再说什么，他赞赏这种民族的气节，一如自己寻常的个性。朋友自有其生活方式和选择的自由，自己只是建议，并无强求之意，再则，自己的生活都难以自持，又哪里有太多的执拗去指导别人呢？

在南京狱中，他受到了陈钟凡的不少帮助，出狱后先是住在傅斯年家里，后又住在陈钟凡的家里半月有余，他非常感念这些旧情，才觉得有为朋友花费这些心思的必要。

想起了南京，他总带着一种复杂的感情，妻子高君曼1931年在那里香消玉殒，第二年，在上海被捕后，他也被押解到那座古城，五年的牢狱生活似一场漫长的梦幻，梦醒时分，已是烽烟四起，国难日亟。出狱后，他也曾与陈钟凡等旧友详视过那个禁锢了他五年之久的古城，这座古城曾让他留恋，获得自由后的孤清又让他顿觉恍如隔世。那时，他是怀着希望与梦想的，而今，那些都已经烟尘般地飘散了，他已没有力量再将它们重新聚拢。

月破黄昏，夜夜难眠，在秋夜朦胧而又清冷的月色中，他一切都可以想，一切也都可以不想。他静立在月光下，月色勾起无限的愁绪，与月的不解之缘似乎成了文人雅士的情感标志。有月光在室外，他是如何也无法将自己留在室内的，"深院月明人静"，走出房门，沐一身清辉，古人"月明人倚楼"的境界对他来说有着一种莫名的诱惑——这同漫步在黄昏里有着不同的感受罢了！

月光下走来了李煜，他曾独守阑干幽叹"故国不堪回首月明中"；月光下走来了李白，还带着"梦断秦楼月"的秦娥，他曾醉卧花间"举杯邀明月，对影成三人"；月光下走来了苏轼，他曾对着明月"但愿人长久，千里共婵娟"，也曾慨叹"人生如梦，一樽还酹江月"；月光下走来了柳永，他曾对着晓风残月，长叹着"今宵酒醒何处"……所谓望月起情，抚时感逝，非独他有这份浪漫的忧伤。诗人词家们聚集在小院里，互赏互慰，诉说着千年的积怨。陈独秀也在这种氛围里感受着"廿四桥犹在，波心荡，冷月无声"所抒写的物是人非的凄凉……

他深究着"月"的含义，发现因其而引发的情感都源自于孤独！前路的阻力与渺茫，让他不得不在时光的隧道中怆然回眸：

对月忆金陵旧游
辛巳秋 作

匆匆二十季前事，燕子矶边忆旧游。
何处渔歌惊梦醒，一江凉月载孤舟。

此刻，在这位霜风中的老人的笔下，昔日艳丽的色彩已经为黯淡凄冷的景色所取代。

半载以来，他除却写过一些信、几篇怀旧感伤的诗和一些即兴挥洒的书法外，收获也不是太大。是年春，他抱病将自己在南京狱中写的音韵学手稿《连语类编》整理一遍，并为该书写了短序，此篇论稿是为他的另一论著《中国古代语言有复声母说》提供佐证的。在《小学识字教本》上篇完成以后，他又开始重订自己南京狱中写成的《古音阴阳入互用例表》，此表将说文、至篇、广韵、集韵所收文字，依类录入，见古阴阳入三声之互相通转。该表于秋日整理完毕后，又作了一篇长序，交给魏建功，嘱咐他在白沙序印，并且分赠给朋友或学生。后又将《古音阴阳入互用例表》和《连语类编》交给北京大学出版，以报答北大同学会每月赠予300元生活费用的资助。后来，因战时困难北大不能出版，他又自己油印《古音阴阳入互用例表》若干册，分赠好友，并请魏建功作序。之所以这样做，在潜意识中，他不愿让这些心血也成为杨承鲁那样的遗稿，让后人曲己之意地去做。他感到了一种压力，更感到了一种责任。

在抗战的相持阶段里，国共两党的摩擦越来越剧烈，双方都在加紧活动，国民党开始戮灭共产党长江以南的力量。1941年1月4日皖南事变发生后，本不牢靠的国共合作出现了更大的危机，国共两党都加大了活动力度去争取政治势力和思想人物，江津这个各种政治人物密集的陪都的枕榻之畔，自然也是两种政治势力争夺的焦点。

中共南方局在周恩来的领导下，在关系到延安命运的国共斗争中，对各民主党派、国民党内的民主派和地方实力派，以及文教、工商等各界人士展开了各种形式的统战工作。当周恩来出现在成都时，杨鹏升曾写信将周恩来抵蓉的消息告诉过陈独秀。陈独秀曾于1940年6月12日回信询问杨鹏升是否曾与其接触并谈过话。并说："此人比其他妄人稍通情理，然亦为群小劫持，不能自拔也。彼等对弟造谣诬蔑，无所不至。真无理取闹！"

国民党在这次斗争中当然也不放心各种民主党派和民主人士，便充分利用特务机关渗透到各个机关部门侦察。1941年3月初，在江津第九中学任教的何之瑜在信中告诉陈独秀，他所在的中学出现了国民党密探秘密监控的事。5日，陈独秀给何之瑜回信嘱咐他"不必谨慎过度"，并十分镇定、坦然地说："即使是侦探也不要紧，他们愿探的三件事：一、我们与干部派（中共）有无关系；二、我们自己有无小组织；三、有无反对政府的秘密行动。我们一件也没有。言行再加慎重些，他能探听出什么呢？"

对于别人的资助，他总是十分谨慎。他要保持自己政治上、思想上和人格上的真正独立，干干净净、清清白白。但是，对于朋友真诚的资助他有时也迫不得已地接受下来。8月6日，陈独秀复函杨鹏升，告知收到他寄来的"省行千元兑票一纸"，并向他表示深深的感谢，还安慰对方似地说："弟生活一向简单，月有北大寄来三百元，差可支持。"

他需要别人的帮助，但书生清高自洁的气质又往往使他在极端的困顿中予以拒绝。一些想帮助他的朋友，常常采用"巧立名目"或"无记名"的方式资助他。

在热心朋友们的资助下，生活的压力的确减轻了不少；在国共两党的政治夹缝中他也只有选择沉默。这些于他，成了一种不可多得更应该珍惜的机会和条件。这些条件是朋友的资助为他创下的，任何理由的虚掷时光都是对那种真情的亵渎；在政治方面，他已选择了孤立，这同样是学术研究者不可缺少的思想独立、自由的良好条件。在这种生活环境与心理环境下，他加紧了文字与音韵学的研究，他决意在有生之年将自己写过的学术文稿全部整理完毕，为自己的一生在学术方面作个绾结，摒除遗憾，画上一个完满的句号，如果不能公开印出，他便用朋友所赠之资自己油印出来。

一些书稿整理好后，他便将其分寄给在音韵学上很有研究的教师魏建功、国立图书馆的台静农、成都的陈钟凡等人，让他们读后以便发现文中纰缪，在书印出前及时改正。他力争不放过一点点可作正确修改的地方，虽然书稿已经寄出，但是他仍在审视手中原稿，一有发现不妥之处便立即写信给魏建功补正，这种严谨的治学态度令魏建功等人十分敬重。

《古音阴阳入互用例表》整理好并自序长文后，他便托付魏建功在白沙油印，在书未印出前他又对许多地方作了认真的补充。书稿交给魏建功后，他不断与其书信联系，以一个十足的学究姿态与他讨论着文字音韵学问题。9月5日，他给魏建功写信，并寄去了拖病而成的韵表增改稿。10日，他又写信说："拙作韵表，并非我创，乃袭用顾与江戴之旧法，特前人不甚措意此方法，吾拾以发挥之耳。阳声乃鼻音，非鼻韵，韵必由喉出而无阻，如苏州读'恩'字之类，一般阳声之鼻音，乃因阻而音由鼻出，非由口出也。音由声韵二者合成；声由舌根、舌尖、唇等节制成阻；韵则无阻；吾以为定义应如此。""原稿或已有裹热，或不全，或无旁注，请注意检之！"他专注地修正着文稿，像校正"裹热"等字一样对每一个字的考证都不疏忽。

他希望魏建功为该书写一个长篇序文，并"先写一短短大纲"与书一同印出。为了扩大该书的影响，他也告诉魏建功，原拟订的："印二十份恐不够，印二十五份如何？"并让他告诉自己油印所需的纸张包括刻版用的蜡纸的费用，以便及时寄去。

10日给魏建功的信尚未得到回音，他又于13日、14日写了两封信作了一些补正，询问油印是否开始，前几次的增改稿是否赶在了油印之前。要求魏建功印好后留下八份，分别代寄给重庆的沈尹默、顾颉刚，北平的沈兼士，昆明的唐立厂，白沙的胡小石。其他三份，让魏建功自留一份，赠台静农一份，国立图书馆一份。其余的都寄给鹤山坪谈锡珊收，再转给他。

19日，他又写信询问魏建功10日、13日、14日信是否收到，又对该书及《小学识字教本》作了一些补正。书稿分寄出后，修改稿他又多次寄给台静农，但台静农却因事忙而"久无信来",《小学识字教本》送给编译馆后又"迟迟不能付印",这使他十分着急,寄给台静农的书稿是否也会像《小学识字教本》一样?要不,魏建功为什么不回信告诉自己所需纸张数呢?他希望魏建功告诉他,因为那样一来就意味着印出有希望了。在信末他责备似地对魏建功说:"数函兄等问韵表用纸共需若干,至今未见示知,何也?"不久,台静农也给他写信联系并对韵表提出一些建议,18日他在信中告诉陈独秀韵表自序的蜡版已经刻好,26日,魏建功写了回信,告诉他陈独秀对序的改正要求如果不能补上,可另作补注,并向他作了某些音韵问题的讨论。

书稿的蜡版已经刻好,看来,印在必行了。10月4日,他又给魏建功写了回信,对魏提出的一些音韵学上的问题作了解释与讨论,并问及他26日的来信中所说的不能补入的是哪些部分,以便自己有个把握。后来,魏建功与陈独秀在江津城相见一次,两人就油印出书一事作了彻头彻尾的晤谈。陈独秀回鹤山坪不久,便收到了台静农寄来的已印好的《古音阴阳入互用例表》一书13份。

《古音阴阳入互用例表》的印出令陈独秀一阵欣慰,无论如何,音韵学的研究成果已见诸于世并将产生一定的影响。他本来该继续埋头这样做书生该做的工作,然而这种欣慰的感觉与轻松又让他有些左顾右盼。也正在这个时候,上海托派的内部论争情况和双方观点都被寄传到了他的案头。他虽一直在忙于音韵学研究,但对国际形势、战争与革命、民主与独裁他却一直未停止过关注与思考。

第九章
西风残照鹤山坪

1. 最后政见

此时的欧洲战场，德国已经占领了许多国家，积聚了战争的资本，做好了侵略苏联的准备。1941年6月22日，德国撕毁了苏德互不侵犯条约，以庞大的军队分三路向苏联发动了突然袭击，苏德战争爆发；7月苏英签订了对德战争共同协定；10月，德军完成了对莫斯科的包围。

就在苏德战争爆发的次日，延安的毛泽东即针对这一事件发表文章说，全世界共产党人的任务是发动各国人民，组成国际统一战线，向法西斯势力开战，全力保卫苏联、保卫中国。中共号召全国人民积极打击日本侵略者，支援苏联，以解决苏联东线的后顾之忧，免其腹背受敌。

苏德战争，使陈独秀对法西斯与布尔什维克有了新的认识。此时，当他再翻阅上海托派中央常委1月10日和7月作出的决议，不觉又有了发表自己观点的冲动。这并非是一种出于情感上的私意，也并非是刻意张扬与上海托派划清界限，而是他觉得基于托派组织的现状，很必要梳理、申明自己的新旧思想观点，或者是强调、总结自己的政治主张。

经过几天的思考与酝酿，他于11月28日写出了一篇《我的根本意见》，油印后寄给了上海托派。

该文共列出了十五条政治意见，这是他对政治现象展开思维的基本原理。一、"不会在任何时间，任何空间，都有革命局势。说现在是反动局势。最荒谬的是把反动的局势说成革命局势"；二、"无产阶级的群众，不会在任何时间都倾向革命，尤其是大斗争遭到严重的失败之后，或社会经济大恐慌之时"；三、"无产阶级没有适合于其社会条件的充分数量，没有经济的政治的组织，和别的居民没有甚么大的不同"，"我们不能把现时的各国无产阶级力量估计过高"，"不能轻率宣布'资本主义已到末日'"；四、"应该严格区别小资产阶级'集中''统一'的武断性，和无产阶级'集中''统一'的自然性之间的不同"；五、"应该严格区别急进而虚矫的小资产阶级分子和坚决而坦率的无产阶级分子之间的不同"；六、"现在并不是最后斗争时代，不但在落后国家，即在欧美先进国家，如果有人武断说：资产阶级、小资产阶级已经没有一点进步作用，已经完全走到反动的营垒，这只是种下了将来资产阶级表现进步作用时向之仓皇投降的后果"；七、"应该毫无成见的领悟苏俄廿余年来的教训，科学的而非宗教的重新估计布尔什维克的理论及其领袖之价值，不能一切归罪于史大林，例如无产阶级政权之下民主制的问题"；八、"民主主义是自从人类发生政治组织，以至政治组织消灭之间，各时代（希腊、罗马、近代以至将来）多数阶级的人民，反抗少数特权之旗帜。'无产阶级民主'不是一个空洞名词，其具体内容也和资产阶级民主同样要求一切公民都有集会、结社、言论、出版、罢工之自由。特别是反对党派之自由，没有这些，议会或苏维埃同样一文不值"；九、"政治上民主主义和经济上的社会主义，是相成而非相反的东西"，如果无产政党因反对资产阶级及资本主义，即是"泼洗澡水连孩子也一起泼掉了"。即使所谓的"无产阶级革命"出现了，而没有民主制做官僚制之消毒素，也只是一些"史大林式的官僚政权"，决不能创造甚么社会主义；"所谓'无产阶级独裁'，根本没有这样东西，即党的独裁，结果也只是'领袖独裁'，任何独裁都和残暴、蒙蔽、欺骗、贪污、腐化的官僚政治是不能分离的";十、"此次国际大战,自然是两帝国主义的集团互争全世界霸权的战争。所谓'为民主自由而战'自然是一种外衣;然不能因此便否认英、美民主国尚有若干民主自由之存在";十一、"在此次帝国主义大战中,对民主国方面采取失败主义,采取以国内的革命战争代替国际的帝国主义战争的方略,无论口里说得如何左,事实上只有帮助纳粹胜利","人们有理由认为中日战争已因帝国主义大战而变质,然不能因此便在中国采取失败主义。重庄政府之毁灭,在今天,除了帮助德、意、日加速胜利外,不能有别的幻想。我们也以同样理由,不主张在苏联采取失败主义,虽然没有事实使我们相信在人类自由之命运上史大林党徒好过希特勒党徒";十二、"没有任何理由可以说:革命之基础准备,即群众结合,在有若干民主成分的政权之下,比在纳粹极权统治之下,更为艰难;也没有任何理由可以说:纳粹胜利比其失败于德国革命运动更为有利。""在政治上毁灭民主制,回复到中世纪的黑暗,即使不很长久,也是人类可怕的灾难和不可估计的损失";十三、"战争与革命,只有在趋向进步的国家,是生产力发达的结果,又转而造成生产力发展的原因",反之,则"使生产力更加削弱,使国民品格更加堕落——夸诞、贪污、奢侈、苟且,使政治更加黑暗——军事独裁化";十四、"国际战争,只有在两方武器和军事技术相等的国家,才能把人数、民气和作战精神,看做决定胜负的因素";十五、"帝国主义以殖民地半殖民地为存在条件,犹之资本主义制度以私有财产为存在条件",殖民地半殖民地的民族解放战争,只有和帝国主义国家的社会革命结合起来才能胜利,"孤立的民族战争,无论由何阶级领导,不是完全失败,便是更换主人,或者还是更换一个更凶恶之人,即使更换一个较开明的主人,较有利于自己的政治经济之发展,而根本不能改变原来的殖民地或半殖民地奴役地位"。

在这篇《我的根本意见》里,陈独秀已把自己的政治战线拉得太长,对于延安方面,他批判其善于"把革命阶级打败后的愤懑情绪,说成革命情绪之高涨。'人民愈穷愈革命'";对于国民党方面,虽然没有明言批判,但对党的独裁的讥讽,也不能不令"一党专政"的国民党敏感自思;对于上海托派的观点,则是"根本意见"中所着重而主要反驳的。这样看来,他已不见容于任何一个政治派别了。

为了让更多的人了解他的政治主张,他将油印好的"根本意见"寄给许多朋友们看,这无疑是一种无声的声明——他已独立于任何党派之外了。

12月1日,他给郑学稼写了一封信,并附寄了一份《我的根本意见》油印件。他在信中解释说:"近接到一些托派文件,见解颇荒谬,故写文驳斥之,特油印给几位相好朋友看看。兄阅毕望给李麦兄一阅。"7日,他又在给另一位朋友的回信中嘲笑上海托派代表大会的"少数派"与"多数派"之分,指出"他们自以为是多数派即布尔什维克,其实布尔什维克并非马恩主义,乃是俄国激进的小资产阶级亦即法国布朗基主义,德国此时的纳粹主义即旧的普鲁士与新的布尔什维克之混合物";并表示"将继续为文说明布尔什维克的横暴、欺诈等罪恶,有机会即公开发表"。14日,郑学稼给陈独秀回信说:马克思主义都来自李嘉图、黑格尔、费尔巴哈的理论。列宁发挥的马克思的无产阶级独裁也只是受了普鲁东的影响,都没有何种新的创见,而托洛茨基的"不断革命论"则"只能应用于沙俄"。

此时的他无力写长文,对于托派的言论,只有写一些提纲式的短文。这些短文,在他说来,"乃为托派(国外以至国内)先生们的荒谬见解而发"。对于外人的惊讶,他又认为是自己"未能详细发挥,或不免为外人所误解也"。在他的经验总结里,列宁和托洛茨基的主张在中国均已失败,在12月23日,他给郑学稼回信说:"列·托之见解,在本国不合,在俄国及西欧又何尝正确?弟主张重新估定布尔什维克的论理及其人物(老托也在内)之价值,乃为一班'俄迷'尤其是吃过莫斯科面包的朋友而发。"①

他所估定的布尔什维克主义及其人物的价值便是"纳粹是普鲁士与布尔什维克之混合物"。他也承认自己的见解很难得到别人的赞同,但他坚信自己采用的是"科学的态度"。并没有依据任何教派的观点,他更不屑以布尔什维克正统自居。但是,他的这些"新"理论的来源也并非是羚羊挂角,更不是他自己的独创。郑学稼送给他的《布尔什维克与法西斯为孪生儿》令他"拍掌大悦!",甚至激发了他写一本《俄国革命的教训》的创作灵感与激情,以期能"将我辈以

---

① 郑学稼:《陈独秀先生的晚年》,《掌故》月刊(香港),1972年4月。

前的见解彻底推翻"。但他又无不惋惜与懊丧地说:"惜精神不佳,一时尚不能执笔耳。"

陈独秀将这篇《我的根本意见》分寄给朋友们后,立即引起了在重庆的胡秋原、孙洪伊的关注,或出于政治目的,或出于对朋友的境遇担忧,胡、孙二人在给何之瑜的信中说,他们希望陈独秀"跳出马克思主义的圈子",对于此,虽然二人没有直接给他写信,但他仍然以当年的政治魄力和锐气给二人写了一封信:

HS 二先生:

与 H 先生别三年矣,与 S 先生更廿余年不见了。回忆北京之游,真不胜慨叹!

顷见二位与 Y 兄书,于弟近作有所示教,感谢之至。弟自来立论,喜根据历史及现时之事变发展,而不喜空谈主义,更不喜引用前人之言认为立论之前提,此种"圣言量"的办法,乃宗教之武器,非科学之武器也。

近作根本意见,并未涉及何种主义,第七条主张重新估计布尔什维克的理论及其领袖(列宁托洛斯基都包含在内)之价值,乃根据苏俄二十余年的教训,非拟以马克思主义为尺度也。倘苏俄主国的道理不差(成败不必计),即不合乎马克思主义又谁得而非之。"圈子"即是"教派"。"正统"等于中国宋儒所谓"道统",此等素与弟口胃不合,故而见得孔教道理有不对处,便反对孔教,见得第三国际道理有不对之处,便反对它,对第四国际,第五国际,第……国际亦然。适之兄说弟是一个"终身的反对派",实是如此,然非弟故意如此,乃事实迫我不得不如此也。譬如吃肉,只要味道好,不问其售自何家,倘若味道不好,因其为陆稿荐出品而嗜之,是迷信也,倘若味道好,因其陆稿荐出品而弃之,而此亦成见也;迷信与成见,均经不起事变之试验及时间之淘汰,弟两不取。纸短话长,不尽万一,惟弟探讨真理之总态度,当以此得为二先生所了解也。

倘有新作,自当奉上乞教,弟所欲言甚多,惟病体不能多写作,即写出,虽油印亦不易办到也。

此祝

健康

弟 独秀
一月十九日

信写完后，他又给何之瑜写了一封信，让他将自己给胡秋原、孙洪伊的信转寄给二人，并说："H等希望我跳出马克思主义圈子（陶孟和也是如此）乃彼辈一向之偏见，不足为异。我辈最好与之讨论实际问题（历史的及现状的），使之无可逃遁，不必牵涉抽象的理论及主义的圈子，免得缠夹不清也。"

陈独秀的《我的根本意见》在寄往上海的两个月后，郑超麟于1942年2月19日给他写了一封信。该信评论其"根本意见"说："有许多条，在文字上说，我都可以完全同意的，尤其最初五条和最后四条。但有一个根本点，我和你不同，就是：有无革命起来干涉战争。"对于这一点，郑超麟满怀信心地说："即使没有一个党，即使没有人自觉地去准备革命，革命仍旧是要来的，而且就在这个战争之中到来。……现在我们正处在（俄国）一九一五至一九一六年那样的时代。""我们现在的问题并非是在资产阶级这两个统治形式之中（即"民主"与"独裁"）选择一个较好的，而根本不要这两个形式，因为战争向我们提出了根本推翻资产阶级统治的任务了。"对于苏联，"我们有权利希望未来的无产阶级专政不会产生'斯大林'，因为第二次革命高潮将成功于好几个先进国家"。①信写完后，因其他原因没有及时寄出。待他欲邮给这位流落川中的老人时，蓦然得知这封信已无人再收了。

抒发完了久存于心的政治理想后，他又觉一阵轻松，虽然这一阵的"政治运动"让他一时中断了学术的研究。这种中断，连10月31日魏建功写给他的信也无暇顾及了。人无往来又无信交已有两个多月。这样想来，他又顿生一阵歉意，自觉有种势利用人之嫌。于是他便于12月13日给魏建功写了一封信，表达了自己未及复信的歉意，并告知失交时间中关于韵表一书的事。18日，他接到了陈钟凡的一封信，信中对《古音阴阳入互用例表》一书提出了一些异议，

---

① 《国际主义者》，第3期。

认为"古韵非一成不变之物。周秦与汉魏，未必同符，隋唐以后，变化益繁；欲范以定型，恐难符合"。陈独秀是一个难将异议封存于心的人，第二天，他便又致函魏建功，将自己的讨论意见与陈钟凡的信一并寄去，并征求魏建功对其异议的意见。他还在信末说："觉玄（陈钟凡号——引者注）函阅后尚希寄还，因对拙作持反对意见者必不乏人，拟汇齐将来作一后序总讨论之也。"

长时间的拖病写作，使陈独秀越发感觉到了劳作后的疲惫。自己的病情，药力的效用似乎微弱。虽有朋友的资助，但印书又开销了不少，物价又较以前高出了许多；"遇到疾病医药，难免就有些掣肘"，虽有邓仲纯的定期来诊，但江津县城距鹤山坪毕竟有30多里，风霜雨雪时又哪里会有太多的及时！困病如孪生的压力又如逼而来。他手里虽有国民党教育部预付的一万元稿酬，他又不愿挪动分文，都存在银行里以备将来书真正不能出版时全部归还。《小学识字教本》上篇完成后不能付印，下篇写出亦不知何期，学生用的文字说明书更无着落，他又怎能在这方面停滞不前！但是，他毕竟比先前感觉到更加力不从心了！他一直都在力图完成《小学识字教本》下篇，但又因政势、世事而时断时续，进展不畅。

时间已到了隆冬季节，陈独秀却耐不住山中的天寒，稍有气温变化，他便觉冷彻全身，在这种感觉里，他早已没有了温度的概念，天与地似乎是一个庞大的半透明的冰体，将他封在其中。春节又要到了，家家都开始洋溢着淡淡的节日气氛，而他们清冷的庭院里却没有一点点吉庆。虽然也时有朋友来看望他，但是总有"人散后，一钩新月天如水"的凄寂感觉。儿子陈松年也时常从县城前来探望，但他又不可能失去江津九中的工作来鹤山坪住下照顾父亲，因为全家人的生活都要依靠他这份微薄的工资支撑，来到四川后，他们又添了个女儿，生活也很是紧张。父亲的身边有潘兰珍在，妻子窦珩光还要照顾一双儿女，不方便也不可能单独到鹤山坪侍候公公。一切都决定了陈独秀只有孤独，寒冬里周围渐浓的节日气氛与他们这个沉寂的小院形成了多么强烈的对比反差！孤寂的石墙院与周围的气氛似乎不太随和，热闹的乡村与这个石墙院的静寂也显得多么的不协调！

看着潘兰珍忙着简单的家务，听着院外偶尔响起的一两声爆竹声，他心潮起伏。"腊八鸡叫年来到,姑娘要花,小子要炮,老婆要衣裳,直打老头的光脊梁!"旧年末新年初,传统的中国人往往在此时的喜庆中合理地膨胀着欲望,然而最愁苦的只能是一家之主,石墙院显然没有那么多膨胀的欲望,也不可能有;对于陈独秀,也没有人向他施加欲望力,有的只是老夫少妻互相的关爱与体贴。"贫贱夫妻百事哀",然而他们两人却在困难的生活中相濡以沫,彼此间没有一句怨言。

旧年的夜,人最容易生发出太多的希冀,老病的陈独秀似乎也萌动着童心般的欲望,这种欲望,在热闹与寂清的比衬里迫使他只有向书生的情怀中回归。他得知欧阳竟无先生有一本书法《执金吾丞武荣碑》帖,其书风淳古峭雄,属力峻劲拔之汉隶佳品,汉碑在山东济宁。他很想得到此帖而研其书法,于是便凝神自视,写了一首令人不能不为之动容的诗:

> 贯休入蜀唯瓶钵,久病山居生事微。
> 岁暮家家足豚鸭,老馋独羡武荣碑。

这首诗,读来让任何一个人都不忍拂其愿望,他没有写信,也没有作附注,直接将此诗寄给了欧阳竟无大师,以诗代笺向其表达了凄苦中的他想借阅《执金吾丞武荣碑》的要求。欧阳竟无大师接诗自然理解陈独秀的意思,很快便将《武荣碑》帖借给了他。

该诗由欧阳竟无及其朋友从江津传到了重庆,立即激起了一位老友的极大同情,朱蕴山便立即以私人的身份提着买来的几只鸭子赶到鹤山坪去看望他。

来到石墙院,院子里冷冷清清的,没有人声,他敲开院门,潘兰珍将他让到屋里,告诉他老先生的胃病又发作了。朱蕴山看到床上的陈独秀已远远不及往日,只见他痛得热汗淋漓,勉强与这位老友打了个招呼,双手捧腹,并不时地翻转着身子。潘兰珍扶其吃过药,朱蕴山努力地安慰了他一阵,待其病痛稍稍安定下来,两人开始谈心,一同回忆着沧桑多变的过去。

朱蕴山环顾破屋四处,一床一桌、几架书、几条凳子,其余再无像样的家什。隆冬刺骨的寒风从破旧的窗户吹过来,冷得人直打冷战,这里哪里有半点的温馨!

他望着床上病容如云、憔悴不堪的陈独秀,不禁深深地叹了口气。

平时的物价即已高得令陈独秀靠人接济的生活难以为继,在年底,人们都在忙着置办年货,这个本来物质供应紧张的地区物价较平时一下子高出好几倍,这对于陈独秀夫妇来说无疑是在过名副其实的"年关",洋溢着喜庆的即将到来的春节竟似一场突如其来的生活灾难。

看来,只有离开这个地方才能根本缓和严峻的生计问题了。他向人打听到贵州的贵阳物价较低,便又打算迁到那里。

1942年1月9日,他写信告诉杨鹏升,打算迁居到贵阳:"川中生活,日益不支,弟病虽未全好,或可冒险乘车往贵阳,以彼处生活比川中便宜一半。"他想极力逃避现实的生活困境,摆脱"川省地势海拔较高"对高血压病的不利影响而"适彼乐土",到一个没有寒冷、没有酷暑、没有病痛,也不会有家庭经济危机的地方去,然而,他静下心来思虑一番,才真正觉得逃避眼前的现实已是不太现实了。几乎和上次萌发迁居赤水或江安的念头一样,他犯了毫无二致的错误,这种下意识的雷同的草率决定,虽然表现着一样的困窘无奈,但很显然这次产生的念头必将消失得更快。贵阳距此迢迢千里,山重水复,这种身体状况,不知能否到达目的地。即使可达,人生地疏,举目无亲,岂不将面临着更多、更大的困难?如果到达该地,依然难以生存,此时又该怎么办?能再折回此地么?他在这个两难的夹道中左冲右突着,终于渐渐地平息下来,他以同样的办法否定了自己又一次迁徙的念头。

2月12日,他又写信告诉杨鹏升,表示仍住在原处,取消了辗转南方的打算:"贵阳之行已决计作罢,终以病体不胜此跋涉也。"

虽然陈独秀又取消南行的计划,但他的信却引起了杨鹏升的深深不安。他知道,这位老人个性虽然刚烈、率直,但不到万般无奈的情况下,他绝对不会以多病之躯行此下策,他对南迁计划的取消,在很大程度上正表现出他已走投无路,从这些来信中,他可以想见到陈独秀夫妇的生活境况已严峻到了何种程度!

他深深地叹息着,又给陈独秀写了一封信,他知道已行动不便的陈独秀与朋友的主要交往方式是书信，并且陈独秀也向自己索要过信封和信纸，于是他又让人为其印制了一些，随信一起邮寄到江津鹤山坪。另外，为了解决其夫妇的生计问题，他又想了一个办法，去信要陈独秀给他写对大字联，然后汇去了现金1000元作为对书联的报酬。为这位老朋友，杨鹏升的确尽了最大的努力了。

接到杨鹏升的寄物和汇款，陈独秀万分感动，这凝结着老友无限牵挂之情的1000元，对他们夫妇来说无疑是"久旱之望云霓"。在感激之余，他又突然为自己告诉杨鹏升南迁之事而后悔起来，这似乎是在变相地向老朋友伸手要钱，虽然自己当时并没有这样的思虑，但对于外人来说，又如何能脱得这样的嫌疑？于是他很快在4月5日给杨鹏升写了回信，修改了他去贵阳的原因："前次移黔之计，主要为川省地势拔海较高，于贱恙不宜，非为生活所迫。"告诉他所赠的200本信纸、100张信封已如数收到，示谢。对于杨鹏升寄来的汇款，他说："前两函厚赐，于心已感不安，今又寄千元，且出于吾兄之请求，更觉惭恶无状，以后务乞不再如此。""前敬题大联"，来函说已经收到，"殆伪造此言，以慰我耳"。看来，对于杨鹏升的良苦用心以及其"美丽的谎言"他早已洞察于胸。他原本是可以装作糊涂的，让他的朋友继续对他进行着"美丽的欺骗"。但是，他的率真绝对容不下这些糊涂，哪怕是一星半点！对于这些不得不接受的帮助，对于这些已无返还和报答可能的资助，除了表示感激之情、深深愧疚以外，他还能做些什么呢？

"位卑未敢忘忧国"，无论处在何种境地，也无论他的言行中所表现出的书生意气如何的越来越浓，他的政治情怀始终未泯，在外界局势的动荡里，他总是难以自持，在政治这个"大磁场"里，他总是一枚有着高度灵敏性的小磁体。

从1941年夏苏德战争爆发后，到1942年1月国际反法西斯统一战线正式形成，国际战争形式发生了很大的变化。

1941年12月7日，日军偷袭美国重要海军基地珍珠港，太平洋战争爆发。第二天，英美对日宣战，第三天，国民党政府也对日宣战。11日，日本的同盟国德意也对美国宣战，战事进一步扩大。23日，中、美、英等国在重庆召开了东亚联合军事会议，决定派出盟军在东南亚战协同作战。1942年1月，苏、美、英、中等26个国家在华盛顿签署共同反对法西斯侵略国家的联合宣言，保证互相援助，不与敌人缔结单独停战协定或和约。反法西斯联合阵线终于形成。

在陈独秀看来，此次世界战争只不过是两大帝国主义集团的犬斗，苏联也在帝国主义阵营中，与英法美一样是纵容法西斯的罪魁祸首，它的参战，仅仅是为了解决本国的生存危机，而没有太大的进步意义。或是江津太闭塞了，鹤山坪也太小了，他对国内外的形势所有的了解，都是听取了地方报纸道听途说；或是大部分时间对文学研究，使他较少地去思考政治问题；也或许是衰老的生命，长期艰难的生活，使他都感到力不从心，一股悲观的情绪暗暗潜入了心里，云雾般地笼罩着，以往常挂在嘴边上的"不进则退"这句自省励人的警语再也听不到了。总之，希特勒在欧洲的席卷之势，又兼日本在亚洲的烽火重燃，使他感觉到了民族战争的更大艰难。

在这个时候，他是静不住的。《小学识字教本》实令他重债难返，但又不得不放下该书下篇的研究，又从"象牙之塔"站到了"十字街头"。外界政治势力的喧闹，使他不得不放下学术研究的笔去频频观望，并发表些直觉性的言论。

入春以来，他的病情进一步严重起来，并且再也没有减轻过，胃病使他痛得常常不能自持，高血压一直在210上下徘徊。1940年，在江津的北大同学会，曾请了一个有名的医生给陈独秀诊断，在检查后说，他的心脏不能再扩大半指，否则可能生存期会不到三年。长期的狱中生活使他又在肠胃病未愈的情况下，患上了高血压。几年来息影山村，生活困窘难安，营养极度缺乏。初春，气温渐渐变暖，他愈加感到不适。即将到来的夏暑又将是一种难耐的煎熬。能在夏季到来之前治好高血压，暑期定会减少许多痛苦。最初，他听某位医生说有一种偏方，即用蚕豆花泡茶水喝可治高血压，此方既经济简单，疗效又好。于是他便让潘兰珍或邻居们摘来如法炮制，并经常服用。虽然效果不太明显，但也没有什么不良反应，他的病情依然没有大的好转。

在病痛的纠缠中，他本来可以不再关注世事，连生命都难以自保，还有何精力和必要去谈"政事"！但他并非那种自甘颓废的老朽。生命的短暂，固然是他常常拥有的对生存态势的本能反应，然而他又不愿为短促的生命草草收场，放弃思想，停止运笔。

几乎是用了一个月的时间，他写写停停，停停写写，终于完成了一篇6000

余字的文章《战后世界之轮廓》。抗战进入相持阶段后,他的抗战言论再也不能发表了,因为此时的国民党政府对日本政府的态度也发生了很大变化,在日本诱降政策的实施中,开始采取了相当温和的方式妄图以和谈方式与其共同解决中日战争。在这与虎谋皮的幻想里,陈独秀的言论显然大伤了这种气氛而被新闻机关全部卡扣。对于现实不能置言,对于过去更无须置言,那只有去思考一些未来的事情。况且,整个世界法西斯势力的鼓荡,又使他不能不为人类的前途忧虑。他本来是要将本篇全部完成再寄出,然而,思想者的焦虑使他匆匆地将6000多字的《战后世界轮廓》寄给了重庆的《大公报》。3月21日,关于抗战的另一种声音便从这家报社传播开来。

在《战后世界大势之轮廓》中,陈独秀说:"此次大战不外三种结果:一是英、美和德、日不分胜负而议和;二是胜利属于英、美;三是胜利属于德、日。第一种结果之可能最少,我们似不必加以推测,第二种和第三种以何者最大呢?以现状观之,自然是德、日占优势。"英国"能够于最近的将来战胜德国的大军,这是很难想象的事","英、美能否胜过德国本土及其可能利用之邻邦,确实大成问题"。"德国的内部危机,诚然大过英、美,然在对外战疲或溃败前未必爆发。"他还以假设来推测道:"倘胜利属于英、美,德、意、日都完了","苏俄将是两方面拉拢的奇货,英、美的命运乃决定于下次大战";"胜利倘属于希特勒,英国便完了,美国也只得暂时划两洋之自保","美、德的命运乃决定于下次大战"。

在对此次战争的认识上,他说:"本来每次大战都不过是前次大战继续延长","战争的因未除去以前,战争的果是不能免的,并且胜利若属于德国,下次战争必然来得更快";对于资本主义,他认为"改良制度既非易事,消灭资本制度更不能够如人们所想象的那样轻松。此次大战后,不但英、美,就是在德、意、日的世界里,也必然企图改良资本制度,以适应他们的统治";"全部国有化,即实行所谓国家资本主义,理论上好似说得通,而事实上必不可能"。对资本以"超然政府来和平的没收"也是没有希望的。所以他推断说,这些改良企图"决不能动摇资本制度的基础。资本制度这种东西一旦开始发生,利与弊都势必顺着她自身发展的逻辑逐日增长,一切改良方法既不能动摇其基础,节制之,更只有使整个的社会经济趋于衰落,欲只得其利而免其弊的如意算盘,是不会成功的"。对于战后资本主义制度的存在问题,他认为,无论胜利属于何方"资本制度存在一天,由它所自然产生的帝国主义,当然不能自动的根本放弃,但统治的形式必然有所改变,即是:由民族化到国际集团化这一形式的改变"。

对于战争中的革命问题,他说:"有人甚至梦想战争会引起的社会主义革命就快到来,不幸事实幻灭了他们的美梦,已经不胜悲哀,如果再觉着今后连民族斗争都会受到限制,并且纳粹党会支配半个地球,他们将感觉着由欢喜的天国坠落到悲哀的深渊,将感觉着命定的要走下坡路了,其实人类进化史,它始终很冷静的走着它前进的道路,此时它并未意图走向天国,也不是走向毁灭坠落深渊,对于人们自己由虚幻的希望欢喜而来之失望悲哀,它不负任何责任。"关于民主解放问题,他认为"正经的说来,认真的民族解放,只能和帝国主义国家的社会主义革命同时实现"。今后的民族斗争会受到一定的限制,在这种认识下,他主张第一个步骤是"努力于自己的政治民主化和民族工业之进展,以增高在集团圈内的地位";第二个步骤是"创造自己的实力(工业及民族的组织),以准备与领导国内革命相应和的斗争,以达到自己的民族的真正解放与进步";第三个步骤是"对于国外斗争,无论是对于轴心国和非轴心国的斗争均应从民主主义出发,不应从民族主义出发";第四个步骤是"我们应该尽力反抗帝国主义危及我们民族生存的侵略,而不应该拒绝他的文化"。他讥讽将文化缩小在文艺圈子里的人是"继续义和拳符咒能够抵挡枪炮的思想,企图用标语、口号、歌咏来抵挡飞机、大炮、坦克车,这便是中国文化畸形发展之末路"。

他赞同中美合作抗日,说:"美国胜利了,我们如果能努力自新,不再包庇贪污,有可能恢复以前半殖民地的地位,倘若胜利属于德、意、日,我们必然沦为殖民地,连南京的傀儡政府不久都会滚蛋!"

他也感觉到了自己言论的"出格",但他坚信这种"出格"正是自己观察的超前与独到之处。文章最后说:"以上的说话,或者有人认为是低调,那只好让将来的事实教训他。"

然而,那些认为低调的人,并不畏惧"未来事实"的教训,而过分顾虑的则是眼前的教训。

文章发表后,立即遭到了各方面的非议。该文中,他完全地站在各种政治势力以外,正如他曾经说的,他自己的言论已不代表任何人,他也不属于任何党派,他甘愿接受胡适送给自己的"终身的反对派"这个称号,他坚信自己的洞察力,而无遮无拦地述说着自己的"客观、公正、科学"的局势评论。但不曾想,与此同时,他已置身于众人围定的批斗台上。在中共看来,其中不乏对社会主义革命的污蔑,在国民党政府看来,其中不乏褊狭揶揄之词,在托派看来,其中对战争与社会主义革命的观点依然顽固不变,在各民主党派看来,其中的民主思想是对民主的无限提升,直至遥不可及。

但陈独秀此时正在为《战后世界大势之轮廓》的发表而深受鼓舞着,这种能让自己尽情言论的感觉的确许久都没有了。他也接到了一些指谪和非议,但这对他并没有半点的说服力。他决心撇开这些干扰,说完自己所要说的话,操着"皇帝的新装"中那些"无忌的童言"来惊醒以乐观的估计自欺欺人的人。很快,他又执笔开始续写《战后世界大势之轮廓》,命名为《再论世界大势》。他通过对欧洲法西斯势力的膨胀过程以及反法西斯的国家的屡次败退研究后发现,那些国家除了对法西斯势力的纵容外,主观上还有的便是一种乐观的侥幸心理。马其诺防线的崩溃,敦刻尔克大撤退,以至法国的灭亡,莫不如此。对美国来说,这种过分的乐观,同样存在,要不,怎会有日本对其海军基地珍珠港的偷袭与惨败?诚然,他也能感觉到自己近几年来,潜隐在体内的一种暮气,这种生理的及心理的一系列变化,他也觉得常常萦萦绕绕,挥之不去。但他以一个政治家的敏感认为,针对抗战中的侥幸与乐观思想需要有另一种声音。这种声音不需要振聋发聩,只需要闻者有所清醒,而他甘愿以一己悲观的估计,撞响醒世的晨钟暮鼓。在他看来,这些远比闭目塞听自欺欺人的乐观更为需要。所以他说:"客观上的估计和主观上的努力虽然不能相差很远,而也不一定都走同一方向,譬如:我们估计此次战争德、日胜利的可能较大,这不阻止我们主张在胜负尚未决定之前,力助英、美获得最后胜利;同时也不能因为应该力争民主同盟方面之胜利,遂盲目认为轴心国家只有失败。我们可以追求理想,而不可追求远离事实的幻想;只可认清非绝对不可能的理想,艰苦的前进,那怕较为辽远,都不可拿乐观的幻想以自慰。与其以乐观的估计构成海市蜃楼来安慰自己以至松懈了事前的戒备;不如拿可能的悲观估计,以警策自己,以唤起别人,加紧事前之努力。""我以为评量客观上的估计只应问其现实性如何,不必论其是否悲观。"

他希望有一种"置之死地而后生"的思想爆发力产生出来,运用到民族解放战争中,于是他做了个"悲观"的前提和结论:"此时大战如果胜利属于希特勒,英国固然完了,罗斯福或也至倒台,美洲的希特勒将起而代之,下次的世界大战亦即德、美战争,将不是民主与纳粹之斗争,而是两派法西斯蒂集团之火并;如此则会真是如罗斯福所说,民主自由将丧失数百年才能恢复";"则将来法西斯蒂专制会和以前一样,普遍的发展,而且形成历史上一整个时期,亦即每个时代民主制向前发展之先,都经过一专制黑暗时期;如果人们躺在幻想和乐观的安乐椅上,听任纳粹存在发展,我们没有理由否认这一黑暗的时期到来之可能"。

但他做了这种悲观估计的目的,并不是要使抗战的人们丧失信心,而是从另一个角度对抗战情绪的激励。他诚然作出了悲观的估计,但他更相信主观上的努力能改变这一悲观估计。所以他说:"如其闭着眼睛否认将来会只有帝国主义的天下;不如睁开眼睛,看清可悲的趋势,承认将来还有法西斯蒂帝国主义专制会普遍发展而形成历史上一整个时期之危险。因此加紧主观上之努力,在此次大战中,彻底击溃希特勒及其伙伴的势力,而加以严厉的惩戒,以民主自由的巨大潮流,淹没法西斯蒂的思想,使之不能在战后胜利的国家内,以别种形式而复苏,而蔓延,使人类近代的进化史,走向另一条道路,即不经过整个黑暗时期的法西斯蒂专制,而由资产阶级民主制,直接走到未来世界更扩大的民主制;即令不可能,也要用'知其不可而为之'的精神,影响下一代的青年,继续努力缩短将来的法西斯蒂黑暗时期,至可能的极限。我们可能追求的理想如此而已;若希望在此次大战中,转帝国主义战争为推翻一切帝国主义的战争,那便是全然不靠近事实的幻想了。这即是我所以不顾旧日同路人的讥评,而始终赞成联合英、美向纳粹进攻之理由。最坏的是以客观上乐观的估计,来代替主观上的努力。"他的低调估计,是针对于那些有利于法西斯的"轻浮的乐观"。

他说，对"最后胜利天然必属于我"，"德、意、日只有失败"，"这等轻浮的乐观，加以痛彻的砭针"。他还忧心地说："时机不容我们一再放过，今后要想获得最后胜利，必须痛戒轻浮的乐观"。

他又批评了英美对德军进攻苏联的袖手，指出："英美两国必须对俄国不怀疑忌之心，而以大部分力量协同俄国军队保住莫斯科，不可再像李维诺夫所指谪'把配备很好的军队放在没有战争的地方'；'也不可相信某些人的胡吹'；'美国尚是有军事上与工业上之潜在力量'。"他还认为，在战争中"没有超过敌人的军器，即没有最后胜利。说到这里，恐怕又有人反对，说这是'唯武器论'。其实人类自发明石矢以来，战争的胜利即日渐依赖武器，到了现代，几乎可以说战争是武器的竞赛"。他还认为决定胜利的另一个条件是"组织有领导有相当强制力的经济及军事之国际集团，由民族化趋向国际集团化"。他主张中美合作抗日，而反对为日本的"大东亚共荣圈"张目。在文章的最后一段他还不指名地批评了国民党政府反对民主自由的独裁统治。

重庆《大公报》发表的《战后世界大势之轮廓》既成事实，这种直率、无忌也引起了政府的强烈不安。在他们看来，该文发表在由中苏联合向中美联合重心转移的此时，在政权的统治中心"京都"，出现这种言论，是多么的不合时宜！还没等政府对此事作出处理反应之时，该文的续篇《再论世界大势》，又从鹤山坪一路冲将过来。

在《大公报》又准备刊登时，国民党宣传部的禁令便匆匆赶到了，《再论世界大势》被彻底"枪毙"，禁止刊登。禁刊原因是"顾虑对苏外交"。

很明显，这只是一个借口，《战后世界大势之轮廓》已经在思想界、政治界引起了普遍非议，同时也引起了国民党政府的高度重视，而其续篇又即将发表，岂有不立即将其腰斩之理？

其实，他们"顾虑对苏外交"的原因很不成立，作出这种结论的人不是没读过该文，便是故编理由。显然，后者的可能性最大。因为该文中，不仅没有贬损苏联的言论，相反，唯一提到苏联的一段，还是对其重要作用的肯定，并且还有一句"俄国在战争中已证明他的实力超过了英、美，她可以击溃希特勒；更不可认为保住莫斯科只有利于俄国"的美言。从此可以看出，实际上在中美合作的过程中，国民政府禁止发表的原因应该改为"顾虑对美外交"，他所担心的是刚刚合作不久的美国政府的颜面。

然而，顾虑对美外交只是其原因之一，而另一种原因，则是《再论世界大势》中的这一段令当局触目惊心的文字："我们既然参加了民主国家兵工厂的美国所领导之反纳粹战争，我们既然参加了为保护世界民主自由而战的同盟国集团，自然应该以民主自由为国人之中心思想使全国人同其视线同其标的以集中战斗意志；即令认为中国经济发展落后，又加以历史传统，而且在战争中，民主自由制一时不易达到理想程度；这自然是事实，然而起码也必须表示趋向民主自由这条道路的决心，不应该像有些人根本反对民主自由，痛骂民主自由是陈词腐调，指谪主张民主自由的人是时代错误；或者客气一点，拿中国特殊的所谓'民主自由'，来抵制世界各民主国通行的民主制之基本原则。"

这些言论对于国民党来说无疑是一枚政治的重磅炸弹，谁都难以估计它将要在国民党政权里释放出多大的能量。因此国民党决定彻底堵死各个新闻发表途径，杜绝其在公众中传播。

文章遭到非议，是在陈独秀意料之中的，因为引起争论是很正常的学术或政治思想活动。《再论世界大势》寄出后，他静静地等待着续篇的发表，这篇文稿本身及他自己遭到的非难则是他始料不及的。

《战后世界大势之轮廓》在重庆《大公报》上发表后的第九天，国民党江津县党支部召开了一场大会，大会上，一个外省的老牌国民党党员发表了讲话，针对《大公报》上发表一半的文章，"大骂仲甫是反革命"。因为此人与高语罕关系较好，陈独秀怀疑其受中共指使，策动此事，所以对高语罕气愤满怀。高语罕跟随陈独秀多年，曾与陈一同加入托派组织，脱离该组织后，曾一度投奔国民党，陈独秀曾骂高语罕见蒋介石是"无耻之尤"，后来，高语罕又常常与中共方面人物往来密切，颇受延安方面影响。

由那篇文章引起的风波远远没有停止。为了坚决杜绝《再论世界大势》一文在任何新闻出版单位发表，国民党政府采取了周密的围剿措施。4月2日，国民党军事委员会战时新闻检查局主任委员潘某给中央图书杂志审查委员会一封公函。根据四川新闻检查处呈送成都《新新新闻》缓登稿——陈独秀著《战后世界大势之轮廓》请核实一事，称该文："内容乖谬，违反抗建国策"，并发出指令电饬各新闻检查处室"注意查扣"。第二天，国民党中央图书杂志委员会复出国民党军委战时新检局，答应照办，并"通令各省市图书杂志审查处一体注意检扣"。

《战后世界大势之轮廓》及其续篇《再论世界大势》的命运在这场新闻的"大围捕"中匆匆结束了。

国民党政府的这场文化"清剿"尚未结束，延安方面也有了反应。

5月8日，延安的《解放日报》发表署名李心清的《斥陈独秀的投降主义理论》一文，批判《战后世界大势之轮廓》"否认苏联社会主义，否认中国三民主义，否认全世界的民族主义与民主主义，否认反法西斯阵线的存在和力量，否认战后世界的任何光明前途"，是"汉奸理论"，反映了"陈独秀的汉奸本质"。并且指出"正是反法西斯战局的紧急关头，而一部分民族立场不坚定的人为法西斯的宣传所吓倒，因而悲观动摇的情绪和倒行逆施的行为逐渐增强起来，正是这些人需要陈独秀的'理论'"。

该文还颇有意味地责问，这样违背"抗战到底的国策"，违背"三民主义"的文章，"为什么堂堂的大公报能为之刊载呢？为什么堂堂的检查官能为之通过呢？"

对于国民党的行政操作，陈独秀徒唤奈何。延安方面的声音他也难以听到，即使听到也已无心理会，在这非难与权压之下，他庆幸老年的自己尚有一个文学研究的天地，这并非是将其视作"政治的避难所"，而是深深地感到，此时的文字学研究与对政治的研究同样不可缺少，他往往能从中感到劳逸互补的适意。所以，对文字学的研究他从未间断过，《小学识字教本》的下篇也在星星点点的不断积累。

书生的情怀往往能抚慰政治的失意和生活的烦忧，他也常常练练书法，3月下旬，江津县上任一年多的县长罗宗文，被调往重庆西北的铜梁县，在离开江津之前，他又送纸去求陈独秀写对联。陈独秀在老病之中，不拂相求之意，遂提笔写一对联："还师自西旅，祖道出东门"，写完后，他又在联边落款为："宗文先生，长斯邑年余，今调走铜梁县，出纸求书，因集散氏铭以赠，即乞改之。独秀。"在边款的下方，他又谨细地盖上了两个印章，一个是"陈独秀"，另一个是"仲甫"。

重病缠身，除却潘兰珍能给他带来许多安慰外，则是希望能有更多的朋友来看望他，并且长久相聚。没有朋友的日子里，他除却读书写作以外，常常一个人回忆着过去，当然，也常常难免有浓重的悲凉，令他慨叹不已。这个时候，他总是想起1926年，那时他住在汪孟邹家里，求见自己的人特别多，他深深记得老友汪孟邹的感叹："近来，我们的门槛都给人家踏坏了！要看仲甫的人真多啊！"而今，"门前冷落鞍马稀"，他难以平静于这种现实，虽然，他也知道别人都该忙着他们自己的事情，但这种门可罗雀的凄清到底说明着什么呢？他想起了许多旧友与依然往来的朋友，他能感受到每一位的真诚，可是为什么总找不到往日的情形呢？他多么希望有更多的人欢聚在身边！因为他感到生命太孤单！台静农、魏建功、欧阳竟无、周光午、邓鹤年叔侄……这些朋友都有一段时间没有来往了。

他整理着往日的手稿，拣出了去年秋写的那篇《对月忆金陵旧游》一诗，他提起一支残笔，将该诗重新抄录了一遍。他写得很慢，每一个字都显得非常吃力，再没有狂草的飘逸，似乎仅仅是在抄，全然失去了章法。许久，才将诗句抄完，他默默地重复着最后两句"何处渔歌惊梦醒，一江凉月载孤舟"之后，又吃力地作了落款："壬午暮春写寄静农兄独秀自鹤山坪"，他重重地叹了口气，让潘兰珍为他收起了纸笔。

5月12日中午约12时，他又像往常一样，用水泡制蚕豆花茶水饮用，饮用半小杯后不久，忽觉一阵腹痛，并伴有腹胀与呕吐之感。他很快意识到这是饮用蚕豆花的缘故。这一突如其来的变故令潘兰珍很是着慌，她赶忙就近请来了医生，讲明情况，医生马上为其切闻司药诊治。待症状有所控制，医生问起了事变原因，又让潘兰珍拿出陈独秀尚未用完的蚕豆花来。发现其中已经有部分发了霉，用开水泡过后，汁水成黑色，味道也不正。又经询问方知，陈独秀这次所泡服的蚕豆花采摘时曾遇雨，晾晒了好几天才干，想必是因霉变而产生了毒素。医生周密地嘱咐了一些注意事项，便离开了这座孤零零的石墙院。

待一切忙乱都归于平静之后，一抹斜阳映照在杨氏旧宅陈独秀所住的两间厢房上。

　　医生走后,潘兰珍侍在一旁,端汤送药,不敢有所远离,并不断地安慰着他,她很是埋怨自己照顾不细心,内心深深地自责着。

　　潘兰珍的自怨自艾让陈独秀更觉不安,看着眼前这位已伴随自己走过十多年人生历程的女性,禁不住一阵心酸。十多年来,自己几年的地下生活、五年的牢狱生活、五年的辗转流离,无不时刻牵累着她,是她以青春、勤劳、善良为自己撑起了另一半天。如果没有她的朝夕照应,自己这把朽骨早已不知抛往何处了!十多年的相处过程,是贯穿着感情和谐共振的过程,这个过程,于他来说不仅仅洋溢着幸福与满足,而且剧荡着感激与愧疚!此刻,他蓦然觉得她应该有一个归宿,自己的归宿不久将至,而她的路还很长。然而他终究没有说什么,面对她的善良、体贴与殷勤,他又怎么能张得开口呢?情绪乱极了。

　　这一夜,他虽然早早地躺在床上,但思维却在漫无边际地忙乱着,找不到真正的归宿。窗外,夏虫的欢鸣,是无数"青春的歌唱";窗内,僵卧的身躯,发出一声重似一声的叹息……

　　夏虫欢欣于已经到来的属于它们可资安享的季节,它们满足于、适宜于自己的生存环境;他反观自己,并没有一点生不逢时的叹息,因为,他这种个性,生在何种时代,或许都将扮演一个叛逆的角色!祖父曾经对他那句"此儿将来不成龙即成蛇"的判词或许正是源于对这种个性的透析。

　　他聆听着窗外无忧无伤、无烦无虑的夏虫的喧闹,终究没有生出一丝羡慕,因为从它们的声音里,他听得出,它们只是在为这夜色朦胧中那种失真的感觉歌唱,而对所生存的环境,丝毫没有去影响、去改善理想与希望,为自己,也为人类。

　　服过药后,陈独秀胀痛逐渐减轻,半个夜晚的睡眠使他稍稍感觉有些轻松,第二天起床洗漱完,他又提起了笔,并将一直写着的《小学识字教本》下篇放在了一边,开始写几天来他一直在努力写的另一篇文章《被压迫民族之命运》,在他的潜意识里,这篇文章有完成的必要,而文字学则可以再拖一拖,因为"被压迫民族"是他思考了一段时间的,这段时间,身体偶有不适,他便本能地去看看案头那些未完的文稿,因为,他不愿给自己留下太多遗憾,他要将这些"秋蝉的歌唱"响到自己生命的终结。

第二天,《被压迫民族之命运》一文收笔,这是他一生中深沉的民族情结总的一次也是最后一次展现。而这一次的展现,却将民族的概念内涵由多难的"中华民族"扩展为整个世界的"被压迫民族"。

在此文中,他将民族解放战争的地位提到了一个更新的高度:"为民族自由而战的大斗争,无论为何人所领导,民族中一切进步分子都应该拥护;因为不但为资产阶级所领导,即令是封建王公所领导的民族解放斗争,也有打击资本帝国主义的进步意义。"他通过对国内、国际民族斗争经验的分析得出结论:"在资本帝国主义的现世界,任何较弱小的民族,若企图关起门来,靠自己一个民族的力量,排除一切帝国主义之侵入,以实现这种孤立的民族政策,是没有前途的,它的唯一前途,只是和全世界被压迫的劳动者,被压迫的落后民族结合在一起,推翻一切帝国主义,以分工互助的国际社会主义世界,代替商品买卖的国际资本主义旧世界,民族问题便自然解决了。"

他还认为,"在今天,落后的民族无论要发展资本主义或社会主义,都非依赖先进国家不行,只要不是民族夸大的狂人,便能够认识这种命运"。对苏联革命,他说:"自苏俄领导者因为西欧革命之顿挫,乃中途变节,放弃了以世界革命为中心的政策,代之以俄国民族利益为中心的政策;各国头脑清醒的人,乃日渐由怀疑而失望,直到现在,人们对于苏联虽然内心还怀着若干希望,而在实际上只得认为它是世界列强之一而已,若要硬说她是社会主义国家,便未免糟蹋社会主义了!"俄国"为俄国安全计,以向法西斯蒂妥协代替了向法西斯蒂进攻","为俄国安全计,始终避免和日本开战,连中国共产党都因此被人加以'游而不击'的恶名"。他最后总结道:"所以任何落后的民族,若以民族政策自限,必至陷于孤立(民族政策实际上就是孤立政策)而没有前途,就是苏俄也不能例外。"

《被压迫民族之命运》完稿后,他又在当天给何之瑜写了一封信,并将刚写完的这篇文章寄给了他,并称该文是《我的根本意见》《战后世界大势之轮廓》和《再论世界大势》三篇文章的"结论",是这三篇文章的点睛之笔。在信中,他讲了一些近作的抄写与送出情况,信末说:"抄寄他人,可以不必,因请人抄写不易，寄去他们也不会了解和同意，第三文《战后世界之大势》弟处已无抄稿，望将原稿掷下。"

他没有向何之瑜提及服蚕豆花水中毒一事，因为这件事，他几乎没放在心上，在他的感觉里，对这类身体的不适已经习惯了。他没有考虑太多自己的身体状况，却将心思过多地放在了文稿上。也或许是他深知何之瑜自他到重庆以来对自己尽心照顾的辛苦，虽然他是受北大同学会的委托，也实在让他自己于心难安，自迁居鹤山坪以来，何之瑜在工作之余往返于江津县城与鹤山坪之间，其中的苦楚陈独秀可以想象得到。特别是今年入春以来，自己的身体一直不好，何之瑜较以前来得更勤。迁到江津以后，北大同学会从昆明每月给陈独秀300元的生活补助，均由他带到鹤山坪，送到自己的手里；在生活上，他也着实为自己解决了不少的困难。

这段时间以来，何之瑜是朋友中来得最多的，前些天，他刚刚由鹤山坪返回县城九中，便又给陈独秀写了一封信询问身体状况。陈独秀本来想把中毒之事告知他，但终于没有提起，因为，何之瑜为自己付出的太多了，他不忍心让刚刚回去的他再奔波到乡下来，如果那样做，他的内心会为此而愧疚不已；况且，在他看来，这种意外事故引起的症状会逐渐消失，于身体应该不会有什么大碍。

他写完信，缄好，让潘兰珍送邮出去，而自己却凝望着门外洒满阳光的小院，静静地出神。院内的平地上悄然地长满了欲统治整个院落的青草，并向常走的院门至住室的小径蔓延。这充满着生命激情的小草总在努力向这个院落的主人无情地说明一个事实——这里很少有人来了。

2．僵卧孤村可自哀？

院门响起了叩击声，显然不是潘兰珍回来了，因为她无须敲门。敲门的人听到院内苍老、微弱而又间杂着兴奋的应声，便推门走了进去，来到了屋里。

令陈独秀惊喜的是，许久未曾谋面的老朋友夏松云到了！

冷清许久的小院顿时增添了许多温情。寒暄、叙旧，对于陈独秀来说，潘兰珍出去后，那种形影相吊的孤清都被老友的到来一扫而净了！不久，潘兰珍从院门外进来，陈独秀将他们互相介绍后便让她出去买些肉来，中午款待老友。

包惠僧的妻子夏松云与原北大学生杨子烈，也将段锡朋等北大同学凑的300多元钱亲自送到了鹤山坪。陈独秀看到了夏松云，立即想到了那位善良忠厚的老友包惠僧，从中共"一大"前后至今，这位老友在自己艰难的生活中没少帮助自己，由汉入川，也多亏他的安排。在这行将离去之时，要是这位老友也能在眼前，则必将增添无穷的宽慰。他满怀深情地对夏松云说，"惠僧要是来了多好！"从陈独秀的语调及表情里，夏松云感受到了这位老人对丈夫包惠僧的需要。

潘兰珍买肉回来，便在自家小院摘了些自己种的四季豆，感受着陈独秀许久都没有过的欢愉，高兴地张罗着午餐。

或许是友人的来访增加了他进餐的兴味，或许是几天都没有好好进食，此刻顿生了腹中空荡的感觉，忘记了节制，他不知，潘兰珍做的四季豆红烧肉自己已经吃得过量了。

送走老友后，他似乎仍余兴未减。潘兰珍又将中午没有吃完的饭菜重热一遍，作为晚餐。陈独秀又吃了一些四季豆烧肉，晚饭后他便感觉腹部不适，似是胃病复发，逐渐疼痛难忍。他吃了些药，躺在床上，腹痛使他无论如何也难以入眠。就这样辗转反侧，一直折腾到子夜时分，他顿觉肠胃如在翻腾，接着便是一阵剧烈的呕吐。吐过之后，陈独秀感觉稍稍好些，但是，他仍然难以安然入眠，间有几次如厕下泻，焦虑不已的潘兰珍又陪伴他度过了一个不眠之夜。

第二天，陈独秀依然腹泻不止，他自感四肢乏力，精神异常疲倦，没有起床。潘兰珍又请来了附近医生，为其诊断开药，但依然病情不见减轻。因为陈独秀最明显的症状便是腹泻，于是也遵照医嘱服了些"骨炭末"，缓解了腹泻，感觉稍好。

在随后的两天里，他一直躺在床上，也无欲进食，"骨炭末"制止了腹泻，他的感觉进一步好了起来。所以，他几乎没有惊动亲友，静待病体完全康复。在这两天里，潘兰珍望着枯瘦的老先生，常常以泪洗面，苦情难诉，这种凄然相向的情形不能不使人顿生悲凉。"若你流泪，湿的总是我的脸，若你悲戚，苦的总是我的心"，在默默的相视里，该有着多少的相互依恋！无语问情情满心，无心为言言已通，十多年的默契，总不该就这样遽然而去吧！

　　两天的服药与静养，陈独秀的精神有了好转。5月17日，早晨醒来，他感觉稍显轻松，于是便起来想下床活动。在潘兰珍的帮助下，他勉强下地并开始盥洗，但很快便感觉一阵头晕目眩，于是又被她搀扶到了床上静静地躺了一会儿。许久，他又想到厕所去，在潘兰珍的搀扶下坐起后，仍然感觉眩晕剧烈，只得又躺下，力不从心的无奈让他顿生绝望，这不是在死亡的边缘上挣扎吗？

　　希望，似乎很渺茫，在举手投足都不能自作主张的情况下，还有什么是属于自己的呢？他喘息着让潘兰珍去邻居中寻人向江津城通信，去叫儿子陈松年、何之瑜，他强打精神给入城的人写了一张便条，让其次日到县城交给何之瑜，便条上嘱托让何之瑜请至友邓仲纯也到这里来，另外，还让他联系在重庆为他治过病的周纶、曾定天两位医师，因为这两位医师在重庆曾为陈独秀详细诊查过病情，在治疗高血压等病上很有高效，陈独秀对二人的医术、医道十分信赖。

　　下午七时半，他又勉强上厕所，刚站起来就晕倒了，整个身体像一片枯叶飘落在地上，四肢僵直，失去知觉，身上冷汗淋漓。潘兰珍惊慌失措，赶忙去叫来邻人帮忙将陈独秀安放在床上，并让人请来医生。

　　大约过了一个小时，陈独秀渐渐苏醒过来，微启双目，无力地看了看床侧的人，潘兰珍带着哭泣的声音轻轻地呼唤着老先生。九时，陈独秀努力想睁开眼看看唤他的人，却又一次昏厥了过去。三刻钟过后，陈独秀又渐渐地醒来，他只觉全身冰凉，冷汗如浴，一会儿又觉全身如置火炉，炙热难耐，发烧症状约持续了又一刻钟，才逐渐退去。如此反复多次，整宿未停。

　　5月18日清晨，江津九中的何之瑜接待了陈独秀委托传信的人，他匆匆问了些情况，便当即决定告知在同校工作的陈松年，让他先请假前往鹤山坪，自己将一些琐事安排好后随即就到。来人走后，他便按照陈独秀的要求约了邓仲纯，同时给重庆的周纶、曾定天两位医师写信，请求二人来江津鹤山坪为陈独秀治病。

　　何之瑜、陈松年与邓仲纯等人都来到鹤山坪时，陈独秀的病情已非常危险，躯体僵困无力，唯头脑尚时有清醒。邓仲纯又对症地为陈独秀施了些药剂，使病情有所缓和。

陈独秀病重卧床的消息，很快便在他的亲友中传播开来。朱骝先、蒋梦麟以北大同学会的名义各为陈独秀送上了5000法币，作为医药费；段锡朋、王星拱也以此名义各送了2000元，还有许静人、余骐等也以该名义分别送了10000元和500元。

消息传到江津县城后，邓燮康、高语罕与周弗陵等立即偕同下乡探视。看望陈独秀的病情后，都感到他的时日不长，邓燮康、高语罕等人便以沉重的心情商量他的后事。未等其他人开口，邓燮康便毅然承担了衣衾棺木等全部事宜。回江津城后，"四处奔走，寝食不遑"，特别是在陈独秀的棺木问题上"几经变化，几经周折，至于舌敝唇焦，声泪俱下，卒底于成"。①

邓仲纯最清楚陈独秀的病情，他知道老先生已处膏肓之状，这样衰枯的身体，又兼肠胃病、高血压、心脏病多疾并发，实在是回天乏术。但出于生存的本能，老先生依然寄希望于重庆的曾、周两位医生，邓仲纯安慰老先生，何之瑜已经给两位医师发了请函，不久便抵鹤山坪。然而，曾、周两人迟迟未来，他们或许是陈独秀及众人的最后希望了。

陈独秀的病况，在急剧地恶化，时间已不能再拖延了。于是何之瑜与邓仲纯两人便将陈独秀的详细病历及病因、病况写了出来，决定让人到重庆去见两位医师，拿给他们斟酌对策，最好能请两人到江津来。潘兰珍愿去重庆为老先生请医，大家认为，这也许是最好的办法了，潘兰珍是老先生的直系亲属，且陈独秀在重庆治病时，潘兰珍与两位医师已很熟悉，再则，在大家看来，潘兰珍守在老先生身边，总是看着他的病状，都怕她伤心过度。于是潘兰珍便在众人的嘱托里，由鹤山坪到江津，又由江津乘船行180里水路到了重庆。

潘兰珍寻到了两位医师，详细地说明了情况，并递上了何之瑜写的病因、病况。潘兰珍请求两位医师到江津去为老先生治病，但是两人非常抱歉地表示，医务繁忙，实在脱不开身。但他们非常仔细地看了她带来的病因、病况，细心地研讨治疗方案，并开具了处方。为了表示对陈独秀先生的崇敬，两人又"各

---

① 高语罕：《参与陈独秀先生葬仪感言》，重庆《大公报》第3版，1942年6月4日。

赠药品"，周纶医师还将其太夫人用以预防血压变化的针剂分出一部分赠送给了陈独秀，让潘兰珍一并带去，并安慰她老先生的病并无大碍，休养一段时间就好。但两人深知，陈独秀病至此况，他们也已经没有了挽救之计，即使赶到江津也是于事无补。于是他们不得不找些托词，并对这位令人同情的病人亲属讲了这些违心的话。

潘兰珍在万般感激之下回到了江津鹤山坪，众人一看她只身一人回来，顿时都明白了许多。

潘兰珍的孤身而归，令何之瑜束手无策，好几天里，他都辗转病床之畔，苦闷不安。而潘兰珍，她不敢相信他会离她而去，这种病况在先前也曾有过的，可每次不是都好过来了么？况且，她是深信曾、周两位医师的话的。

两位他所信赖的医生已没有了到来的可能，这使卧病床笫的陈独秀内心顿时腾起一阵失望。他听着自己身边长一句短一句的安慰与劝说困倦似地闭上了眼睛。

几天来，他在朦朦胧胧中，在时迷时醒中见到了许多许久都未曾见面的亲戚和老友。这使他内心升起一阵阵慰藉，但在这种慰藉之中，又并生着一种万念俱灰的绝望。几天来，在巨大的病痛中，思维，画着时断时续的轨迹，常常，这些知觉的空白，使剧痛也变得木然。

"鸟之将死，其鸣也哀，人之将亡，其言也善"，他吃力地与亲友们断续地叙说着往事，从他那衰微的气息里，人们依然能从中感受到浓重的温情。"政事"已是没有机会也没有能力再想了，一切都已归宿到了生命本能的内核。

儿子松年就在病床一边，儿媳窦珩光也带着孙女长玮、长与还有侄孙长文这些天真的孩子奔来了；这些久违不及的天伦不幸而又有幸在这生命的衰存之际出现了。

何之瑜也在榻边，邓仲纯也来了，高语罕也来了，邓燮康也来过……一个熟悉的面孔就是一段内容丰富的往事，一句温馨的话语就是一则深沉的抒情诗。每当想起将与这一切作永久诀别之时，整个思维空间里是多么的惨凄与悲怆！此时，他觉得自己与高语罕的政治恩怨也在那一声声抚慰中涣然冰释。

死亡，对于他不止有过一次的威胁，五次被捕，哪一次不是与死亡迎面而来又擦肩而过？自来江津后的屡次病重，哪一次没有感觉到那一刻的迫近，近在咫尺？黎彩莲的死，母亲的死，蔡元培的死，大姐的死，这哪一次永别，不增加一层对死亡的感受？大哥早亡了，二姐也早去了，兄妹四人，他走在了最后，也更让他多增加了几层悲伤；苏曼殊、李大钊这些相处甚洽的文朋政友也给自己留下了太多的思念。人，终究要走那条路，自从诞生之日起，便开始步向死亡的终端，或英年早逝，或百岁就木，都必经那个自然的法劫。如今，自己已似一粒熟透了的桃子，飘荡在风中，又有何憾而不从容落地入土？他不为自己的寿终正寝而自慰，也不为未长眠故土而悲苦，生前尚不能选择所归之处，又怎能在死后计较葬身何地？

生命的轨迹，在断断续续中艰难延伸……

一个生命的衰荣，似乎仅仅在一笑一颦之间。

3. 巨星陨落谁为泣？

5月22日上午，陈独秀在日趋衰减的气息里又昏厥过去，守在一旁的邓仲纯忙给他注射了强心剂，他又渐渐地苏醒过来；旋即又昏厥过去，前后接连三次昏迷，每一次都被强心剂从死亡的边沿给拉扯过来。他的每一次昏迷都伴着潘兰珍一阵揪心的哭唤，每一声哭唤，悲绝得云愁雾惨。

死亡，拖着沉重的脚步徐徐走来……

墓地，已经选好了，还不止一处，这似是对亡身他乡的人的一种最令他欣然的拜献。邓燮康闻说老先生很是欣赏自家在县城大西门外桃花林边新建别墅康庄园地的景致，于是慷慨决定在此处辟出一片以作安身之地，其叔邓鹤年闻说也欣然力赞其成。另外，江津育才中学校长孙茂池也代表该校，慨然愿辟校园中适当地区，迎葬先生灵柩，并且还设想在其墓旁独立建造几间房舍，陈列先生遗物，让后人观瞻。

陈独秀的病状，似乎让人只有等待着那一刻的到来。

不断的高烧、长时间的卧床，使得陈独秀大便秘结，许久没有如厕大解，憋堵难耐。23日，邓仲纯等又让人请来江津县城的西医邹邦柱、唐熙尧两位先生到鹤山坪诊视,两位医生给陈独秀实施了灌肠之法,大便才通顺下来。虽然感觉稍稍轻松,但是病情仍没有一点减轻,二人无奈,只得告辞而去。

在接下来的一天里,陈独秀时时感觉到一种生理上的紧张,似极想睡而不能睡的慌乱与躁动。这种感觉越来越明显,越来越沉重,气息短促,几欲窒息。这样一直持续到第二天,在这个过程里,他更加真切地感觉到了生命的衰落与无助,虽然有着对生的依恋,也时时有着对死的从容,正是在这自然而平静的死亡前的状态里,他觉得,身后之事已该有所交代了。

5月25日上午,他欲给潘兰珍留下嘱托,于是屋子里只剩下这老夫少妻二人。潘兰珍含泪望着老先生,十多年来,他在对自己力尽丈夫之责的同时,又常常融入了无限的慈父般的关怀。繁重的创作与研究,脑力的消耗、体力的削减,迭连的疾病,使他完全变成了另外一个人。世间有几个这样的操劳者?她对于自己的先生,在暗自伤心之外,只有以无限的理解、体贴与照顾来作为对这份恩情的回报。陈独秀望着泪水流盈的潘兰珍,眼角也滚出了几颗混浊的泪滴,这位善良的女性,只将丈夫的生死存亡看得重如山石,而常常忘却了她自己,自今年入春自己病重以来,她牺牲了多少休息时间,付出了多少的体力劳动,受到了多少的担心惊吓,这一切都是他对她欠下的厚重的债务。"流泪眼看流泪眼,断肠人望断肠人",屋内,死一般的沉寂,两人,心海都在翻卷着波浪。他很抱歉不能为她留下可资生存的家用,现有的一万元银行存款还是教育部预付的稿酬,平时未动分文,看来,也只得交给一人作为自己丧葬的费用了,而能给她的只有几个瓷碗和一些衣服!这是在物质上他欠她的债务;自己去后,潘兰珍则青春尚在,未来的生命历程中,她真正成了天涯孤旅!这是在精神与感情上他欠她的永远不可补还的债务。生离,如朦胧的月日,死别,如凋零的英花,在这相视的凄然里,互相托付的是灵魂的精华嘱告!

这种较强的精力状态已持续了许久了,为了在又一次昏厥前将应该嘱咐的人和话见尽说完,他只得给她交代了一些以后的生活问题。

嘱托完潘兰珍,他便让他叫何之瑜来到他的床前。

不久,何之瑜坐在了榻边,静候着老先生说话。

陈独秀望着这个以友兄相称的原北大学生,顿生慈爱与感激。四年来,他为了照顾自己，的确作出了许多牺牲，自己存亡已定，未完又不能做的事只能交给他了，他相信他能做好。

陈独秀缓了一口气说："这几天，你用的哪里来的钱？"

何之瑜没有想到老先生会问他这句话，稍一迟疑，然后说："我自己也有点钱，我向农工银行也借支了一点钱。"

陈独秀说："自己有钱存在人家银行里生利，你向人家借钱用，那才真笑话哩。"他所说的"存在人家银行里生利"的钱，是指教育部预付给他的一万元稿费。说完，他便让潘兰珍去取存款单。

潘兰珍转身去拿存款单了，何之瑜不想让病重的老先生为经济上的事劳心，于是便转移话题说："重庆曾、周两医师有快信来，都说你要静心养息，一切琐事我都会安排的。"

陈独秀很明白地说："我知道你早安排了。"

"您怎么知道的呢？"何之瑜感到很惊奇。

陈独秀反问道："你那天为什么不和松年同时上山来呢？"

何之瑜对陈独秀的细心很觉意外，还没等他回话，这时潘兰珍将存款单取来了，陈独秀便让她将其交到何之瑜的手上，然后说：

"我的钱都存在农工银行，你将存单收下，如果我好了，再交给我，不然，由你去支配。我没有别的东西，几个瓷碗和衣服都给她。"他努力地欠欠身子，抬起左手向坐在床右边的潘兰珍指了指，然后他接着对何之瑜说：

"我的事情你都知道，一切由你安排好了。"陈独秀说完，又一阵喘息，所要交代给何之瑜的只有这些了。

何之瑜看老先生不再说什么，他与潘兰珍帮陈独秀躺好后，便退出房门，来到了另一间屋子，也就是陈独秀的书房。他将老人刚才与自己的谈话内容告诉了邓仲纯和陈松年，当时几个人都主张将存款单仍然交给潘兰珍收存。因为何之瑜觉得，北大同学会日前转到自己手上的两万多元足够操办老先生的一切身后事务了，况且老先生又没有给潘兰珍留下什么，一个妇道人家，来日生活的艰难实堪为忧。

身后，似乎已无太多牵挂，所有应该交代的与亲友都一一谈过话并作了记录，陈独秀一下子平静了许多，枯瘦的脸上，神态更加安详。这一阵又一阵的嘱托也使他显得异常困倦，潘兰珍凄哀的眼泪，他是看到了，每当想起那个瞬间，那个让自己与潘兰珍生死两茫茫的一刻，他就感觉到喉部像被什么堵塞着。如果还有牵挂，那便是对这位陪伴了自己十多年哀戚与共的女性的牵挂！以前思想的鳞爪与学术遗著他是不再牵挂了，因为那一切都已托付给了何之瑜。

又是一天多粮水未进了，卧病床笫以来，他时常感觉到的是一种体力的衰竭，而现在，这种衰竭已明显地作用在思维的空间里，意念也由多维到面、到线、到互不连贯的点，最后，连这些点滴的感觉也渐渐淡薄而几至于无形。

不断闪烁的知觉中，他感知到身边站着潘兰珍，他有一种强烈与她说话的渴望！他艰难地示意潘兰珍再靠近些，然后用极其微弱的语气说：

"今后……一切自主，生活……务求…自……自立。"

潘兰珍流着泪伏靠在老先生的身边深深地点着头，抽泣着。

陈独秀感觉到那一声声抽泣、那一次次震动似乎都来自另外一个世界，这个世界并不遥远，但他却深深地感觉到跨出这小小的一步的艰难！

弥留中，没有什么东西具体，整个世界，仿佛是可以进出得透明，不必要打开天窗，灵魂如游丝已飘向窗外……

他已经许久都没有了时间的概念，连对黑夜与平明的感觉，也已不太明显。这天，正是5月27日。强心针与平血压针交互注射，但已没有了先前的那般效验。他沉沉地昏睡着，周身能动的，只有微微的气息和孱弱的心跳。

重庆的包惠僧也深深地惦念着鹤山坪那位老友，陈独秀在重庆时，他们没有间断密切的非政治的往来，后来陈独秀迁到江津后，由于距离的阻隔、时事的繁忙，两人很少有过晤谈，只是他从江津来渝看病时，他去宽仁医院看望过他几次。如今，他从北大同学会那里也得到了陈独秀患病的消息，但他觉得不会太严重。

夏松云从江津回来后，将在鹤山坪的感受与陈老先生的病情都告诉了丈夫，并将陈独秀想念他的那种渴望之情也表述给他听。包惠僧听了妻子的话一阵激动又一阵愧疚，第二天便匆匆忙忙地由重庆到江津，于下午一点多钟赶到了鹤山坪破败的石墙院。

当这位老先生气喘吁吁地站在了陈独秀的病房前时，他的老友在上午九点钟就已没了知觉！他内心凄楚地自问："难道连最后一次诀别的机会也没有了吗？"

他想走进屋里，握一握老人的手，或者唤醒他这种沉睡，与他说上几句话，然而，一旁的何之瑜却对他说此时不宜进去惊动他。何之瑜又告诉他，这种昏迷状态以前也有过多次，过一会儿就会醒的。他只得叹息着没有进屋。

潘兰珍从屋子里出来，她见到了包惠僧，他深知几天来老先生对他的念叨，于是便泪流满面地拉着包惠僧进去看看陈独秀，她甚至于将老先生醒来的希望寄托在了他这位老友身上。

包惠僧随着她进屋站在了陈独秀的床边，只见老先生安静地躺在那里，全没有了先前的生气，枯槁的脸沉静似水，泛着冰凉的光。这种沉静，是他一生中极难见到的，稀少得让人不忍去惊破。他听了何之瑜的告诫，压抑住抚摸他、呼唤他的冲动，默默地凝视了许久，静静地退出了房门。

僻静的鹤山坪，渐渐地被浓重的暮色淹没了，村庄里燃烧的万家灯火，似给即将远足的魂灵照亮前行的路。

晚上8点多钟，屋中的潘兰珍，又一次喊包惠僧进去，因为老先生有了醒来的迹象。包惠僧来到了陈独秀的床前，只见潘兰珍一只手托着他的头，另一只手拉着他的手，轻轻地而又不乏激动地说：

"老先生，侬醒醒，包先生来看您了！"

然而陈独秀却没有反应，他明白年轻的夫人在说什么，然而却连抬眼皮的力气也没有了。

潘兰珍想象着，如果他想见的身边的这位老友出现在他的视线里，那种瞬间的激动或许会助他打破沉睡。再则，在最后的一瞬能看到想见的人，正了却了老先生又一桩心愿。或许，此时老先生已感觉到了身边的这一切，他想启目去看，而无能为力，他心里正燃烧着一种焦急，他或者需要她去推开遮挡希望与光明的似两扇沉重的铁门的眼皮。

她轻轻地拨开了老先生的眼皮，将他的老友送进他的感觉里。包惠僧没有放过这珍贵的时机，他紧紧地看着他，盯着这一濒临衰亡的心志的窗口。只见陈独秀的眼珠滚动了一下，似有所觉，几颗眼泪似这一枯井里珍存已久的精华为老友的到来作了最后的奉献！

老先生的眼皮又重重地合上了。或许是了却了又一桩心愿，释然地睡去了。

气息越来越微弱，脉跳越来越散柔。

在邓仲纯的示意下，潘兰珍、陈松年夫妇、老先生的孙女长玮、长与、侄孙长文、何之瑜、包惠僧都围在了陈独秀的身侧，去感受老先生最后的心音，然而，任凭儿孙们如何呼唤，老先生终于再也没有了反应，在浓重的夜色里、在昏黄的灯光下、在亲人的悲伤里，停止了心跳！

破旧的陈家小院里传出了一阵凄厉的哭声。

这一刻，正是1942年5月27日夜9时40分。

这位在中国政治与历史的峭壁上被缚着的普罗米修斯，终于以死亡来为自己松了捆绑！

他逝世前的半个月，还编写着《小学识字教本》一书，在这未完的书稿上，他写的最后一个字竟是"抛"字！写完了这个字，他再也没有能力也没有机会对它进行注释了！这个世界抛弃了他，而他的精神仍在以无穷的力量关怀着这个让他恨由爱生的世界！而今，这个世界，依然没有超越他和他的同人们创造的"五四"时代，"五四"时代并没有因为这些先哲之逝而过去！在这片生他养他的土地上，"民主"与"科学"依然如他的生前一样没有被松绑。"德先生"一方面被人虚伪地玩弄着，一方面又被人漠然地、麻木地忘却着。"赛先生"的命运依然暗淡在国民的愈加愚昧和贫穷里。

在陈独秀逝世后的几天里，重庆地区的新闻有所报道。5月29日，《江津日报》一版刊发了《一代人杰溘然长逝》的消息，消息中说："陈独秀于本月27日晚9时40分急性胃炎与脑充血并发，医治无效，溘然长逝。"并称赞他为"一代人杰"，入川隐居江津后"研究小学，贡献较多"；重庆的《大公报》也发表了《悼念陈独秀》的短评，还有《时事新报》《新民报》等对陈独秀之死，也有短小的消息见报。消息中他评价道："青年时代的陈独秀，向宗教宣战，向偶像宣战，一种凌厉之气，不失为一个前驱者。"对他的后期评价道："他究竟是一个较有操守者，因为我们还得到他'身后萧条'的消息。"

陈独秀瞑目后，其丧葬事宜由何之瑜、邓鹤年、邓燮康等人主持办理。邓鹤年先生年逾70，息影白沙，闻听陈独秀逝世噩耗，便急忙来到江津，登岸之后，毫不休息，又马上赶至鹤山坪石墙院吊唁。另外，朱家骅、樊嵩甫、郑学稼等纷纷发来吊唁电报，以示哀悼痛惜之情。陈立夫、欧阳竟无、许静人、胡小石、金鸣宇等都送了赙仪。

陈独秀的墓址，就定在了江津县大西门外鼎山山麓的康庄。他躺在这里，至少不会玷辱主人的这片干净的土地，也不会辜负这里的山川景物。

陈独秀的遗体按照乡俗被盛装在邓燮康置办的楠木棺中。入殓时，周光午、邓仲纯的外甥葛康素也在旁边，只见陈独秀"举体柔弱，而目如生"，"默观遗容，怆然者久之"。① 接连几日，高搭的灵棚里哀声一片。

一切准备妥当之后，也便到了为老先生送行的日子。6月1日，亲友们在最后一次瞻视里向遗体告别。陈独秀的灵柩从距江津县三四十里外的鹤山坪一直抬到县城大西门外鼎山山麓桃花林邓氏康庄，山上山下沿途观瞻者颇多。在这种国难未解的形势政局下，在这样落后的山乡，有这样隆重的葬礼，实在是罕见的。

送葬时，"左右乡邻壮丁不期而会者一两百人，沿途护卫，且放鞭炮以示景仰惜别之意"。② 送葬之人有陈独秀的夫人潘兰珍、儿子陈松年夫妇、孙女、孙子、同乡、朋友、学生。江津县几乎所有党政要人包括各乡政府、名流绅士都参加了葬礼，另外，国立九中高三分校还为陈独秀举行了追悼会；还有双石小学师生100多人随行送葬。

当天中午，各界人士在邓氏康庄为陈独秀举行了追悼会。追悼会上，高语罕宣读了他写的悼念文稿《参与陈独秀先生葬仪感言》。该文稿在对邓鹤年、邓燮康、孙茂池等人为陈独秀的丧事尽心操劳并慷慨资助的古道热肠表示感激与赞扬之后，又对陈独秀的一生功绩和品格进行了概括和评价。

高语罕说："他的学问、事业以及他的整个的人格，自有他的全部遗著和他留在中国近四十年来的政治史、文化史、思想史和社会运动史上不可磨灭的

---

① 葛康素：《谈陈仲甫先生书法》，《书学》杂志，重庆出版社，1944年版。
② 高语罕：《入蜀前后·独秀之死》。

爪痕在，后之人自可据以给他一个公平的批评。"

高语罕在评述"独秀先生在文化史和思想史上的地位"时，他赞扬了陈独秀在五四运动时代"堂堂正正"地提出了"拥护德（模克拉西）先生——民主主义；拥护赛（因斯）先生——科学"这两大口号，并说"自此以后，一直到今，我们所努力奋斗以及政府现在所号召全国起来抗战的，还是这两个口号做我们的指导原则"：在评述"独秀先生在中国新文学运动史上的地位"时，他说："独秀先生等在五四运动毅然以革新文学为己任，实为适应中国当前之新需要。当时振笔直书，对旧文学宣战，虽然有人认为有点过火，然这种改革在思想上是一种革命运动。"在评述"独秀先生的为人"时，他说："一个思想家或一个文学家，若果要在他的生活奋斗的过程中，使他的学术上的创作和他辉煌灿烂的人格保持着绝对的和谐，就必须具有一种为真理而牺牲的坚定意志和勇敢精神，而这种精神与意志之表现，第一是耐得穷，吃得苦。"又回忆了陈独秀生前一些生活典型的人生片段，证明了他正是这样一个人。最后又强调说："必须认识独秀先生这种为人的精神，才可以了解他的整个的人格和他在中国文化史上所留给我们的遗产是怎样一种价值。""我们绝对不愿夸张。"[①]

下午一时半，陈独秀的灵柩被安葬于他生前曾数次"驻足游目之所"，这里曾是他由衷赞叹并流连忘返的地方，而今放足长眠，应是遂了夙愿。

一座新坟，孤立在萋萋芳草中，不久，经过何之瑜等的努力"芟芜剔秽，竖碑砌道，莳花草，艺果树，敷布景物"，坟墓有了很大改观。其碑文"独秀陈先生之墓"，是由葛康素的五堂兄葛康瑜书成，并亲自錾刻。书刻均具古法，颇有古姿。潘兰珍为了表示对老先生的永久缅怀之情，曾站在陈独秀的墓碑前照了一张相。先生长眠之地，前临波涛滚滚的长江，背靠桔林茂盛的青山，鼎山虎踞，凡江龙蟠，岚光映耀，帆影出没，实为一派旖旎的风光。

抗战胜利后，在陈独秀逝世五周年时，陈松年遵照遗嘱借一个福建商人放的木筏，将父亲的棺木起出，没用什么钱将墓迁回了故乡安庆。或许是人走茶凉，在曾经生他养他的故乡，竟没有他流亡之地的人的热忱，安庆，仿佛早已

---

① 高语罕：《参与陈独秀先生葬仪感言》，重庆《大公报》，1942年6日4日第3版。

忘记了这个人。安庆一些故旧及文化界早知迁墓一事,可是在灵柩即将入皖时,"并无发动往接的意思",于是,有得知此情的人不禁对陈独秀发出了"江津寂寞,安庆亦寂寞矣"的感慨!就在这反常的静寂中,陈独秀的墓迁到了安庆市郊集贤关附近大龙山下独秀峰前叶家冲的丛林中入土,与元配夫人高晓岚合葬一处,并立一碑,上刻"先考陈公仲甫之墓"。

十年浩劫中,陈独秀被作为中共历史上"十次路线斗争"中"第一次机会主义路线的头子"翻出旧账,进行批判。可是,他比瞿秋白幸运的是,没有遭受掘墓扬灰之辱。他的墓因其碑被毁,周围荒草一片,辨不清其真正墓址。20世纪80年代初,历史有了新的评价,陈独秀的墓地得以重修,并重立一碑,碑上刻着:

　　陈公仲甫字独秀
　　母　高太夫人　　之合葬墓

　　子延、乔、松、鹤年泣立

后来,陈独秀墓又两次扩建,并立了一块"无字碑",留待后人评说。其江津原墓址,该县县政府也调拨专款进行修复,墓高1.5米,由85块大青石组成。旁立有一块碑石,上刻有台静农题写的"独秀先生之墓"的铭文。另外,还将当年邓燮康的避暑山庄辟为陈独秀纪念室,以供后人观瞻。2004年,安庆市政府开始筹建"独秀园",如今,占地110亩、墓地1058平方米的陵园各项工程已陆续竣工并对外开放,这位曾高举"民主"与"科学"两大旗帜的思想家和革命启蒙者正穿过历史的尘烟,让越来越多的人感受到他伟大的人格和普世的情怀!

安葬完陈独秀,遵照遗嘱,何之瑜请魏建功、台静农、方孝博、陈钟凡对其遗著进行了收集整理,拟日后出版,并从其版税收入及存款中拨出一部分,作为必须的工作经费。留给潘兰珍的是陈独秀的存款、五个瓷碗和一些衣物。那几个古瓷碗据说是在20世纪30年代,曾任国民党政府立法委员会委员的何遂,有一次在南京主持工程施工,挖掘出了一批古董文物,年代久远,品位不俗,其中即有这五只古碗,碗底上印有"显德四年"的字样,显然是珍稀的古瓷。何遂差不多都将这些古物送做人情。陈独秀在狱中时,何遂去探望他,并将这五只古碗留作纪念。后来,陈独秀由京入汉,由汉入川,辗转流离均带在身边。

潘兰珍带着陈独秀的这些遗物,在朋友的帮助下离开了鹤山坪,来到了重庆附近朱蕴山、光明甫自办的农场工作,自食其力。后来迫于生计,改嫁给当地一个国民党的下级军官,不料,相处不久男人就病死了。无奈,她只好又离开重庆回到了上海,在浦东一所学校里帮人烧饭,赖以维持生计。后来她与养女潘凤仙生活在一起相依为命,直到1949年10月病故。在上海时,她还找到了郑超麟,将装有陈独秀遗物的一个柳条箱托他保管。又将五只古碗另托汪孟邹保存,后来汪又将它转交给了何之瑜,新中国成立后,何之瑜迁居上海,肃反运动开始后,他被作为"托派骨干"被捕入狱,古碗也被抄家没收,1962年何之瑜病死于上海提篮桥监狱。

不管"亲戚或余悲,他人亦已歌",还是"平生不下泪,于此泣无穷",毕竟,世间已无陈独秀!

正如高语罕对他曾经有过的庆幸:"就他的怀抱,他的遭际以及他对于时局之展望说来,此时撒手而去,也是恰到好处。"

邓仲纯曾说:"仲甫是一个爱国者。早期他反对旧思想、旧制度、旧文化,提倡科学与民主,给中国人民指出了前进的方向,不愧为思想界的先驱者,一颗璀璨的明星。继后他为了救中国,虽然信仰和宣传马克思主义,发起建立了中国共产党,但他却不是一个真正的马克思主义者。他醉心于欧美的资产阶级民主,在信仰上发生了动摇,陷入中国托派的泥坑。仲甫只是一介书生,不具备政治家的气质,没有革命家的毅力,他不是一个政治家,更不是一个革命家,他只是一个学者。他在学术上的重大成就是文字学,其次是经学和子学。若他一直在北京大学任教,从事著述,对我们学术研究会有很大贡献的。"

这不像是在对一个人发自内心的评价,而像在遭人胁迫下丧胆的供词。对于曾对我们的生存环境发生过革命性的影响的人,只能用斯宾诺莎的一句名言作为标准:"不要哭,不要笑,但要理解。"

陈独秀逝世后，已经分裂的上海托派，有一部分成员在刊物上对他进行了追悼。郑超麟写了一篇《悼陈独秀同志》的长文，王文元写了一篇短文，纪念他一生的为人和事业。彭述之却写了一篇文章登在油印的《斗争》上，指斥陈独秀"晚节不全"。

郑超麟曾评价他说："陈独秀同志能够从卢骚主义，进于雅各宾主义，进于马克思主义，进于列宁托洛茨基主义。这个繁复而急剧的过程，完成于一个人的一生中，而且每个阶段的转变时候，这个人又居于主动的领导地位。……从卢骚到罗伯斯庇尔和巴贝夫相隔半个世纪；从罗、巴诸人经过傅立叶到马克思也相隔半个世纪；从马克思、恩格斯到列宁、托洛茨基又相隔半个世纪。但欧洲这个漫长的过程，中国于半个世纪之间就可以过尽了……但中国这个发展缩在一个人之身，而且相隔不到几年……"所以他"不愧为法兰西十八世纪末叶的伟大思想家和伟大人物的同志……不愧为俄罗斯二十世纪初叶的伟大思想家和伟大人物的同志，不愧为列宁托洛茨基的同志，不愧为中国布尔什维克——列宁托洛茨基党的领袖……第四国际中国支部曾以中国这样一个伟大思想家和伟大人物为领袖，是足可自豪的！"

1975年冬，王文元在英国一大学历史系演讲时说："先进国从启蒙运动的年代到社会主义革命的年代，一般要经过几百年（如英法）。不够先进的国家（如俄国）也经过了八九十年。但是在落后的中国却仅是二十年，而且是反映在、甚至实现在一个人的身上……现代中国的跃进清晰地反映在陈独秀的身上。陈独秀一个人结合了别林斯基、车尔尼雪夫斯基、普列汉诺夫和列宁……给陈独秀做一个总的评价。照我看来，陈独秀这个人，虽然政治上是失败的，理论上有局限，但是他不仅是现代中国最勇敢的思想家，而且是历史上伟大的革命家之一。"

1979年陈独秀百年诞辰之时，楼国华说，在中国近代史上要找一个人，"以其一生遍历从卢骚到马克思的全部变迁，那只有陈独秀。我们可以说，他是这个过程的一个最完整的代表人物"。

1942年6月，老友朱蕴山闻知陈独秀死讯曾写"挽陈仲甫诗二首"：

一

掀起红楼百丈潮，当年意气怒冲霄。
暮年萧瑟殊难解，夜雨江津憾未消。

二

一瓶一钵蜀西行，久病山中眼塞明。
僵死到头终不变，盖棺论定老书生。①

后来，朱蕴山又在此二诗前加序言道："一九四〇年我到江津。和邓仲纯大夫访问仲甫，力劝他回延安。据邓仲纯说，周恩来同志曾和仲甫谈过一次话，但他的思想未能解决。"

思想者已长眠在地下，而他的价值并没有因生命的终结而随之消逝。"此骨非饥寒所困，一身为人类之桥"，这是先驱者的体认，也是先哲的自题！

只要不怀着政治的恶意和政派的自私，都必将给这位老人以客观公正的评判。那座坟茔的变迁与待遇，正是长睡者的同类对其价值深刻地一次次的重估。

率真的书生性情，火热的革命激情，深沉的人类命运的忧思，在往世、在现世、在未来，都足有为自己塑造铜像的资本！

在千古的评说里，历史，必将有一个最真切的答案产生，为那些曾经用爱和激情奉献了全部真我的人！

那些人，大多是曾经被缚在高加索崖壁上的普罗米修斯！

---

① 《朱蕴山纪事诗词选》，朱世同整理，安徽人民出版社，1981年5月第1版，第136~137页。